天喜文化

从声音到文字，分享人类智慧

# 独与天地精神往来

## 庄子奥义

张远山 著

天地出版社 | TIANDI PRESS

**图书在版编目（CIP）数据**

独与天地精神往来：庄子奥义 / 张远山著．—成都：天地出版社，2020.2
ISBN 978-7-5455-5357-4

Ⅰ．①独… Ⅱ．①张… Ⅲ．①道家 ②《庄子》—研究
Ⅳ．① B223.55

中国版本图书馆 CIP 数据核字（2019）第 269057 号

DU YU TIANDI JINGSHEN WANGLAI:ZHUANGZI AOYI
**独与天地精神往来：庄子奥义**

出品人 陈小雨 杨 政
作 者 张远山
责任编辑 王业云 刘鹿涛
封面设计 桃 子
责任印制 董建臣

出版发行 天地出版社
（成都市槐树街2号 邮政编码：610014）
（北京市方庄芳群园3区3号 邮政编码：100078）
网 址 http://www.tiandiph.com
电子邮箱 tianditg@163.com
经 销 新华文轩出版传媒股份有限公司

印 刷 北京文昌阁彩色印刷有限责任公司
版 次 2020年2月第1版
印 次 2024年3月第4次印刷
开 本 710mm×1000mm 1/16
印 张 28.5
字 数 435千字
定 价 78.00元
书 号 ISBN 978-7-5455-5357-4



咨询电话：（028）87734639（总编室）
购书热线：（010）67693207（营销中心）

# 目　录

## 《养生主》奥义——身心兼养的“人生”论



## 《人间世》奥义——因应外境的“处世”论

## 《德充符》奥义——因循内德的“葆德”论



## 《大宗师》奥义——顺应天道的“明道”论

## 《应帝王》奥义——天人合一的“至人”论



## 余论一 庄学奥义的全息结构

# 余世存序
# 自由江湖的虚实

一部传统中国文人宝爱无已的语言极品被张远山坐实了。支离破碎的文字被理顺了，晦涩难懂的文字被明确了，意象丰富的角色被格式化了。这是一般读者的幸事，是大众的幸事。

如同张远山自己的文字是审美叙事和科学叙事的完美结合一样，庄子的文字经张远山的揭示，也不再属于先秦中国的前逻辑叙事，而是审美、历史和科学的完美结合。

## 一

“在当下无数的写作者中间，张远山称得上独特。他不属于各种类型化的职业写作：比如专业业余一类的作家、学者学子教授、知识分子、报刊评论员、自由撰稿人，等等。写作之于他多是一种生活的经验和表达，是一种生命的完善形式。因此，不仅他的文章当得起“敬业”，而且他的尊严、敏感也直接向读者呈现。因为属人而不属类，他跟世界的关系更多是一种自然的呼应，他的存在之声更多是自然而然的收获。他没有暴发、暴热、爆炒。他的写作范围极广，政治、语言、思维、文化、经济、影视、国际关系，他都有所涉猎，但他又极为固执地守着启蒙时代的言说风格，即一个作家的本色，朴素、明理，他拒绝征圣作文，代圣立言，以学理分析问题，因为他自己就是思维坚实的生命体，他自己就是学理。”

这是我几年前在一篇未完成的小文里所写的一小段，后来因故没有写完。我跟远山联系不算多，但大概知道他的生活方式。他的写作目的性极强，我在最初的交流中隐约猜到他的关怀，借用马悦然先生的一句话说，他的心在先秦。借用张远山读者的话说，他有“试图恢复先秦诸子思维的磅礴思力”，有“脚踢三山五岳的气概”。借用庄子的话说，他由现实出发，变化多端，怒而飞，终则将徙于先秦或说“南溟”。

## 二

在近年的写作里，张远山开始点题，他一再提及庄子对他的影响，甚至说他写任何书都是为了弘扬庄学。由此可见先秦诸子尤其庄子在张远山心中的重要性。

读张远山的《庄子奥义》，跟着张远山的思路看一遍庄子。最初的印象是想起了尼采在《权力意志》中明确宣告的：“我要叙述的是往后两个世纪的历史。我描述的是即将到来，而且不可能以其他形式到来的事物：虚无主义的降临。这部历史目前就能加以讨论。因为必要性本身已经出现。未来正以一百种迹象倾诉着自己。”

张远山明确告诉我们：他要叙述的是千年间被遮蔽的庄子奥义。《庄子》一书遭到了以郭象为首的儒家注疏者长达一千七百年的篡改曲解，致使庄学奥义千古沉埋，鲜有知者。在刘文典、闻一多、王叔岷等庄学前辈的基础上，校勘出近真的庄子。经他校勘的“内七篇”，总计补脱文 98 字，删衍文 82 字，订讹文 67 字，移正错简 114 字，更正文字误倒 15 处。厘正通假字、异体字 198 字，篇内重复不计。纠正重大错误标点 10 处，小误不计其数。复原近真的“内七篇”，总计 13723 字。[1]

张远山笔下的庄子是尼采那样的先知，张远山坐实的庄子如此明确宣言：他

[1] 此处八个数字为本书初版时统计结果，与本次修订版统计结果小异。参见本书XXII页。

要叙述的是往后千年间的中国历史。他要描述的是即将到来，而且不可能以其他形式到来的事物：专制主义的降临。

这样还原性的发明发现在张远山那里不可胜数。跟道教尊奉南华真人不同，跟传统中国文士喜好庄子不同，张远山的工作，是把庄子作为一种安身立命的思想资源，提供给中国社会的精英大众，甚至全球化时代的文明人类。

## 三

传统文明经典的命运是一个非常有意思的话题。比如《旧约》、《新约》的正典化、经典化就经历了几百年的过程，一批圣徒、使徒、贤士、牧师前赴后继，翻译、辩经、问难、会议，从而不仅确立了基督教的经典体系，而且给社会大众提供了立身处世的背景文本、生存共识，或说思想资源。同时，《圣经》的确立，也给犹太教和伊斯兰教经典体系的进化，起到了直接促进的作用。这些文明社会无论如何与时俱进，他们的精英和民众有一个可通约的文本资源，他们的经典。

轴心时代的中国经典传播大概算是一个例外，老子庄子是早有预感的先知，庄子预言说，道术为天下裂。除了孔子学说演变为“儒术”为人所尊，大部分经典的传播“花果飘零”，在师徒、书院之间流布，墨子、公孙龙子等等甚至无人传承，惠施、杨朱更是文本都失传。即使传统中国儒术在皇权的推动下进行普及，我们的士农工商阶层从中得到的仍只是片断，是如黑格尔说的“一些善良的、老练的、道德的教训”。何况即使这样的片断，也有着见仁见智的分歧，儒分为八，墨离为三；跟《圣经》具有的神正目的论和彼岸世界不同，传统中国人很少能从自家的经典中获得一个完整世界的图景。即使体制化后的儒术，也有着汉儒、宋儒的分别，从董仲舒到朱熹，每个人强作解人，成就了其为秕糠陶铸下的圣贤。

进入近代、现代，先秦经典的命运更为曲折。一切经典都是历史叙事，所谓六经皆史，一切历史都是当代史，所谓世界是平的；但近现代中国上演现代化叙事而有着可观的权宜之计，这一现代化进程先后宣布了跟传统、西化等等文明资源的决裂，先秦经典因为科举被废除以及随后的新文化运动而遭到废弃。丰富的经典及中国史被简化，以至于今天中国人谈论自家文化，号称有五千年或万年历史，但生存之简陋实如无家教之人。

关于传统中国经典，最可叹息的事实仍在于，现代化进程有百年启蒙之功，但经典仍是一笔糊涂账，一笔众说纷纭的烂污账。以学人士子角度，读《论语》有钱穆的、杨伯峻的、李泽厚的、南怀瑾的、李零的等几十家版本，读《老子》有任继愈的、陈鼓应的、杨鹏的等几十家版本……学子如此“往而不返”，不免伊于胡底，那么大众呢？老百姓呢？他们也只能得到一点儿教训了。

我曾经断言：“我国知识精英的一个误区，就在对经典的态度上过于着相。也许他们想过要传播大道，但他们有意无意抬高了大道之圣境，他们也更多地希望自己的名字跟大道、圣人的名字联系在一起。直到今天，《论语》也好、《道德经》也好、《周易》也好，中国先秦的经典仍属于‘六经注我’或‘我注六经’式的各家各派的。由此想到了历史上中国的高僧大德为翻译佛经的故事，还有中外传教士翻译《圣经》的传奇，他们都做了了不起的工作，但他们大多是默默无闻地奉献了，他们很少把自己的名字硬放在经典的首页或扉页，他们的态度是虔敬的。他们是经典和大众之间真正的中间物，是桥梁。他们一方面熟习经典，一方面面对大众。”

## 四

这样比附中国经典跟圣经佛经，当然有所偏颇。何况传统中国经典的现代转化过程远未完成，借助于其他经典文明的思维工具，对传统中国经典的把握甚至有优势捷径。虽然整理国故的提倡者多走了弯路，但我们可以肯定，传统中国经典，无论老子孔子庄子孟子等等，都最终属于大众，属于文明社会的每一个体。就像不少出国门者对人家问起孔子老子有印象一样，我们中国人也最终会对自家的先贤致以敬意。

在无体制或学术圈的支持下，张远山孤独地研读庄子数十年，这种收获的初步成果就是《庄子奥义》。与其说张远山是以学者的姿态进入庄学领域，不如说他是以一个现代普通中国人的身份与庄子交友。数十年的交情非浅，因此张远山谈论庄子自不同于一般的学者。如果说一般学者谈论庄子多是客观的表述，远山的谈论就带了感情；一般学者多是神而玄之，故作高深，远山的谈论则要通俗得多。庄子这样的经典叙事，在张远山笔下，仍只是先知个人因时应世的寓言式表达。如果一般学者谈论中国经典让人更多想到的是“附会”二字，那么张远山谈论庄子更多让人想到的是坐实。

## 五

张远山被人称为当代中国最具有逻辑思维能力的作家。他坐实的庄子奥义在其思维层面几乎完全自洽，从考据、训诂、义理、词章等角度来挑剔他的庄子也似乎无济于事。学究们爱较真于庄子的一字一句的本义，诗人们则被庄子语言的迷离汪洋所吸引，人们都从庄子宝山各有所得。而张远山则是试图站在文明史的制高点上，对庄子进行总体性解释，还原了一个轴心时代中国人所具有的与上帝争胜的人生创造。

在西周、春秋数百年间“板荡”的过程中，所谓礼乐崩坏，中国人的思维意识也发生了极大的变化。“崇天”一类的对上帝、天的信仰，在此期间转化为对其怀疑，以及对人道的看重；《诗经》中出现了不少对天的咒骂诗句。“民为神主”的原则，甚至“人定胜天”的思想也开始产生。封建礼治时代的终结，使得遵循千年之久的上层社会的生活方式发生了变故，巫史、公门、贵族、大夫、士等阶层人物成为过去，上层社会甚至出现了一系列先知为这个时代送行。从芮良夫，到叔向，到季札，这些先知预言人事的机会和能力空前绝后，但他们大多无补于时，无济于事，无力为一个衰败的季世及其未来立心立命；他们多只是为随后来临的老庄孔墨孟韩诸子开辟了道路。在当时，人生多艰，民众更只是君王争霸游戏中的工具而已。

生活在战国时代的庄子，可以说四顾苍茫，一无凭借。如果说先知们还有公门巨族，有贵族传统，甚至有君王们可以依靠，孔子墨子们对君王还有幻想或权宜，新时代的鄙夫小人可以暴发地忠实于军功王霸等富贵小康游戏，那么庄子则走向另外一条道路，因为一无依傍使他能够大鹏扶摇九万里背负青天看到天地正色。他在无数先知们的基础上，获得了人的自觉。这种自觉使他较同时或先后的先秦诸子更彻底地把握了文明和人性的秘密，他看到了先知们所依靠之虚妄，也看到人性的宿命，人的无知和有限之知会导向一个什么样的王权统治。

庄子把目光投向了未来。尽管他有弟子，但他和弟子们都知道，这不是他们的时代。庄子和弟子们所要做的工作，就是表达秘密和真相，以待来者，如君子明夷之际而待另外时空的知己，能够叩访，能够悠然神会，莫逆于心。

这个工作是如此出色，以至于中国文化千年幽暗，仍有庄子安慰了向上的精神。庄子成为“轴心时代”东方大陆上进行“哲学突破”的最高峰之一。相比于其他高峰，庄子思维大大超前了。如果说所有为人类社会立言立法的宗教领袖、巨子圣贤都能及物，及时地用世报世，至少能被王朝、阶层、民众等假借，但庄子是最不可被假借的。他超前于时代，超前于文明社会，也超前于遭受文化污染和匮乏之苦的精英和民众。

庄子是先知意义上的尼采、布莱希特、帕斯捷尔纳克。尼采已如前述。布莱希特在《致后代人》诗中开篇即说：的确，我生活在黑暗的时代。帕斯捷尔纳克则借耶稣之口同样坚信，“三天后，我将复活”：所有的时代将从黑暗中涌出，像木排，像商队的木船，依次涌来，接受我的审判。是的，所有那些秕糠般的尧舜、朝三似的猴子、嗒焉丧圣人父母如丧天下的民众，以及那些代大匠斫的大知小知们，都接受了人性的最高审判。

庄子同样是先知意义上的哈耶克和波普尔。后两者贴近极权社会观察，可以从容思考《通向奴役之路》、《致命的自负》和《通过知识获得解放》，所有这些命题都在庄子那里考虑过了。庄子没有观察的对象，只有片断的历史、名词和形迹可疑的人性萌芽。但庄子以简驭繁，完全把握住专制社会里的种种丑态和罪苦的命运。比起西方哲人的繁复论证，庄子有着寸铁锻造拷问人心的力量。

庄子也是先知意义上的海德格尔和萨特，存在与时间，存在与虚无，在庄子那里有着最温暖的关怀。

## 六

从张远山还原的庄子看来，两千年来的读庄者都误读了他。

有意误读的郭象就是要把他读成儒学的应声虫，即使那些积极的仁人志士也误解了庄子，他们把庄子提供的生命哲学当作无政府主义者、虚无主义、悲观主义、消极者、人生失败者的呓语，直到今天，老庄虚无几乎成了中国学术的常识。比如当代中国的学校教育在谈到《兰亭集序》时仍不忘贬评庄子："作者接上文'死生亦大矣'提出'一死生为虚诞，齐彭殇为妄作'的观点，认为'有生就有死'，对于生死说得如此痛切，虽有悲观消极情绪，但在当时是难能可贵的，批判了老庄哲学中的虚无主义世界观。"那些在专制罗网里突围不得的文士们则把他读成了虚无主义者。在谈到苏轼的《前赤壁赋》时仍不忘贬评老庄："逝者如斯，而未尝往也；盈虚者如彼，而卒莫消长也。盖将自其变者而观之，则天地曾不能以一瞬；自其不变者而观之，则物与我皆无尽也，而又何羡乎？"作者认为，若以不变的观点看事物，事物和人类都是无穷的。既然客观世界是这样的，那么我们又何必去羡慕滔滔长江的无穷尽呢？何必自寻苦恼去哀叹人生的短暂呢？由此，作者的忧愁得到解脱。这番含有哲学意味的议论，说得多么旷达超脱！可使人们的胸怀开阔，从人生无常的苦恼中解脱出来。当然，作者受时代的限制，其"变"与"不变"的观点，不是唯物的，是老庄哲学中虚无主义思想的表现。

这种可笑的误读使得民族的集体无意识中对人生正义和社会正义悬置不论，对似乎"从来如此"的人生社会很少追问。合群而大而热闹的社会及其专制生活成为人们生活的前提，个性自由和精神独立的天性被遮蔽了，而专制中国也就成为孔孟道德遮羞下的丛林社会，成为刑名交错、意识形态粉墨登场的潜规则社会。庄子的自由情怀因此只是少数先觉心中的秘密，庄子成为他们生活在如万古长夜梦寐中的知己。

张远山在书中揭示了自由中国的信仰情怀。在张远山看来，传统中国的辉煌，多仰赖于庄子留下的精神火种。“两千余年来，热爱自由、痛恨专制的无数爱庄者，即便未能融会贯通，但偶得一鳞一爪，便足以安身立命。正是百行诸业的无数能工巧匠、江湖豪杰，以及陶渊明、李笠翁、金圣叹、曹雪芹等远离庙堂、逍遥江湖的间世异人，还有司马迁、嵇叔夜、阮嗣宗、李太白、苏东坡等身在庙堂、心在江湖的文化巨人，创造了绚烂璀璨的中国古典文化。”“郭象的篡改曲解，丝毫未能撼动《庄子》成为江湖中国至高无上、无可替代的文化圣经。”

## 七

在所有的误读中，真正的核心价值不会被误读，真正的读者甚至在误读中参与了天才及其作品再创造的过程。在这方面，中国经典的误读是有名的。像《易经》的“元亨利贞”四个字被误读就是一个例子，早在汉朝，京房就知道“贞”只是占卜之意。但这不妨碍我们一流的文化人给“贞”字添加、寄托最美好的义理。这些义理也确实有效地发挥了作用。

同样，尽管群体、集体无意识误读了庄子，但个体一旦诚实地面对庄子，即使他仍误读，他也能从庄子那里有所得，能够恢复、打通、发掘自身人性创造的潜能。据说，西方人曾有一人漂流海岛、一家在蛮荒或冰天雪地里生存的经验，他们远离了来处的社会，但无论如何困苦，他们心中有《圣经》，他们借《圣经》度过漫漫长夜，并重建文明。庄子亦然，无论中国人的诗人士子，如何被王权扭曲、窒息，被打压，被边缘化，但他们有庄子，他们就不会孤独，他们能够乘庄子而游心自然，能够与天地精神相往来。即使他们误读庄子，或只读懂了庄子的片断，那些所谓的虚无就是他们应对王权社会最坚实的自由要素。正是在这个意义上，张远山为司马迁、陶渊明以来的中国文化巨人背书，证明了《庄子》作为文化圣经的地位。

而张远山的庄子还原可能也是一种误读，但这种误读却是迄今为止最精彩绝伦的。比如庄子不太可能预知人类社会将会兴起盛大的平民思潮或大众狂欢，他的言路永远指向师徒传承的主体间性，永远指向孤独的个体；庄子似乎只熟悉先秦思维那种问答式方法、寓言式逻辑。张远山对四知四境的揭示却类似于现代基础教育，以“大众逻辑”的方式重叙庄子。这是一种不得已，却也是最见研究者或知己功力的地方。

## 八

在对庄子的解读中，张远山所做的工作是多样的。但最重大的解读贡献乃是对庄子总体结构的把握。正如张远山自己所说：理解结构是至高理解。

张远山的逻辑是强大的，但他的表述又是极为明晰的。他告诉我们，大家熟悉而陌生的庄子有着思想范式式的庄学四境，即造化初境（无知）、文化小境（小知）、文化大境（大知）、文化至境（至知）。如同张远山自己的文字是审美叙事和科学叙事的完美结合一样，庄子的文字经张远山的揭示，也不再属于先秦中国前逻辑叙事，而是审美、历史和科学的完美结合。如张远山说，庄学四境是理解庄子的万能钥匙。

一部传统中国文人宝爱无已的语言极品被张远山坐实了。支离破碎的文字被理顺了，晦涩难懂的文字被明确了，意象丰富的角色被格式化了。这是一般读者的幸事，是大众的幸事，也未必不是文人或自由精神个体们的幸事，就是说，人们生存的归宿和认同将有更为明确的参照。那些意象丰富的角色在庄子的四境范型的比较中，将跟现代人类知识中的正义正当等观念一样发挥作用。

## 九

张远山的工作可圈可点。

最可圈点的乃是远山生活本身，他示范了独立不依的间世可能，并取得当代中国文化精英多难望其项背的人生成就。寻找庄学钥匙，于他只是牛刀小试。但此一成绩，足证当代中国众狙及代大匠斫之小知大知们的虚浮虚妄。中国的大舞台上演了很多游戏，或文化革命，或经济致富，或现代化，或互联网，这些朝三暮四的现象，众狙多以为实在，在其中乐不思蜀往而不返。远山却以身试验，丧我而得吾，从而成就了一个千年后仍能与先贤相知的自己。

重要的还在于，远山虽以雄心毅力为世人称说，他投入的却是实在的笨工夫。这再一次证实，无论文明如何发展，无论知识演进如何规范化，无论电脑如何成为字典或图书馆之后的资料库，人类求学问道之路仍是艰难逼仄的，仍与取巧或自大形如陌路。

汉语知识作为一种地方知识，如何参与以西学为主导的世界知识演进，是一个问题。换句中国人常说的，中国人也要为世界做出新的贡献。这一思路，从梁启超、孙中山到毛泽东，都有过考虑。他们很少考虑的是，中国人为世界和平、繁荣和进步做贡献，有哪些实在具体的路径。中国和中国人能否以及如何为国际社会提供生产生活资料，能否以及如何为国际社会和文明人类提供思想方法和价值观念，等等，不在他们的考虑范围之内。以至于中国和中国人至今从身体到精神都处于分裂状态。如前所说，以至于中国现代转化一百五十年之久，现代启蒙百年之久，汉语知识仍是一种方言性的知识，一种世界知识的附庸。

改变这一状况的路径确实不止一种，“拿来主义”已经百年，整理国故也近百年，只是成就不齐而已。张远山显然自觉于此，他不由自主最终也认定了庄子，他的努力已经给我们显露了冰山一角。

**作者简介：**

余世存，1969 年生，学者，作家，代表作《非常道》、《类人孩》、《老子传》、《大民小国》、《家世》等。

# 吴励生序
# “去蔽存真”的天道观

> 远山治《庄》颇有章氏遗风，除了小学功夫扎实之外，更重要的是对庄学义理的全新阐释之中，自坚其说的主观之学可谓一以贯之而且旗帜鲜明地贯穿到底。

评论张远山的作品并非易事。半个多世纪以来，我们真正意义上的文学家几近绝迹，有文无学早已成了常态，而今张远山却多少有点石破天惊地“凤凰涅槃”。尤其不可思议的是，那已经飘零了多少年的国学“绝学功夫”竟然如此了得地在张远山手上复活。

无须讳言，试图颠覆一千七百年来由儒生郭象一手篡改和遮蔽庄学奥义的旧庄学，并力主重新解释和彰显庄学奥义的新庄学，张远山的理论气魄不可谓不宏大。即便暂且不论其贯穿始终的“庄学四境”思想范式的解说，对“支离其言”、“晦藏其旨”义理的透彻辨析与还原，对“卮言”、“寓言”、“重言”的诸多互文、变文、转辞的反复揭示与立体阐释，对“道极视点”的回返提撕与“人间视点”的逐层观照等等，而只跟当下学界热闹着的所谓“回到经典”的诸多主张略加比较，我们也能清楚看到远山的理论抱负甚至直指到了文化的重建，用他自己的话说：“从 1492 年哥伦布发现新大陆开启全球化时代至今五百余年，异邦人士最先接触的是儒学，异邦大知哂笑不已，殊不知儒学仅是供奉在庙堂上层的古典中国之文化小境。异邦人士稍后又接触了老学，异邦大知笑容渐收，‘东方神秘主义’之名由此产生，因为老学是沟通庙堂上层与江湖下层因而若隐若现的古典中国之文化大境。异邦人士接触全球文化视野内独一无二的庄学尚须时日，因为庄学是深隐于江湖底层的古典中国之文化至境。”[1]不客气地说，单从那些所谓“回到经典”的主张来看，起码就有两个重要问题没有解决好：回到怎样的经典？怎么回？而远山对此并没有过明确主张，却又用实际行动特别有力地回答了这两个问题。在我看来，回到经典绝非盲目解释经典，既忽视历史语境又忽视当下问题，就已经不是回到经典而是消费经典的问题了。

需要提请注意的是，远山在解读庄子“内七篇”之前和之后，用了较大篇幅写了两篇“绪论”和三篇“余论”，前者便是为了回到当年的历史语境，后者则为当下问题的反思。前者不仅仅是为了说明庄子“内七篇”的理论根据，更是为了说明庄子身处那样严酷的历史环境（战祸连绵、危机四伏以及专制强权）著书立说为何“支离其言，晦藏其旨”；后者的理论锋芒尤其尖锐，对文化 / 造化、儒道 / 儒术、悖道文化 / 顺道文化、文化 / 文明、文化相对主义 / 文化保守主义等相关重要范畴，均做出了颇具个人特点且高屋建瓴的界分和辨析。在远山那里，所有悖道文化均遭到迎头痛击，所有顺道文化均得到竭力弘扬，二者似乎泾渭分明，并不如想象的那样复杂。可通用性的是文明，而文化总是独特的，尽管悖道文化可能因为民族文明程度暂时相对领先，“就会凭借文明强势，主动推广其悖道的劣质庙堂文化，迫使文明程度暂时相对落后的其他民族接受，甚至被其他民族盲目崇拜，从而受害。这种受害在其最初，也许不被异民族视为危害，反而误以为是慕效高级文化，但错误不可能长久，迟早会随着该民族的文明停滞和异民族的文明进步而终止。而且随着重新获得文明觉醒，该民族自己也必将抛弃悖道的劣质庙堂文化，哪怕专制强权为之戴上‘传统’、‘主流’、‘经典’、‘权威’等虚假光环，也无法挽救其没落”——比如日本，比如中国，尤其比如日本和中国——然而，“每一民族的顺道文化，同样常常与其他民族的顺道文化迥然不同。与悖道文化是人为造作一样，顺道文化也是人为造作；然而悖道文化违背造化规律、科学真理、人文公理，顺道文化却不违背造化规律、科学真理、人文公理。顺道文化不同于对造化规律、科学真理、人文公理的‘发

[1] 参阅张远山：《庄子奥义》，江苏文艺出版社 2008 年版，第 51 页（本书第 56 页）；并请参阅该页的注释〔1〕、〔2〕。以下引自张远山此著处只加引号不再另注。

现’，是对自然造化的丰富性、补充性、提升性、超越性‘创造’。正是凭借顺道文化，人类才成为万物之灵长，造化之奇迹。”按我的理解，远山的意思似乎是只要能够从善如流，顺道文化必然战胜悖道文化，但事与愿违，反而常常是悖道文化围剿顺道文化，甚而至之：“为了增加迷惑性，悖道的‘文化相对主义’常常假扮成民族主义的‘文化相对主义’，悖道的‘文化保守主义’常常假扮成民族主义的‘文化保守主义’，先是有选择地赞扬一些对悖道文化不具威胁的顺道文化，当这些伎俩蛊惑了民众头脑、骗取了民众支持以后，就开始瞒天过海地为悖道文化及其意识形态辩护，以便维护其既得利益和政治特权。”在远山看来，两种不同顺道文化尽管未必可以交融但能相安无事，只有两种悖道文化之间才会发生不可避免的冲突，“悖道文化的死敌并非顺道文化，而是其他悖道文化”，因此他必须对亨廷顿的“文明冲突论”进行修改，按远山的逻辑，两种“文明”只会交融，两种“文化”才会冲突。科学真理与人文公理是唯一裁判，但“文明只是通用手段，科学、民主、法治、公正、平等、财富，都是手段；文化才是独特目的，每个人的独特自由、独特幸福、独特快乐、独特享受、独特审美，才是人类的终极目的”。

通过上面引述，我们可以清晰地领略到远山是如何回到经典以及如何占据当下问题的制高点的。我以为远山的制高点在于以古“鉴”今而不是以古“非”今的反专制。即便如此，远山仍然对“儒道”而不是“儒术”给予了相当尊重——事实上，孔子创建、后来朱熹等人重建的儒学道统，以道德理想对抗皇权等资源颇值借鉴——这便是所谓“庄学俗谛”与“庄学真谛”的关系。

在这一点上，远山跟当代学者陈鼓应的看法相近，基本撇清了旧庄学以来对庄子哲学的相对主义误解。然而，与大多数解庄者不同的是，远山特别旗帜鲜明地提出庙堂文化终究是劣质文化而且是悖道文化。如果我没有说错的话，有关儒学乃庙堂文化、庄学乃江湖文化的明确定义，张远山几乎也是第一个说破者——说破并不容易，非尖锐到一定程度是说不破的。尽管“社会”也好“个人”也好，都需要在顺道文化意义上也即齐物论意义上的天道中自然重构，并重新确立科学真理与人文公理探索的全方位价值，但首要前提是学者必须具备独立品格，并有效地遵循学术本身的运作逻辑——也便是在这个意义上，远山极力推崇江湖文化并把庄学境界视为文化至境，显然有着特别重要的价值：在建构出真正健全而健康的社会体制之前，最好的个体选择大体仍为体制外的生存与自由。两千年前的庄子做过短暂的漆园吏之后，尤其是众所周知的庄子对列国纷争、战祸连绵的社会环境有着极深刻体验和感受，从而彻底洞穿了君主专制的结构性存在，其所热切向往并彻底揭示的精神自由从此也成了历代文豪人杰取之不尽的不竭泉源，并穿越了两千多年的君主专制的历史，延续至今。一如远山所指出："先秦老庄真道，作为中华文化的根本命脉，此后不断受到庙堂打压，命悬一线，不绝如缕。概而言之，西晋嵇阮遗风，秘传至东晋陶渊明。东晋陶渊明遗风，秘传至唐代李太白。唐代李太白遗风，秘传至宋代苏东坡。宋代苏东坡遗风，秘传至明代刘伯温。明代刘伯温遗风，秘传至清代金圣叹。"如果我可以补充一句的话，是否可加上：清代金圣叹遗风，秘传至清末民初的章太炎；清末民初章太炎遗风，秘传至而今的张远山。否则，远山似乎没有完整的理由"庄子与我，相视而笑"。而且，章氏贵为民国元勋声称"功盖孙中山"却拒绝做官，为学乃一代宗师也拒绝出任任何一所民国大学教授，远山的个人行为逻辑以及本土逻辑认知与章氏确实颇多相似之处。

甚至，在远山的具体解庄过程中也能约略看出其与章太炎的某种渊源关系，这种渊源我以为便是中国大陆本土已经久违了的小学（即文字学）功夫。正如丁国强先生在《精神氧吧里的自由呼吸》一文中指出的："其实，学界对郭象本的质疑一直未断。辨伪是《庄子》阅读者无法绕开的工作。"[1]辨伪的基本功夫是考据，但辨伪并非仅仅是考据，更需要对义理的深入把握。以当年章太炎与胡适关于经学、子学方法之争为例，陈平原有过一段颇为精到的评论："章氏所争不在义理与训诂孰先孰后孰重孰轻，而在治经治子经过校勘训诂这一最初'门径'后必须'各有所主'。在章太炎看来，说经之学，其用在考迹异同，发明历史真相，乃'客观之学'，讲究实事求是，'以比类知原求进步'；诸子之学，其要在寻求义理，陈说

[1] 丁国强：《精神氧吧里的自由呼吸》，载《社会科学论坛》2009年第4期。

人生奥秘，乃‘主观之学’，讲究自坚其说，且‘以直观自得求进步’。”[1]治诸子之学，训诂、义理一样不可偏废，本应是常识，但章氏的“主观之学”与“自坚其说”的说法与主张堪称高明。

很显然，远山治《庄》颇有章氏遗风，除了小学功夫扎实之外，更重要的是对庄学义理的全新阐释之中，自坚其说的主观之学可谓一以贯之而且旗帜鲜明地贯穿到底。“有鉴于嵇康被诛，名列‘竹林七贤’的向秀为求自保，遂篡改曲注《庄子》，向司马氏献媚。仅因死前未能完成并公开流布，遂被郭象窃为己有。……儒生郭象及其追随者篡改曲解《庄子》，究竟是‘论之不及’，还是‘智之弗若’？主因是‘论之不及’，即价值观迥异。晋人郭象与其两大护法唐人成玄英、唐人陆德明，无不坚执儒学‘成心’且‘师心’自用，因此即便在某些局部略窥庄学奥义，也非得篡改曲解不可。若不篡改曲解，庄学奥义就会沉重打击他们终生奉行的儒学价值观及其生命实践。”从焚书坑儒以来，尤其是古文经学考迹异同“发明历史真相”，乃重中之重，而向秀、郭象“篡改、曲解”《庄子》，远山的首要任务也一样是“发明真相”，然后才可能“自坚其说”。毋宁说，在远山那里“发明真相”与“自坚其说”互为表里，并在相当高的程度上互相支持。以他举闻一多在《庄子内篇校释》为解开庄学公案提供关键线索为例（即“汤问革曰：‘上下四方有极乎？’革曰：‘无极之外，复无极也。’”问答中的二十一字）：“可惜闻一多受困于‘与下文（案：即重述鲲鹏寓言）语意不属’之卓识，认为……二十一字‘无从补入’，就止步于解开公案的咫尺之遥。关锋、陈鼓应根据闻一多的发现，把‘汤问棘曰’二十一字补入原文，可惜未采闻一多的‘与下文语意不属’之卓识，没对伪《列子》做深入辨析就视为依据，将‘汤问棘曰’二十一字误属下读，遂与揭破郭象公案擦肩而过。”这“发明真相”便是为了支持“认知陷溺人间视点、学派成心的俗见之非，必须获得超越性的道极视点。然而人们总是习惯于用人间视点、学派成心看待一切，很难获得超越性的道极视点。为了帮助读者从人间视点、学派

[1] 陈平原：《中国现代学术之建立——以章太炎、胡适之为中心》，北京大学出版社1998年版，第243页。

成心转换为超越性的道极视点，庄子不得不在《逍遥游》篇首，引领读者像北溟之鲲那样‘化而为鸟’，与大鹏一起展翅升空——从人间视点、学派成心，趋向道极视点”的自坚其说。

准确说，远山的解庄也便是从大鹏展翅升空“逍遥游”有效切入，并多少有点一剑封喉地指出，鲲鹏象征“大知”，在庄学四境之中仅属于“次境”，“开篇夸张象征‘大知’的鲲鹏之大，是为象征‘至知’的‘藐姑射（yè）神人’出场做铺垫。旧庄学谬解鲲鹏象征庄学至境，使‘藐姑射神人’寓言变得多余。”从根本上颠覆旧庄学，重新阐释新庄学，奥义也即“义理”自然是关键。诸如“奥义藏于‘抟扶摇而上者九万里”等句式在远山的解庄中自然成了基本的功课，在“内七篇”的解读中比比皆是。饶有意味的是，为了说明李白的“大鹏一日同风起，扶摇直上九万里”受的“郭注误导，因而谬解‘九万里’为垂直距离”，远山说道：“作为水鸟，大鹏起飞必具三步骤：先拍击离水，‘水击三千里’；再斜行爬高，‘抟扶摇而上者九万里’；再水平飞行，‘去以六月息者也’。庄子终生不仕，享寿八十四岁，长年垂钓江湖，无数次见过水鸟起飞，不可能违背其常识。水鸟起飞之常识，或为埋头书斋的治庄者所无，却为酷爱自然的李白必有。可惜他盲从郭象，进而以其巨大诗名，把‘直上’谬解，普及为旧庄学‘常识’。从‘大知’趋向‘至知’，从人间视点升华为道极视点，原本极为艰难，‘直上’使之变得轻而易举，与《逍遥游》主旨根本抵牾。倘若水鸟如直升飞机般‘直上’，又何须‘水击三千里’的助跑？”此殊关重要，因为其是人间视点、学派成心与道极视点的分水岭。对此分水岭的泾渭分明，远山自始至终毫不含糊。不如此就无法还原庄子著述支离其言、晦藏其旨的奥义——当然，支离其言是一把双刃剑，既给坚执儒学成心者上下其手的机会，也给远山彻底颠覆旧庄学并深入解开庄学俗谛与真谛之秘密以利器（而这也才成了他“庄子与我，相视而笑”的基本理由）。远山指出：“‘内七篇’的义理核心是卮言，文本主体是寓言。若不明白‘卮言’晦藏的暗示，就无法理解‘寓言’的支离寓意。‘寓言’、‘卮言’之中，均有‘重（chóng）言’……郭象误读为‘重（zhòng）言’，谬解为‘借重’尧舜孔老等名人以‘自重’，毫无证据。出场最多的尧舜孔，是‘内七篇’的主要贬斥对象。‘内七篇’中的老聃之言合计103字，如何借重？而且无论怎样统计，也不可能拼凑出十分之七的‘借重之言’。‘重复之言’占十分之七，却符合实情。按理十分之七的‘重复之言’会使阅读极其单调，然而阅读‘内七篇’绝无单调之感。因为仅有极少量重言是字面相同的标准型重言，大多数重言都是字面不同的变文转辞。不过变文转辞在避免了单调的同时，又大大增加了理解的难度。”从这个意义上说，其“考文知音”的重要性一点也不亚于“焚书坑儒”以来的古文经学，其难度也一样可想而知。而远山除了“考文知音”，更是把大量篇幅和精力贡献给了“变文转辞”的考证与阐释上。比如：“至人无己，神人无功，圣人无名。”远山称之为“庄学至境”，“‘至人’是庄学根本名相。‘至人’、‘神人’、‘圣人’是‘异名同实’，‘同出而异名’的变文。‘至人无己’是庄学根本义理，‘神人无功，圣人无名’则是至人无己的两翼展开：欲超越‘我’执，必先超越‘功’‘名’。”“‘至境’三句是庄学大纲，将被《齐物论》(跳过《养生主》)、《人间世》、《德充符》逐一深入展开……《逍遥游》首章，已把庄学要义阐发殆尽：小知大知倚待之‘物’，即为所蔽之障；小知大知有蔽之‘知’，源于有待之身。致无其功的至人必先‘无待’，因为‘功’必系于外‘物’，致无其名的至人必先无蔽，因为己‘名’必系于己‘知’。”那么显然，远山所有解庄的工作其实可以用四个字来概括：去蔽存真。

从某种意义上说，远山的“发明真相”与“自坚其说”，实质上便是围绕“去蔽存真”而步步为营的，所谓真人与假人、真君与假君、真宰与假宰的解析与判断就是典型的一例。比如：“尧言‘夫子立而天下治，而我犹尸之’，许言‘庖人虽不治庖，尸祝不越樽俎而代之矣’，联接关钮是‘尸’字。古人祭神，但神不可见，遂以活人象征假借被祭之神，谓之‘尸’。庄子暗示，造化大匠才是‘真宰真君’，俗君僭主实为‘假宰假君’。此义要到《齐物论》才隐晦揭破。”很明显，远山的“去蔽存真”首先带有强烈的政治哲学意味，去除话语障蔽以及“我执”障蔽之外，更要去除生存秩序原理之障蔽，如“庄子就锋芒直指夭阏大知鼓吹的圣治明君尧舜，追溯君主专制缘起，贬斥把民众‘整治’得服服帖帖的‘天下大治’(大境)，阐明庄学政见‘至治不治’(至境)。尽管严酷的专制语境迫使庄子支离其言，但在恍兮惚兮的迷彩之下，庄子其实不迂不曲，极为直妾。”

这样，远山所做的包括寓言解读、卮言解说、重言的变文转辞的演绎阐释等等，在《齐物论》、《养生主》、《人间世》、《德充符》、《大宗师》、《应帝王》等等解庄的具体篇章之中，从社会到个人，从庙堂到江湖，从理论到现实，从话语到真相，从实际到真际，循环往复，逐层递进，最后直指“无何有之乡”——“‘无何有之乡’像‘藐姑射之山’一样是‘南溟’的变文，共同象征可以通过不断超越而无限趋近，但永远不能完全抵达的道极。‘无何有之乡’是庄子对‘文化至境’不可移易的精确命名。”如前所述，远山跟历代解庄者最大不同处便是对君主专制的切齿痛恨，虽然现当代不少学者也涉及到了解庄中的君主专制问题——比如章太炎，比如陈鼓应，但前者的去除“我执”的障蔽和去除话语的障蔽反倒成了专制比分权好的理论根据，后者则跟港台新儒家尤其是徐复观等所推崇的庄子自由哲学与审美心理学（“游心”）异曲同工。而远山显然有着比现当代其他学者更深邃的学术抱负和思想视野，这就是对自由实则被彻底制约着的不自由的生存秩序状况的特殊观照与总体把握。

这样一来，我们对远山所说“《齐物论》是重要性仅仅次于《逍遥游》的庄学‘平等论’，即‘齐物’论。旧庄学尽管重视《齐物论》，却连篇名究竟读作‘齐物/论’还是读作‘齐/物论’，也依违两可，莫衷一是。稍窥庄学堂奥，便知篇名仅有一读。庄子主张听凭‘物论’不‘齐’，放任‘吹万不同’，根本反对‘齐/物论’。何况全文未曾罗列‘物论’，谈何‘齐’之？”便会有更深一层的体悟，或者毋宁说，“齐物”论实则可视为解决权力来源合法性问题的最基本追问。然而，在天道自然与宪政文化之间显然还需要继续打通必要通道，换句话说，天理（齐物/自生自发）与公理（人道设计）之间需要制度安排作为桥梁。而实际上，由孔、孟创建（之后由宋儒们重建）的儒学道统，从远山的新庄学阐发观点和视角看，也并非全然排斥，从某种意义上还被作为“庙堂文化”的象征（大知）进行“息黥补劓”。事实上，两千多年以来，不管是儒学道统还是庄学“齐物”宇宙观，在制度演进方面均受到“悖道文化”也即“皇权专制”的强力挤压围堵而无所作为，尤其是儒者无能开辟出新的天地，只能寄身于庙堂而让自身的道统对政统的制约方面能力十分有限，除了训练贤君良相很少有更大作为，其缺乏理性逻辑传统也缺乏现实关怀流于“袖手谈心性”就更是自身无法摆脱的宿命。因此，远山骄傲地以为“‘内七篇’之所以是中国哲学永难超越的智慧巅峰，中国文学永难超越的语言极品，植根于庄子创造的总体结构”，确实有着他的终极根据，而他多少有点自信而又自谦的说法——“庄子预言‘知其解者’将在‘万世之后’出现，因此写于庄子化蝶之后不足七十六世的本书，尽管总体颠覆了‘涉海凿河，以蚊负山’的旧庄学，仍属‘以管窥天，以锥指地’的初步探索……”——也确实有着他的现实根据。换句话说，只要专制庙堂与悖道文化还有一天市场，庄子的批判精神与“齐物”宇宙思想就永远光芒万丈。然而，不能不说的是，庄子的批判精神与齐物宇宙论确实不应该继续停留在本体论意义上的探索，而应该落实到主体论意识的制度性保障之中，方才可能得以真正破解始终板结着的结构性生存的千古难题，所谓庙堂/江湖二元结构的传统中国也才能真正转型为现代性民族—国家意义上的“齐物”民主中国。

弄清了上述问题，无论是“发明真相”层面还是“自坚其说”方向，我们显然就更能领略到远山努力的杰出。当然，远山的深邃和洞见在在体现于他的“内七篇”文本细读上，尤其是卮言、寓言、重言的交叉重叠而又层层递进，回到经典文献[1]和文字训诂、历史考证的国学功夫以及相关文化语境、政治语境之中，把庄学俗谛与庄学真谛逐层剥离出来，并一一彰显庄学奥义。按我个人的理解，远山对“庄学二谛”的深刻揭示和精彩研究对现代中国转型理论的最大启示，当在于我们对人文公理探索必得遵循“与天为徒”的路径，除了摒弃悖道文化，顺道文化也一样要向“造化”趋近，往“天道”、“南溟”方向超越，尽管“不断超越而无限趋近，但永远不能完全抵达的道极”可望而不可即，但起码，我们应该醒悟到“齐物”是所有权力的唯一来源，那么，我们所有的制度演进就应该围绕在像“造化”那样公平地实现“吹万不同”的终极目标上，做努力趋近乃至无限趋近。

---

[1] 远山对经典文献之熟悉这一点似乎应该特别加以说明，否则难以想象他能如此得心应手，例证在《庄子奥义》一书中俯拾即是，这里仅举第117页注释〔4〕（本书第142页注〔3〕）为例：“本节38字，旧与下节46字前后错简。子綦先言‘和之以天倪’，子游方能叩问‘何谓和之以天倪’。宋儒吕惠卿调整错简未得其正，王先谦、王叔岷、陈鼓应从之。郭庆藩、刘文典未调整错简。”由此或可见一斑。

**作者简介：**

吴励生，1957年生，冰心文学馆特聘研究员，复旦大学社会科学高等研究院兼职研究员，《社会科学论坛》杂志学术编委。代表作《学术批评与学术共同体》、《思想中国》等。

# 作者前记

# 庄子引领我们仰望星空

很多人读过《庄子》，未必明白庄子隐藏的奥义。正如很多人知道康德名言“两件事物令我敬畏：一是头顶的灿烂星空，一是心中的崇高道德”，未必明白康德隐藏的奥义。

作为哲学家，康德其实是在言说哲学的两大部分和两大使命：仰望星空，探索科学真理；沉思道德，探索人文公理。科学真理、人文公理是历史马车的双轮，引领人类走出野蛮，走向文明。

中国文明和欧洲文明，是迄今为止最为伟大的两大文明。两者之所以如此伟大，是因为在公元前二世纪之前的轴心时代，全都出现了分为两大部分、肩负两大使命的伟大哲学。

轴心时代的中国，前孔子的道家哲学仰望星空，后孔子的儒家哲学沉思道德，共同奠定了中国知识版图。

轴心时代的欧洲，前苏格拉底的自然哲学仰望星空，后苏格拉底的人文哲学沉思道德，共同奠定了欧洲知识版图。

人类知识版图，以文学为重镇，以史学为道路，以哲学为首都。

没有伟大哲学，首先不可能建立知识王国，其次不可能建立世俗帝国。因为哲学不仅是知识王国的首都，而且是世俗帝国的头脑。秦汉帝国以先秦哲学为头脑，创造了中国文明。罗马帝国以希腊哲学为头脑，创造了欧洲文明。

中世纪的欧洲文明之所以落后于同时期的唐宋文明，是因为他们遗忘了希腊哲学，尤其是遗忘了仰望星空，于是陷入中世纪的千年黑暗。通过复活希腊哲学，重新仰望星空，欧洲文明再次占领了知识王国的首都，再次获得了世俗帝国的头脑。

宋代以后的中国文明之所以落后于同时期的欧洲文明，是因为我们遗忘了先秦哲学，尤其是遗忘了仰望星空，于是陷入元明清的千年黑暗。通过复活先秦哲学，重新仰望星空，中国文明也将再次占领知识王国的首都，再次获得世俗帝国的头脑。

《庄子奥义》是我尝试复活先秦哲学、重新仰望星空的初步成果。2008 年初版问世以后，受到了作家学者、媒体网站的热切回应。发表评论的作家、学者、评论家，有余世存、吴励生、韩少功、叶兆言、毕飞宇、陈村、周实、单正平、徐晋如、黄小初、黄孝阳、伍立杨、李劼、吴思、朴素、张桂华、丁国强、程巍、叶勤、林骁、夏双刃、闻中、吕波、夏敏等。做过专访、报道、连载、转载、评论的报刊媒体，有《新华文摘》、《中国图书评论》、《书屋》、《社会科学论坛》、《出版人》、《新民周刊》等杂志，《中华读书报》、《中国青年报》、《新京报》、《新商报》、《法制日报》、《广州日报》、《深圳商报》、《深圳晚报》、《珠海特区报》、《燕赵都市报》、《南方日报》、《佛山日报》、《济南时报》、《新闻晚报》、《辽沈晚报》、《厦门晚报》以及香港《文汇报》等纸媒，新浪、搜狐、天涯、凯迪、新语丝等网站。在此一并致谢！

此后十年，我根据读者的批评和反馈，随时小改，订正了初版的很多瑕疵。2015 年与中国联通签约电子版之前，做过一次全面修订。修订版的“内七篇”，总计补脱文 103 字，删衍文 82 字，订讹文 82 字，移正错简 3 处 118 字，更正文字误倒 16 处。厘正通假字、异体字 198 字，篇内重复不计。纠正重大误断 3 处，小误不计。纠正重大错误标点 10 处，小误不计其数。复原近真的“内七篇”，总计 13798 字。这次修订版出版之前，又弥补了初版的重大不足：未对庄子原文进行直译，导致很多读者无法读懂庄子原文，进而难以理解我的阐释。修订版在每段庄子原文之下先附直译，帮助读者顺利理解庄子原文，顺利理解我的阐释。

本书读者将会发现：两千年前的先秦哲学，至今仍在滋养、启迪中国文明；正如两千年前的希腊哲学，至今仍在滋养、启迪西方文明。

# 作者序言
# 莫逆于心，相视而笑

我与庄子，莫逆于心。

文化浩劫之后的二十世纪八十年代，中国开始文化复苏，译介西书，重印古籍。1982 年，我二十岁。在华东师大丽娃河畔，我用一部今人柳鸣九的《萨特研究》，换来一部明儒王船山的《庄子解》。与我物物交换的同学像我一样，毫无目标地胡乱抢购中外经典，偶然得到一些，偶然错过一些。他偶然得到了不想要的庄子，错过了想要的萨特。我偶然得到了不想要的萨特，错过了想要的庄子。双方互通有无，于是各遂所愿。造化必然，寓于文化偶然之中。

初读《庄子》，竟然不懂。从此以后，我读一切书，都是为了读懂《庄子》。我读过的所有中外经典，都比《庄子》易懂。《庄子》是我重读最多之书，无法计算读过多少遍。为了永保新鲜，我拒绝背出它，不过对于引用出错，到眼即辨。倘若标点出错，还能推知引用版本。过目的版本不下百部，但我更爱诵读白文，与庄子直接相遇。

我读的白文，是自己反复校勘、重新标点的《庄子复原本》，迥异于被郭象篡改增删、错误标点、系统反注的《庄子》删残本。郭象版《庄子》衍生而出的古今一切版本，原文、标点、阐释无不错误百出。古今一切庄学研究，整体义理均未稍越反庄学的郭象反注之樊篱，因为从未有人疑心郭象竟会故意篡改。经过郭象篡改误断的伪原文，成了其系统反注的坚实证据。认可面目全非的郭象版《庄子》，就不可能不整体接受郭象的系统反注，庄学就不可能正本清源，读者就不可能与庄子直接相遇。

我的第一个写作十年，撰写、发表、出版了不少可有可无的闲文，意在为第二个写作十年的“庄子工程”做前期市场推广，同时未曾懈怠对《庄子复原本》的反复校勘。我吸纳古今卓见，留意最新成果；不遗一善地广搜异文，慎之又慎地逐字推敲。补脱文，删衍文，订讹文，重新标点分段，力求尽善尽美。庄学笔记渐积渐多，早已超过发表出版的三百万字闲文。三年前，校勘功课逼近山穷水尽，我开始考虑出版《庄子复原本》，终结郭象编导主演、无数追随者出任群众演员的旧庄学。

不过，我打算先系统写出我所理解的庄学奥义，彻底检验我的校勘标点是否合理。毕竟心中的恍惚感悟，不同于笔下的清晰表述；零散的局部考辨，不同于著书的总体论证。倘若未加检验就轻率出版《庄子复原本》，就可能在互相牴牾的无数错误版本中，再增加一种错误版本。于是我停掉闲文专栏，谢绝报刊稿约，推掉出版邀请，将我的理解逐篇写出发表，期盼方家指谬。现在本书正式出版，我仍然期盼斧正，以便完善校勘。

书名《庄子奥义》，取自《老子》六十二章：“道者，万物之奥。”

绪论两篇。一篇横向描述庄子时代的战国总图，把庄子著书的特殊语境予以全景还原：庄子为了逃刑免患，不得不支离其言，为了传道后世，不得不晦藏其旨，于是把庄学全图拆散为支离拼板，甚至隐藏关键拼板，导致庄学奥义恍兮惚兮，若隐若现。一篇纵向概述郭象以降的旧庄学总貌，把逃逸一千七百年的文化罪犯郭象捉拿归案：儒生郭象为了遮蔽庄学真义，使之符合儒学，于是修改庄文拼板，扔掉关键拼板，最后通过系统反注，把每块拼板置于不恰当之处，拼成一幅反对庄学的错误全图。

《奥义》七篇。以战国总图、庄学全图为背景，逐一拼合支离其言、晦藏其旨的庄学拼板，逐一修复被郭象及其追随者故意篡改的每块拼板，部分找回被郭象及其追随者故意扔掉的关键拼板，把每块拼板置于恰当之处，与所有相邻拼板严丝合缝。

余论三篇。一篇把业已拼合的单篇图景拼成庄学全图，论证庄学奥义的全息结构。一篇把庄学全图置于中国文化全景之中，论证庄学奥义的中国价值。一篇把轴心时代的伟大先知置于人类精神全景之中，评估哲学先知的普世价值。

初读《庄子》至今，已有二十五年，我已四十五岁。对人生小年而言，二十五年正是我的全部青春，世界早已沧桑巨变。对庄学大年而言，二十五年仅是倏忽一瞬，天地依然亘古如斯。

庄子与我，相视而笑。

## 绪论一

# 战国大势与庄子生平

# 弁言 战国纪年，错讹无穷

研究战国诸子思想，必先了解诸子共处的战国时代。进而了解诸子之母邦，诸子之个人生平及其思想源流，乃至师友、论敌之母邦，师友、论敌之生平及其思想源流。

秦灭六国之后，尽焚六国史书。司马迁著《史记》时，战国史仅有依据《秦纪》的秦国纪年基本无误，六国纪年只能据《秦纪》推断。除了周室纪年、楚国纪年也基本无误外，其余五国纪年纪事错讹无穷。司马迁排比魏、齐、赵、韩、燕五国纪年纪事时，有时改了《魏世家》，却忘了与《赵世家》、《韩世家》统一，导致五国《世家》互相冲突。有时统一了《齐世家》、《燕世家》，却忘了与《六国表》统一，导致五国《世家》与《六国表》成为错进错出、难以兼容的两个系统。由于牵一发必动全身，司马迁甚至会根据错误排定的五国纪年，把周、秦、楚的正确纪年纪事改为错误纪年纪事。

这一巧妇难为无米之炊的窘况，本该在西晋太康年间汲冢出土魏国编年史《竹书纪年》之后迎刃而解，可惜此书又于两宋间亡佚。尽管亡佚前唐人司马贞的《史记索隐》，已依据《竹书纪年》对《史记》的战国纪年稍加厘正，但一来厘正极不完备，二来《竹书纪年》止于“今王（魏襄王）二十年（前 299）”，因此战国史至今仍是一团乱麻。虽有诸多学者殚精竭虑的考订勘误，如陈梦家《六国纪年》、钱穆《先秦诸子系年》、方诗铭《中国历史纪年表》等，至今仍多异说。《辞海》所附《战国纪年表》，既代表学界主流观点，又进一步影响学界主流观点，参考综合了差别极大、均有错讹的各家系统，遂成错讹之集成。《辞海》1999 版的《战国纪年表》，对 1979 版做了一些改动，然而有时纠正了前者之错，有时反将原本不错者改错，有时两者相同而皆错，有时两者相异而皆错。

战国纪年的错讹，使系于战国纪年的诸子生平也扑朔迷离，进而导致诸子学说研究也陷入困境。不少治庄者都用错讹的纪年纪事证明其臆测，由于因果颠倒，师承失序，敌友不分，其所阐释的庄学义理距庄学真义甚远。专治其他诸子者亦然。多数治庄者回避了纪年纪事错讹淆乱的莫大难题，在不了解庄子生平及其学说背景、著书隐曲的情况下，望文生义地妄解臆说，导致庄子与其时代完全脱钩，成了不食人间烟火的形而上学。

我为了读懂《庄子》而研究战国史及诸子学二十五年，对任何疑难都不敢回避，稍欠把握就不敢动笔。在充分借鉴前人研究成果的基础上，我理顺了战国时代十九个主要诸侯国的纪年，重点理顺了不属"战国七雄"但研究《庄子》无法回避的宋国史和中山国史。我考定的战国纪年，与学界主流观点差别极大。

研究庄学，必先了解战国大势与庄子生平，弄清庄子为何要这么写，究竟在说什么。

## 一　庄子宋人，宋王暴君

前 369 年，宋桓侯（前 380—前 340 在位）十二年[1]，庄周生于宋国蒙邑[2]。

前 340 年，庄子三十岁，宋戴公后裔戴剔成弑杀宋桓侯篡位（前 340—前 338 在位），当年改元。

前 338 年，庄子三十二岁，戴剔成之弟宋君偃逐兄篡位，翌年改元。剔成奔齐，无谥，史称宋剔成君。

前 328 年，庄子四十二岁，宋君偃继齐、魏之后，成为第三个称王的战国诸侯。称王前在位十年，称王后在位四十二年，总计在位五十二年（前 337—前 286）。《史记·宋世家》误为四十七年（前 332—前 286），《史记·六国表》误为四十三年（前 328—前 286）。

宋王偃是中华历史上屈指可数的暴君，《吕览·淫辞》记其邪恶残暴：

[1]《史记·宋世家》："休公田二十三年卒，子辟公辟兵立。"《宋世家索隐》："《纪年》作：桓侯，璧兵。"璧通辟。宋桓侯，名辟兵。《史记》不知其谥，误称为"辟公"。

[2]《史记》仅说庄子是"蒙人"。高诱《吕览·必己》注、《淮南子·修务训》注均曰："庄子名周，宋之蒙人也。"司马贞《史记索隐》引刘向《别录》、皇甫谧《高士传》同。

宋王谓其相唐鞅曰："寡人所杀戮者众矣，而群臣愈不畏，其故何也？"

唐鞅对曰："王之所罪，尽不善者也；罪不善，善者故为不畏。王欲群臣之畏也，不若无辨其善与不善而时罪之，若此则群臣畏矣。"

居无几何，宋君杀唐鞅。[1]

《史记·宋世家》记其因残暴荒淫而国灭身死：

君偃十一年（案：误后一年。当为十年称王，翌年改元），自立为王。东败齐，取五城；南败楚，取地三百里；西败魏军，乃与齐、魏为敌国。盛血以韦囊，悬而射之，命曰"射天"。淫于酒妇人。群臣谏者辄射之。

于是诸侯皆曰"桀宋"："宋其复为纣所为，不可不诛。"告齐伐宋。王偃立四十七年（案：误少五年），齐愍王与魏、楚伐宋，杀王偃，遂灭宋而三分其地。

宋王偃向齐、魏两强挑战，由盛转衰的魏国已无力惩戒，魏在齐、秦东西夹击之下，自保不暇，而且未能保住其属国中山。齐国却不肯坐视，前286年，齐湣王灭宋。宋王偃出奔魏，卒于魏之温城[2]，谥康。史称宋康王。

齐之灭宋，得魏、楚出兵相助，故魏、楚得以瓜分宋地。庄子于宋灭之年物化，死后蒙邑归楚。因而后世有异说，误传庄子为楚人，成为进窥庄学奥义的一大障碍。

从三十二岁到八十四岁，庄子在宋康王暴政阴影之下，生活了整整五十二年。宋康王是宋国史唯一之王。《庄子》乃至一切古籍所称"宋君偃"、"宋王偃"、"宋偃王"、"宋康王"、"宋王"，均指同一暴君。研究庄学，不能不了解暴君宋康王，更不能不了解庄子的特殊著书方式，与宋康王之残暴有莫大关系。

庄子著书，既要避免母邦暴君宋康王诛杀其身并剿灭其书，又要预防后世暴君剿灭其书，不得不支离其言，晦藏其旨。因此《人间世》曰："方今之时，

---

[1] 参阅拙著《寓言的密码》二十九章"言论是否永远无罪——唐鞅招杀"。

[2] 参见《史记·魏世家》魏昭王十年。

仅免刑焉。”《德充符》曰：“游于羿之彀中，然而不中者，命也。”《大宗师》曰：“终其天年而不中道夭者，是知之盛也。”

## 二 宋君称王，战国第三

宋康王是第三个称王的战国诸侯，仅次于齐、魏两雄，而早于秦、赵、韩、燕四雄。

东周诸侯称王，楚、吴、越最早，都在春秋时代，均非中原诸侯。入春秋（前770—前482）后，周室积弱渐衰，中原诸侯仍奉周天子为天下共主，仅限争霸，不敢称王。霸主无不率领附从诸侯“尊王攘夷”。以田齐篡姜齐（前481）为标志，历史进入战国（前481—前221）。[1]

春秋末期，晋之六卿争长，直至魏、赵、韩三家分晋。战国首年（前481），田成子弑齐简公，田齐遂篡姜齐。孔子请求鲁哀公征伐未果，两年后去世（前479）。入战国后，周室益衰。前403年，周威烈王（前435—前402在位）不得不承认三家分晋的既成事实，正式册封魏、赵、韩为诸侯。前380年，周安王（前401—前376在位）应魏武侯之请，又不得不承认田齐篡姜齐的既成事实，正式册封田齐为诸侯。从此周室仅存象征性权威，中原诸侯才先后称王，打破“王天下”格局。

战国初期，魏文侯（前445—前396在位）率先任用李悝为相，实行变法；又任用卫人吴起、中山人乐羊为将，拓展疆土。前408年至前406年，担任魏将的中山人乐羊，伐灭母邦白狄中山。中山国从此成为魏国别封，即魏属中山。魏之国威大振，史称“强魏”。魏虽在战国初期称霸中原，但未敢称王。

随后楚悼王（前401—前381在位）任用魏文侯死后遭魏武侯（前395—前370在位）排斥、自魏至楚的卫人吴起为相，实行变法。称霸南蛮，史称“强楚”。

---

[1] 战国首年，史家多取周元王元年（前476），实应取周敬王三十九年（前481）。因为春秋时代虽有弑君，继代之君均非异姓，故田齐篡弑姜齐为历史转折点。况且孔子所撰《春秋》终于此年。

楚自春秋以来，继续称王中原之南。

随后秦孝公（前361—前338在位）任用被魏惠王轻视、自魏至秦的卫人公孙鞅为相，实行变法。称霸西戎，史称“暴秦”。秦虽称霸中原之西，但未敢称王。

魏惠王（前369—前319在位）继其祖魏文侯、其父魏武侯之后，继续为中原最强，起初格于“王天下”的中原固有格局，仍未敢称王。

前353年齐、魏桂陵之战，齐初胜中原最强之魏。齐威王（前357—前320在位）遂冒天下之大不韪，率先称王。其后齐、魏形成均势，继续争霸中原。前341年齐、魏马陵之战，齐再胜魏。从此齐强于魏，成为秦与诸侯共谋弱之的中原最强国。前340年，秦相公孙鞅领兵攻魏，因功封于陕西商州商洛县，史称“商鞅”。

魏惠王被齐、秦两强东西夹攻而无力反击，马陵之战后任用主张“偃兵”的宋人惠施为相，与齐和解。前335年，魏相惠施、齐相田婴主持，魏惠王与齐威王在齐地徐州会盟，相互承认称王事实，史称“徐州相王”。魏惠王成为继齐之后第二个称王的中原诸侯，翌年（前334）改元。周天子的象征性权威，从此也荡然无存。

宋君偃称王之年（前328），秦惠王（前337—前311在位）任用魏人张仪为相，第四年（前325）称王，翌年（前324）更元。秦惠王称王后二年（前323），曾与张仪在秦国争事秦惠王失利的魏人公孙衍[1]，与魏相惠施结为死党，共同游说魏惠王建立中原诸侯“合纵”联盟，与齐、秦两强抗衡。魏惠王在魏都大梁主持了赵、燕、中山称王，与秦惠王同年称王的韩宣惠王也应邀与会，五国相互承认称王事实，史称“五国相王”。《史记·鲁世家》曰：“景公二十九年（前323）卒，子叔立，是为平公。是时六国皆称王。”“五国相王”是最后一次“王”号大派送。“王”号通货膨胀，导致极度贬值。此后再无诸侯称“王”，已成强魏附庸的卫从未称“王”。[2]

---

[1] 公孙衍字犀首，时人称“犀首”而不名。曾任韩相。“合纵”首倡者，与“连横”首倡者张仪齐名。《史记》以降，误传苏秦为“合纵”首倡者两千年，自1973年长沙马王堆《战国纵横家书》出土始明。

[2] 魏、卫音同，称述不便。故前365年魏惠王为避秦锋而从安邑迁都大梁之前，魏别称“晋”（赵、韩弱于魏，不得袭晋号），此后别称“梁”。

前353年齐在中原率先称王之年，庄子十七岁。前323年六国皆称王之年，庄子四十七岁。三十年间，庄子亲历“王天下”分崩离析的完整过程，身处“礼崩乐坏”的极度乱世。庄子母邦，摊到了残暴至极又在位甚久的宋康王。庄子本人，抽到了毕生与之共始终的下下签。

## 三 中山称王，灭于赵国

战国诸侯称王，有两国不在“战国七雄”之列：中山与宋。因此汉人刘向编定的《战国策》，除了为七雄各开专章，另有《中山策》、《宋卫策》两章。

齐威王对老牌霸主魏国继齐之后称王尚能容忍，对宋继齐、魏之后称王却难以容忍，而对中山在“五国相王”中称王尤其震怒。《战国策·中山策》曰：“中山与燕、赵为王，齐（威王）比关不通中山之使，其言曰：‘我万乘之国也，中山千乘之国也，何侔名于我？’”[1]

赵武灵王对中山称王的愤怒远甚于齐威王。因为前475年，赵襄子伐灭古之代国，但代国与赵国南部本土中隔白狄中山，无法并入版图，代郡遂成赵国的北部飞地。前406年，魏文侯伐灭白狄中山，但中山与魏国南部本土中隔赵国，无法并入版图，遂封幼子魏挚于中山，中山遂成魏国的北部飞地。代郡、中山、赵国、魏国，由北至南交错。魏无力灭赵连接版图，赵蓄意灭中山打通版图。

魏属中山从未被周室正式册封为诸侯，却凭借与魏同宗，在“五国相王”中直升为“王”。魏惠王组建“合纵”联盟，同时魏氏一宗两王，风头重新盖过强齐。齐威王不承认中山称王，仅是对强魏的象征性敲山震虎，但因五国结盟，并未征伐中山。

赵武灵王（前325—前299在位）即位两年之后，被迫参与“五国相王”，由于魏属中山横亘赵国腹心而不愿与魏属中山结盟，同时拒绝使用“王”号。《史

[1] 魏、韩均于“五国相王”前称王，故齐威王仅提初称王的燕、赵、中山。燕为姬姓旧侯，赵为战国新侯，中山为战国新侯魏之别封，资历有差，档次有异。

记·赵世家》曰："五国相王，赵（武灵王）独否，曰：'无其实，敢处其名乎？'令国人谓己曰'君'。"

赵武灵王十九年（前 307），实行"胡服骑射"变法，开始征伐"盟国"魏属中山。赵武灵王二十七年（前 299），禅位年仅十二岁的嫡长子赵惠文王赵何（前 298—前 266 在位），自号"主父"，亲自领兵于赵惠文王三年（前 296）伐灭魏属中山，国威大振。继战国初期之强魏、战国中期之强齐之后，成为战国后期的中原最强国，史称"强赵"。

魏属中山，共有三王，即中山先王（前 327—前 310 在位）、中山嗣王（前 309—前 301 在位）、中山后王（前 300—前 296 在位）。参与"五国相王"的中山先王魏嚳，是魏属中山开国之君魏挚（魏文侯幼子、魏武侯幼弟）之孙，魏文侯重孙，魏武侯侄孙，魏惠王族侄。庄子学派重要人物魏牟，是中山先王庶子，魏文侯四世孙，魏武侯重侄孙，魏挚重孙，魏惠王族孙，魏襄王族侄。赵武灵王于魏襄王十六年伐灭中山，魏惠王早已死去，"合纵"诸侯勾心斗角，魏又渐衰，魏襄王未能保住同宗别封魏属中山，且于同年死去。

## 四　宋国称王，灭于齐国

前 481 年田齐篡姜齐，在格于"王天下"旧格局的中原，因名不正言不顺而遭到中原诸侯、诸子鄙视。直到齐威王击败强魏成为战国中期中原最强国，诸侯、诸子才不得不仰视齐国。痛恨"乱臣贼子"的大儒孟子、荀子，均先后游仕孔子力主征伐的田齐，成为稷下学宫的客卿。孟子任列大夫，荀子三为祭酒。但庄子终生未履紧邻宋国的齐地，痛诋田齐为僭窃"仁义"的窃国"大盗"。

齐威王死后四年（前 316），燕王哙（前 320—前 316 在位）崇信儒墨长期鼓吹的"尧舜禅让"，禅位燕相子之（前 315—前 314 在位）。三年后燕国大乱，当时游仕齐国且"言必称尧舜"的孟子，竟然怂恿齐宣王（前 319—前 301 在位）趁机伐燕。齐之伐燕，导致燕王哙死，子之逃亡，燕国两年（前 313—前 312）无君，几乎灭国。"合纵"诸侯共谋伐齐存燕，齐才被迫撤兵。赵武灵王派赵将乐池领兵，护送在韩国做质子的燕公子职回国继位，是为燕昭王（前 311—前 279 在位）。燕昭王为复齐仇，准备了整整二十八年，筑黄金台召贤，中山人乐毅、周人苏秦、齐人邹衍等列国士人纷纷往燕担任客卿。苏秦为报燕昭王厚恩，请缨出使齐国行使反间，信誓旦旦对齐湣王（前 300—前 284 在位）保证燕永不反齐，骗得信任并获重用，遂留齐担任客卿，竭力怂恿齐湣王伐宋，为燕创造复仇机会。

宋康王东败齐，南败楚，西败魏，拓地三百里，久与强齐、强魏、强楚为敌。齐国伐宋，魏、楚出兵相助。秦国坐山观虎斗，希望中原最强的齐国，因伐宋而师劳国疲。为了促成齐湣王伐宋，前 288 年秦昭王用秦相魏冉（封穰侯）之策，与齐湣王互尊为“东帝”、“西帝”。然而迫于诸侯压力，两国月余即各自撤销“帝”号。宋为商朝遗邦，作为周朝同宗后裔或周朝功臣后裔的各大诸侯，均未救援，坐视其亡。前 286 年齐灭宋后，秦国立刻改变战略。其余诸国担心齐国坐大，进而危及自身，遂共谋弱齐。

齐灭宋两年之后的前 284 年，担任燕将的中山人乐毅（为魏伐灭母邦的中山人乐羊后裔）率六国联军攻齐。六国兵至，齐湣王车裂苏秦，出逃至莒，被楚将淖齿杀死。乐毅占领齐大半国土六年，导致齐六年（前 283—前 278）无君，几乎灭国。前 279 年燕昭王卒，继位的燕惠王（前 278—前 272 在位）为储君时与乐毅有隙，遂命骑劫代替乐毅为将。乐毅从齐逃亡至赵。前 278 年，齐将田单在孤城即墨以火牛阵反攻，收复失地，扶佐齐襄王（前 277—前 265 实际在位）复国。然而强齐从此一蹶不振，无力再与暴秦抗衡，强赵遂被推上了抗秦最前线。

## 五　诸侯称王，暴秦称帝

前 269 年秦、赵阏与之战，赵将赵奢大败秦军。前 258 年秦、赵长平之战，赵孝成王误用赵相平原君之策，以“纸上谈兵”的赵奢之子赵括代替廉颇为将，导致赵军断粮并战败投降。四十余万赵军降卒，被秦将白起全部坑杀。赵国壮丁为之一空，再也无力阻止秦兵东进。此后秦灭六国只是时间问题，再无悬念。

长平之战次年（前257），秦兵进围赵都邯郸。齐人鲁仲连正在“围城”之中，阻止了赵、魏等国情急之下欲尊秦王为“帝”促其撤兵之策，史称“鲁仲连义不帝秦”。前256年，魏之信陵君、楚之春申君领兵救赵，邯郸围解。平原君欲接受其侄赵孝成王增赏封地，被长期供养的公孙龙谏阻，公孙龙由此得罪平原君。稍后孔子六世孙孔穿从鲁至赵，前中山公子魏牟从秦至赵，齐人邹衍从齐至赵，分别对平原君猛烈诋毁公孙龙，平原君黜退公孙龙。不久，平原君（前308—前252）、公孙龙（前325—前250）相继去世。

战国中期诸侯纷纷僭称“王”号，导致了五大结果，无不与庄子撰著“内七篇”及其理解命运具有重大关系。

其一，诸侯称“王”导致战国中后期的封君或卿相，也水涨船高地僭称“公”。庄子不承认俗君为“王”，认为有德无位的“至人”才是真“王”，谓之“王德之人”，弟子后学谓之“素王”。这对理解《应帝王》篇名之“王”及全部庄学，至关重要。

其二，秦昭王与齐湣王不愿与称“王”诸侯平起平坐，一度于前288年僭称“西帝”、“东帝”。庄子时年八十二岁，亲见此前仅用于天神的“帝”号被人间君主僭用。这对理解《应帝王》篇名之“帝”及全部庄学，至关重要。

其三，称“王”诸侯无不变法。变法的实质是实行富国强兵、拓展疆土的军国主义，因此六国称“王”之后，逐鹿中原的血腥战争更趋白热化。交战双方兵力，合计常近百万，死伤数万乃至数十万，在同时期全球视野内绝无仅有。直到两千年后冷兵器时代终结，高效率杀伤武器问世，记录才被打破。这对理解“内七篇”尤其是《德充符》中充满刑余、肢残之人，至关重要。

其四，东周称“王”诸侯，共计十一国：楚，吴，越；齐，魏，宋，秦；韩，赵，燕，中山。越灭吴，楚灭越，赵灭中山，齐灭宋，剩余七王，即“战国七雄”。秦王嬴政灭六国，即杜牧《阿房宫赋》所言“六王毕，四海一”。卫国因未称“王”，直到前209年卫君角死后，才被秦二世胡亥取消国号。

其五，一统天下的秦王嬴政，既不满足于像商、周那样称“王”，也不满足于已被秦昭王、齐湣王一度用过的“帝”号，因而兼用儒墨竞相鼓吹的“三皇五帝”，号曰“皇帝”，开启了长达2132年的中华帝国史，永为世界记录。庄子对君主专制的超前批判和惊人预见，因而长期有效，永垂不朽。

## 六　宋王篡位，庄子弃职

简述战国大势之后，再略述庄子生平及相关诸子生平概要。

宋康王逐兄篡位之年（前338），庄子三十二岁。此前，庄子在其故乡蒙邑担任漆园吏，是其近距离观察君主专制运作方式及其悖道本质的重要经历。

庄子亲传弟子蔺且所撰《外篇·山木》记载，有一天庄子在雕陵的栗园里游玩，看见一只异鹊从南方飞来，翼展七尺，眼大一寸，翅膀扫过庄子额头，停息在栗树林里。

庄子说："这是什么鸟啊？翅膀很长却不能飞远，眼睛很大却视力不佳。"提起衣角快步跟去，手持弹弓留意其举动。他看见一只蝉，正躲在树叶荫蔽下纳凉而忘了真身。一头螳螂在树叶遮蔽下正伺机捕蝉，由于将有所得而忘了真形。而那只异鹊正准备捕杀螳螂，因为将获其利而忘了真性。

庄子惊叹说："唉！万物原本互相牵累，每一物类均会招致更强物类的捕杀。"于是扔掉弹弓转身就跑，结果招来了疑心庄子偷摘栗子的守园人追赶斥骂。

庄子回到家里，三天心情不好。

蔺且问："夫子为何这几天心情不好？"

庄子说："我只知守护肉身，反而忘了真身。我习惯了在浊水之中认知肉身，在清泉之中看见真身反而感到迷惑。况且我早已听老师说过：'沉溺俗世之中，就会盲从俗见。'如今我在雕陵游玩就忘了真身，那只异鹊的翅膀扫过我的额头令我惊醒。我在栗林里游玩又忘了真性，栗林守园人还怀疑我偷窃而侮辱了我，因此我心情不好。"

"异鹊"似为《逍遥游》大鹏的生活原型。据此概括的成语"螳螂捕蝉，黄雀在后"，把"异鹊"改为"黄雀"，导致异鹊与大鹏的关系隐而不显。蔺且是唯一确知的庄子弟子。《山木》当为蔺且所撰，所以自书其名，与庄子在《齐物论》中自书其名相同。这是古人著书的署名方式。

《外篇·山木》的“材与不材”故事，与《内篇·人间世》主旨吻合。这一故事当属弟子蔺且亲见亲闻，而非寓言。庄子一方面有感于“物固相累，二类相召”，另一方面适逢母邦发生宋康王逐兄篡位的宫廷政变，因此不愿继续依附专制庙堂。《人间世》曰“漆可用，故割之。人皆知有用之用，而莫知无用之用也”，必与庄子一度供职漆园有关。由于不愿像漆树那样任人宰割，庄子遂弃漆园之职。弃职后曾西游魏，东游鲁，南游楚，北游赵。广泛的游历见闻，使他对天下专制制度有了无人能及的深刻洞察。

弟子后学所撰“外杂篇”记载，庄子娶过妻，生过子。其妻先他而死，子嗣隐逸无闻。庄子居于陋巷，编织草鞋；钓鱼授徒，逍遥江湖。在其漫长一生中，庄子与“天之君子，人之小人”相交相知，对于民间疾苦感同身受。这是仅知钻营庙堂、逢迎君主的其他诸子不可能做到的。没有一部先秦子书，如此广泛涉及鸟兽虫鱼。没有一位先秦诸子，如此谙熟洞悉百工技艺。这是仅知钻营庙堂、逢迎君主的其他诸子不可能具备的，因此司马迁赞扬庄子“其学无所不窥”。

## 七　寓言讽世，痛诋专制

寓言是“内七篇”的最大特色和文本主体，但是寓言并非庄子苦心构思才可能有。生活中的庄子，面对猝然遭遇的外境外物，均能不假思索地立刻用寓言予以嘲谑反讽，口才便捷，张嘴即来。

庄子在宋康王篡位以后辞去漆园吏，安贫乐道，滑稽放言；寓言讽世，痛诋专制。从“外杂篇”记载的庄子言论来看，庄子撰文时尽管支离其言，晦藏其旨，生活中却极为敢言，毫无畏惧。

庄子亲传弟子蔺且所撰《外篇·曹商》[1]，记载了庄子对宋康王的评论：

---

[1]《外篇·曹商》为郭象所删刘安版《庄子》五十二篇本的十九篇“外杂篇”之一，不见于郭象版《庄子》三十三篇本。本书“外篇”、“杂篇”的分类及其篇目，均从张远山《庄子复原本注译》，多与郭象版《庄子》（即除了《庄子复原本注译》以外的一切《庄子》注本）不同，下不另注。

有人游说宋康王，得到十乘马车的赏赐，以此向庄子炫耀。庄子说："河边有人家贫，靠编织苇席维生。儿子潜入深潭，采得千金宝珠。其父对儿子说：'拿石头把宝珠砸了！那千金宝珠，必定藏在九重深渊，而且含在黑龙嘴里。你能采到宝珠，必定恰逢黑龙打瞌睡。倘若黑龙醒着，你怎能侥幸得手？'如今宋国的水深火热，决非深渊可比。宋王的凶猛暴虐，也非黑龙可比。你能得到马车，必定恰逢宋王打瞌睡。倘若宋王醒着，你就粉身碎骨了。"

庄子深知，宋康王一旦明白庄学奥义，自己必将粉身碎骨。庄子又预知，后世"宋康王"一旦明白庄学奥义，其书必将片简无存。

或许有人会想：庄子生不逢时，母邦君主恰为暴君，倘若宋君是儒家倡导的仁义明君，或许庄子也会出仕？战国时代的无数士人确实都"有奶便是娘"地游仕异国，但是庄子并未"楚材晋用"地游仕异国。《外篇·曹商》记载的另一则故事，足证庄子轻视俗世功名，粪土庙堂富贵，与所遇君主是否"明君"无关。

有个宋人叫曹商，宋康王派他出使秦国。使秦之前，宋康王给他十乘马车。到秦之后，曹商博得秦王欢心，获赐马车百乘。返宋之后，曹商嘲讽庄子："住在偏远狭窄的陋巷，窘困地编织草鞋，脖子枯槁如树枝，耳朵蜡黄像死人，我不擅长。见一次万乘大国的君主，随从马车就变成百乘，我很擅长。"

庄子立刻反击："秦王得了痔疮请医生，能挤破痔疮消除脓肿的，赏车一乘。肯用舌头舔舐痔疮让他杀痒舒服的，赏车五乘。治疗的方式越下贱，赏赐的马车越丰厚。你大概替秦王狂舔痔疮了吧？否则怎会赏车如此之多？去你的吧！"

庄子与专制制度强硬不合作，既不出仕母邦，也不游仕异国，而且对取富贵于母邦异国者，均予猛烈批判和无畏嘲笑。庄子认为，无论母邦还是异国，当时的整个天下都是专制制度。他既不愿被专制君主役使，更不愿对专制庙堂屈服。

生活中的庄子，无所顾忌地痛斥宋国庙堂为"九重之渊"，无所畏惧地抨击宋康王"猛过骊龙"，因此他用支离其言、晦藏其旨的特殊方式撰写"内七篇"，决非出于胆怯，而是为了传道后世，使崇尚自由、批判专制的不朽思想传之久远。

## 八 终身不仕，以快吾志

与庄子同国同时声名最著的宋人，是年长庄子十一岁的墨家信徒兼名辩大师惠施，游魏成为客卿，长期担任魏相，辅佐一代霸主魏惠王。

《外篇·秋水》记载，庄子辞去漆园吏以后，曾经西游魏都大梁，往访同国大贤惠施。惠施或许早已听说母邦宋国出了一位奇人庄周，其左右又妄加猜度地进谗："庄子来大梁，恐怕是欲谋魏国相位。"

惠施担心起来，派人在大梁城里搜捕庄子三天三夜。庄子到大梁后，并未急于拜见惠施，而是四处游历，了解魏国民风。听说惠施正在搜捕他，就直接去见惠施，又即兴开讲寓言："南方有鸟，名叫鹓雏，你听说过吗？鹓雏从南海飞到北海，不是梧桐就不停，不是楝实就不吃，不是甘泉就不喝。有只猫头鹰得到一只腐烂的死鼠，正好鹓雏从它头顶飞过，就仰头向天大喊一声：吓！莫非你也想用你的魏国相位来吓我吗？"

这是庄、惠初识[1]。庄子对惠施大失所望，并未与之定交。

《外篇·山木》记载，魏惠王也已风闻庄子大名，主动召见庄子。结果庄子把魏惠王和惠施都骂了进去，面斥为"昏上乱相"。[2]

庄子是否吃不到葡萄说葡萄酸呢？《外篇·曹商》、《外篇·秋水》以及《史记·老子韩非列传》，均曾记载庄子峻拒楚王聘相的史实，综述如下。

楚威王听说了庄子大名，派两位大夫持千金去宋国聘他为相。庄子不在家。楚大夫找到在濮水岸边钓鱼的庄子，说："吾王想请先生为相。"

庄子手持钓竿，头也不回地说："听说楚有神龟，已经死了三千年。楚王把

[1] 《太平御览》卷四六六《庄子》逸文："惠子始与庄子相见而问焉。庄子曰：'今日自以为见凤凰而徒遭燕雀耳。'"足证《秋水》所记为庄、惠二人初见。

[2] 面斥魏惠王的庄子，不可能主动求见。唯恐庄子得到魏惠王赏识夺其相位的惠施，也不可能主动引见，因此必为魏惠王主动召见庄子。

神龟的骸骨精心保存，供奉在庙堂之上。这头神龟，究竟愿意死了留下骸骨，被当做宝贝呢？还是宁愿活着，摇着尾巴在泥滩上爬呢？”

楚大夫说：“宁愿活着，摇着尾巴在泥滩上爬。”

庄子笑了：“千金，固是重利；卿相，固是尊位。但你们没见过祭祀用的牺牛吗？被豢养几年后，就披上五彩绣衣，牵到庙堂宰杀献祭。到那时，再想做普通的牛还可能吗？你们走吧，不要污辱我！我宁愿在污泥之中快活游戏[1]，也不愿被君主役使。我将终身不仕，以快吾志。”

濮水在蒙邑附近，一称沙水。《水经·淮水注》：“濮水即沙水之兼称。”沙水流经今安徽涡阳、蒙城一带。涡阳是蒙城旧名，今另有涡阳。今蒙城县、涡阳县相邻，同属安徽省亳州市。

《外篇·曹商》、《外篇·秋水》没提楚王是谁，《史记·老子韩非列传》则明言“楚威王”。楚威王熊商，前339年至前329年在位，正当庄子三十岁至四十岁之间。一介布衣的年轻庄子，峻拒强楚千金聘相，一反儒墨士人之同善共趋，立刻“恶骇天下”而名动六国。宋人蔺且、前中山公子魏牟等弟子后学，遂慕其风而广之。

## 九　晚年挚友，大知惠施

惠施年长庄子十一岁，未及庄子成年，已经离开母邦游仕魏国。魏将庞涓在前353年的桂陵之战和前341年的马陵之战中，被齐将田忌、孙膑两度重创。魏太子申还亲自领兵投入马陵之战，与庞涓一起战死。魏惠王无力报杀子之仇，才不得不拜客卿惠施为相，接受其“偃兵”主张，与齐和解。惠施于前335年辅佐魏惠王称王并得到齐威王承认，因此被魏惠王长期倚重。由于儒墨两家大力鼓吹“尧舜禅让”，欲自比尧舜、博取声名的魏惠王，曾经假惺惺地禅位惠施。

[1] 司马迁记述“游戏”名相出于庄子之口，必有所本。且为汉语史首见，必为庄子首创。当在郭象所删篇什或现存篇什的被删段落中。

惠施识相地拒绝了。[1]

宋人惠施担任魏相长达十九年（前340—前322），堵塞了魏国士人的仕途，于是魏人张仪游仕秦国，于前328年担任秦相，并于前325年辅佐秦惠王成功称王。前322年，张仪向秦惠王请缨出使母邦魏国，游说魏惠王联秦伐齐。魏惠王刚于去年（前323）“五国相王”中组建抗齐联盟，今又得到秦相张仪许诺强秦助魏伐齐，遂将主张“偃兵”的惠施罢相，转拜张仪为相。

在魏国与张仪冲突失利的惠施，与在楚国与张仪冲突失利的屈原境遇相似。激烈反对张仪的惠施，差点被魏惠王诛杀，凭借化装才逃离魏国，投奔屈原母邦楚国[2]。由于惠施是兼相秦魏、权倾天下的张仪之政敌，楚怀王不愿得罪张仪，更不愿得罪张仪的靠山秦惠王、魏惠王，于是赠以车马，把惠施送归母邦宋国。[3]

惠施由楚归宋途中，庄子正在宋泽孟诸钓鱼。庄子看见惠施从车百乘，遂将多钓的鱼也扔进湖里，对倚待庙堂谋取多余之财的惠施表示不屑[4]。庄子时年四十七岁。直到此时，庄、惠二人仍未定交。

宋康王对长期担任强魏权相的本国大贤惠施，也曾十分仰慕[5]，但是现在惠施已老，兼已失势，况且墨徒惠施主张偃兵，不对穷兵黩武的宋康王胃口。惠施没能在母邦重新出仕，蛰伏了三年。庄子所居蒙邑，仅距宋都商丘咫尺之遥。失意的惠施遂与闲居的庄子朝夕盘桓，逐渐从针锋相对的论敌，变成了惺惺相惜的畏友。这是庄、惠交往的第一时期（前322—前320）：庄子四十八岁至五十岁，惠施五十九岁至六十一岁。

惠施罢相归宋第三年，前319年魏惠王卒。六十二岁的惠施立刻离宋赴魏，图谋复相。继位的魏襄王果然信任惠施而不信任张仪，但是张仪罢相之后，继任

[1]《吕览·不屈》：魏惠王谓惠子曰：“上世之有国，必贤者也。今寡人实不若先生，愿得传国。”惠子辞。

[2]《吕览·不屈》：惠子易衣变冠，乘舆而走，几不出乎魏境。

[3]《战国策·楚策三》：张仪逐惠施于魏。惠子之楚，楚王受之。冯赫谓楚王曰：“逐惠子者，张仪也。而王亲与约，是欺仪也。臣为王弗取也。惠子为仪者来，而恶王之交于张仪，惠子必弗行也。且宋王之贤惠子也，天下莫不闻也；今之不善张仪也，天下莫不知也。今为事之故，弃所贵于仇人，臣以为大王轻矣。且为事耶？王不如举惠子而纳之宋，而谓张仪曰：‘请为子勿纳也。’仪必德王。而惠子穷人，而王奉之，又必德王。此不失为仪之实，而可以德惠子。”楚王曰：“善。”乃奉惠子纳之宋。

[4]《淮南子·齐俗训》：“惠子从车百乘以过孟诸，庄子见之，弃其余鱼。”许慎注：“孟诸，宋泽。”

[5] 见上注[3]：“宋王之贤惠子也，天下莫不闻也。”

魏相的并非宋人惠施，而是齐人田需（前318—前310在位）[1]。未能复相的惠施，只能倚老卖老地教诲田需一番[2]。前314年齐宣王伐燕之时，魏襄王派遣惠施出使赵国，请求赵武灵王伐齐存燕[3]。此后惠施继续流连大梁，逐渐淡出政治而转向学术。大约前305年左右，惠施提出著名辩题“历物十事”，引致天下辩者群集大梁辩论，其中就有年仅二十一岁的赵人公孙龙。公孙龙与韩人桓团等辩者前辈在大梁辩论中又提出“二十一事”等新辩题，合力击败了惠施。惠施在政坛失意之后，继以学术失败，再次返归母邦，与庄子朝夕盘桓。这是庄、惠交往的第二时期（约前305—前300）：庄子六十五岁至七十岁，惠施七十六岁至八十一岁。

庄、惠晚年频繁斗嘴的两个时期，惠施在宦海沉浮的漫长一生中积累的丰富政治阅历，成为庄子深入了解天下君主专制的重要间接经验。惠施八十一岁死于宋，葬于宋。《外篇·徐无鬼》记载，庄子曾过惠施之墓，并对弟子感叹：“自夫子之死也，吾无与言之矣。”惠施死时，庄子七十岁。庄子用其十四年余生，完成了支离其言、晦藏其旨的“内七篇”。

## 十　隐攻公孙，暗讽孟轲

名家巨子惠施，是“内七篇”明确提及并与庄子直接对话的唯一同时代大家。

[1] 杨宽《战国史》认为公孙衍继为魏相，实继为魏将。惠施死党公孙衍，也是张仪之政敌，魏襄王逐张仪后，公孙衍始得为魏将。前310年田需死后，公孙衍才与因秦惠王死后被秦武王驱逐归魏的张仪、因与齐宣王有隙而离开齐国的孟尝君田文，成为继任魏相的可能人选。因楚相昭鱼担心“张仪相，必右秦而左魏。犀首相，必右韩而左魏。薛公相，必右齐而左魏”，遂请苏秦之兄苏代游说魏襄王，导致三人均未继任魏相，而由魏太子自任魏相。参见《史记·魏世家》“魏相田需死”。

[2]《战国策·魏策二》：田需贵于魏（襄）王，惠子曰：“子必善左右。今夫杨，横树之则生，倒树之则生，折而树之也生。然使十人树杨，一人拔之，则无生杨矣。故以十人之众，树易生之物，然而不胜一人者，何也？树之难而去之易也。今子虽自树于王，而欲去子者众，则子必危矣。”

[3]《战国策·赵策三》：齐破燕，赵欲存之。乐毅（时任赵相）谓赵（武灵）王曰：“今无约而攻齐，齐必仇赵。不如请以河东易燕地于齐。赵有河北，齐有河东，燕、赵必不争矣。是二国亲也。以河东之地强齐，以燕、以赵辅之。天下憎之，必皆事王以伐齐。是因天下以破齐也。”王曰：“善。”乃以河东易齐，楚、魏憎之，令淖滑、惠施之赵，请伐齐而存燕。

王孝鱼据此认为，“内七篇”专为驳斥惠施名学而撰。这一谬见极度削弱了“内七篇”的普遍意义。其实《齐物论》的“指非指”和“(白)马非马”，隐讽的是惠施论敌公孙龙的独家辩题。《大宗师》的至人“孟子反”之名，隐讽的则是与庄子同时的大儒孟子（前372—前289）。

隐晦不提论敌之名，是诸子惯技。比如儒家集大成者赵人荀况（前313—前238），与名家集大成者赵人公孙龙（前325—前250）同国同时，不可能不知道这位比自己年长十二岁、早已名震天下的当世第一辩者。然而整部《荀子》不厌其烦地激烈诋毁名家学说，说来说去总是“惠施邓析”，根本不提公孙龙。

邓析（前545—前501）是与孔子同时的春秋末期郑国人[1]，死后一百二十年，惠施（前380—前300）才出生。荀况为何始终把邓析列于惠施之后？因为“邓析”是公孙龙的隐晦代词。而惠施比公孙龙年长五十五岁，因此得以列名“邓析”之前。所谓“惠施邓析”，实为“惠施公孙”。

荀况为何要用“邓析”晦藏公孙龙？因为荀况渴望出仕母邦，不敢得罪长期担任赵相的平原君赵胜（前308—前252）。平原君的一再决策失误，导致了长平之败和邯郸之围，所以《史记·平原君列传》说：“平原君，翩翩浊世之佳公子也，然未睹大体。鄙语曰‘利令智昏’，平原君贪冯亭邪说，使赵陷长平兵四十余万，邯郸几亡。”然而《荀子·臣道》竟说：“解国之大患，除国之大害，成于尊君安国，谓之辅。平原君之于赵，可谓辅矣。”罔顾事实地把“国之大患”、“国之大害”平原君，谀词妄赞为“解国大患，除国大害，尊君安国”的模范辅臣。即便如此，平原君仍然不喜儒家而服膺名家，崇信并供养公孙龙长达半个世纪，大儒荀况从未得到赏识。荀况只能时而东游齐国，时而西游秦国，时而南游楚国，闲得无聊又授徒韩人韩非、楚人李斯，好不容易在楚相春申君黄歇那里谋得兰陵县令一职，很快又被撤职[2]。荀况不愿断绝母邦仕途，不敢得罪平原君，所以

[1] 参阅拙著《寓言的密码》二十八章“长短其说的纵横家——赎尸诡论”。

[2] 参见《史记·孟子荀卿列传》及《史记·春申君列传》。

不敢明攻平原君崇信的公孙龙，遂以隐语“邓析”替代[1]。这一曲折的隐语，导致后世误将邓析视为名家始祖。[2]

《齐物论》隐攻公孙龙，仅涉辩题，未及其名，是因为“内七篇”已经明攻名家巨子惠施。作为前辈大佬，庄子不愿再明攻比自己小四十四岁的名家晚辈公孙龙。《大宗师》暗讽孟子，用“孟子反”来“反孟子”，是因为“内七篇”已经明攻儒家始祖孔子，兼及儒门圣王尧舜，因此庄子不屑齿及远逊孔子的同时代大儒孟子。

## 十一　公子魏牟，失国改宗

撰写“外杂篇”的庄门弟子后学，慕效其师文风，也没有明攻大儒孟子、荀子，仅仅明攻儒家始祖孔子，明攻儒门圣王尧舜。但在总论先秦学术源流的《外篇·天下》中，孔、孟、荀均未被提及。

撰写“外杂篇”的庄门弟子后学，同样慕效其师文风，一方面明攻惠施，另一方面又把“内七篇”仅涉辩题、未及其名的公孙龙亮了出来。《外篇·徐无鬼》记载，庄子曾对惠施说：“儒、墨、杨、秉四，与夫子（惠施）为五。”公孙龙字子秉，“秉”即公孙龙。《外篇·惠施》则明确提及公孙龙：“桓团、公孙龙

---

[1] 今人谭戒甫最早猜测《荀子》之“邓析”晦藏公孙龙，其《公孙龙子形名发微·纂余第十》（中华书局 1996 版，170 页）曰：“（荀子）言时必并称‘惠施邓析’而不一称‘邓析惠施’者，以其所詈意实在龙，不在析也。尝单称惠子（案：《解蔽篇》），或同称‘慎、墨、季、惠’（案：《成相篇》），而邓析一人未尝独及焉，亦不为无因者。（中略。）古书类多施、龙并举；而惠、析并称，惟见《荀子》。然则荀卿之言，隐寓他意，从可知矣。”谭戒甫嗅觉灵异，可惜对相关诸子生平、战国重要史事的确切纪年所知有限且颇多错讹，缺乏坚实史证，仅凭义理推断，论证极不充分，未能使其假说成为定论。公孙龙研究者中，仅有栾星注意到谭戒甫假说，却认为证据不足，粗疏辨析后即以“谭说尤曲”否定。参见今人栾星《公孙龙子长笺》，中州书画社 1982 版。

[2] 上当的后人，据此伪撰《邓析子》。有学者认为《邓析子》原有，后亡佚，再伪造。也有学者认为，前后两部《邓析子》均属伪书。我倾向于后者。因为“孔子之前无私人著述”是难以推翻的基本史实，而邓析比孔子早死二十二年。老聃尽管稍长于孔子，但《老子》是战国中期才由老聃后学写定的老聃口传语录，并非老聃亲撰。

辩者之徒，饰人之心，易人之意；能胜人之口，不能服人之心。”《外篇·秋水》又记载了魏牟对公孙龙的当面痛斥。

魏牟（前 320—前 240）是庄子学派的重量级人物，也是战国后期的道家代表人物。《荀子·非十二子》痛诋六组十二位诸子，魏牟与今已不详学说的它嚣同列第一组。《汉书·艺文志》列《公子牟》四篇于道家，汉后亡佚。由于班固误以为“外杂篇”的撰者也是庄子，因而妄书曰：“先庄子，《庄子》称之。”其实是比庄子小四十九岁的魏牟，在《外篇·秋水》中极赞庄子。赵灭中山之年（前 296），中山王之子魏牟二十五岁，庄子七十四岁。《外篇·让王》称魏牟为“中山公子牟”，又因中山曾经称王，而称为“万乘之公子”。[1]

赵灭中山（前 296）以前大约九年（前 305），惠施在魏都大梁与天下辩者辩论，年仅二十一岁的公孙龙（前 325—前 250）在辩论中击败惠施而名震天下。“不恤国事”的中山公子魏牟时年十六岁，优游宗主国国都大梁而亲睹盛况，遂成公孙龙信徒。

伪《列子》多存先秦史料部分之真。《列子·仲尼》记载了魏牟与乐正子舆的辩论。乐正子舆攻击公孙龙“行无师，学无友，佞给而不中，漫衍而无家，好怪而妄言，欲惑人之心，屈人之口，与韩檀（按即桓团）等肆之”。

魏牟则为公孙龙竭力辩护，痛斥乐正子舆：“智者之言，固非愚者之所晓。”

然而中山为赵所灭后，前中山公子魏牟性情大变，转而迁怒于一度崇信的赵人公孙龙，或者直接成为庄子的晚年弟子，或者师事庄子弟子蔺且，也可能先拜詹何（前 350—前 270）为师，后拜蔺且（前 340—前 260）为师。

《外篇·让王》记载了詹何对魏牟的教诲。

魏牟失国后流落天下，“身在江海之上，心居巍阙之下”。曾经西游秦国，受到主张“远交近攻”、出任秦相的魏人范睢（前 267—前 255 任秦相，封应侯）礼遇。前 256 年邯郸解围以后，魏牟预知范睢因掣肘白起导致秦围邯郸失败，即将失去秦昭王信任，于是辞别范睢，行前忠告曰：“夫贵不与富期，而富至；富不与梁肉期，而梁肉至；梁肉不与骄奢期，而骄奢至；骄奢不与死亡期，而死

[1]“千乘”指诸侯，“万乘”指王。

亡至。”[1]稍后齐人蔡泽游秦，也规劝范雎激流勇退，于是范雎主动向秦昭王辞去相位，免除了后患。蔡泽游说得逞，遂代范雎担任秦相。[2]

魏牟离开秦都咸阳，转往赵都邯郸拜见平原君，又再次见到平原君的著名门客、魏牟年轻时的偶像公孙龙。《外篇·秋水》记载了已从公孙信徒转为庄子信徒的魏牟对公孙龙的当面痛斥，谓之“用管窥天，用锥指地”的井底之蛙，盛赞“内七篇”是“极妙之言”，讥讽公孙龙“欲观于庄子之言，是犹使蚊负山”。

《外篇·秋水》是有助于理解《内篇·齐物论》的重要篇什。根据撰者自书其名的著书惯例，撰者当为魏牟。“外篇”的重要篇什，主要撰者当为蔺且、魏牟二人。

研究庄学，不能不了解庄子晚年挚友惠施和庄子学派重量级人物魏牟，也不能不了解与惠施、魏牟关系重大的名家集大成者公孙龙。

## 十二　庄子著书，支离其言

除了郭象的故意篡改、系统反注，理解“内七篇”的另一障碍，就是庄子的故意支离其言，晦藏其旨。

庄子既然著书，为何故意不让人懂？因为庄子崇尚自由，反对专制，然而在专制制度下批判专制极其危险。避免母邦暴君宋康王诛杀其身还难度较低，庄子可以像哥白尼临死之前才公布“日心说”那样，生前不流布其书。避免后世君主剿灭其书，才是不易成功的莫大难题。庄子必须做到：既让被后世君主压迫的庄学之友读懂，又不让后世君主和依附君主的庄学之敌读懂，甚至读懂也无法剿灭其书。为此庄子采用了支离其言、晦藏其旨的特殊写作方法。具体而论，就是庄文三言：寓言，重言，卮言。

庄子死后，庄子亲传弟子蔺且为“内七篇”撰序一篇，就是《外篇·寓言》，

[1] 参见《战国策·赵策三》。
[2] 参见《史记·范雎蔡泽列传》。

把“内七篇”概括为“寓言十九，重言十七，卮言日出”。庄子再传弟子魏牟又为“内七篇”撰跋一篇，就是《外篇·天下》，把“内七篇”概括为“以卮言为蔓衍，以重言为真，以寓言为广”。并且点题曰：“以天下为沉浊，不可与庄语。”奥义是：庄学是专制天敌，倘若直白易懂，专制庙堂必将剿灭《庄子》，就像剿灭杨朱之书一样。

“寓言”之义人人能懂：寓有深意的故事。“寓言”名相，正是庄子弟子蔺且所撰《外篇·寓言》发明，或许得自庄子亲传。

“卮言”之义非常难懂，至少有三。

其一，“卮”借为“至”，卮言就是至言。言之四境是：无言→小言→大言→至言。卮言是最为重要的至言，但其奥义极其隐晦。

其二，“卮”为酒器，空则上仰，满则倾覆。隐喻庄子借用寓言、卮言述道，其意述满之后，又予倾空致无。读者亦当如此，借助庄子卮言，理解庄子寓言；理解以后，还须丧忘。是为庄学奥秘“得意忘言”。为何得其真意之后，必须丧忘其言？因为若不丧忘，就会招致专制庙堂诛杀；倘若挑明奥义，又会殃及《庄子》遭到剿灭。

其三，“卮”借为“支”，意为支离。寓言是圆的，人人理解不同。因此西方寓言家伊索、拉封丹讲完寓言，必定点明寓意。然而庄子身处专制语境，不能讲完寓言点明寓意，只能“卮言日出”：让点明寓意的卮言，天女散花地“蔓衍”各处，与寓言“支离”分开。“内七篇”六见“支离”，既有言说义理的“支离其形”，“支离其德”，也有寓言人名“支离疏”，“闉跂支离无脤”。“外杂篇”二见“支离”，均为寓言人名，即《外篇·至乐》的“支离叔”，《外篇·列御寇》的“支离益”。

“内七篇”的义理核心是卮言，文本主体是寓言。若不明白“卮言”晦藏的暗示，就无法理解“寓言”的支离寓意。

“寓言”、“卮言”之中，均有“重（chóng）言”，因此“寓言十九”与“重言十七”有所重叠，不构成计算错误。“重言”就是“重复之言”，既是对“卮言”晦藏之旨的重复强调，也是对“寓言”支离之义的重复暗示。读者对“卮言”晦藏之旨和“寓言”支离之义的感悟，必须得到“重言”印证，才可确认为庄学真义。是为“以重言为真”。

郭象误读为“重（zhòng）言”，谬解为“借重”尧舜孔老等名人以“自重”，毫无证据。出场最多的尧舜孔，是“内七篇”的主要贬斥对象。“内七篇”中的老聃之言合计 103 字，如何借重？而且无论怎样统计，也不可能拼凑出十分之七的“借重之言”。“重复之言”占十分之七，却符合实情。按理十分之七的“重复之言”会使阅读极其单调，然而阅读“内七篇”决无单调之感。因为仅有极少量重言是字面相同的标准型重言，大多数重言都是字面不同的变文转辞。不过变文转辞在避免了单调的同时，又大大增加了理解的难度。

《外篇·寓言》启发读者逆向思考：“非卮言日出，和以天倪，孰得其久？”奥义是：倘若庄子不是东一榔头西一棒地支离其言、晦藏其旨，其书必被专制庙堂剿灭，怎能传之久远？

《外篇·天下》则对读者正面透底：“谬悠之说，荒唐之言，无端崖之辞。”奥义是：庄子寓言极其有趣，庄子卮言极为难懂，庄子重言极难辨识。

无论寓言，重言，卮言，“内七篇”一切文字的根本特点均为支离其言。支离其言的目的，正是晦藏其旨。

## 十三　朝三暮四，晦藏其旨

上文略述战国大势与庄子生平，得出两条主要立论：

其一，庄学是专制天敌，因此庄子既要避免自身遭当世君主诛杀，又要预防己书被后世君主剿灭，不得不采用支离其言、晦藏其旨的特殊写作方式，导致庄学奥义千古难明。

其二，庄子必须创造几乎不可能的奇迹：既让庄学之友读懂，又不让庄学之敌读懂。即便庄学之敌嗅出异味，也难以证明甚至不敢证明自己读懂，因而无法剿灭其书。

仅用庄子之书果然没被专制庙堂剿灭来反证我的立论，显然缺乏说服力，因此必须至少举一个例子——更多例子详见单篇奥义。

《齐物论》有一则著名寓言：

狙公赋芧，曰："朝三而暮四。"
众狙皆怒。
曰："然则朝四而暮三？"
众狙皆悦。

寓言有趣至极，然而寓意难明，因为庄子在打哑谜。猜破哑谜的人并非没有，只不过道破谜底的方式，依然只能打哑谜。

晋人张湛在其伪造的古书《列子》中，改编了庄子哑谜：

宋有狙公者，爱狙，养之成群，能解狙之意，狙亦得公之心。损其家口，充狙之欲。俄而匮焉，将限其食，恐众狙之不驯于己也，先诳之曰："与若芧，朝三而暮四，足乎？"众狙皆起而怒。俄而曰："与若芧，朝四而暮三，足乎？"众狙皆伏而喜。（按：张湛知道庄子是宋人，故加"宋"字。）

张湛猜出了庄子的谜底：狙公与众狙，隐喻庙堂君主与江湖民众。

张湛同时认为：庄子站在狙公即君主一边，拥护君主专制。

张湛如此阐释：狙公深爱众狙，养育天下众狙。狙公不惜让家人过苦日子，也要满足众狙的贪欲。由于众狙生养日多，狙公粮仓将空，才不得不限制众狙口粮：早饭三颗橡子，晚饭四颗橡子。贪心不足的众狙发怒了。爱狙如子的狙公，于是顺天应人地改口：那就早饭四颗橡子，晚饭三颗橡子。感沐圣恩的众狙转怒为喜，伏在地上三拜九叩，山呼万岁。

明人刘基在其寓言专著《郁离子》中，也改编了庄子哑谜：

楚有养狙以为生者，楚人谓之狙公，旦日必部分众狙于庭，使老狙率以之山中求草木之实，赋什一以自奉。或不给，则加鞭箠焉。群狙皆畏苦之，弗敢违也。一日有小狙谓众狙曰："山之果，公所树欤？"曰："否也，天生也。"曰：

“非公不得而取欤？”曰：“否也，皆得而取也。”曰：“然则吾何假于彼而为之役乎？”言未既，众狙皆悟。其夕相与伺狙公之寝，破栅毁柙，取其积，相携而入于林中，不复归。狙公卒馁而死。（按：刘基误信庄子为楚人，故改“宋”为“楚”。）

刘基也猜出了庄子的谜底：狙公与众狙，隐喻庙堂君主与江湖民众。

刘基同时认为：庄子站在众狙即民众一边，反对君主专制。

刘基如此阐释：并非狙公养活众狙，而是狙公“养狙以为生”。狙公每天让老狙带着众狙到山里劳动，剥削他们的剩余价值。“赋什一以自奉”，隐晦挑明了庄子原文“狙公赋芧”之“赋”的奥义：庙堂与江湖的本质关系是抽取什一税。江湖众狙对庙堂狙公“皆畏苦之，弗敢违也”。就像安徒生童话《皇帝的新衣》中说真话的小孩那样，一只小狙道破了真相，于是众狙奋起反抗，挣脱了狙公的魔爪。狙公饿死了。

张湛、刘基的阐释尽管针锋相对，至少对狙公、众狙隐喻君主、民众并无分歧，说明二人全都明白庄学奥义。只不过儒家士人张湛反对庄学奥义，因而予以逆向歪曲；而道家异人刘基赞成庄学奥义，因而予以隐晦挑明。无论是庄学之友刘基，还是庄学之敌张湛，全都受困于专制语境而无法直言，不得不像庄子一样打哑谜。

儒家士人张湛，急于依附专制庙堂，渴望分享民脂民膏，所以在其伪造的《列子》中抄袭庄子，然后用反注反击庄子。张湛为伪《列子》加注以后公诸儒林一举成名，得到专制庙堂奖赏，官至光禄勋。张湛并非孤例，比如还有郭象、成玄英、陆德明及其众多追随者。

道家异人刘基，助朱元璋一统天下，按其功劳足以像徐达、常遇春那样封王封公，但他不肯依附专制庙堂，不愿分享民脂民膏，为免被疑二心而遭诛杀，才不得已逊受“诚意伯”，全生远害地隐于庙堂。江湖传说，他成了风水祖师刘伯温。刘基也非孤例，比如还有春秋范蠡、汉代张良。范蠡助勾践灭吴，不愿受封受赏，而是飘然不知所终。江湖传说，他成了富可敌国并三散巨财的陶朱公。张良助刘邦灭楚，不愿像萧何、韩信那样封王封公，为免被疑二心而遭诛杀，才不得已逊受“留侯”，随后飘然不知所终。江湖传说，他追随赤松子游仙去了。

或问：既然刘基像庄子一样反对“狙公”，为何要助朱元璋打天下呢？其实刘基隐晦挑明庄子哑谜，正是为了譬解此疑：两害相权取其轻。在当时的历史格局下和时代困境中，与其听任众多狙公竞争者旷日持久地厮杀不休，不如尽快确定“一统天下”的庙堂狙公，这样对江湖民众稍稍有利。

庄子深藏奥义的支离其言，经过郭象篡改，变得支离破碎，经过郭象反注，变得完全不通。庄子寓言尽管迷住了无数读者，却常常背离庄子卮言而被歪用。成语“朝三暮四”，遂被离题万里地用于形容花心男人的见异思迁，与形容美貌女人的“水性杨花”成了一对。庄子屠龙宝刀，居然仅供杀鸡。

## 结语　至言不出，俗言胜也

在君主专制之下，反对君主专制的庄学之友刘基抉发庄学奥义，也只能像庄子一样打哑谜。因为刘基与两千年头号庄学之友陶渊明一样明白“此中有真意，欲辨已忘言”，不得不像庄子一样主动打哑谜。倘若直言，即便你“逍遥”山林，海捕文书一下，也跑不了。《人间世》早有卮言：“无适而非君也，无所逃于天地之间。”

那么在君主专制之下，拥护君主专制的庄学之敌张湛反击庄学奥义，为何也只能打哑谜呢？因为张湛与刘基智力难分伯仲。尽管刘基身在庙堂，心在江湖，而张湛钻进庙堂，跪于丹墀，然而跪下仅让张湛的人格变低，不会让张湛的智力变低。张湛的智力足以让他明白：决不能直接批判庄子奥义，更不能向皇帝告密，即便告密的同时大表忠心，仍然难逃杀身之祸。

聪明绝顶的张湛必能预见，愚蠢透顶的皇帝必会这么想：别人都没看出庄子有这意思，偏你看出庄子有这意思。朕看来看去，还是看不出庄子有这意思，莫非是你自己这么想？

即便张湛竭力辩解：陛下圣明！庄子反动透顶又狡猾至极。他的支离文字充满隐语，全是密码，他的恶毒攻击和犯上渎圣，轻易看不出来。

皇帝还是将信将疑：那你又从何得知密码？莫非你与庄子一般肚肠？

张湛决不敢拿自己聪明绝顶的脑袋，愚蠢透顶地到皇帝那里冒险。因为庄学奥义不仅难以领悟，更加难以证明，而且涉入了专制语境的绝对禁区，仅仅告发庄学奥义，就会触犯专制禁忌。

就这样，庄子创造了人类写作史上几乎不可能的奇迹：大部分庄学之敌读不懂“内七篇”，极少数聪明绝顶的庄学之敌虽能嗅出异味，而且必欲灭之而后快，但是他们无法向皇帝证明自己的灵异嗅觉。聪明绝顶的儒生郭象，与聪明绝顶的儒生张湛一样，知道庄子彻底否定君主专制，同时知道庄子彻底否定了儒生的人生价值取向，却不能向皇帝邀功请赏。他们原本天生聪明难自弃，才不甘寂寞地自售于庙堂，然而这份足以嗅出庄学异味的绝顶聪明，竟然不能折合为现金。既然“胜物而不伤”的《庄子》使他们陷入了人格分裂，沉入了痛苦深渊，而且他们不能借助专制皇权剿灭《庄子》，那么他们只能通过篡改反注来泄愤，用伪庄学遮蔽真庄学。

书之难懂，通常的原因是作者思力太弱，原本糊涂，而且笔力太弱，词不达意。然而“内七篇”难懂的原因是庄子笔力超强，强到支离其言、晦藏其旨也能达意；同时思力超强，强到预知读者如何反应，无论读者是友是敌。庄子预知，在君主专制终结之前，庄学之友为了避免遭到诛杀并殃及《庄子》，肯定不会抉发庄学奥义。庄子预知，在君主专制终结之前，庄学之敌为了避免批判“毒草”反噬自身，必然不敢揭发庄学奥义。庄子预知，在君主专制终结之前，庄学奥义必将成为中国文化的最大秘密，因此《齐物论》说：“万世之后而一遇知其解者，是旦暮遇之也。”庄门弟子预知，在君主专制终结之前，伪庄学必将长期遮蔽真庄学，因此《外篇·天地》说：“至言不出，俗言胜也。”[1]

---

[1] 本文删节版，刊《书屋》2006年10期。今已修订增补。

## 绪论二

# 庄学四境与郭象篡改

# 弁言 庄学奥义，沉埋千古

前359年，庄子十一岁。三十二岁的卫人公孙鞅（前390—前338）离魏至秦[1]，先后三次分别以“帝道”、“王道”、“霸道”游说秦孝公（前361—前338在位）。秦孝公以“帝道”、“王道”为迂远，闻“霸道”而大悦，拜鞅为相。变法十八年，秦国“大治”[2]。这是秦国一统天下之根基[3]，也是两千年中华帝国史以“霸道”治天下之缘起。

从庄子（前369—前286）物化仙逝，到郭象（252—312）篡改反注，五百余年的中国历史大势是：秦始皇以法家之刑教“霸道”一统天下（前221），开启中华帝国史，称帝以后十四年（前207）秦帝国崩溃。汉初以黄老之无为“帝道”与民休息，形成“文景之治”。随后汉武帝以儒家之名教“王道”整治天下，实行“王霸杂用”。两汉四百年，儒学价值耗尽，边际效用递减，“仁义”伪道戕贼天下，专制弊端显露无遗。秦汉士人无不酷爱《庄子》，尤重庄子亲撰的“内七篇”。儒生撰文，频繁征引庄文伟词。佛徒译经，大量借用庄学名相。然而《庄子》仅是士林秘笈，并非庙堂显学。仅当历史进入魏晋之后，“名教”（儒、法）与“自然”（老、庄）孰为真道，始成魏晋“玄学”必须辨明的哲学根本问题。

魏晋“玄学”奠基之作，是魏晋儒生王弼（226—249）篡改反注的《老子注》，宗旨是“名教本于自然”。其名言见于《世说新语·文学》：“圣人（孔子）体无，无又不可以训，故言必及有。老庄未免于有，恒训其所不足。”然而老聃之反名教一目了然，王弼实为刻意反注。为使反注貌似有理，王弼只能篡改《老子》。

---

[1] 魏相公叔痤临终，向魏惠王推荐其门人公孙鞅继任魏相，不用则杀之，以免为别国所用而危及魏国。魏惠王笑其昏悖，不用也不杀公孙鞅。公孙鞅遂自魏至秦。参见《史记·商君列传》。

[2] 庄子死后六年出生的法家集大成者韩非，进一步把“霸道”推向极致。参阅拙著《寓言的密码》中卷论韩非。

[3] 汉人王充《论衡·书解》：“商鞅相孝公，为秦开帝业。”

魏晋“玄学”殿后之作，是王弼死后三年出生的西晋儒生郭象（252—312）篡改反注的《庄子注》，宗旨是“名教即自然”。其名言见于《逍遥游注》：“圣人虽在庙堂之上，然其心无异于山林之中。”然而庄子之反庙堂一目了然，郭象实为刻意反注。为使反注貌似有理，郭象只能篡改《庄子》。

王弼对《老子》的篡改反注，铁证见于西汉马王堆帛书《老子》及战国郭店楚简《老子》。作为“君人南面之术”，《老子》被汉初以降的少数庙堂君王激赏，因而随葬入墓。后人考古，挖掘王侯坟墓，顺便抉发“文墓”，王弼的篡改反注已经铁证如山。

然而郭象对《庄子》的篡改反注，证据很难来自考古发现。作为“逍遥江湖之道”，《庄子》问世之后即被庙堂君王敌视，除了心怀异志、被汉武帝逼迫自杀的淮南王刘安，爱庄者均为造不起大墓的江湖畸人。因此郭象篡改的证据，难以寄望于古墓简帛，只能到历代文士大量钞引的异文佚文中去寻找，再用庄学义理论证。古今学者对历代文士大量钞引的《庄子》异文和《庄子》佚文，业已近乎罗掘俱尽。然而在本书之前，尚未有人用庄学义理彻底推翻郭注义理，坚实论证郭象的篡改反注。

王弼与郭象不谋而合的共同宗旨，就是论证“名教”并非伪道，而是“自然”真道，同时论证老庄道家逊于孔孟儒家。王弼之旨，正是所有倚待庙堂的治老儒生之旨，因此王弼成了旧老学的至高权威。郭象之旨，正是所有倚待庙堂的治庄儒生之旨，因此郭象成了旧庄学的至高权威。王弼若非年仅二十四岁短命早夭，必将用篡改反注《老子》之法，继续篡改反注《庄子》。郭象完成了王弼未竟之业，而且远比王弼成功。因为阅读《老子》的主要障碍是义理而非文本，因此义理深湛之士不难总体反诘王弼。阅读《庄子》的义理障碍之大和文本障碍之大，决非《老子》可比，所以从未有人总体反诘郭象，因而郭象的庄学权威性远远超过了王弼的老学权威性。从未有人认为，王弼比老聃博大精深，却有无数人认为，郭象比庄子博大精深。比如现代大儒冯友兰，在其享誉中外的名著《中国哲学史》中，竟然认为郭象是远比庄子伟大的中国第一哲学家。足证郭象的文化犯罪，取得了空前绝后的巨大成功。

先秦有孔孟，必有老庄。魏晋亦然，历代如此。这是一切人类文化固有的生态平衡，庄子谓之“吹万不同”。主张“名教本于自然”的王弼和主张“名教即自然”的郭象，仅是倚待庙堂的魏晋儒生代表，因其谬说得到庙堂力挺，遂成旧老学旧庄学的至高权威。主张“越名教而任自然”的嵇康、阮籍，则是拒绝倚待庙堂的魏晋畸人代表，二人对《庄子》均有真知卓见，然而均被庙堂扼杀。嵇康公开被诛，阮籍终生压抑，二人同年而死。嵇康被诛，是庄学奥义被庙堂终极敌视的标志性事件。先秦老庄真道，作为中华文化的根本命脉，此后不断受到庙堂打压，命悬一线，不绝如缕。概而言之，西晋嵇阮遗风，秘传至东晋陶渊明。东晋陶渊明遗风，秘传至唐代李太白。唐代李太白遗风，秘传至宋代苏东坡。宋代苏东坡遗风，秘传至明代刘伯温。明代刘伯温遗风，秘传至清代金圣叹。像嵇康一样公开被诛的金圣叹，竟敢冒天下之大不韪，极赞《庄子》是“天下第一奇书”。

有鉴于嵇康被诛，名列“竹林七贤”的向秀为求自保，遂篡改反注《庄子》，向司马氏献媚。仅因死前未能完成并公开流布，遂被郭象窃为己有。由于向秀《庄子注》已佚，今本某处篡改，某条反注，究竟是向秀所为，还是郭象所为，推测无益，姑置不论。郭象既窃向注，不得喊冤。

儒生郭象及其追随者篡改反注《庄子》，究竟是“论之不及”？还是“智之弗若”？[1]

主因是“论之不及”，即价值观迥异。晋人郭象与其两大护法唐人成玄英、唐人陆德明，无不坚执儒学“成心”且“师心”自用，因此即便在某些局部略窥庄学奥义，也非得篡改反注不可。若不篡改反注，庄学奥义就会沉重打击他们终生奉行的儒学价值观及其生命实践。

“为人行薄”的儒生郭象，价值观和生命实践与庄学主旨彻底相悖，却剽窃向秀《庄子注》而一举成名[2]，进而倚待庙堂，贪恋权势，官至黄门侍郎、太傅主簿，“任职当权，熏灼内外，由是素论去之”[3]。北齐颜之推予以嘲讽：“郭子玄

[1] 语见《外篇·秋水》。

[2] 《晋书·郭象传》(撮引)：“先是，注《庄子》者数十家，莫能究其旨统。向秀于旧注外而为解义，未竟而卒。象为人行薄，以秀义不传于世，遂窃以为己注。”又见《世说新语·文学》。

[3] 语见《晋书·郭象传》。

以倾动专势，宁后身外己之风耶？”[1]

儒生陆德明同样倚待庙堂，贪恋权势，被唐太宗招为文学馆学士、国子博士[2]。道士成玄英同样倚待庙堂，贪恋权势，被唐太宗封为“西华法师”[3]。郭注两大护法成玄英、陆德明的价值观和生命实践，也与庄学主旨彻底相悖，由于君主专制不断强化，其护孔护儒、谄媚庙堂的程度，甚至超过郭象。

魏晋以降的治庄者多属儒生，或者像成玄英一样虽非儒生却全盘接受专制庙堂钦定的儒学价值观，同样倚待庙堂，贪恋权势，因而必然尊奉郭注义理为庄学至高权威。随着君主专制臻于极致，变本加厉的篡改反注也臻于极致。以儒解庄的旧庄学，宗旨并非阐释庄学真义，而是把轴心时代傲立江湖的道家宗师，整容矮化为后轴心时代倚待庙堂的儒学应声虫。

其次才是“智之弗若”，即才学识远逊。治庄儒生即便是儒学“大知”，也仅是庄学“小知”，因而“小知不及大知”，“大知”不及“至知”。旧庄学倾力考订钞刻讹误，饾饤训诂个别字词，目的仅是加固儒学曲说，强化郭象义理，无不越考证越糊涂，越训诂越遮蔽。歧义纷出的旧庄学，添乱作用大于学术价值，把庄义越埋越深，使阅读越来越难。值得一提的，唯有近世两位考订大家。

民国学人刘文典（1889—1958），费时十五年（1923—1938），撰成巨著《庄子补正》，将历代尤其是乾嘉以降的文字考订集大成于一书，可惜未及阐发义理即已殁世。不过其《自序》云：“积力既久，粗通大指。《庄子》者，吾先民教忠教孝之书也。”可见也颇具儒学成心，因此文字考订疏漏尚多。

台湾学人王叔岷（1914—2008），毕生治庄，把《庄子》异文、佚文搜罗殆尽，先后撰成《庄子校释》（1947）、《庄子校诠》（1986）二书，佚文收集、异文考订远比刘文典更为完备。王叔岷还致力于阐释义理，可惜他是郭象义理的忠实信徒，对治庄者早已普遍抛弃的郭注局部硬伤，仍然曲为之辩。由于刘文

[1]《颜氏家训·勉学》。

[2] 陆德明，名元朗，以字行。苏州人。隋、唐之际儒家学者。历仕陈、隋，为国子助教。入唐，为秦王府文学馆学士，拜国子博士。

[3] 成玄英，字子实。陕州人。隋、唐之际道教学者。贞观五年（631年），唐太宗李世民召其至京师，加号“西华法师”。

典、王叔岷全都不明庄学真义，因此即便正确答案就在自己搜罗的异文佚文之中，仍然常常做错选择题。

晚近以来，偶有治庄者不持儒学成心，无意谄媚庙堂，也不师心自用，乃至认同庄学价值观，然而面对积非成是的三大权威，积重难返的一致谬见，也顶多是在训诂个别字词之时，予以局部驳诘，时至今日尚无一人全盘推翻郭注义理，还庄学义理本来面目。我曾寓目的上百家注疏，讹误失考，字词失诂，句段妄断，义理谬解，无不“满谷满坑”。今语译本则无一可读，即便字词注释全都无误，译文照样完全不通。这一奇特现象的表层原因和学理原因，是治庄者不明“小大之辨”，未窥“庄学四境”。

## 一　庄学公案，小大之辨

庄子亲撰的“内七篇”，首篇《逍遥游》如此开头：

北溟有鱼，其名为鲲。鲲之大，不知其几千里也。化而为鸟，其名为鹏。鹏之背，不知其几千里也。怒而飞，其翼若垂天之云。是鸟也，海运则将徙于南溟。南溟者，天池也。[1]

插入支离其言的若干卮言以后，又是“蜩鸠”寓言：

蜩与鸴鸠笑之曰：“我决起而飞，抢榆枋而止，时则不至而控于地而已矣，奚以之九万里而图南为？”

尽人皆知，“鲲鹏”象征“大知”，“蜩鸠”象征“小知”，有紧随其后的“小知不及大知”一节为证。然而奇怪的是，庄子在此节卮言之后，又重述了“大

[1] 本书《庄子》引文，均据经我校勘标点的《庄子复原本》。

知（鲲鹏）”寓言：

终北之北有溟海者，天池也。有鱼焉，其广数千里，未有知其修者，其名为鲲。有鸟焉，其名为鹏，背若泰山，翼若垂天之云，抟扶摇而上者九万里，绝云气，负青天，然后图南，且适南溟也。

（郭象把“终北之北”篡改为“穷发之北”，详下。）

随后又重述了“小知（尺鴳）”寓言：

尺鴳笑之曰：“彼且奚适耶？我腾跃而上，不过数仞而下，翱翔蓬蒿之间，此亦飞之至也。而彼且奚适耶？”

至此庄子以卮言点题：“此小大之辨也。”

奉行极简主义写作原则，以“内七篇”寥寥一万三千余字遍说天地万物的庄子，为何不避重复地两述大知、小知寓言？《庄子》传世至今，无人窥破命意何在，因而难明点题卮言“小大之辨”奥义。

奥义藏于首述大知、小知寓言之后插入的“小知不及大知，小年不及大年”一节末句：“汤之问棘也是矣。”这句卮言，堪称“内七篇”最难索解的一句原文。

郭象反注此句曰：“汤之问棘，亦云物各有极，任之则条畅，故庄子以所问为是也。”郭注比原文更难索解。

郭象版《庄子》问世之后一千六百年，公案毫无进展，因为未被视为公案。这句卮言尽管无人能解，然而治庄者要么视而不见，径直跳过；要么依附郭注，胡乱发挥。

## 二　破案铁证，呼之欲出

一千六百年后，闻一多在《庄子内篇校释》中，为解开公案提供了关键线索：

此句与下文语意不属，当脱汤问棘事一段。

唐僧神清《北山录》曰："汤问革曰：'上下四方有极乎？'革曰：'无极之外，复无极也。'"僧慧宝注曰："语在《庄子》，与《列子》小异。"[1]

案：革、棘古字通，《列子·汤问》正作"革"。神清所引，其即此处佚文无疑。惜句多省略，无从补入。

可惜闻一多受困于"与下文（按：即重述鲲鹏寓言）语意不属"之卓识，认为上文加点的二十一字"无从补入"，就止步于解开公案的咫尺之遥。

关锋、陈鼓应根据闻一多的发现，把"汤问棘曰"二十一字补入原文，可惜未采闻一多"与下文语意不属"之卓识，没对伪《列子》做深入辨析就视为依据，将"汤问棘曰"二十一字误属下读，遂与揭破郭象公案擦肩而过。

其实郭象版"汤之问棘也是矣"一句，以及补入的"汤问棘曰"二十一字，均应属上读，理由是补足了"小知不及大知"一节的未尽之意，是自成起讫的完美一体。其完整版如下：

小知不及大知，小年不及大年。奚以知其然耶？朝菌不知晦朔，蟪蛄不知春秋，此小年也。楚之南有冥灵者，以五百岁为春，五百岁为秋；上古有大椿者，以八千岁为春，八千岁为秋。此大年也。而彭祖乃今以久特闻，众人匹之，不亦悲乎？汤之问棘也是矣。汤问棘曰："上下四方有极乎？"棘曰："无极之外，复无极也。"

此节卮言位于首述大知、小知寓言之后，重述大知、小知寓言之前。补入文字使难以索解的"汤之问棘也是矣"疑团尽释，同时揭开了两述寓言之谜。

庄子在"内七篇"之始首述大知、小知寓言，是承认儒墨诸子之成心俗见的相对之"是"。插入卮言"小知不及大知"一节，其末句"无极之外复无极"，是揭示儒墨诸子之成心俗见的绝对之"非"。

---

[1]《北山录》，唐代梓州慧义寺沙门神清撰，北宋沙门慧宝注。

庄子认为，儒墨诸子陷溺人间视点和学派成心，才会奉相对之“大”（如大鹏）为绝对之“大”，奉相对之“是”（如儒墨学说）为绝对之“是”。驳斥儒墨诸子陷溺人间视点、学派成心的俗见，指出儒墨诸子眼中的绝对之“大”和绝对之“是”，在道极视点下仅是相对之“大”和相对之“是”，正是庄子亲撰“内七篇”的根本宗旨。

倘若庄子像俗见一样视“大鹏”为“至大”，为何重述大知、小知寓言？倘若庄子仅止于俗见，何必故弄玄虚说什么“小大之辨”？谁还不知道“大”胜于“小”？谁还不明白“大知”胜于“小知”？

认知陷溺人间视点、学派成心的俗见之非，必须获得超越性的道极视点。然而人们总是习惯于用人间视点、学派成心看待一切，很难获得超越性的道极视点。为了帮助读者从人间视点、学派成心转换为超越性的道极视点，庄子不得不在《逍遥游》篇首，引领读者像北溟之鲲那样“化而为鸟”，与大鹏一起展翅升空——从人间视点、学派成心，趋向道极视点。

然而庄子又唯恐读者依然陷溺成心俗见，误以为“大鹏”并非趋向而是已经抵达“至大”，因此在首述大知、小知寓言之后插入“小知不及大知”一节卮言，然后在此节末句“无极之外复无极”的道极背景下重述“鲲鹏”寓言，消解掉首述“鲲鹏”寓言的比喻跛足性，以便让全部“内七篇”从一开始就在“无极之外复无极”的道极视点下展开。

在道极视点下，除了绝对大又绝对小的“道”，“道”所萌生的“万物”，不可能绝对“大”或绝对“小”，仅有相对“大”或相对“小”。道之绝对大，就是无一巨物能拥有道之全部；道之绝对小，就是无一微物不蕴含道之局部。

在道极视点下，“小知”之外复有至小之知——“无知”，“大知”之外复有至大之知——“至知”。庄子论述“无知”、“至知”的文字遍布“内七篇”。前者如《齐物论》：“然则物无知耶？”《人间世》：“闻以有知知者矣，未闻以无知知者也。”《应帝王》：“尔曾二虫之无知！”后者如《齐物论》：“古之人，其知有所至矣。（中略。）知止其所不知，至矣。”《大宗师》：“知天之所为、知人之所为者，至矣。”

“无知”、“小知”、“大知”、“至知／无知”四境，才是“小大之辨”的奥义所在。

尽管万物的“小”、“大”相对性，要到《齐物论》才重点展开：“天下莫大于秋毫之末，而泰山为小；莫寿于殇子，而彭祖为夭。”但是“无极之外复无极”七字，证明万物的“小”、“大”相对性始于《逍遥游》篇首的鲲鹏寓言，贯彻全部“内七篇”的每字每词每句每篇。

庄子帮助读者完成从人间视点转换为道极视点的超越性思想升华，真是举重若轻，美妙绝伦。“小知不及大知”一节，简劲而清晰地阐明：蟪蛄相对于朝菌是大知大年，相对于冥灵则是小知小年。冥灵相对于蟪蛄是大知大年，相对于大椿则是小知小年。彭祖相对于朝菌、蟪蛄是大知大年，相对于冥灵、大椿则是小知小年。因此彭祖是相对的大知大年，鲲鹏也是相对的大知大年。

庄子写道：“而彭祖乃今以久特闻，众人匹之，不亦悲乎？”

奉行极简主义写作原则而又故意支离其言的庄子认为，不必再写一句：“而鲲鹏乃今以大特闻，众人匹之，不亦悲乎？”只须通过“汤之问棘”引出“无极之外复无极”七字足矣。然而包含这七字的“汤问棘曰”二十一字，在郭象注本里却无影无踪，因为它们成了郭象曲解反注《庄子》不可逾越的障碍。

那么郭象所见《逍遥游》原文，有无包括“无极之外复无极”七字的“汤问棘曰”二十一字？

必有！唐僧神清《北山录》无可置疑地证明：“汤问棘曰”二十一字必在《逍遥游》原文之中。《外篇·则阳》有一旁证：“（戴晋人）曰：‘臣请为君实之。君以意在四方上下有穷乎？’君（魏惠王）曰：‘无穷。’”

那么《逍遥游》原有的“汤问棘曰”二十一字，会不会在郭象之前的钞刻过程中无意脱简？

必非！宋僧慧宝注《北山录》曰：“语在《庄子》，与《列子》小异。”慧宝必定直接对照过两书，足证未删改本《庄子》迟至宋代尚存于世。

那么是否可能郭象拥有的《庄子》凑巧脱简，郭象不明“汤之问棘也是矣”之义，不得不参考《列子·汤问》中“汤问革”一节，又推测庄子与列子观点不同，从而注曰“亦云物各有极”？

不可能！今传《列子》为东晋儒生张湛用今多亡佚的数种僻书拼凑、敷衍，伪托在先于庄子的战国郑人列御寇名下，在二十世纪上半叶的“古史辨”时代已成铁案[1]。况且张湛《列子序》曰：

先君所录书中有《列子》八篇。及至江南，仅有存者，《列子》唯余《杨朱》、《说符》、目录三卷。比乱（按：指永嘉之乱），正舆为扬州刺州，先来过江，复在其家得四卷。寻从辅嗣女婿赵季子家得六卷。参校有无，始得全备。[2]

姑且假设张湛所述是实，姑且假设《列子》八篇全真，那么西晋怀帝永嘉五年（311年）“永嘉之乱”前，张家仅有《杨朱》、《说符》两篇。“永嘉南渡”进入东晋后，才在江南“复得”《汤问》等六篇，《列子》八篇“始得全备”，张湛这才加注公诸士林，而且张湛注《列子》时参考了郭象版《庄子》，大量引用了郭象注文。因此死于永嘉六年（312年）的郭象，注《庄子》时不可能见到《列子·汤问》，郭注的依据只能是《逍遥游》原文。

郭象必见《逍遥游》原文的“汤问棘曰……无极之外，复无极也”二十一字，否则不可能凭空注曰：“汤之问棘，亦云物各有极。”今传郭象版《逍遥游》，汤既未问，棘也未答，郭注“亦云”二字自曝真相。郭注“有极”二字则自曝动机：郭象反注之后，发现原文“无极之外复无极”与其注文“物各有极”完全牴牾，无法兼容，于是删去二十一字。随后发现原文“终北之北”又蕴涵“终北之外复有北”，与“无极之外复无极”义理一致，仍与郭注完全牴牾，无法兼容，于是改为“穷发之北”。

## 三 连环奇案，互做伪证

《逍遥游》原文“终北之北”，保存在今传伪《列子》里（与庄文、郭注相关者加点）：

[1] 参见罗根泽编《古史辨（四）》之马叙伦《列子伪书考》等文。另可参考杨伯峻《列子集释》之《附录三：辨伪文字辑略》。

[2] 杨伯峻《列子集释》，中华书局1979版，279页。

殷汤曰："然则上下八方有极尽乎？"革曰："不知也。"汤固问。革曰："无则无极，有则有尽；朕何以知之？然无极之外复无无极，无尽之中复无无尽。无极复无无极，无尽复无无尽。朕以是知其无极无尽也，而不知其有极有尽也。"汤又问曰："四海之外奚有？"革曰："犹齐州也。"汤曰："汝奚以实之？"革曰："朕东行至营，人民犹是也。问营之东，复犹营也。西行至豳，人民犹是也。问豳之西，复犹豳也。朕以是知四海、四荒、四极之不异是也。故大小相含，无穷极也。含万物者，亦如含天地。含万物也故不穷，含天地也故无极。朕亦焉知天地之表不有大天地者乎？亦吾所不知也。然则天地亦物也。物有不足，故昔者女娲氏练五色石以补其阙；断鳌之足以立四极。其后共工氏与颛顼争为帝，怒而触不周之山，折天柱，绝地维；故天倾西北，日月辰星就焉；地不满东南，故百川水潦归焉。"汤又问："物有巨细乎？有修短乎？有同异乎？"革曰："渤海之东不知几亿万里，有大壑焉，实惟无底之谷，名曰归墟。八纮九野之水，天汉之流，莫不注之，而无增无减焉。其中有五山焉：一曰岱舆，二曰员峤，三曰方壶，四曰瀛洲，五曰蓬莱。其山高下周旋三万里，其顶平处九千里。山之中间相去七万里，以为邻居焉。其上台观皆金玉，其上禽兽皆纯缟。华实皆有滋味；食之皆不老不死。所居之人皆仙圣之种；一日一夕飞相往来者，不可数焉。而五山之根无所连箸，常随潮波上下往还，仙圣毒之，诉之于帝。帝恐流于西极，失群仙圣之居，乃命禺强使巨鳌十五举首而戴之。六万岁一交焉。五山始峙而不动。而龙伯之国有大人，举足不盈数步而暨五山之所，一钓而连六鳌，合负而趣归其国，灼其骨以数焉。于是岱舆员峤二山流于北极，沉于大海，仙圣之播迁者巨亿计。帝凭怒，侵减龙伯之国使阨，侵小龙伯之民使短。至伏羲神农时，其国人犹数十丈。从中州以东四十万里得僬侥国，人长一尺五寸。东北极有人名曰诤人，长九寸。荆之南有冥灵者，以五百岁为春，五百岁为秋。上古有大椿者，以八千岁为春，八千岁为秋。朽壤之上有菌芝者，生于朝，死于晦。春夏之月有蠓蚋者，因雨而生，见阳而死。终北之北有溟海者，天池也，有鱼焉，其广数千里，其长称焉，其名为鲲。有鸟焉，其名为鹏，翼若垂天之云，其体称焉。"

（张湛伪撰之《列子·汤问》）[1]

这是伪《列子》多存先秦子书（今多亡佚，如杨朱之书）部分之真的又一铁证。

张湛注“终北之北”曰：“《庄子》作‘穷发’。”张湛做注时，参考、引用的是向秀版《庄子》和郭象版《庄子》，可证向秀版、郭象版《庄子》作“穷发”。[2]

上引伪《列子·汤问》，据《逍遥游》原文敷衍发挥，插入女娲炼石补天、共工怒触不周山、蓬莱五仙山等神奇故事。龙伯大人国、僬侥小人国即据“小大之辨”发挥，尽管想象奇诡，妙趣天成，但是同样不明“小大之辨”，未窥“庄学四境”。由于张湛注文常常不明伪《列子》文义，因此根据《逍遥游》原文而敷衍发挥的始作俑者，当属秦汉之际的神仙家。张湛只是二手乃至多手以后的辗转者。然而虽经几番辗转，依然保存了《逍遥游》原文部分之真。

张湛在用偶然得于江南的神仙家僻书拼凑伪《列子》时，已发现神仙家书与郭象版《庄子》颇多相似，且相似处又有微异，如神仙家书中的“终北之北”，在郭象版《庄子》中为“穷发之北”，但他不知“终北”为真，更不知“穷发”为郭象妄改，反而误以为“穷发”为真，这使他更为放心大胆地采入神仙家书拼凑伪《列子》。

这是中华文化史上的两大连环奇案：

一、《庄子》书并不伪，但做注的西晋郭象并非全据原文做注，而是坚执儒学成心故意曲解反注，一旦发现原文不合曲解反注就篡改原文，导致了《逍遥游》原文部分之伪——对此郭象心知肚明。

二、《列子》书属伪撰，但作伪的东晋张湛并非凭空创作伪撰，而是根据偶然得手的僻书拼凑，用于拼凑的僻书之一神仙家书则是根据《逍遥游》原文敷

[1] 杨伯峻《列子集释》，148页—157页。《外篇·则阳》：“柏矩学于老聃，曰：‘请之天下游。’老聃曰：‘已矣！天下犹是也。’”与此处引文“四海之外，犹齐州”，“营之东，复犹营”，“豳之西，复犹豳”义同。

[2] 张湛之时，向秀《庄子注》与郭象《庄子注》是两本书。今向本已佚。即便向秀篡改在先，剽窃向注、并未复原庄文原貌的郭象也是同案犯。

衍发挥，保存了《逍遥游》原文部分之真——对此张湛并不知情。

两大连环奇案纠缠在一起，两案主犯互相不知另一案犯的勾当，然而长期互做伪证：郭象案底的《逍遥游》原文部分之伪“穷发之北”，长期证明张湛版《列子》非伪，张湛得以“逍遥”法外一千六百年，直到“古史辨”派把他捉拿归案。张湛案底的《逍遥游》原文部分之真“终北之北”，长期证明郭象版《庄子》全真，郭象得以“逍遥”法外一千七百年，直到本书把他捉拿归案。

神仙家书根据《逍遥游》原文加以敷衍发挥，必非作于一人一时，是张湛伪《列子》一案的案中案和无头案。秦汉神仙家敷衍《庄子》，晋人张湛伪造《列子》，都是为了倚待庙堂，盗名牟利，但是手段、路径稍有不同。“内七篇”问世以后，秦汉之际的神仙家受到秦始皇、汉武帝的求仙狂热长期驱动，遂将想象神奇的庄子寓言踵事增华，求售帝王之家，如徐芾之与秦始皇，李少君之与汉武帝。积之既久，渐成系统，但是作为衣食饭碗，多属江湖秘传，也有一些浮出水面，录入《山海经》、《淮南子》（张湛均加注引）等书。永嘉南渡以后，张湛在江南偶得神仙家书的珍稀秘传本，遂用于拼凑伪《列子》，得以扬名士林，跻身庙堂，官至光禄勋，作案后销毁极可能为孤本的神仙家书，导致后世失传。而神仙家的徒子徒孙们早在张湛伪造《列子》之前，业已另循江湖秘密路径，把前辈事业越做越大，至东汉末年，发展为张角的“太平道”及张鲁的“五斗米道”，发动黄巾起义推翻了东汉帝国——此中仍可窥见道家哲学虽经道教教义歪曲稀释，依然与专制庙堂天然对立。黄巾起义旋即被曹操、孙坚等汉末军阀合力镇压，形成魏、蜀、吴三国割据局面，于是道教传人追尊张鲁的祖父张陵为创教之祖“张道陵”，更名“天师道”，即道教本名。

作为浸透萨满教巫术迷信、与一神教不可同日而语的多神教，又是全球文化视野内唯一不求彼岸永生、仅慕此岸长生的神仙宗教，道教教义歪曲利用了“古之博大真人”的无神论经典《老子》、《庄子》，而道观形制则模仿了东汉明帝时传入中国的佛教。张湛用敷衍发挥《庄子》原文的神仙家书拼凑加工的伪《列子》，问世后竟被神仙家的徒子徒孙与《老》、《庄》并列，尊为道教三大真经。历史竟然如此“诚诡幻怪”！

三国两晋南北朝（史称六朝）四百年间，专制庙堂长期未能建立大一统帝业。儒学既失专制庙堂力挺，遂成乏人问津的“丧家之犬”，于是陶渊明、王羲之等大量士人转而信仰道教。然而正如罗马帝国对激烈反抗它的基督教从镇压转为招安最后尊为“国教”，中华帝国也不例外。与庙堂对立的江湖道教，先后被貌为道士、实为儒生的魏晋士人葛洪、南朝士人陶弘景等重新歪曲阐释，把适合江湖民众的符箓派道教“改造”为升级版，变成适合庙堂士林的丹鼎派道教，于是道教再次回到其神仙家远祖为专制庙堂服务的传统老路，失魂落魄的何晏、王弼等魏晋名士得风气之先，大量服用当时的“高科技”产品——丹鼎派求仙炼丹的副产品“五石散”。随后李唐帝国重新一统天下，因其杂有胡人血统而欲自饰为纯正汉人，遂利用世传老聃姓“李”而攀附为家族始祖[1]，进而把奉“太上老君”（即歪曲改造后的老聃）为教主的道教尊为“国教”，于是唐太宗李世民钦封貌为道士、实为儒生的成玄英为“西华法师”，而唐玄宗李隆基又钦封王弼版伪《老子》为“道德真经”，钦封郭象版伪《庄子》为“南华真经”，钦封张湛版伪《列子》为“冲虚真经”。[2]对抗庙堂的江湖道教，就此被彻底整合到儒释道“三教合一”的庙堂意识形态之中。已被篡改反注的郭象版《庄子》，又被道教进一步歪曲改造，庄学奥义终于被埋入古典中国的文化底层。中华文化的历史真相，从此变得扑朔迷离。

清扫这一奥吉亚斯牛圈中堆积如山、臭气熏天的巨量牛粪，破解全球文化视野内独一无二的古典中国之谜，揭开“东方神秘主义”的重重面纱，是任何个人都无法独力完成的浩大工程，而且在1911年帝制终结以前不可能开始。“古史辨”是1911年帝制终结以后立刻开始的初步清扫工作，其一大成果正是张湛伪造《列子》被定为铁案，尽管案情细节尚未尽得其详。

闻一多为“古史辨”同时代人，必知伪《列子》铁案，但是未详具体案情，不明庄学奥义，因此不敢补入“汤问棘曰”二十一字。关锋、陈鼓应稍后于“古史辨”时代，竟已不明伪《列子》铁案，尽管根据《北山录》正确补入“汤问

---

[1]《史记·老子韩非列传》：“老子者，楚苦县厉乡曲仁里人也，姓李氏，名耳，字聃，周守藏室之史也。”

[2] 唐玄宗还钦封根据《庄子·庚桑楚》伪造的《亢仓子》为“洞灵真经”，钦封大量抄袭《淮南子》而伪造的《文子》为“通玄真经”，合称道教“五子真经”。

棘曰”二十一字，但又根据伪《列子》而将补入文字误属下读。三人之所以失误，根本原因是没想到郭象竟敢篡改《庄子》。

旧庄学仅知：今传《庄子》三十三篇本是郭象删残本，异于《汉书·艺文志》著录的《庄子》五十二篇本。然而旧庄学不知：郭象版《庄子》三十三篇本，已被郭象肆意篡改、任意增删、故意妄断，没有一篇是全真原文。

## 四　逆向淘汰，层累造伪

儒生郭象及其追随者，坚执儒学成心，故意反注原文；为了自圆反注，又反复加工原文，居心险恶，手段卑劣。全部郭注义理，均属故意的系统谬误，恶意的全盘反注，与庄学义理彻底相悖。未删改本《庄子》迟至宋代尚存，然而郭注义理的两大护法，唐人成玄英、唐人陆德明，以及见过未删改本《庄子》的唐宋儒生拒不采纳，坚执儒学成心，维护郭注传统越走越远。再经一千年至今，未删改本《庄子》终于全部亡佚，郭象版《庄子》删改本终于通行于世，郭注义理遂成难以撼动的庄学至高权威。郭象竟成中国哲学史上不可或缺的“玄学大家”，应验了庄子《逍遥游》豪情万丈的预言：“其尘垢秕糠，将犹陶铸尧舜。”

庄子在“内七篇”首篇《逍遥游》开头即阐明：大知小知均“犹有未树”，均“犹有所待”，均属有待者，均未得逍遥；只有至知至人，才是无待的逍遥者。然而郭象却反注曰“小大虽殊，逍遥一也”，“得其所待，然后逍遥耳”。[1]始解即错，续解皆错；初注已误，后注全误。原文不合其反注，郭象便无知无畏地妄删妄改。

郭象反注之时肆无忌惮，处处与庄子对着干，但是自圆反注而篡改原文之时却颇有心计，对庄子亲撰的“内七篇”和庄门弟子后学所撰的“外杂篇”区别对待。比如《逍遥游》下文尚有“犹河汉而无极”，与其反注“物各有极”完

[1] 后句不见今本郭象注，而见于《世说新语·文学》刘孝标注引。

全牴牾，他就没敢篡改。又如《齐物论》曰："道隐于小成，言隐于荣华。故有儒墨之是非，以是其所非而非其所是。""儒"字对儒生郭象极其刺眼，但他没敢删改，而是反注曰："儒墨更相是非，而天下皆儒墨也，故百家并起，各私所见，而未始出其方也。"儒生郭象把学派专名曲解为比喻性通名，道士成玄英还不满意，竟说《齐物论》之"儒"指的是《外篇·列御寇》"儒墨"寓言的主角"郑人缓"，违背学术良知地把无人不知的学派专名，曲解为寓言人名。

郭象篡改"内七篇"之所以有所收敛，是因为魏晋士林无人不知"内七篇"为庄子亲撰，无数士人极其谙熟"内七篇"，比如谢灵运《山居赋》曰："哲人不存，怀抱谁质？糟粕犹在，启縢剖帙。见柱下之经二，睹濠上之篇七。承未散之全朴，救已颓于道术。"[1]沈约《宋书·谢灵运传》亦曰："有晋中兴，玄风独振，为学穷于柱下，博物止乎七篇。驰骋文辞，义殚乎此。"然而后世读者甚至治庄专家被郭象误导之后，反而不知庄子亲撰的仅有"内七篇"。

郭象担心对"内七篇"删改过多必被人知，删改较少则人们会疑为"别本"。唐宋以前尚能见到未删改本的历代治庄者、读庄者，正是疑为"别本"。由于未删改本《庄子》尤其是"内七篇"极为难懂，而郭象版"别本"有了貌似融贯的郭注义理，还有成玄英、陆德明为僻字僻典所做的详尽疏、释，似乎好懂多了，于是郭象版"别本"逆淘汰了所有未删改本，包括可能已经篡改《庄子》的向秀注本，终成今日唯一传本。幸而郭象篡改"内七篇"有所顾忌，动作不大，因此郭象版"内七篇"基本仍属原貌，仅须考订出少量郭象篡改之处，就能还"内七篇"以本来面目，进而抛开郭注义理，彰显庄学奥义。

由于担心露馅，郭象没敢整篇删除"内七篇"，只敢整篇删除士林既不熟悉又不重视的"外杂篇"。郭象先对"外杂篇"做了弃精取劣的逆淘汰，整整删除了不利其反注的十九篇，郭象以前的《庄子》五十二篇，遂成郭象版《庄子》三十三篇。郭象又把删残的二十六篇"外杂篇"重新排序和重新分类，把有利

[1] 谢灵运自注："柱下，《老子》。濠上，《庄子》。二、七是篇数也，云此二书最有理。过此以往，皆是圣人之教，独往者所弃。"严可均辑：《全上古三代秦汉三国六朝文》（七）307页，商务印书馆1999。参看钱锺书：《管锥编》（四）1288页，中华书局1979。

其反注的劣篇排在“外杂篇”靠前的位置，然后无所顾忌地篡改妄断，甚至打乱重编，加工到有利于支持其反注。

然而被郭象篡改删残的二十六篇“外杂篇”，仍然无处不在反驳浅陋至极、漏洞百出的郭注义理。比如郭象篡改删残的《外篇·在宥》曰：“彼其物无测，而人皆以为有极。”正是对郭象反注“物各有极”的直接反驳，弱智的“玄学大家”郭象，竟然懵懂未觉。即便郭象版“外杂篇”那些不合庄学义理的篇目段落，其原意也与郭注义理完全牴牾，义理层次远在“郭象玄学”之上。而郭象版“外杂篇”保留的那些不见于“内七篇”的庄子轶事和庄子卮言，则无不符合庄学义理，只是经过郭象妄断反注之后，后人误以为并非庄子之言，而是该篇撰者之言——这样曲解就更方便。若不恢复原文并纠正错误断句，就难以用不合“内七篇”义理来驳诘其曲解。但要纠正一处篡改或误断，牵涉极繁，论证更难。即有知者，面对积非成是、积重难返的权威谬见，也视为畏途。

郭象版“外杂篇”有四处批评“杨墨”倡导“仁义”，分见《骈拇》、《胠箧》、《天地》。主张“为我”的先秦道家思想家杨朱，何曾倡导过“仁义”？即便在郭象版《庄子》中，无论“内七篇”之《应帝王》，还是“外杂篇”之《山木》、《寓言》，老聃传人“阳子居”（即杨朱）均为正面慕道者形象。倘若杨朱倡导“仁义”，孟子就不会妄诋杨朱、墨子是“无君无父”的“禽兽”。“杨墨”仅是儒书《孟子》的口头禅，先秦别书皆无，汉后诸籍罕见。因为杨朱之书早在先秦已被基本剿灭，《汉书·艺文志》已无著录，此后无须追剿。郭象竟不顾庄学源流，无视上下语境，硬把“儒”字妄改为“杨”字，有注文为证；哼哈二将成玄英、陆德明当然装傻帮腔，有疏文、释文为证[1]。如此不合史实，而且义理不通，一千七百年来的旧庄学家竟无一人起疑。

随着君主专制不断强化并臻于极致，连力排杨墨、“政治正确”的《孟子》也被明太祖朱元璋下旨删掉了八十五章，因此，对专制庙堂的屈服程度同样臻于极致的治庄后儒，越来越不满意郭象加工《庄子》的不够彻底，又继续胡改、乱删、妄添郭象版《庄子》原文，不顾文言常识地妄加句读，甚至用骈文作法

[1] 详见拙著《庄子外杂篇精义》（待出）。

替庄子“修改”文章，使之处处符合对仗，汪洋恣肆、不拘俗套的先秦散文极品，遂被整治为形式至上、义理混乱的后儒蹩脚八股。治庄儒生的胡作非为，把郭象版《庄子》原文进一步弄得真伪杂陈，面目全非，诘屈聱牙，难以卒读。

更有甚者，今传郭象版《庄子》的郭注，也不完全是郭象原文，因为随着君主专制不断强化并臻于极致，治庄后儒也越来越不满意郭象曲解《庄子》的不够彻底，又进而篡改加工郭注，其铁证保存在长期为郭象版《庄子》做伪证的张湛伪《列子》中。伪《列子》张湛注，共引《庄子》郭象注文二十二条。以杨伯峻《列子集释》与收录郭注全文的郭庆藩《庄子集释》相较：六条全同。十二条小异，姑且假设是钞刻讹误。二条《列子集释》少于《庄子集释》，姑且假设是张湛引文不全。然而有二条郭注，竟然《列子集释》多于《庄子集释》[1]。张湛既已伪造《列子》原文，为免启人之疑，不可能再添加、伪造当时广布士林的郭象《庄子注》，因此张湛所引且多出的郭注，必为郭象原文，但被篡改郭注的治庄后儒删去。这同时证明，十二条小异者，未必全属钞刻讹误，必有治庄后儒故意妄改者。

郭象篡改反注《庄子》的重点，是与儒学明显抵触的部分。治庄后儒最为不满的，正是郭象对这些部分的篡改反注不够彻底。而伪《列子》所钞《庄子》，均属与儒学无明显抵触的部分，《庄子》与儒学明显抵触部分的相关郭注，张湛不可能引用，因此治庄后儒删改相关郭注的确切证据，在张湛《列子注》中也不可能找到。但是根据上例，可以推断必有删改——这是郭象版《庄子》一案的案中案和无头案。由此可见，“古史辨”主将顾颉刚所言“层累造伪”，也同样适用于郭象版《庄子》一案。

综上所述，由于郭象篡改《庄子》原文，反注《庄子》义理，不明“小大

[1] 其一，《列子·黄帝》：“夫内诚不解，〔注〕郭象曰：外自矜饰，内不释然也。”杨伯峻《列子集释》77页。《庄子·列御寇》：“夫内诚不解，〔注〕外自矜饰。”郭庆藩《庄子集释》1037页。其二，《列子·黄帝》：“其为利也薄，其为权也轻，而犹若是。〔注〕郭象曰：权轻利薄，可无求于人，而皆敬己，是高下大小无所失者。”《列子集释》77页。《庄子·列御寇》：“其为利也薄，其为权也轻，而犹若是。〔注〕权轻利薄，可无求于人。”《庄子集释》1038页。

之辨”，未窥“庄学四境”，因而导致庄学奥义沉埋千古。

## 五　庄学四境，思想范式

庄子亲撰的“内七篇”，末篇《应帝王》如此结束：

南海之帝为倏，北海之帝为忽，中央之帝为浑沌。倏与忽时相与遇于浑沌之地，浑沌待之甚厚。倏与忽谋报浑沌之德，曰：“人皆有七窍以视听食息，此独无有，尝试凿之。”日凿一窍，七日而浑沌死。

“浑沌”寓言深意何在？为何置于“内七篇”最后？

“浑沌”就是造化初境，倏、忽（喻时间）为“浑沌”凿出七窍，意味着人类脱离动物界后，开始了打破造化初境之后永无止境的文化过程。造化初境“浑沌”是一切人类文化（包括庄学）得以展开的终极起点。全部“内七篇”，均处于这一终极起点之后。全部庄学，均属造化初境之后，主张超越性复归造化初境的“文化”。不理解“浑沌”寓言，就不可能读通“内七篇”，连一字一词的正确理解都不可能，遑论每句每篇。

尽管庄子对造化初境予以正面评价：“浑沌待之甚厚。”但是庄子也对人类文化一劳永逸地改变了“造化初境”予以充分认知：“浑沌死。”因此庄子从未主张人类文化简单退回造化初境。与颇有复古倾向的老聃不同[1]，庄子不仅没有复古倾向，《大宗师》还明确反对儒墨诸子的复古倾向：“无古今。”“内七篇”找不到《老子》津津乐道的“小国寡民”或“至德之世”，仅在“外杂篇”里才有。“外杂篇”以老解庄的篇什多有复古倾向，但是也有不少反对复古的正确发挥。比

---

［1］ 老聃虽有复古倾向，但不如已被王弼篡改的今本《老子》严重。如河上公、王弼版《老子》十四章：“执古之道以御今之有。”诸本皆然。马王堆帛书甲、乙本均作“执今之道”。河上公为汉文帝时人，其时崇尚黄老，无须篡改，当属后人据王弼版倒改河上公版。详见拙著《老子奥义》（待出）。

如《外篇·知北游》："古犹今也。"《外篇·外物》："夫尊古而卑今，学者之流也。"《外篇·天运》："夫水行莫如用舟，而陆行莫如用车。以舟之可行于水也而求推之于陆，则没世不行寻常。古、今非水、陆欤？周、鲁非舟、车欤？今祈行周于鲁，是犹推舟于陆也，劳而无功，身必有殃。"可见攻击庄子反对文化发展和社会进步，是受郭象误导的莫须有罪名。庄子不可能幻想"浑沌"复活，更不可能主张开历史倒车退回"造化初境"。

庄子认为，"浑沌死"后的人类，在远离造化初境之后，其"文化"包括顺道文化与悖道文化两部分。对顺道文化必须予以哲学建构，其建构公式是：

无知↗小知↗大知↗至知

而对悖道文化必须予以哲学解构，其解构公式是：

无知↘小知↘大知↗无知

然而"内七篇"并非条分缕析的枯燥讲义，而是晦藏其旨的支离其言。因此庄子常常在建构某一名相的顺道文化之时，也同时解构这一名相的悖道文化。而且通常侧重解构，偶尔侧重建构，建构之后也必立刻解构。比如《逍遥游》初述"大知"寓言是建构，重述之时又以"无极之外复无极"解构，所以主角必须同为鲲鹏，内容也基本相同；而"小知"寓言都是解构，初述、重述的主角无须相同，所以前为蜩鸠，后为尺鴳，内容也有差异。

庄子建构顺道文化、解构悖道文化采用同一思想范式，即庄学四境的基本公式：

无知→小知→大知→至知/无知

"无知"表示"造化初境"，"小知"表示"文化小境"（含顺道、悖道），"大知"表示"文化大境"（含顺道、悖道），"至知/无知"表示"文化至境"。

吊诡的"至知/无知"表达式，是老聃创立的道家思想的终极表达式。老庄的一切终极思想，无不符合这一终极表达式。不过整部《庄子》中，仅有《外篇·至乐》出现过一次终极表达式："至乐无乐，至誉无誉。"前四字是该篇篇旨，后四字是引用《老子》。"内七篇"从未在某个局部清晰完整地使用过终极表达式，而是把终极表达式的前件"至知"和后件"无知"，支离分开在上下文甚至前后篇。就局部而言，或晦藏前件"至知"，或晦藏后件"无知"。只有透彻理解庄学四境，尤其是透彻理解庄学至境，再联系上下文乃至前后篇，方能知其晦藏，窥其奥义，否则就会被局部字面骗过。晦藏终极思想的终极表达，正是庄子的终极晦藏。如果每次论及一项文化名相的文化至境，都完整清晰地使用终极表达式，支离其言、晦藏其旨的意图就无法实现，"内七篇"也不可能成为语言极品，而会与深刻而枯燥的《老子》一样，变成卡夫卡眼中的一堆"格言玻璃球"。

"至知/无知"之前件"至知"，与造化初境名相不同，因为文化至境高于造化初境。"至知/无知"之后件"无知"，与造化初境名相全同，然而意蕴不同。造化初境"无知"之"无"，训"没有"；文化至境"无知"之"无"，训"致无"。

文化小境、文化大境异于但未必高于造化初境。顺道的文化小境、文化大境固然高于造化初境，然而同时也远离了造化初境。悖道的文化小境、文化大境已经低于造化初境，因为背离了造化初境，也就是背离了天道。因此文化小境、文化大境无论顺道、悖道，都必须通过文化反思，认知自身"犹有未树"，"犹有所待"。悖道的文化小境、文化大境，必须通过文化反思剔除悖道成分，转为顺道的文化小境、文化大境。顺道的文化小境、文化大境，必须通过文化反思致无其知、知其无知，继续超越性地顺道前行，抵达"至知/无知"的文化至境。倘若没有文化反思，压制文化反思，文化小境、文化大境就会自居尽窥天道之全部，从而以悖道自居顺道，最终以伪道僭代真道，把整个社会置于伪道统治一切的悖道绝境之中。

造化初境不自觉地合于"道"，没有文化反思能力，同时不可能反对文化反思。文化小境常常不自觉地违背天道，文化反思能力较弱，反对文化反思的能力也较弱。文化大境常常自觉地违背天道，文化反思能力较强，反对文化反思的能力更强；通常不反对与其无关的文化反思，然而常常反对与其有关的文化反思，甚至借助专制极权扼杀与其有关的文化反思。文化至境自觉地合于“道”，主张文化反思，是扼杀文化反思的一切悖道文化的终极天敌。

处于文化小境、文化大境的人类文化，包括儒墨百家之学，不可能纯粹悖道，必有其历史合理性；处于文化至境的人类文化，包括道家之学乃至庄学自身，也不可能纯粹合道，必有其历史局限性，因此庄学四境把建构顺道文化、解构悖道文化予以合论。

所谓顺道而行，就是以“道枢”（《齐物论》）为圆心的旋转式上升。当人类文化顺道而行完成一个圆周时，文化至境就在更高层次上抵达造化初境的上方——从道极视点俯视，文化至境就与造化初境重叠，实现文化与造化同功。这是以庄学为源泉，贯彻一切中国艺术的普遍通则：尽去雕饰，无斧凿痕；“外师造化，中得心源”；“虽由人作，宛自天开”[1]。古典诗话、古典画论中，同类语无穷无尽。文化至境是对造化初境的超越性复归，不是面向过去的历史倒退，而是面向未来的永恒“复归”。文化至境既非返于始，也非至于终，而是《大宗师》下语精确、不可移易的“返复终始，不知端倪”。周而复始的旋转式上升，永无止境。

庄子对文化至境的正式命名，就是《逍遥游》结尾的“无何有之乡”。“无何有”三字千古无解，其实是“至知无知”的变文转辞。造化初境是“无”（没有）之境。文化小境、文化大境是“有”之境。文化至境的前件“至知”，也是“有”之境；然而文化至境的后件“无知”，却是从“有”之境向“无”之境的超越性复归，并非造化初境的自在之“无”（没有），而是超越自矜之“有”的自觉之“无”（致无），《齐物论》谓之“寓诸无”。致无一切自矜之“有”以后，文化至境遂成“无何有之乡”。

庄学四境，也可简化为“无→有（含小、大）→致无”三境。《外篇·天下》开篇说：“天下之治方术者多矣，皆以其有，为不可加矣。”（郭象误将“有为”二字连读。）意思是说：道家之外的诸子百家均自矜其“有”（无论“小境”、“大境”），从而把本门拥“有”的学说拔高到“不可加”的至高之境。然而文化至

[1] 前语见唐人张彦远《历代名画记》，后语见明人计成《园冶》。

境不可能是“有”之境，只可能是“致无”之境。因为除了“道”，“道”所生“万物”皆属“德”——得之于“道”，“道”分施其部分于天地万物。人类是“道”所生“万物”之一，因此一切形而下层面的文化现象和形而上层面的文化名相均属“德”。顺道文化是真“德”，悖道文化是伪“德”，但是无论真“德”伪“德”，都不能拔高为“道”。“致无”之境也不能与“道”等同，而是无限趋近于“道”。

一切文化竞争，均在“有”境之中争“大”论“小”。争“大”论“小”原本有其合理性，即不执成心、不计私利地客观探讨谁相对更具真理性，也就是谁相对更近于道。一旦发现己有所非，便无条件服从真理，哪怕有损一己私利。若是争“大”论“小”时坚执成心，乃至欲谋私利，把所持真“德”伪“德”拔高为“道”，把相对真理夸大为绝对真理，就是对“道”的背叛和亵渎。儒墨诸子陷溺伪道俗见，而又各执门派成心，“彼亦一是非，此亦一是非；是亦一无穷，非亦一无穷”（此为庄子所批判，旧庄学无论褒庄贬庄，全都谬解为庄子所主张），最后儒家借助庙堂权力剿灭了墨家、名家和道家激进派杨朱之学。唯有支离其言、晦藏其旨的庄子幸免毒手。一切文化竞争，借助庙堂权力一方必定更为悖道，永无例外。

科学是“道”被人类知性认知而且得到实证的通用部分，是“文明”的核心。哲学是“道”被民族悟性认知而且得到认同的独特部分，是“文化”的灵魂。形而下层面的文化现象，其“小大之辨”的正确答案，必定合乎通用科学。形而上层面的文化名相，其“小大之辨”的正确答案，必定合乎作为民族文化灵魂的独特哲学。

只有合乎独特哲学之思想范式的文化形态，才会在受历史条件限制的文化竞争中脱颖而出，积淀成为民族文化的特质。因此一个民族选择怎样的独特哲学，按照怎样的独特思想范式建构其文化，决定了民族文化的形态、特质和标高。幸运的是，古典中国的江湖顺道文化选择了庄学作为范式。然而不幸的是，古典中国的庙堂悖道文化选择了儒学作为范式。由于儒学得到专制庙堂力挺，所以与其长期博弈的庄学，表面上始终处于下风，尽管实际情形正好相反。

顺道文化必定合乎已知科学，但又必然超出已知科学，其超出已知科学的部分，未必能得到同一时代的已知科学支持，但必然能得到未来时代业已发展了的科学之支持。引导“文化”的独特哲学，就这样与引导“文明”的通用科学携起手来。哲学悟性与科学知性，由此成为人类理性的双轮，“以神为马”（《大宗师》）地驶向造化与文化同功的通衢大“道”，但是永远不可能抵达终点，因为“无极之外复无极”。未来已来之后，复有无尽未来。

庄子深知，业经“文化”的人类永不可能简单退回“造化初境”，为了强调“文化至境”是对“造化初境”的超越性复归，在表述文化至境时常常晦藏“至知 / 无知”之前件“至知”，而仅仅表述为后件“无知”。由于造化初境与晦藏前件的文化至境名相全同，而庄子又不断强调对“造化初境”的“复归”，因此许多未窥庄学四境者不明白“复归”的超越性，误以为庄子主张简单退回造化初境“浑沌”。这一源于郭注义理的根本误解，导致郭象版《庄子》对中国文化的形态及其特质产生了诸多不良影响。这些不良影响只能记在文化罪犯郭象头上，不能算在文化宗师庄子头上。

建构、解构并举的庄学四境，在作为文化源头的轴心时代，一举完成了古典中国之顺道文化的建构范式。其强大的建构功能，使后轴心时代的中国文化在形态及其特质方面，呈现出迥异于其他民族的奇妙品质。两千余年来，古典中国之顺道文化的建构与创获，无不与《庄子》息息相关。然而庄学四境的强大解构功能，对后轴心时代中国悖道文化的实际解构作用，却因儒生郭象及其追随者的篡改反注而被极度削弱，以致对古典中国之悖道文化的解构至今尚未彻底完成。破解庄学四境，彰显庄学奥义，必将有助于彻底解构悖道文化，使中国文化再次大放异彩。

## 六 专制天敌，正解招杀

尽管庄学四境有强大的建构、解构功能，但是庄学异于其他中外一切哲学的伟大之处，是其终极解构特质。因此庄学建构的一切，包括庄子亲撰的“内七篇”，也被庄子用庄学四境予以终极解构。因为一切文化名相，充其量是无限趋近于“道”的“德”，“内七篇”所及一切文化名相，以及儒墨诸子所及一切文化名相，包括一切人类语言，均无可能终极表达“道”之究极，因此庄子亲撰的“内七篇”不仅是对悖道文化的彻底解构，也是在对顺道文化予以建构之后的超越性解构。“内七篇”立足于仅有相对之“是”的此岸之“德”（天地万物、人间一切），远眺作为绝对之“是”的彼岸之“道”（宇宙总规律，已知科学仅为其极小部分）。庄子像任何人一样，不可能一语道破“道”是什么，“内七篇”是轴心时代的中华文化宗师庄子美妙无比、登峰造极的“道”之唱赞。

掌握庄学四境这一思想范式，首先可以读通“内七篇”的每字每词每句每篇，辨析出郭注义理错在哪里，乃至郭象做了什么手脚。其次可以读通“外杂篇”的每字每词每句每篇，辨析出“外杂篇”和相关郭注义理何处合于“内七篇”，何处悖离“内七篇”。再次可以超出庄学，解答庙堂中国、江湖中国的双重之谜，消解迷雾重重的“东方神秘主义”。最后可以超出古典中国，辨析古今中外一切思想学说，理解天地万物，进窥宇宙至道。

理解庄学四境的最大益处，就是培养对“道”即客观真理永无止境的开放心态和至高敬意。任何伟大文明和高级文化都离不开对客观真理的开放心态和至高敬意。正是凭借轴心时代的不朽《庄子》对客观真理的开放心态和至高敬意，后轴心时代的古典中国在上有庙堂专制、下无逻辑利器的双重不利条件下，依然在近代以前抵达了文明与文化的双重高峰，创造了全球文化视野内独一无二的中华奇迹。

被专制庙堂钦定为意识形态的儒家官学，是支撑庙堂中国的专制制度僵化为奇迹般超稳定结构的主要原因，因此《十三经》成了庙堂中国的政治圣经。这是中国之谜的一半谜底，业已为诸多国人了解，也已被迷惑于“东方神秘主义”的异邦人士部分了解。

与儒家意识形态彻底对立的庄子哲学，是支撑江湖中国之文化形态发展出奇迹般中华特质的主要原因，因此《庄子》成了江湖中国的文化圣经。这是中国之谜的另一半谜底，远未为国人了解，更未被迷惑于“东方神秘主义”的异邦人士充分了解。

从 1492 年哥伦布发现新大陆开启全球化时代至今五百余年，异邦人士最先接触的是儒学，异邦大知哂笑不已[1]，殊不知儒学仅是供奉在庙堂上层的古典中国之文化小境。异邦人士稍后又接触了老学，异邦大知笑容渐收[2]，“东方神秘主义”之名由此产生，因为老学是沟通庙堂上层与江湖下层因而若隐若现的古典中国之文化大境。异邦人士接触全球文化视野内独一无二的庄学尚需时日，因为庄学是深隐于江湖底层的古典中国之文化至境。

奉郭象为至高权威的旧庄学，句读段落也不通，字面显义也未解，遑论支离其言背后晦藏的精深奥义。以郭注义理为依据的现有一切《庄子》外文译本，不可能不谬以千里。或许仅有极少数异邦大知，方能凭其天才直觉，从谬以千里的《庄子》译本中窥破一些消息。[3]

郭象及其追随者对《庄子》的篡改反注，仅是庄学奥义沉埋千古的表层原因。历史之父司马迁与一代文豪苏东坡判断庄学主旨的分歧，无可辩驳地证明：庄学是专制庙堂及其意识形态的终极天敌，才是庄学奥义沉埋千古的深层原因和根本原因。《庄子》传世两千余年，儒家士林能够提交、专制庙堂乐意接受的，只能是错误答卷。洞悉庄学奥义者，对此只能被迫沉默。

司马迁在《老子韩非列传》中认为，庄子“诋訾孔子之徒，以明老子之术”。苏轼在《庄子祠堂记》中却把司马迁斥为：“知庄子之粗者，余以为庄子盖助孔子者。（中略。）庄子之言，皆实予而文不予，阳挤而阴助之。”世上竟有此等奇事：越敬佩你就越贬斥你？越援助你就越挤兑你？苏轼论证其诡辩的荒谬逻辑

---

[1] 黑格尔说：“在他（孔子）那里思辨的哲学是一点也没有的——只有一些善良的、老练的、道德的教训，从里面我们不能获得什么特殊的东西。”“为了保持孔子的名声，假使他的书从来不曾有过翻译，那倒是更好的事。”《哲学史讲演录》，贺麟、王太庆译，商务印书馆 1979 版，第一卷 119 页—120 页。

[2] 卡夫卡说：“在孔子的《论语》里，人们还站在坚实的大地上，但到后来（指《老子》、《庄子》），书里的东西越来越虚无缥缈，不可捉摸。老子的格言是坚硬的核桃，我被它们陶醉了，但是它们的核心对我却依然紧锁着。我反复读了好多遍。然后我却发现，就像小孩玩彩色玻璃球游戏那样，我让这些格言从一个思想角落滑到另一个思想角落，而丝毫没有前进。通过这些格言玻璃球，我其实只发现了我的思想槽非常浅，无法包容老子的玻璃球。这是令人沮丧的发现，于是我就停止了玻璃球游戏。这些书中，只有一本我算马马虎虎读懂了，这就是《南华经》。”古斯塔夫·雅努施《卡夫卡对我说》，赵登荣译，时代文艺出版社 1991 版，174 页。

[3] 王尔德说：“这部中国书尽管完成于两千多年前，但对欧洲人来说依然是个早产儿。”酷爱《庄子》的博尔赫斯，深得支离其言、晦藏其旨之妙谛。参见拙文《与美国朋友谈〈庄子〉》。

是："诋訾孔子，未尝不微见其意。其（按：指《庄子·天下》）论天下道术，自墨翟、禽滑厘、彭蒙、慎到、田骈、关尹、老聃之徒，以至于其身，皆以为一家，而孔子不与，其尊之也至矣。"

不屑齿及，竟然是"尊之至"！那么《天下》未曾齿及先于庄子的列子等无数人，也未曾齿及与庄子同时的孟子等无数人，难道也是"尊之至"？何况《天下》决非庄子亲撰，"内七篇"并未对孔子不屑齿及，而是出场最多的第一反角。古典中国屈指可数的文化巨人苏大胡子，难道也是陷溺儒学成心的陋儒？

千年以来，治庄者都误以为这是苏轼的真心话，因而盲从郭注的治庄者赞其卓识，反对郭注的治庄者斥其糊涂。两者均未听懂苏东坡私下所说的真心话："吾昔有见于中，口未能言，今见《庄子》，得吾心矣。"[1]苏轼不得已而作的违心谬论，仅仅说明了两千余年中华帝国史的残酷真相：与刚刚开始"独尊儒术"的汉武帝同时的汉人司马迁直言《庄子》的反孔主旨，危险尚小。然而宋人苏东坡倘若胆敢挑明《庄子》的反孔主旨，就必有两个结果：其一，己身罹祸，如同"非汤武、薄周孔"的嵇康那样遭到诛杀；其二，殃及《庄子》，如同墨家、名家、杨朱之书那样遭到剿灭。因此酷爱《庄子》的苏东坡，不得不对《庄子》"实予而文不予，阳挤而阴助之"，表面上说庄学是儒学友军，实际上却"有见于中，口未能言"。即便谨慎如此，苏轼依然因其"一肚皮不合时宜"而身陷"乌台诗案"，遭到终生迫害。倒是欲灭《庄子》而后快的理学家程颐不惮直言《庄子》之实质："庄子，叛圣人者也，而世之人皆曰矫时之弊。矫时之弊固若是乎？伯夷、柳下惠，矫时之弊者也，其有异于圣人乎？"[2]这位头脑冬烘的腐儒尽管嗅出了庄学异味，一来对庄学奥义缺乏论证能力，二来深入论证必将涉入专制禁区，因此也像郭象、张湛一样，不敢向皇帝告密而邀功请赏，无法借助皇权剿灭《庄子》，只能笼统指控庄子"叛圣人"，然后人格分裂地恨恨而死。

1911年帝制终结之前，洞悉庄学奥义并能求其甚解地加以严密论证者，其实不乏其人。经由苏东坡褒扬才无人不知的陶渊明即为最佳代表，其《五柳先

[1] 语见苏辙《东坡先生墓志铭》。
[2] 语见《二程遗书》二十五卷。

生传》曰："好读书，不求甚解。每有会意，便欣然忘食。"与苏东坡"有见于中，口未能言"一样，陶渊明的"不求甚解"实为"不告甚解"，所以他在《饮酒》诗中暗藏玄机："此中有真意，欲辨已忘言。"此诗被誉为"陶诗之冠"，无数士人言彼意此地赞扬此诗的另外两句"采菊东篱下，悠然见南山"，然而仅凭这平淡无奇的两句诗就把陶渊明捧到天上，过于莫名其妙。除了人云亦云的耳食之徒，发自内心的赞陶者无不明白陶诗的弦外之音，因为陶渊明的可贵之处首先不是绝妙诗文，而是对庄学义理的终生履践："不为五斗米折腰"地远离庙堂，傲立江湖。

"竹林七贤"中，深谙庄学奥义的并非杨朱般激烈峻急的嵇康，而是庄子般支离其言的阮籍。嵇康的《养生论》和《与山巨源绝交书》，足证他对庄学奥义的感悟已经超过全部旧庄学。而阮籍的《达庄论》和《大人先生传》，足以使全部旧庄学变成废纸，因此旧庄学未曾引用一字一句。阮籍的《咏怀诗》，在不明庄学奥义者眼中，是晦涩难解的千古诗谜，其实阮籍早已自道谜底："视彼庄周子，荣枯何足赖。"[1]古典中国的所有文化哑谜，谜底无不与庄子息息相关。

西晋阮籍的"咏怀诗谜"，东晋陶潜的"不告甚解"，北宋苏轼的"口未能言"，与先秦庄子的支离其言、晦藏其旨，理由完全相同：一避生前己身被害之祸，二免身后己书被灭之厄。支离其言、晦藏其旨必然有得有失。其失有二：极为难懂，易被曲解。其得也有二：语妙天下，必传后世。通天彻地的庄子预知：千年篡改曲解之后，终有绝地反击之日。

古典中国的文化巨人，无不洞悉庄学奥义，无不视《庄子》为至爱秘笈，因为《庄子》是专制时代渴望自由的士子唯一的灵魂圣地和精神氧吧。除了《庄子》，找不到另外一部曾被所有大诗人、大画家引用过的先秦子书。因此士子们宁作违心之论，也不愿专制庙堂剿灭《庄子》。直言《庄子》之实质，必被他们视为可耻的告密。这一中国文化的最大秘密，竟被他们无比默契地集体保守了两千年之久。

李白《上李邕》曰："大鹏一日同风起，扶摇直上九万里。"作为陶渊明之后

---

[1] 语见阮籍《咏怀诗》之三十八。

的又一位著名道教徒（实为隐藏道家本质的迷彩），李白时代郭注已具莫大权威，因此诗中的“直上”二字已被郭注误导。李商隐《锦瑟》曰：“庄生晓梦迷蝴蝶，望帝春心托杜鹃。”此诗千古无解，其实深藏庄学奥义。义山诗风扑朔迷离，尽得支离其言、晦藏其旨之三昧。支离其言、晦藏其旨的最新实例是，钱锺书虽用《外篇·秋水》的“用管窥天，用锥指地”命名《管锥编》，却在历论吾国主要经典的此书中，对《庄子》“默存”始终，不设专章。

晋人陶渊明、唐人李太白、宋人苏东坡等后轴心时代的中国文化巨人，无一不在轴心时代中国文化宗师庄子的引导下，抵达了古典中国历史困境下的文化至境。帝制终结之后的现代中国或未来中国，同样可以在庄子的引导下，抵达现代中国、未来中国的文化至境。尽管帝制终结至今百年，战祸动乱无有已时，大知小知又纷纷“旋其面目，望洋而叹”，倾其全力于西学新学，无人再祭庄学冷灶，然而匆匆百年不过是瞬间“小年”，中国文化必有重建辉煌乃至超越古典中国抵达更高境界的未来“大年”。

## 结语　郭注小年，庄学大年

两千余年来，热爱自由、痛恨专制的无数爱庄者，即便未能融会贯通，但是偶得一鳞一爪，足以安身立命。正是百行诸业的无数能工巧匠、江湖豪杰，以及陶渊明、李笠翁、金圣叹、曹雪芹等远离庙堂、逍遥江湖的间世异人，还有司马迁、嵇叔夜、阮嗣宗、李太白、苏东坡等身在庙堂、心在江湖的文化巨人，创造了绚烂璀璨的中国古典文化。即便是庙堂文化的辉煌，也无不仰赖于“知其不可奈何而安之若命”地应庙堂之召的江湖异人，比如天安门、三大殿等紫禁城主体建筑的设计者蒯祥[1]。这些身怀绝技却隐姓埋名的文化英雄，无不浸透庄学精魂，他们是“游刃有余”的庖丁、“得手应心”的轮扁、“惊犹鬼神”的梓庆、“解衣盘礴”的画工、“不失毫芒”的钩匠、“运斤成风”的匠石之嫡派传

[1] 蒯祥生平事迹，参阅《辞海》或拙文《紫禁城的建造者》。

人[1]。《庄子》的汪洋恣肆和妙到毫巅，确保了不持成心俗见、不被郭注污染的爱庄者“欣然忘食”地默然心会，“得意忘言”地“目击道存”[2]。郭象的篡改反注，丝毫未能撼动《庄子》成为江湖中国至高无上、无可替代的文化圣经。诚可谓“尔曹身与名俱灭，不废江河万古流”。

一千七百年来，郭象蒙骗、愚弄了无数读庄者、治庄者、爱庄者、批庄者。然而真相不可能永远掩盖，阴谋不可能永久得逞。任何犯罪都会留下蛛丝马迹，一切罪犯终将接受历史审判。在审判开始之前，我愿意真心诚意感谢郭象。因为郭象的篡改反注，无意之中为很难躲过专制庙堂剿灭的《庄子》涂上了一层完美保护色，护送它安全穿越了漫长的中华帝国史。正当郭象穿过历史“小年”的黑暗隧道，站在炫目的阳光下长吁一口气，得意于完成了一件震古烁今的完美犯罪之时，历史“大年”拘捕了这个完美罪犯。略有损毁的赃物被没收并有待修复，永无追索时效的历史审判开始了。随着审判的深入，中华文化史，中华文明史，中华哲学史，中华艺术史，必将全部重写。[3]

---

[1] 庖丁见《内篇·养生主》，轮扁见《外篇·天道》，梓庆见《外篇·达生》，画工见《外篇·田子方》，钩匠见《外篇·知北游》，匠石见《外篇·徐无鬼》(《内篇·人间世》之匠石，为庄子贬斥)。

[2] “得意忘言”见《外篇·外物》：“庄子曰：‘筌者所以在鱼，得鱼而忘筌；蹄者所以在兔，得兔而忘蹄。言者所以在意，得意而忘言。吾安得夫忘言之人而与之言哉？’”郭象以降均妄断为非庄子之言。“目击而道存”见《外篇·田子方》。

[3] 本文删节版，刊《书屋》2006年8期。今已修订增补。

# 《逍遥游》奥义

## ——蕴涵四境的“自由”论

# 弁言　七篇之首，庄书之魂

《逍遥游》不仅是“内七篇”首篇，而且是重要性首屈一指的庄学“自由”论。旧庄学不重视“文学性强”的《逍遥游》，只重视“哲学性强”的《齐物论》，结果既无法读通《齐物论》，也无法读通整部《庄子》。

复原近真的《逍遥游》，白文1491字：补脱文31字，删衍文5字，订讹文8字。纠正重大误断1处，小误不计。厘正通假字、异体字27字，重复不计。若不厘正通假字、异体字，即便司马彪、向秀、成玄英、郭庆藩等治庄名家，也会犯误释“时女”（此时的你）为“处女”的低级错误。业已通用之专名，如“逍遥游”之“游”、“藐姑射”之“藐”[1]，则一仍其旧。

共三章，十八节[2]。以下分章逐节疏通大旨。郭象谬解，不予详驳。庄义既明，郭注即废。

# 一　首章奥义，庄学大纲

北溟有鱼，其名为鲲。鲲之大，不知其几千里也。化而为鸟，其名为鹏。鹏之背，不知其几千里也。怒而飞，其翼若垂天之云。是鸟也，海运则将徙于南溟。南溟者，天池也。

## 今译

北海有鱼，其名为鲲。鲲之大，不知几千里。物化而为鸟，其名为鹏。鹏

[1] “游”之正字为“遊”，“藐”之正字为“邈”。
[2] 本书之“内七篇”分章，同于《庄子复原本》；分节或为便于行文，异于《庄子复原本》。

之背，不知几千里。大鹏一怒而飞，其翼如若垂悬天际的云。这大鸟，等待大海涨潮起风，将要迁徙于南海。南海，是天道造就的大池。

第一节："鲲↗鹏"寓言，初述大知寓言的上半部分。奥义藏于重述大知寓言所无的"化而为鸟"。

鲲鹏象征"大知"，在庄学四境"无知→小知→大知→至知"中，仅属次境。开篇夸张象征"大知"的鲲鹏之"大"，是为象征"至知"的"藐姑射（yè）神人"出场做铺垫。旧庄学谬解鲲鹏象征庄学至境，使"藐姑射神人"寓言变得多余。

鲲在地而鹏在天，庄子以此讽谕大知（小知非其目标读者）由地升空，"化而为鸟"，超越"大知"的黑暗"北溟"，趋于"至知"的光明"南溟"，从俗谛层面的人间视点，升华为真谛层面的道极视点[1]。"将徙于南溟"说明，趋向"至知"是顺道大知的主观意图，而非已达"至知"的客观结果。

《齐谐》者，志怪者也。《谐》之言曰："鹏之徙于南溟也，水击三千里，搏扶摇而上者九万里[2]，去以六月息者也。"

## 今译

《齐谐》，是记载怪事异闻之书。书中有言："大鹏迁徙南海之时，拍击水面三千里，搏击双翼扶风摇摆而上九万里，飞行六月方能歇息。"

第二节："齐谐"假言，初述大知寓言的下半部分。奥义藏于"搏扶摇而上者九万里"。

[1] "俗谛/真谛"对举，"人间视点/道极视点"对举。有"真谛"层面者，方有"俗谛"层面。无"真谛"层面者，也无"俗谛"层面，仅有"人间视点"。"俗谛"与"人间视点"，认知之域相同，但认识不同，因为前者有超越性的"真谛"层面，后者则无。

[2] "搏"旧讹为"抟（抟）"，无义。刘文典据《御览》、陈鼓应据世德堂本校改。复原依据，本书均简注，详见《庄子复原本注译》。

李白《上李邕》诗曰：“大鹏一日同风起，扶摇直上九万里。”已被郭注误导，因而谬解“九万里”为垂直距离。

作为水鸟，大鹏起飞必具三步骤：先拍击离水，“水击三千里”；再斜行爬高，“抟扶摇而上者九万里”；再水平飞行，“去以六月息者也”。[1]

庄子终生不仕，享寿八十四岁，长年垂钓江湖，无数次见过水鸟起飞，不可能违背其常识。水鸟起飞之常识，或为埋头书斋的治庄者所无，却为酷爱自然的李白必有。可惜他盲从郭象，进而以其巨大诗名，把“直上”谬解，普及为旧庄学“常识”。从“大知”趋向“至知”，从人间视点升华为道极视点，原本极为艰难，“直上”使之变得轻而易举，与《逍遥游》主旨根本牴牾。倘若水鸟如直升飞机般“直上”，又何须“水击三千里”的助跑？

“鲲鹏”寓言为庄子原创，先秦别书皆无。庄子故意先讲一半，标明知识产权，再支离其言地“引用”杜撰之书，描述水鸟起飞三步骤，晦藏升华超越之奥义[2]；并假借对《齐谐》下定义而对“内七篇”自我定义——“志怪”，暗示开笔即语怪（鲲鹏）的“内七篇”，与“不语怪力乱神”的“内七篇”第一反角孔子异趣。

野马也，尘埃也，生物之以息相吹也。天之苍苍，其正色耶？其远而无所至极耶？其视下也，亦若是则已矣。

## 今译

（云气如同）野马、尘埃，是生物以气息相互吹拂而成。天色苍苍，是否天空的正色？陆处之人离天太远难以看清天空的正色吧？而大鹏在空中看地面判断大地的正色，也如人之看天罢了。

---

[1] 北溟至南溟的距离无法坐实，故仅言飞行时间。“六月”立基于候鸟半年一往又半年一返的客观规律。

[2] 在己书之中杜撰并“引用”实无之书，为庄子首创。汉末孔融、北宋苏轼均曾仿效。痴迷庄子的阿根廷作家博尔赫斯，也在其小说中大量模仿。

第三节："天极"卮言，初述大知寓言的初步申论。奥义藏于支离分开的"天"、"极"二字。

"九万里"固为大数，却不足以形容"天极"之高[1]。"天"为"道"之变文，"天极"即"道极"[2]。《大宗师》论"道"时明确说："在太极之上而不为高。"因此大鹏斜上甚或"直上"九万里，远未抵达"天极"，而是仅及中天。大鹏渐高渐远斜上中天，是为了"风"的渐积渐厚，所以本节专述风，尽管晦藏"风"字。

庄子用"野马"隐喻大知倚待的中天之风（云雾），用"尘埃"直述小知倚待的地表之风，进而指出其共同成因是"生物之以息相吹"，阐明大知、小知各有所蔽——

小知从地面仰观天极，误将地表尘埃、中天云雾之"苍苍"，视为天之正色乃至天极正色。庄子反诘曰："其远而无所至极耶？"

大知从中天俯瞰大地，误将中天云雾、地表尘埃之"苍苍"，视为地之正色乃至地极正色。庄子点破曰："其（大知）视下也，亦若是（小知）则已矣。"

地表尘埃既为小知倚待，即成小知之蔽障；中天云雾既为大知倚待，即成大知之蔽障。凡有倚待，皆成蔽障；小知大知，均未逍遥。庄子尽管用道极视点对小知、大知等量齐观，锋芒所指却非有待于外物却不知其蔽的小知误认"天极"，而是有待于君主却不知其蔽的大知误认"地极"。

> 且夫水之积也不厚，则其负大舟也无力。覆杯水于坳堂之上，则芥为之舟；置杯焉则胶，水浅而舟大也。风之积也不厚，则其负大翼也无力。故九万里则风斯在下矣，而后乃今培风[3]；背负青天而莫之夭阏者，而后乃今将图南。

---

[1] 庄子"其学无所不窥"，必知古人所言"天地相去八万四千里"（《慎子》），这是"九万里"非垂直距离的旁证。

[2] "道极"不见于"内七篇"，但也非我杜撰。《外篇·盗跖》："若枉若直，相尔天极。"《外篇·则阳》："道，物之极，言、默不足以载。"自郭象以降，多错误连读"道物"二字，把名词"道"曲解为动词"说"。原义"道是万物之终极"，遂被谬解为"论说万物之究极"，与后句"言、默不足以载"不可通。

[3] "培"旧或讹作"掊"，训击。当作"培"，训倚待。

## 今译

况且水量若是积聚不厚，那么托负大船就浮力不足。正如倾倒杯水于凹坑，仅能浮起芥草之船；放置杯子就会搁浅，因为水浅而船大。风云若是积聚不厚，那么托负大鹏就升力不足。所以大鹏远飞九万里，渐积厚风在下，而后方能倚待厚风，背负青天而不中途坠落，而后方能图谋南飞。

第四节：“积厚”卮言，初述大知寓言的再次申论。奥义藏于“背负青天”及“夭阏（è）”。

本节借有形之水的积厚，进一步申论无形之风的积厚：水积不厚，大船就浮力不足，比如倒一杯水在堂前凹坑，放上草芥能浮起来，放上杯子就会搁浅在地上，因为水浅而船大。同理，风积不厚，大鹏就倚待不足，因为风薄而鸟大。所以大鹏必须斜飞九万里，艰难爬升到中天，积累足以托举体重的厚风，背朝天极而不必担心坠落或停滞，方能水平飞向南溟。

“背负青天”在重述大知寓言中又重言一次，再次暗示超越“北溟”、趋于“南溟”的大鹏未达“天极”。

“夭（坠落）阏（停滞）”二字阐明，在趋近“至知”的艰难过程中，许多大知会坠落中天或停滞中途。倘若大鹏轻而易举“直上”九万里，那么“积厚”卮言不仅多余，而且不通。

蜩与鸴鸠笑之曰：“我决起而飞，抢榆枋而止，时则不至，而控于地而已矣。奚以之九万里而图南为？”[1]

---

[1] 旧脱“而止”、“图”三字。刘文典据北宋陈景元《庄子阙误》、《文选》注、《御览》校补“而止”。俞樾据《文选》注、刘文典据《御览》校补“图”。郭注“小鸟一飞半朝，抢榆枋而止”，证明“而止”尚存于郭象版《庄子》。治庄后儒对郭象的初步整容仍不满意，遂在进一步整容中删去。

## 今译

蝉与鸴鸠嘲笑大鹏说："我一跃就能起飞，飞上榆树、枋树就能停止。有时一飞不至，跌在地上而后停止。何须渐积九万里厚风而后图谋南飞？"

第五节："蜩鸠"寓言，即初述小知寓言。奥义藏于"而止"、"不至"。

蜩鸠承认连尘埃中的"榆枋"也"时则不至"，遑论仅知其有却不能至的"北溟"，更无法嘲笑不知其有的大鹏之高远目标"南溟"，只能嘲笑大鹏不知何往地斜飞九万里的艰难过程："奚以之九万里而图南为？"

由于"天极"卮言已用道极视点对小知、大知等量齐观，因此对小知的刻划也同构适用于大知：小知欲至"榆枋"，"时则不至"，则"控于地"；大知欲至"南溟"，"时则不至"，则"夭阏"中天（鹏），控于"北溟"（鲲）。

适莽苍者，三餐而返，腹犹果然；适百里者，宿舂粮；适千里者，三月聚粮。之二虫又何知？

## 今译

远足郊外之人，三餐而后返回，腹中仍然充实；远涉百里之人，提前一天舂捣干粮；远行千里之人，提前三月舂捣干粮。这两只小虫怎能明白？

第六节："适远"卮言，初述小知寓言的申论。奥义藏于"适千里者"。

小知、大知均已出场，至知则尚未出场，而小知、大知、至知的境界差别难以直观，因此"适远"卮言运用结构对位的整体象征，借助直观易解的路之远近，阐明难以直观的知之小大。

由于人类无不有知，因此"适远"三项故意缺损庄学四境之庄学初境"无知"："适莽苍者"隐喻小知，"适百里者"隐喻大知，"适千里者"隐喻至知。

小知远足郊外，当天就能返回，无须携带食物，三餐不吃也饿不死。大知远涉百里，必须提前一天舂粮，否则未至终点即已饿死。至知远行千里，必须提前三月舂粮，否则仅至半途即已饿死。

本节阐明：小知无准备，大知有准备；大知小准备，至知大准备。目标浅近者，过程必轻易；目标高远者，过程必艰难。趋近至知固然艰难，理解至知同样艰难。蜩鸠不明白大鹏“图南”意欲何为，遂被庄子斥为“之二虫又何知”。[1]

小知不及大知，小年不及大年。奚以知其然耶？朝菌不知晦朔，蟪蛄不知春秋，此小年也。楚之南有冥灵者，以五百岁为春，五百岁为秋；上古有大椿者，以八千岁为春，八千岁为秋。此大年也[2]。而彭祖乃今以久特闻，众人匹之，不亦悲乎？汤之问棘也是矣。汤问棘曰：“上下四方有极乎？”棘曰：“无极之外，复无极也。”[3]

## 今译

小知不能企及大知，小年不能企及大年。何以知其如此？因为朝生暮死的菌芝不知月亮圆缺，夏生秋死的寒蝉不知春秋变化。这是小知小年。楚国南方有海龟叫冥灵，以五百年为春，以五百年为秋；上古有神树叫大椿，以八千年为春，以八千年为秋。这是大知大年。然而寿仅八百的彭祖如今却以长寿特别闻名，众人无不匹偶企羡，岂不可悲？商汤问夏棘，即明此义。商汤问夏棘说：“上下四方，有无极限？”夏棘说：“无极之外，仍无极限。”

第七节：“知年”卮言，小结初述大知、小知寓言。奥义藏于郭象删去的“无

[1] “二虫”指蜩、鸠。郭象为自圆谬解“小大虽殊，逍遥一也”，“得其所待，然后逍遥”而故意反注：“二虫，鹏、蜩也。对大于小，所以均异趣也。此逍遥之大意。”

[2] 旧脱“此大年也”四字。刘文典据《阙误》、成疏校补。王叔岷、陈鼓应从之。

[3] 郭象为自圆反注而妄删“汤问棘”以下二十一字。参阅绪论二《庄学四境与郭象篡改》。

极之外复无极”。

先言“小知不及大知”，点明“鲲鹏”象征大知，“蜩鸠”象征小知；后言“小年不及大年”，再次借用直观易解的年之小大，阐明难以直观的知之小大。

“适远”三项业已运用结构对位的整体象征，暗示“大知”之上尚有“至知”；“知年”四境再次运用结构对位的整体象征，暗示“小知”之下尚有“无知”。至此，庄学四境呼之欲出：

朝菌（无知）↗蟪蛄（小知）↗冥灵（大知）↗大椿（至知）

庄子推崇“至知至年”，而非“大知大年”。彭祖属“大年”，鲲鹏属“大知”，故曰：“众人匹之，不亦悲乎？”

终北之北有溟海者[1]，天池也。有鱼焉，其广数千里，未有知其修者，其名为鲲。有鸟焉，其名为鹏，背若泰山，翼若垂天之云，搏扶摇而上者九万里[2]，绝云气，负青天，然后图南，且适南溟也。

## 今译

北极之北有溟海，是天道造就的大池。那里有大鱼，体宽几千里，无人知其体长，其名为鲲。那里有大鸟，其名为鹏，背部大如泰山，其翼如若垂悬天际的云，搏击双翼扶风摇摆而上九万里，下绝云气，上负青天，然后图谋南飞，将往南海。

第八节：“鲲/鹏”寓言，即重述大知寓言。奥义藏于三处：一、与“无极之外复无极”意蕴相关的“终北之北”。二、“背若泰山”。三、未言“化而为鸟”。

［1］郭象为自圆反注而妄改“终北”为“穷发”。参阅绪论二《庄学四境与郭象篡改》。

［2］“搏”旧讹为“抟（抟）”。“搏扶摇”后又衍“羊角”二字。马叙伦校删。

“鲲”之本义为小鱼或鱼卵。《尔雅·释鱼》:“鲲，鱼子。凡鱼之子名鲲。”明人方以智《药地炮庄》:“鲲本小鱼之名，庄子用为大鱼之名。”庄子借小鱼之共名，用做大鱼之专名，是为了阐明：

一、大鱼鲲原本由小鱼鲲成长而来。对应小鱼鲲的蜩鸠，倘若自矜自得，就无法成长为大鱼鲲，只能止于“榆枋”。

二、鲲鹏虽大，实非至大。大鱼鲲倘若自矜自得，就无法抵达“南溟”，而是“阏”(停滞)于“北溟”，在道极视点下恢复本义，还原为小鱼鲲。大鸟鹏倘若自得自满，也无法抵达“南溟”，而是从中天“夭”(坠落)于“北溟”，在道极视点下恢复本相，还原为小鱼鲲。

“背若泰山”的大鹏，在人间视点下虽属相对之“大”，但在道极视点下却属相对之“小”。除了本篇的全方位结构性暗示，《齐物论》又隔篇点破：“天下莫大于秋毫之末，而泰山为小；莫寿于殇子，而彭祖为夭。”《逍遥游》的“鲲鹏”、“彭祖”同属“大”境,《齐物论》又“泰山”、“彭祖”并提，就扣死了《逍遥游》“背若泰山”与《齐物论》“泰山为小”的关联。

三、成长无极限，超越无止境。“化而为鸟”四字，使初述大知寓言的“鲲↗鹏”具有成长关系。没有“化而为鸟”四字，使重述大知寓言的“鲲/鹏”不再具有成长关系。与之相关，初述大知寓言说“南溟者，天池也”，而重述大知寓言则说“终北之北有溟海者，天池也”。“天池”象征天道赋予每一个体的物德(今语谓之“天赋”)，也意味着每一个体的认知极限：“榆枋”是小知的“天池”极限，“北溟”是大知的“天池”极限，“南溟”是至知的“天池”极限。由于“天池”的不同极限，个体即便主观努力，未必想继续成长就能无限成长，也未必想不断超越就能永远超越。但是个体的认知极限，并非人类全体及其未来发展的认知极限，更非天道之极限。庄子无意勉强业已抵达自身认知极限者做力所难及之事，而是站在道极视点下告诫自矜自得地自居“至知”的夭阏大知：不要把一己有限大知，夸大为无限“至知”；不要把一己所知的相对真理，吹嘘为普遍有效、永远正确、古今不易的绝对真理，进而指导人类全体。

对观两述大知寓言，可知初述大知寓言采用人间视点，是大知的“超越寓言”，因此用重言“不知其几千里”明确承认“大知”的相对之“大”，阐明“小知不及大知”，肯定了超越“北溟”、趋于“天极”的超越型大知。而重述大知寓言采用道极视点，是大知的“夭阏寓言”，因此用卮言“背若泰山”隐晦暗示“大知”的相对之“小”，阐明“大知不及至知”，否定了止于“北溟”、误认“地极”的夭阏型大知。两述大知寓言，是庄学俗谛“物德相对”之“然于然（初述），不然于不然（重述）”的运用范例[1]。由于旧庄学未能进窥两述大知寓言的寓意，遂把不可或缺的重述大知寓言，视为毫无意义的衍文。

尺鴳笑之曰：“彼且奚适耶？我腾跃而上，不过数仞而下，翱翔蓬蒿之间，此亦飞之至也。而彼且奚适耶？”[2]

## 今译

尺鴳嘲笑大鹏说：“他将欲往何处？我腾跃而上，不过数仞而下，翱翔在蓬草芦苇之间，这也是飞翔的至境。然而他将欲往何处？”

第九节：“尺鴳”寓言，即重述小知寓言。奥义藏于重言“彼且奚适耶”。

由于两述小知寓言主角不同，旧庄学无法把重述小知寓言视为衍文，只能视为同义重复，不予阐释。其实两述小知寓言像两述大知寓言一样寓意不同，何况文字差异更大。如同初述大知寓言的“化而为鸟”不见于重述大知寓言一样，初述小知寓言的“奚以之九万里”，也不见于重述小知寓言。

尺鴳嘲笑的，并非“九万里”的艰难过程，而是大鹏的高远目标：“彼且奚适耶？”尺鴳自得于能上能下：“我腾跃而上，不过数仞而下。”以此嘲笑大鹏能上不能下。尺鴳继而自夸世俗成功：“翱翔蓬蒿之间。”以此嘲笑大鹏的世俗失败。尺鴳进而也自居“至知”：“此亦飞之至也。”以此嘲笑大鹏抵达“南溟”的可能极小，而中途“夭阏”的可能极大。最后，尺鴳又重言否定了大鹏的高远目标：

[1] 参阅《〈齐物论〉奥义》论庄学俗谛“然于然，不然于不然”及庄学真谛“是不是，然不然”。

[2] “尺”旧讹为“斥”。郭庆藩据陆释崔本、《文选》曹植《七启》、《一切经音义》“尺鴳”校正。

“彼且奚适耶？”

对观两述小知寓言，可知初述小知寓言是小知的“自慰寓言”，而重述小知寓言是小知的“自得寓言”。蜩鸠是世俗失败的自慰型小知，只敢嘲笑超越型大知（鹏）的艰难过程，尚未颠倒价值高下；尺鴳是世俗成功的自得型小知，已敢嘲笑超越型大知（鹏）的高远目标，颠倒了价值高下。

自得型小知颠倒价值高下且自居“至知”，本无知识上的自信，仅是倚仗忝阙型大知的世俗权威而鹦鹉学舌。由于忝阙型大知拥有芸芸小知梦寐以求的庙堂富贵，因此芸芸“众人”，“匹之”的都是忝阙型大知。所以自慰型小知、自得型小知都不嘲笑止于“北溟”的忝阙型大知（重述大知寓言之鲲），都只嘲笑“化而为鸟”的超越型大知（两述大知寓言之鹏）。

“北溟”不仅象征“大知”之境，也同时象征忝阙型大知的世俗地位和庙堂富贵。止于“北溟”不仅意味着自得于“大知”且自居“至知”，也意味着自得于“大知”且自吹“至知”带来的世俗地位和庙堂富贵。由于忝阙型大知倡导的颠倒价值观有利于专制庙堂，因此在专制庙堂力挺之下，忝阙型大知轻取卿相，其所倡导的颠倒价值观，也成了正统且权威的主流价值观。被主流价值观洗脑的芸芸小知，不仅不理解超越型大知为何超越“大知”，尤其不理解超越型大知为何鄙弃“大知”带来的世俗地位和庙堂富贵。这正是“彼且奚适耶”的奥义所在：学而大优，竟尔不仕！知而不效，意欲何为？

峻拒楚相、终生不仕的庄子，在其漫长一生中，遭遇了无数小知的嘲笑诘问和异样白眼，比如《外篇·山木》之魏惠王，《外篇·外物》之监河侯，《外篇·曹商》之曹商。描述小知不理解大知（更不理解至知），既有力回击了以己之心度人之腹的鄙陋小知，又形象演绎了老聃名言“下士闻道必大笑”，也为下文痛斥大知不理解至知预做铺垫，比如次章之肩吾不理解接舆，末章之惠施不理解庄子。

此小大之辨也。

## 今译

这就是小与大的区别。

第十节："小大"卮言，总结两述大知寓言、两述小知寓言。这是"内七篇"的奥义之眼和根本卮言。

由于庄子的支离其言和郭象的篡改反注[1]，旧庄学误以为"小大之辨"仅含"小知"、"大知"二境，未明"小大之辨"实含庄学四境。

> 故夫知效一官、行比一乡、德合一君、能征一国者[2]，其自视也亦若此矣。而宋荣子犹然笑之。且举世誉之而不加劝，举世非之而不加沮[3]，定乎内外之分，辨乎荣辱之境，斯已矣。彼其于世，未数数然也。虽然，犹有未树也。夫列子御风而行，泠然善也，旬有五日而后返。彼于致福者，未数数然也。此虽免乎行，犹有所待者也。

## 今译

所以那些心知胜任一项官职、行为超卓一处乡里、德性投合一国之君、才能冠绝一个邦国的人，他们看待自己，一如尺鴳。然而宋荣子仍然嘲笑他们，而且举世赞誉不能使他奋进，举世非议不能使他沮丧，审察内德外境之分际，明辨荣誉耻辱之界限。不过仅止于此。宋荣子对于世俗的一切，未曾汲汲以求。尽管如此，仍然未达至境。列子御风飞行，轻盈美妙，十五天后才会返回。列

---

[1] "至知"不见于"内七篇"，仅有支离其言的反复暗示。"外杂篇"四见。《外篇·胠箧》："世俗之所谓'至知'者，有不为大盗积者乎？"《外篇·外物》："虽有至知，万人谋之。（中略。）夫流遁之志，决绝之行，噫，其非至知厚德之任欤？"《外篇·庚桑楚》："至知不谋。"

[2] "能"原作"而"。郭庆藩校正。

[3] 两"举世"后，旧皆衍"而"字。与《人间世》两"祈乎"后皆衍"而"字同。

子对于致福的天道，未曾汲汲以求。尽管免于步行，仍然有所倚待。

第十一节：“知效”卮言，庄学要义的抽象现实应用。奥义藏于重言“未数数然”和“犹有未树”、“犹有所待”。

笔力千钧的庄子，仅用“其自视也亦若此矣”一句，就从动物寓言过渡到人类现实，并将两者紧密勾连。“其”指现实中的芸芸小知和夭阏大知，“此”指寓言中的芸芸小知和夭阏大知。与初述大知寓言的“其视下也，亦若是则已矣”，句法全同，寓意相似。

“知”，“行”，“德”，“能”，均属广义之“德”。止于“榆枋”、“翱翔蓬蒿”的芸芸小知，以及止于“北溟”、“翱翔”中天的夭阏大知，无不拔高己“德”，自诩为“道”。因此有“知”必欲“效”，竞相夸大以谋“一官”；有“行”必欲“比”，竞相吹嘘以冠“一乡”；有“德”必欲“合”，竞相诈伪以动“一君”；有“能”必欲“征”，竞相倾轧以雄“一国”。

“效”、“比”、“合”、“征”者之所以自欺欺人、欺世盗名地邀“誉”拒“非”，是因为用世之心急切，急于自售专制庙堂，所以遭到没有用世之心、无意自售庙堂的宋荣子嘲笑。庄子赞扬了宋荣子的“举世誉之而不加劝，举世非之而不加沮，定乎内外之分，辨乎荣辱之境”，但又认为仅止于此：“斯已矣。”

“斯已矣”的顺道大知宋荣子，对应于止于“北溟”的鲲（重述大知寓言的重心），虽未“夭阏”到倚待君主，也未做到超越“北溟”。“御风而行”的顺道大知列子，对应于“化而为鸟”的鹏（初述大知寓言的重心），虽已“积厚”到超越“北溟”，也未做到抵达“南溟”。庄子评价宋、列二人，实为庄学俗谛“物德相对”的运用范例。

比列子相对“不然”的宋荣子，庄子肯定其相对于夭阏大知的局部之“然”：“彼其于世，未数数然也。”赞扬其寸有所长：“未数数然”（不汲汲以求）于“用世”（人极）。

比宋荣子相对可“然”的列子，庄子否定其相对于至知至人的局部“不然”：“彼于致福者，未数数然也。”批评其尺有所短：“未数数然”（不汲汲以求）于“致福者”（道极）。

庄学俗谛“物德相对”，用人间视点评价万物之“德”，“是”其相对之是，“非”其相对之非。庄学真谛“道极绝对”，用道极视点评价万物之“德”，“非”其俗谛之是，“是”其俗谛之非。因此庄子用庄学俗谛相对肯定宋、列二子之后，又用庄学真谛否定了两者：虽未夭阏但尚未超越的宋荣子“犹有未树”，虽有超越但未达至知的列子“犹有所待”。宋、列二子，均未抵达无待而逍遥的至知之境。二子不同于夭阏大知之处，就是均未夭阏到倚待君主、自售庙堂，更未自矜自得地把自身极限视为人类知识极限和天道极限。

若夫乘天地之正，而御六气之变，以游无穷者，彼且恶乎待哉？故曰：至人无己，神人无功，圣人无名。

## 今译

至于驾乘天地之正道，而顺应六气之变化，游心于无穷天道的至知，何须有所倚待？所以说：至人致无我执，神人致无功利，圣人致无声名。

第十二节：“至境”卮言，初步概括庄学义理。奥义藏于“至境”三句之三“无”。

先言“逍遥”的前提“无待”。反问“恶乎待”，就是肯定“无待”[1]。“恶乎待”前的三个修饰句，分述“无待”三要义：“乘天地之正”反扣上文“天之苍苍，其正色耶”，重申逍遥者必须具有“无蔽”之知[2]。“御六气之变”反扣上文“御风而行”、“犹有所待”，重申逍遥者必须具有“无待”之身。“游无穷”正扣上文“无极之外复无极”，重申逍遥者必须无止境超越，方能无限趋近“道极”。

“逍遥”的前提“无待”（蕴涵“无蔽”）既明，遂用“至境”三句初步概

[1] “无待”不见于“内七篇”，对词“有待”支离出现于《逍遥游》“犹有所待”，又连属出现于《齐物论》：“影曰：吾有待而然者耶？吾所待又有待而然者耶？”

[2] 《齐物论》称无蔽之知为“以明”，称有蔽之知为“黮暗”——佛学谓之“无明”。

括庄学义理。“至境”三句采用庄学至境“至 × 无 ×”的变化式，还原为标准式就是：至己无己，至功无功，至名无名。庄学初境“无 ×”之“无”是品词，意为“没有”；但是庄学至境“至 × 无 ×”之“无”却是动词，意为“致无”，《齐物论》谓之“寓诸无”。“寓诸无”的变文“丧”、“忘”，遍布“内七篇”。旧庄学把至境之“无”（致无）谬解为初境之“无”（没有）[1]，导致没名没功者都成了至人，不通之至。没名没功（初境）毫不可贵，小名小功（小境）、大名大功（大境）也不足贵，难能可贵的是名满天下、功垂万世仍能致无其名、致无其功（至境）。至人或许不以主观意志为转移地有名、有功、有己，但是均予致无，也就是超越“有”境（“物”境），趋于“无”境（“道”境）。

“至人”是庄学根本名相。“至人”、“神人”、“圣人”是“异名同实”、“同出异名”的变文[2]。“至人无己”是庄学根本义理，“神人无功，圣人无名”则是“至人无己”的两翼展开：欲超越“我”执，必先超越“功”“名”。

“至境”三句是庄学大纲，将被《齐物论》（跳过《养生主》）、《人间世》、《德充符》逐一深入展开。“至人”、“神人”、“圣人”三名相，正是“至境”三句与这三篇的暗扣。

《逍遥游》首章，已把庄学要义阐发殆尽：小知大知倚待之“物”，即为所蔽之障；小知大知有蔽之“知”，源于有待之身。致无其功的至人必先“无待”，因为外“功”必系于外“物”；致无其名的至人必先无蔽，因为己“名”必系于己“知”。

## 二　次章奥义，社会应用

首章以四则动物寓言阐明庄学义理，并把庄学义理抽象应用于人类社会，

[1] 旧庄学以此谬解为据，进而厚诬庄子“复古倒退”。

[2]《外篇·知北游》：“庄子曰：异名同实，其指一也。”与《老子》首章“同出而异名”义同。变文转辞是特殊的重言，庄子承之老聃而发展到极致。

最后结以庄学至境。次章则以四则人物寓言，把庄学义理具体应用于社会群体。

尧让天下于许由曰："日月出矣，而爝火不息，其于光也，不亦难乎？时雨降矣，而犹浸灌，其于泽也，不亦劳乎？夫子立而天下治，而我犹尸之，吾自视缺然。请致天下！"

许由曰："子治天下，天下既已治也。而我犹代子，吾将为名乎？名者实之宾也。吾将为实乎[1]？鹪鹩巢于深林，不过一枝；鼹鼠饮河，不过满腹。归休乎君！予无所用天下为。庖人虽不治庖，尸祝不越樽俎而代之矣。"

## 今译

唐尧欲将天下禅让给许由，说："日月既已出来，我的火把若不熄灭，欲与日月争夺光芒，岂非难事？春雨按时普降，我若仍然浇灌庄稼，欲与天地争夺恩泽，岂非徒劳？夫子无为而立，天下已得治理，而我仍然尸居君位，自感亏心。请允许我向先生托付天下！"

许由说："你治理天下，天下已被治平。而我还要代你为君，我是想贪图虚名吗？虚名，仅是实利之宾。我是想贪图实利吗？鹪鹩筑巢于深林，仅需一枝；鼹鼠饮水于江河，仅需满腹。回去歇着吧您哪！天下对我毫无用处。庖人即使不整治祭品，祭司也不会越过祭台代其整治。"

第十三节：古代的"尧让"寓言[2]，阐明"至治不治"。奥义藏于尧言"天下治"、许言"不治"及尧、许重言之"尸"。

由于天阙大知津津乐道"尧舜禅让"，因此次章之始，就是针锋相对的解构

[1] "實（实）"旧讹为"賓（宾）"。俞樾校正。"吾将为名乎"设问，"名者实之宾"否定之。"吾将为实乎"设问，"鹪鹩巢于深林，不过一枝；鼹鼠饮河，不过满腹"否定之。许言双扣"无名"、"无功"，否定尧之"为名"、"为实（功）"。《人间世》"名实者，圣人之所不能胜也"是其旁证。

[2] 庄子之"古代"，为今人之"远古"。

性寓言“尧让许由”。

唐尧之言，实为庄子之言。让被贬斥者在寓言中充当庄学代言人，是庄子惯技。“日月”、“时雨”阐明至知至人领悟“造化”真道，“爝火”、“浸灌”揭示夭阏大知倡导“文化”伪道。让唐尧自言面对至人许由“自视缺然”，意在讽谕尊奉尧舜为圣治明君的夭阏大知：你们为何竟无“自视缺然”之感？

许言是对“至境”三句的变文演绎：不窃君之“名”，不居治之“功”，不充“己”之欲。“予无所用天下为”，揭破了专制君主与夭阏大知的用天下以自为。

尧言“夫子立而天下治，而我犹尸之”，许言“庖人虽不治庖，尸祝不越樽俎而代之矣”，联接关钮是“尸”字。古人祭神，但是神不可见，遂以活人象征性假借被祭之神，谓之“尸”[1]。庄子暗示，造化大匠才是“真宰真君”，俗君僭主实为“假宰假君”。此义要到《齐物论》才隐晦揭破。

许言的字面显义是：“庖人”喻尧，“尸祝”喻己，表示至人不愿越俎代庖。许言的庄学奥义则是：“庖人”喻道，“尸祝”喻君，告诫俗君僭主不要越俎代庖。因为造化治世，以不治治之；庖丁解牛，以不解解之[2]。“不越俎代庖”，则是老聃名言“不代大匠斫”的变文演绎。

次章之始，庄子就锋芒直指夭阏大知鼓吹的圣治明君尧舜，追溯君主专制缘起，贬斥把民众“整治”得服服帖帖的“天下大治”（大境）[3]，阐明庄学政见“至治不治”（至境）。尽管严酷的专制语境迫使庄子支离其言，但在恍兮惚兮的迷彩之下，庄子其实不迂不曲，极为直接。

> 肩吾问于连叔曰：“吾闻言于接舆，大而无当，往而不返。吾惊怖其言，犹河汉而无极也；大有径庭，不近人情焉。”
>
> 连叔曰：“其言谓何哉？”
>
> 曰：“‘藐姑射之山，有神人居焉，肌肤若冰雪，绰约若处子；不

[1] 古文“尸祝”之“尸”与“屍体”之“屍”，简化后二字合一。

[2] 参后《养生主》“庖丁解牛”寓言。

[3] 今之口语“看我怎么治他”，“治”字仍有“整治”之义。汉语“治”字，至今未脱专制胎记。

食五谷，吸风饮露，乘云气，御飞龙，而游乎四海之外。其神凝，使物不疵疠而年谷熟。'吾以是狂而不信也。"

连叔曰："然。瞽者无以与乎文章之观，聋者无以与乎钟鼓之声。岂唯形骸有聋盲哉？夫知亦有之。是其言也，犹时汝也。之人也，之德也，将磅礴万物以为一。世祈乎乱，孰弊弊焉以天下为事？之人也，物莫之伤，大浸稽天而不溺，大旱金石流、土山焦而不热。是其尘垢秕糠，将犹陶铸尧舜者也。孰肯纷纷然以物为事？"[1]

## 今译

肩吾问连叔说："我闻听接舆之言，觉得大而无当，往而不返。我惊怖于接舆之言，犹如银河没有极限；大相径庭，不近人情。"

连叔问："他的话怎么说？"

"他说：'远离姑射国的海岛，有神人居住，肌肤洁白如冰雪，风姿绰约如处女；不食五谷，吸风饮露，乘着云气，驾着飞龙，游于四海之外。神人心神凝定无为，就能使万物不受灾害而五谷丰登。'我以为这是疯话而不敢相信。"

连叔说："确实如此。盲人无法与之同看美观的花纹，聋子无法与之同听钟鼓的乐音。岂仅身形才有聋盲？心知也有聋盲。这句话，正好适用于此时的你。那样的神人，那样的至德，将混同万物使成一体。世人祈求神人整治乱世，神人谁肯鄙陋地把整治天下视为要事？那样的神人，万物不能伤害他，洪水滔天也淹不死，大旱金石熔解、土焦山焚也热不死。神人的尘垢秕糠，就将足以范铸尧舜。神人谁肯纷纷扰扰把整治外物视为要事？"

**第十四节：近代的"藐姑射神人"寓言[2]，即"至知"寓言。奥义藏于"其尘垢秕糠，将犹陶铸尧舜"。**

---

[1] 旧脱"分分然"三字。王叔岷据《淮南子·俶真训》校补。陈鼓应从之。

[2] 庄子之"近代"，为今人之"古代"。

这是内、中、外三层的东方魔盒式寓言，每层均有寓意，并非故弄玄虚。

内层是“藐姑射神人”寓言。“至知”直到本节才正式登场，但是不直言“至人”，而是变文为志怪式“神人”，再由《齐物论》隔篇挑明：“至人神矣。”挑明之后，续以本节“乘云气，御飞龙，而游乎四海之外”的变文型重言：“乘云气，骑日月，而游乎四海之外。”足证“藐姑射神人”正是“至人”。至人的品格，可用八字概括：无待无蔽，逍遥无为。

中层是“接舆狂言”寓言[1]。佯狂（装疯）抗议君主专制的楚人接舆，与孔子同处春秋末年。关于接舆的唯一史实，是面斥孔子之非[2]，因此庄子借接舆之口（再经肩吾转述）讲述“至知”寓言意在暗示：战国时代的君主专制加剧，与大知孔子开创的儒学有莫大渊源。这一主旨贯彻“内七篇”始终。

外层是“肩吾问连叔”寓言。肩吾像芸芸小知那样，一方面盲从夭阏大知的“炎炎大言”，另一方面又鹦鹉学舌地仿效夭阏大知，把至人至言判为“狂”言（疯话），不予置信。这是庄子的再次自我定义：“内七篇”必将被芸芸小知、夭阏大知视为“狂而不信”。因此庄子借连叔之口阐明“知有聋盲”：小知小聋，大知大聋；小知小盲，大知大盲。连叔重言贬斥专制君主“以物为事”、“以天下为事”。“其（至人）尘垢秕糠，将犹陶铸尧舜”则阐明：不治天下的至知至人之尘垢秕糠，足以陶塑铸造整治天下的俗君尧舜。[3]

宋人资章甫而适诸越，越人断发文身，无所用之。

---

[1]《逍遥游》的前二则人物寓言系于许由、接舆，开创了把许由、接舆作为抗议君主专制之象征的隐喻传统。故《史记·滑稽列传》载滑稽讽世的汉人东方朔语：“今世之处士，时虽不用，崛然独立，块然独处，上观许由，下察接舆。”

[2]《论语·微子》：“楚狂接舆，歌而过孔子，曰：‘凤兮凤兮！何德之衰？往者不可谏，来者犹可追。已而！已而！今之从政者殆而！’”接舆借讽谕孔子，锋芒直指“从政者”。

[3] 郭象无法容忍庄子贬斥儒门圣君尧舜，遂反注曰：“尧舜者，世事之名耳；为名者，非名也。故夫尧舜者，岂直尧舜而已哉？必有神人之实焉。今所称尧舜者，徒名其尘垢秕糠耳。”于是“至人的尘垢秕糠”变成了“尧舜的尘垢秕糠”。庄子对尧舜的贬斥，被反注成抛弃尧舜的尘垢秕糠，继承尧舜的精华神髓。

## 今译

宋人前往越国推销礼冠，越人断发文身，无所可用。

第十五节：当代的“章甫”寓言[1]，即母邦寓言。奥义藏于“宋”。

落实到“当代”的首则寓言，矛头直指母邦宋国。庄子痛斥君主专制的直接目标，正是残暴统治宋国长达五十二年、与庄子毕生共始终的宋国史唯一之王——宋康王[2]。“内七篇”之所以支离其言、晦藏其旨，首先是为了避免宋康王诛杀其身、剿灭其书。因此“章甫”寓言是“内七篇”主旨晦藏最深之处，也是旧庄学最感不知庄子所云之处，其一切谬解均与上下文逻辑脱钩。

其实“章甫”寓言与上下文逻辑关联极其紧密：已被尧舜之类俗君僭主整治得脱离天赋自由的宋人，不得不戴扭曲天性、符合“礼教”的束发冠；尚未被尧舜之类俗君僭主整治得脱离天赋自由的越人，根本不需要扭曲天性、符合“礼教”的束发冠。

> 尧治天下之民，平海内之政，往见四子藐姑射之山，汾水之阳窅然丧其天焉。[3]

## 今译

唐尧治理天下民众，平定海内政事，然后前往远离姑射国的海岛拜见四位神人，于是汾阳民众六神无主如丧其天。

---

［1］庄子之“当代”，为后人之“轴心时代”。

［2］详见绪论一《战国大势与庄子生平》。

［3］“天”下旧衍“下”字。郭象为自圆反注而妄增。

第十六节：古代的“尧治”寓言，阐明“大治”之弊。奥义藏于“汾水之阳窅然丧其天焉”。

庄子的批判锋芒直指母邦又不限母邦，而是针对一切君主专制，因此前三则寓言论列君主专制的古代缘起（尧舜）、近代渊源（孔子）、当代加剧（宋康王）之后，第四则寓言再次回到天阏大知竭力鼓吹的古代源头（尧舜），阐明“大治”之弊，对君主专制提出终极指控：即便是实行所谓“仁政”的圣治明君尧舜，也把民众整治得脱离了天赋自由，成了终极倚待君主的奴隶。一旦唐尧离开尧都汾阳，前往藐姑射岛拜见至人，已被“成功治理”的汾阳民众，就六神无主得如同天塌了。

倚待君主的儒生郭象难以容忍庄子对君主专制的终极指控，做了两处手脚。

首先，故意将“汾水之阳”误属上读，把“尧往见四子藐姑射之山”，妄断为“尧往见四子藐姑射之山汾水之阳”。于是下句主语“汾水之阳（的民众）”，被移花接木地用于说明“藐姑射之山”的地理位置。

其次，因上句故意妄断，导致下句“（尧）窅然丧其天”不通，遂在“天”字之后，妄增“下”字。于是“汾水之阳（的民众）窅然丧其天焉”[1]，变成了“（尧）窅然丧其天下焉”。

郭象捣鬼的铁证是，“藐姑射之山”根本不在山西临汾的“汾水之阳”，而在燕齐之东的海外。

《山海经·东山经》有“北姑射山”、“南姑射山”，《海内东经》有“列姑射”：“朝鲜在列阳东，海北山南。列阳属燕。列姑射在海河洲中，姑射国在海中。”称“岛”为“山”，是古人惯例，如“蓬莱仙山”，因此“姑射山”实为姑射岛，“列姑射”意为姑射列岛。“藐姑射之山”是庄子用仿词法虚构的岛名，意为远离姑射列岛的海岛。“姑射国”已在海中，“藐姑射”当然在更远的海外。内陆的“汾水之阳”，怎能说明外海的“藐姑射”之地理位置？

---

[1] 称崇敬之人为“天”，《外篇·在宥》有数例：“黄帝再拜稽首曰：广成子之谓天矣！（中略。）云将大喜，行趋而进曰：天忘朕耶？天忘朕耶？（中略。）云将曰：吾遇天难，愿闻一言。”《外篇·知北游》“天知予僻陋慢诞，故弃予而死”，亦称老龙吉为“天”。

“汾水之阳”指尧都，“姑射山”在海中，成疏、陆释均无误，但均沿袭郭象妄断及其反注，无视其与己注不能兼容。旧庄学虽奉成、陆为仅次于郭象的权威，但均无视成疏、陆释，无一例外地沿袭郭象妄断及其反注。《隋书·地理志》也上当受骗曰：“临汾有姑射山，山在今山西平阳府西。”倘若“藐姑射之山”就在尧都，唐尧何必“往见四子”？[1]

“藐姑射之山”的确切方位，其实就是“南溟”。“海运则将徙于南溟”的大鹏（大知）尚未抵达“南溟”，而“游乎四海之外”的“藐姑射神人”（至知）则已跨海越洋抵达“南溟”。

被庄子贬斥的尧舜，经郭象妄断、增字、反注之后，成了被庄子褒扬的至人，与上文“其（至人）尘垢秕糠，将犹陶铸尧舜”无法兼容。

整部《庄子》中，凡是庄子及其弟子后学贬斥儒家始祖孔子以及儒家圣君尧舜之处，郭象一律加以系统篡改和系统反注。倘若郭象自信反注足以遮蔽庄学奥义，就仅仅反注；倘若郭象自忖反注难以遮蔽庄学奥义，就故意误断；倘若郭象发现故意误断仍然不能遮蔽庄学奥义，就篡改原文。在这些触犯专制禁忌之处，治庄儒生永远力挺郭象，宁可相信庄子写错了，也不敢怀疑郭象注错了。

## 三　末章奥义，个体应用

继次章把庄学义理具体应用于社会群体，阐明“至治不治”的社会哲学之后；末章又把庄学义理具体应用于人类个体，阐明“至用无用”的个体哲学。

末章两则寓言的主角庄子、惠施，虽非寓言人物，但是庄子以真实对话为

[1] 张湛伪《列子》也抄袭了《逍遥游》此节，注《列子》的清儒秦恩复，以其昏昏、使人昭昭地辨析曰：“尧见四子藐姑射之山汾水之阳，乃临汾之姑射山，非列姑射山也。（中略。）二山之名混淆已久，恐误后学，故详识于此。”秦恩复认为庄子多写了一个“往”字，遂为庄子修改文章，引为“尧见四子”。

据[1]，予以提炼加工，仍属寓言。

宋人惠施游仕异邦，担任魏相长达十九年，辅佐一代霸主魏惠王；“宋（康）王之贤惠子也，天下莫不闻”（《战国策·楚策三》）。宋人庄子终生不仕，峻拒楚威王聘相，私诋宋康王“猛过骊龙”（《庄子·外篇·曹商》），面斥魏惠王与惠施为“昏上乱相”（《庄子·外篇·山木》），被司马迁誉为“王公大人不能器之”。二人身份、立场尖锐对立，两则寓言都紧扣专制主题，尽管极其隐晦。

惠子谓庄子曰：“魏王贻我大瓠之种，我树之成而实五石。以盛水浆，其坚不能自举也。剖之以为瓢，则廓落无所容。非不枵然大也，吾为其无用而掊之。”

庄子曰：“夫子固拙于用大矣。宋人有善为不龟手之药者，世世以洴澼纩为事。客闻之，请买其方百金。聚族而谋曰：‘我世世为洴澼纩[2]，不过数金；今一朝而鬻技百金，请与之。’客得之，以说吴王。越有难，吴王使之将。冬与越人水战，大败越人，裂地而封之。能不龟手一也，或以封，或不免于洴澼纩，则所用之异也。今子有五石之瓠，何不虑以为大樽而浮乎江湖，而忧其廓落无所容？则夫子犹有蓬之心也夫！”

## 今译

惠子对庄子说：“魏王赠我大葫芦的种子，我种植而成，果实五石。用于盛水，硬度不足以自举其重。剖开大葫芦做瓢，又忧愁它阔大无法舀水。岂非徒有其大呢？我因其无用而砸碎了它。”

---

［1］《外篇·外物》载有真实对话：“惠子谓庄子曰：‘子言无用。’庄子曰：‘知无用，而始可与言用矣。夫地非不广且大耶？人之所用容足耳。然则厕足而垫之致黄泉，人尚有用乎？’惠子曰：‘无用。’庄子曰：‘然则无用之为用也，亦明矣。’”

［2］洴（píng）澼（pì）纩（kuàng），漂洗麻絮。成疏：“洴，浮也。澼，漂也。絖，絮也。”刘文典：“絖，古纩字。”

庄子说："夫子实在拙于用大。有个宋人善于配制防治皮肤皲裂的药膏，世世代代以漂洗麻絮为业。有个客人听说以后，愿出百金购买他的药方。他聚集亲族商议说：'我们世世代代漂洗麻絮，获利不过数金；如今一旦出售药方，即可获利百金，应该卖给他。'客人得到药方，就去游说吴王。越国正对吴国发难，吴王命他为将，冬天与越人水战，大败越人，吴王割地分封此人。能够防治皮肤皲裂的功能无异，有人成为封君，有人不能免于漂洗麻絮，只是用途大异。如今你有五石的大葫芦，何不考虑作为大酒樽，而后系于腰间浮于江湖，何必忧愁它阔大无法舀水？夫子的德心犹如堵塞了蓬草吧！"

第十七节："大瓠"寓言，阐明"江湖"立场。奥义藏于"拙于用大"。

前魏相惠施自矜自得地提及魏王，毫不掩饰地亮出"庙堂"立场，认为"大瓠"（隐喻至人）对"庙堂"无用，必须"为其无用而掊之"。"对君主无用就该死"的邪恶思想，被庄子死后六年才出生的韩非推向极致，成了最为可耻的中华"国粹"。[1]

庄子针锋相对地亮出对抗"庙堂"的"江湖"立场[2]，认为惠施"拙于用大"，"大瓠"（至人）对"庙堂"无用，正可得其"大用"——"浮乎江湖"。《人间世》变文申论曰："予求无所可用久矣，几死，乃今得之，为予大用。使予也而有用，且得有此大也耶？（中略。）人皆知有用之用，而莫知无用之用也。"

庄、惠二子辩论"大瓠"有用无用，并非普通意义的有用无用，专指对"庙堂"是否有用[3]。用于"庙堂"还是用于"江湖"，庄子谓之"所用之异"。可见大知、至知的差别并非智力高下，而是智力的用途：用于"庙堂"就是"拙于用大"，故止于"大境"；用于"江湖"就是善于用大，故趋于"至境"。所谓"至

---

[1] 参阅拙著《寓言的密码》十二章"对帝王无用就该死——太公杀贤"。

[2] 庄子独创的"江湖"名相，被后世广泛沿用为"庙堂"的对词。证明沿用者多洞悉"江湖"与"庙堂"的对抗性，否则无法解释为何不选其他名相做"庙堂"的对词。

[3] 惠施认为"大瓠"不能"大而无用"，是孔子认为"匏瓜"不能"系而不食"的变文。《论语·阳货》："子曰：吾岂匏瓜也哉？焉能系而不食？""匏"即"瓠"，《说文》："匏，从包从瓠省。"惠施语为庄子所拟，故庄子旨在隐攻孔子。

用无用”，意为至高之用是不为庙堂所用。《大宗师》把为庙堂所用称为“役人之役，适人之适”，把不为庙堂所用称为“自适其适”。

然而发人深省的是，庄子阐明“浮乎江湖”之“大用”的“不龟（jūn，同皲）手药”寓言，居然是为“江湖”所用者得“小用”，为“庙堂”所用者得“大用”。这是深刻透露专制语境的语境失语：庄子不得不借用“庙堂高于江湖”的颠倒价值观，来阐明“江湖高于庙堂”的正面价值观。

为此庄子特地让涉及母邦的两则寓言完全同构：次章的“章甫”寓言，取群体视角，阐明宋王之“章甫”（隐喻治国之礼教政令）合用于宋，不合用于越；末章的“不龟手药”寓言，取个体视角，阐明宋人之“不龟手药”（隐喻个人才能）小用于宋，大用于吴。借助“章甫”寓言，庄子对“不龟手药”寓言的语境失语做出了尽可能的拗救。[1]

惠子谓庄子曰：“吾有大树，人谓之樗。其大本臃肿而不中绳墨，其小枝卷曲而不中规矩。立之途，匠者不顾。今子之言，大而无用，众所同去也。”

庄子曰：“子独不见狸狌乎？卑身而伏，以候遨者；东西跳梁，不避高下，中于机辟，死于网罟。今夫斄牛，其大若垂天之云。此能为大矣，而不能执鼠。今子有大树，患其无用，何不树之于无何有之乡，广漠之野，彷徨乎无为其侧，逍遥乎寝卧其下？不夭斤斧，物无害者。无所可用，安所困苦哉？”

## 今译

惠子对庄子说：“我有大树，世人称为臭樗。大树干臃肿而不合绳墨，小树枝卷曲而不合规矩。立在路边，木匠不看。如今你的言论，大而无用，众人共

[1] 庄子假借礼赞“文化落后”的异国吴越，而隐斥“文化先进”的母邦宋国。正如苏格拉底假借礼赞“文化落后”的异国斯巴达，而隐斥“文化先进”的母邦雅典。东西大哲，用心如一。

同抛弃。”

庄子说：“你难道没见过狸猫吗？低身伏于草丛，守候出游之鼠；东窜西跳，不避高下，中了机关，死于网罗。至于牦牛，其大如若垂悬天际的云。牦牛能成其大，然而不能捕鼠。如今你有大树，忧虑其无用，何不树立于无何有之乡，广漠的旷野，无为地徘徊于大树周围，逍遥地寝卧于大树下面？能够不夭折于斧斤，不被外物伤害，那么无所可用，又有何困苦呢？”

第十八节：“大樗”寓言，阐明“逍遥”义理。奥义藏于“大樗”、“大椿”的隐晦对应。

惠施把至人比做对庙堂“无用”的“大瓠”，被庄子以“拙于用大”、“浮乎江湖”挫败，不得不把立场从“庙堂”向“江湖”稍做位移，移向对“江湖”颇为有用的社会规范“绳墨”、“规矩”，把至人比做“不中绳墨”、“不中规矩”因而对江湖民众同样“无用”的“大樗”，嘲笑其“匠者不顾”、“众所同去”——反衬夭阏大知被“众人匹之”。

樗、椿同种，但是樗臭椿香，故樗树又名臭椿，椿树又名香椿。首章“知年四境”中，大椿隐喻至人。庄子让惠施在寓言中把至人贬为“臭椿”，是为了揭破专制价值观的价值颠倒：在超越专制的道极视点下，至人本是香椿；在陷溺专制的人间视点下，至人却是臭椿。《大宗师》终极揭破了这种价值颠倒：“天之小人，人之君子；天之君子，人之小人。”

惠施之言分为两部分：先说“吾有大树，人谓之樗”、“匠者不顾”；再以“今子之言”一转话锋，把“大而无用，众所同去”的庄子隐喻为“大樗”。由于“大樗”像“大椿”一样隐喻至人，因此惠施之言（实为庄子拟言）预设了陷阱：倘若庄子为自己辩护，就是自居“至人”，与庄子贬斥的夭阏大知成了一路货色。

庄子不可能落入惠施设计（实为庄子自设）的陷阱，因此其言分为三部分：

第一部分是“狸狌”寓言。语境失语使庄子无法如此反驳惠施：在自由社会中，“绳墨”、“规矩”是为民造福的顺道工具；但在专制社会中，专制君主圣心独断地任意制定“绳墨”，喜怒无常地随意改变“规矩”，因此天下公器“绳墨”、“规矩”业已蜕变为强化专制的悖道工具——朝令夕改的“章甫”，不受制约的“王法”。[1]

庄子只能运用寓言婉转反击：把奔竞于“庙堂”的夭阏大知比做“卑身而伏，以候遨者，东西跳梁，不避高下”的“狸狌”。不得君主所用，则惶惶如丧家之犬。即便暂得重用，也难免“中于机辟，死于网罟”。

第二部分是“犛牛”寓言。为了避开自居“至人”的陷阱，庄子先自比“能为大而不能执鼠”的“犛牛”，反驳惠施之言的后半部分“今子之言，大而无用，众所同去”。形容犛牛“其大若垂天之云”，看似夸张失度，其实是与“翼若垂天之云”（两见于两述大知寓言）的大鹏相勾连，表明庄子认为自己仅是像大鹏一样超越“北溟”、趋近“南溟”的顺道大知。

第三部分是“无何有”卮言。庄子也一转话锋，再反驳惠施之言的前半部分“吾有大树，人谓之樗”、“匠者不顾”。由于是“惠施的大樗”，因此庄子没有自居“至人”的嫌疑。庄子认为，即使“大樗”（至人）对庙堂君主乃至江湖民众全都“无用”，也不必“患其无用”，于是水到渠成地阐明“至用无用”的“逍遥”主题，从而结束全篇。

最后点题语中，包含深藏奥义的两大名相：“无何有之乡”，“逍遥”。

“无何有”被旧庄学谬解为“什么也没有”，不通之至。“无”是动词，意为致无。“何”是名词，意为一切物德。“有”也是动词，意为持有。“无何有”就是站在道极视点上，致无（永不圆满的）一切物德之（自得性）持有。[2]

“无何有”是一切分类名相之庄学至境的总括。庄学至境的标准式是“至×无×”，“×”涵盖“道”分施万物的一切“德”，可代入一切文化名相、伦理价值和哲学范畴。本篇所及的已有“至极无极”，“至待无待”，“至知无知”，“至己无己”，“至功无功”，“至名无名”，“至治无治”，“至用无用”等，后六篇尚有不胜枚举的无数应用。

“无何有之乡”像“藐姑射之山”一样是“南溟”的变文，共同象征可以通

[1] 吾国度量衡，均古小于今且逾近逾大，实为专制君主为多征赋税而日渐大之。既能“名正言顺”地掠夺更多民脂民膏，又无“横征暴敛”之名。

[2] 郭象未注“无何有”。成疏：“无何有，犹无有也。不问何物，悉皆无有，故曰无何有之乡也。”

过不断超越而无限趋近，但是永远不能完全抵达的道极。“无何有之乡”是庄子对“文化至境”不可移易的精确命名。

“逍遥”是庄学核心名相，因此冠名“内七篇”之首。郭象反注“逍遥”为“自得”，“自得”谬说贯穿郭注始终。唐人成玄英以降，治庄者喋喋不休地蹈袭“自得”谬说，连局部驳斥郭象者也无例外。然而庄子从未说过“自得”，而是一再重言“不自得”。《大宗师》曰：“过而弗悔，当而不自得。”《应帝王》曰：“尽其所受乎天，而无见得。”庄子认为万物之“德（得）”皆为“道”所分施，故主张“至德不德（得）”[1]。“逍遥”之义，怎么可能是“自得”？

除了《逍遥游》的“彷徨乎无为其侧，逍遥乎寝卧其下”，仅有《大宗师》再次重言“逍遥”：“茫然彷徨乎尘垢之外，逍遥乎无为之业。”两次均与“无为”并提，可知“逍遥”是老聃核心名相“无为”的别名。《外篇·天运》早已一语道破：“逍遥，无为也。”庄学承自老学，但是才调思致旷古一人的庄子不愿蹈常袭故，常为老学名相另创别名，并且就此突破老学。“逍遥”对“无为”的重大突破，就是“无待”（蕴涵“无蔽”）。

源于庄学的汉语常语“逍遥自在”，用“自在”阐释晦藏奥义的“逍遥”名相，深得庄学三昧。“自在”是“无待”的同义语。“无待”就是不倚待世间万物，尤其不倚待俗君僭主。“自在”就是独立存在于天地之间，与造化共舞——即“游”。有待于外物的芸芸小知，有待于君主的夭阏大知，均属依他而在的不逍遥者。具无待之身、趋无蔽之知的至知至人，才是得大自在而“游无穷”的无待逍遥者。所谓“自在”，就是自由的存在。用现代哲学术语来说，“逍遥”就是“自由”：心灵的自由，基于对“道”的体悟；身体的自由，则是对“道”的顺从。

“逍遥自在”决非郭象篡改反注之后，芸芸小知及夭阏大知谬解的自私自利和苟且偷生。庄子既不出仕也不屈服，痛诋专制又不被剿灭的毕生履践证明：即便在无远弗届、无孔不入、“无所逃于天地之间”的专制控制之下，依然存在“天子不得臣，诸侯不得友”，“独与天地精神往来”的逍遥天地。

---

[1]《老子》三十八章：“上德不德。”

# 结语 天地至文，妙绝古今

综上所述，次章、末章的人物寓言及其寓意，与首章的动物寓言及其相关寓意一一对应。然而支离其言、晦藏其旨的庄子不仅不肯笨拙地一一点破，反而在精确对应中变文横生，转辞迭出，导致《逍遥游》奥义难以窥破，尤其使次章、末章锋芒直指专制庙堂、夭阏大知的庄学奥义隐晦深藏，同时也使郭象的篡改反注极易得逞。

《逍遥游》决非旧庄学眼中充满错简衍文、义理混乱矛盾的片断杂凑，而是层层推进、滴水不漏、结构严谨、妙绝古今的天地至文。似浅实深的《逍遥游》，已把庄学义理阐发殆尽，其余六篇只是其展开深化和落实应用。

《逍遥游》贬斥陷溺人间视点的夭阏大知，如同止于“北溟”的鲲和“夭阏”中天的鹏，不知其“泰山”之知，小于“秋毫之末”，而以有限“大知”，自诩为无限“至知”；拔高“文化”伪道，僭代“造化”真道；错误认知人间正道，错误设计社会制度；助桀为虐地强化专制，悖道而行地戕贼万民。庄子站在“南溟”、“藐姑射之山”、“无何有之乡”共同象征的“无极之外复无极”的道极视点下，彻底否定了“代大匠斫”的君主专制，也彻底否定了倚待庙堂的夭阏大知。庄子坚信，悖道而行不可能成功，因为任何人都不可能改变天道。即便相互倚待的专制君主、夭阏大知联手，借助制度暴力霸王硬上弓，也不可能成功，顶多是像自诩“飞之至”的尺鴳那样自诩“成功”而已。[1]

---

[1] 本文删节版，刊《书屋》2007 年 1 月号。本文完整版，刊《社会科学论坛》2007 年 3 月号。今已修订增补。

# 《齐物论》奥义

## ——万物齐一的“平等”论

# 弁言 “齐物”篇名，仅有一读

《齐物论》是重要性仅次于《逍遥游》的庄学“平等”论，即“齐物”论。旧庄学尽管最重视《齐物论》，却连篇名究竟读作“齐物/论”还是读作“齐/物论”，也依违两可，莫衷一是。稍窥庄学堂奥，即知篇名仅有一读。庄子主张听凭“物论”不“齐”，放任“吹万不同”，根本反对“齐/物论”。何况全文未曾罗列“物论”，谈何“齐”之？

“齐物”之“物”是大共名[1]，囊括一切实物，包括物类、人类。一切实物均属“德”。“道”是一切物德的终极抽象。物德之量为道分施，因而万物不齐一，万物不相等，这是俗谛层面的人间视点；物德之质与道同质，因而万物齐一，万物平等，这是真谛层面的道极视点。上篇阐明庄学俗谛，贬斥人间视点；下篇阐明庄学真谛，褒扬道极视点，终极阐明“不齐之齐”的“齐物”之旨。

复原近真的《齐物论》，白文3015字：补脱文27字，删衍文8字，订讹文26字。移正错简2处，涉及84字。更正文字误倒2处。厘正通假字、异体字47字，重复不计。纠正错误标点难以统计，因为此处标点甲错乙不错，彼处标点乙错丙不错。

共七章，三十节。专明庄学俗谛“物德相对”的上篇，三章十六节；专明庄学真谛“道极绝对”的下篇，四章十四节。

## 上篇 此岸俗谛，物德相对

### 一 三籁章：地籁皆和

南郭子綦隐几而坐，仰天而嘘，嗒焉似丧其偶。

[1]《荀子·正名》：“万物虽众，有时而欲遍举之，故谓之物。物也者，大共名也。”

颜成子游立侍乎前，曰："何居乎？形固可使如槁木，而心固可使如死灰乎？今之隐几者，非昔之隐几者也。"

子綦曰："偃，不亦善乎？尔之问也[1]。今者吾丧我，汝知之乎？汝闻人籁而未闻地籁，汝闻地籁而未闻天籁夫？"

## 今译

南郭子綦靠着凭几而坐，仰天缓缓嘘吸，木然好似丧忘与己对待的外物。

颜成子游侍立于前，问："吾师德心神游何处？身形固然可以使之如同枯木，德心竟然也可以使之如同死灰吗？今日靠着凭几的吾师，似非往日靠着凭几的吾师。"

子綦说："偃，你之所问甚善。今日之吾丧忘了与物对待之我，你明白吗？你曾闻人籁而未闻地籁，曾闻地籁而未闻天籁吧？"

第一节："丧我"卮言，标举"三籁"名相。奥义藏于"吾丧我"。

继《逍遥游》"犹有所待"的大知列子之后，"丧我丧偶"的至人南郭子綦在《齐物论》篇首出场，担任全文主角和庄学代言人。南郭子綦是"内七篇"的首席庄学代言人，字面相关的《人间世》"南伯子綦"、《德充符》"伯昏无人"、《大宗师》"南伯子葵"，是其直接化身。字面无关的其他虚构至人，是其间接化身。

子綦"丧其偶"，意为丧其对待之物。不言"丧物"而言"丧偶"，因为"齐物"之"物"包括"我"，"丧偶"之"偶"不包括"我"，仅包括与"我"对待的一切"物"。况且"偶"有"对待"义，"物"无"对待"义。《齐物论》开篇，即为《逍遥游》"犹有所待"之"待"，在"倚待"之外更进一义：对待。意在追究倚待的根源：必先有所对待，才会有所倚待。因此必先致无对待，方能致无倚待。

弟子子游惊讶地发现，其师形虽未变，神已异前，遂发第一问。"丧其偶"虽非子游之言，却是子游所见、引发其问的客体外象。

---

[1] "之问"旧误倒为"问之"。

子綦善其问，但是纠正了子游的浅识，以主体心象“丧我”，补足子游所见客体外象“丧偶”。“偶 / 我”两丧，即后世常言“物我两忘”。子綦强调，必先有超越主体的“丧我”，而后才有超越客体的“丧偶”，达至超越主、客之分的“齐物”之境。未“丧我”的伪“丧偶”，必将主体膨胀，进而侵夺客体，陷溺坚执主、奴之别的“治物”之域。

“吾丧我”是《逍遥游》“至人无己”之变文。近人胡适《吾我篇》曰：“古人用此二字分别甚严。章太炎先生谓《庄子》‘今者吾丧我’为同训互举，非也。（中略。）‘我’字自别于他人。”元人赵德《四书笺义》曰：“‘吾’、‘我’二字，学者多以为一义，殊不知就己而言则曰‘吾’，因人而言则曰‘我’。”[1]

“吾”、“我”语义差别细微，日常漫谈每每浮泛混用；文士“吾”、“我”并举，多属错综为文的修辞。然而“吾”、“我”语用差别显著，哲人辨析义理，常作严格区分：“我”可做名词、概念、范畴，义近“主体”，故可以说“物我”、“人我”、“我执”、“毋我”[2]。“吾”不可做名词、概念、范畴，仅为自指代词，故不可说“物吾”、“人吾”、“吾执”、“毋吾”。

“吾丧我”巧妙借用“吾”、“我”的语用差别，阐明庄学根本义理：“吾”超越主体膨胀，达至道极视点；“我”陷溺主体膨胀，囿于人间视点。“无己”与“丧我”，均指致无“我”执，以道极视点超越人间视点，以彼岸真谛超越此岸俗谛。

“籁”即排箫，此处用其比喻义。《齐物论》通篇义理，均围绕天、地、人“三籁”及其变文、转辞而展开。

子游曰：“敢问其方？”

子綦曰：“夫大块噫气[3]，其名为风。是唯无作，作则万窍怒号。尔

[1] 朱桂曜《庄子内篇证补》引清人杨复吉《梦兰琐笔》所引元人赵德《四书笺义》语，复曰：“赵氏所云就己而言、就人而言，盖犹今文法言主位、受位也。”

[2] “我执”为佛学名相。《论语·子罕》：“子曰：毋意，毋必，毋固，毋我。”

[3] 郭象反注：“大块者，无物也。物之生也，莫不块然而自生。”“大块”指“大地”，非指“无物”，俞樾已驳之。郭象“物皆自生”论（即“独化”论），否定“道”之存在。老、庄“道生万物”论，肯定“道”之存在。

独不闻之飂飂乎？山林之畏崔[1]，大木百围之窍穴，似鼻，似口，似耳；似枅，似圈，似臼；似洼者，似污者。激者，滈者[2]；叱者，吸者；叫者，嚎者；笑者[3]，咬者。前者唱于，而随者唱喁；泠风则小和，飘风则大和。厉风济则众窍为虚。尔独不见之调调、之刁刁乎？”

## 今译

子游问：“请问其中的奥妙。”

子綦说：“大地呼吐气息，其名为风。风要么不起，一起便万窍怒号。你难道未曾耳闻飂飂风声？山丘林木的崔巍，百围大树的窍穴，其形或像鼻子，或像嘴巴，或像耳朵；或像方柱，或像圆圈，或像碓臼，或像深池，或像浅坑。其声或如飞瀑下泻，或如泉水上涌；或如喝叱，或如嘘吸，或如呼喊，或如哭号，或如欢笑，或如切齿。前者呜呜高唱，后者喁喁低唱；小风就小和，大风就大和。凌厉之风过后，众窍复归虚寂。你难道未曾看见树枝轻轻摇摆，树叶微微颤动？”

第二节：“地籁”卮言，阐明地籁皆和。奥义藏于“小和”、“大和”。

子游乍闻“三籁”名相，遂发第二问：“敢问其方？”

子綦先为“未闻地籁”的子游摩状“地籁”之“吹”：“似鼻，似口，似耳；似枅，似圈，似臼；似洼者，似污者”八项拟形；前三项拟人形，后五项拟物形。“激者，滈者；叱者，吸者；叫者，嚎者；笑者，咬者”八项拟声；前二项拟物声，后六项拟人声。

---

[1] “畏崔”原作“畏隹”，“隹”又讹为“佳”。“畏”、“嵬”、“巍”异体字。后世逆序作“崔畏”，又作“崔嵬”、“崔巍”。

[2] “滈 hào”旧讹为“謞 hè”。激、滈对言，均为水声。《说文》：“滈，久雨也。从水，高声。”《广韵》：“滈，瀑水涌。”激为水下坠而溅上之声，滈为水上涌而下落之声。《尔雅·释训》：“謞謞，谗慝也。”成疏谬解“謞”为飞箭鸣空之声，无据。

[3] “笑”旧讹为“宎”、“窔”。前之“叫者，嚎者”，后之“咬者”，均拟人声，“笑者”亦然。“宎”、“窔”异体字，均训屋之东南角。旧释“风声”，无据。

丘山草木各禀不同物德，各具不同窍穴，故地籁万千不同。地籁尽管万千不同，然而皆为和声：小风则小和，大风则大和。

子游曰：“地籁则众窍是矣，人籁则比竹是矣。敢问天籁？”

子綦曰：“夫吹万不同，而使其自已也[1]。咸其自取，怒者其谁邪？”

## 今译

子游问：“地籁就是众窍所发之声，人籁就是排箫所吹之乐。请问何为天籁？”

子綦说：“风吹万窍而发不同之声，又使万窍自行止声。既然万窍都自行发声止声，那么使万窍自行怒号的是谁呢？”

第三节：“天籁”卮言，悬搁通篇主题。奥义藏于“怒者其谁”。

子游既闻“地籁”，又误以为“人籁”（隐喻下文“大言小言”）指“比竹”之排箫，遂跳过“人籁”（实为庄子预留表述空间）直问“天籁”。但“天籁”是通篇主题，庄子不急于让子綦首章即答，仅让子綦极为含蓄地启发子游。

表面看来，似乎万物各据物德“自怒”（自己发动）、“自已”（自己停止）、“自取”（自取行止）；然而万物之德皆为道所分施，因此道（天籁）才是使物“自怒”、“自已”、“自取”的终极驱使者。[2]

“怒”、“已”互文，故“使其自已”晦藏省略“使其自怒”，“怒者其谁”又

[1] 早于郭象版的司马彪版作“使其自已”，注曰：“已，止也。”郭象改“已”为“己”，再反注：“自己而然。”原文若作“使其自己”，“使”字便无着落。“自己而然”，何需“使”之者？郭象为自圆反注而以形近之字篡改正字，导致后人不仅不疑其篡改，反视其篡改之字为正字，以正字为钞刻讹误。

[2] 郭象利用庄子预留表述空间的含蓄，反注曰：“夫天籁者，岂复别有一物哉？”谬解庄子否定“天籁”（道）之存在，主张“地籁”自怒、自已、自取。倘若庄义如此，何必标立“三籁”名相？又何必在子綦详释“地籁”之后，再让子游“敢问天籁”？郭象谬解，导致后人误称自然之声（地籁）为“天籁”。

晦藏省略“已者其谁”。“自取”则综合“自怒”、“自已”。

“咸其自取，怒者其谁邪”是假设性反问句，补足略语为“(倘若)咸其自取，(那么)怒者其谁邪”。因此“咸其自取”并非旧庄学谬解的庄子之主张，而为庄子所否定。

首章结束于通篇悬念“怒者其谁”，而把通篇主题“天籁”留待后文详尽展开。

## 二　人籁章：人籁不和

《齐物论》全篇，均为子綦、子游对话的大寓言。但是人籁章以下直至终篇，主要是子綦贬斥人籁、礼赞天籁的独语，以此确保哲学层面的连贯严密；而在子綦的长篇独语中，又插入子游的简短三问[1]，以此兼顾文学层面的情景真实。由于人籁章以下的子綦语中又有六则小寓言，小寓言里又有对话和引语，为免多重双引号、单引号繁复碍眼，下引原文全略外层双引号。括弧中的“子綦曰”、“子游曰”仅为阅读提示，并非补入原文。

(子綦曰：)大知闲闲，小知閒閒[2]；大言炎炎，小言詹詹。其寐也魂交，其觉也形开；与接为构，日以心斗。缦者，窖者，密者。小恐惴惴，大恐缦缦。其发若机栝，其司是非之谓也；其留若诅盟，其守胜之谓也。其杀如秋冬，以言其日消也；其溺之所为[3]，不可使复之也；其厌也如缄，以言其老洫也。近死之心，莫使复阳也。喜怒哀乐，虑叹恋慹[4]，

---

[1] 子游共六问。前三问见首章，标明子游；后三问见次章以下，未标明子游。旧庄学不知次章以下均属子綦、子游对话，故不知次章以下的主言者是子綦，插问者是子游，而误以为次章以下的言者问者均为庄子。

[2] 今之简体字本，多误改“小知閒閒”为“小知间间”。

[3] “其溺之所为”下，旧衍“之”字。

[4] “戀(恋)”旧讹为“變(变)”。“喜怒”、“哀乐”、“虑(忧虑)叹(叹息)”、“恋(留恋)慹(恐惧)”为四组对比性情绪，作“变”不通。

摇曳启态[1]。乐出虚，蒸成菌，日夜相代乎前，而莫知其所萌。已乎！已乎！旦暮得此，其所由以生乎？

## 今译

（子綦说：）大知自矜自得，小知亦步亦趋；大言狂妄炽烈，小言卑怯琐碎。他们睡寐以后身心交融，醒觉以后身心分裂。与人交接运用机心，天天勾结争斗，掩盖嗜欲，深藏机心，密谋捣鬼。小恐惴惴不安，大恐缦缦笼罩。他们发言如发机弩，专司是非争辩。他们坚执己见如同固守盟誓，固守到底自居胜利。他们肃杀如同秋冬阴气，日渐消损春夏阳气。他们陷溺其所为，无法使之复归。他们最后厌倦闭口，只是因为年老体衰。他们渐近死亡的德心，难以使之复归阳气。他们忽喜忽怒，忽哀忽乐，时忧时叹，时恋时惧，摇曳作态。乐声出于虚窍，湿气蒸发朝菌，昼与夜相互交替于眼前，而大知小知竟然不知万物变化的萌生者。罢了！罢了！若是一朝一夕就能得悟萌生者，他们还是被萌生之物吗？

第四节：“大知”卮言，阐明人籁不和。奥义藏于“闲”、“閒”及“莫知其所萌”。

首章阐明“地籁皆和”并悬搁“天籁”主题之后，次章进而阐明“人籁不和”。

子綦又为误以为“人籁则比竹是矣”的子游刻划“人籁”之“言”：“缦者，窖者，密者”三项拟物态，“喜怒哀乐，虑叹恋慹”八项拟人情。由于物类无心无知无我，而人类有心有知有我，因此摩状“地籁”无心理描写，刻划“人籁”则穿插“与接为构，日以心斗”等心理描写。“其寐也魂交，其觉也形开”，预伏《齐物论》下篇的“梦 / 觉”主题。

大知小知各禀不同物德，各具不同心知，故人籁纷繁歧异。人籁不仅纷繁

[1] “摇曳”原作“姚佚”，指为了个人利益、党派利益而任意改变观点，即下文“其所言者特未定”。《外篇·庚桑楚》谓之“移是”。

歧异，而且争斗不休：小知小不和，大知大不和。

“小和大和”、“小知大知”、“小言大言”、“小恐大恐”，以及“内七篇”对比性提及的一切“小”、“大”，均涉“小大之辨”，均属庄学四境贬斥的小境大境，大境均非庄子褒扬的至境。与《逍遥游》一样，《齐物论》锋芒所指，并非小知小言，而是大知大言。

“大知闲闲，小知閒閒”之“闲”、“閒”是异体字[1]。庄子用异体别写讽刺“闲闲”大知与“閒閒”小知大同小异：“众人匹之”的“大知”，不过是庙堂力挺而人为放大的小知。故用“其”字等量齐观，随后全是贬语[2]。最后说：乐声必出窍穴，湿地必生菌芝，昼夜交替必有规律，大知小知目睹这些却不明白万物的萌生者（道）。罢了！罢了！倘若极易明白，他们还是被（道）萌生之物吗？

“莫知其所萌”点明：大知小知的“近死之心”仅用于“司是非”，却不知天籁（道）是地籁、人籁的终极萌生者，也就是不知“怒者其谁”之“谁”。

（子綦曰：）非彼无我，非我无所取。是亦近矣，而不知其所为使。

## 今译

（子綦说：）没有萌生者就没有被萌生的我，没有我就不能自取行止。这已接近真相了，但还没明白萌生者如何驱使我自取行止。

第五节：“彼我”卮言，隐斥以“我”为“此”。奥义藏于“彼我”及“不知其所为使”。

论毕大知小知“莫知其所萌”，子綦进而申论大知小知“不知其所为使”。

“非彼无我”之“我”，并非子綦自称，而是“吾丧我”之“我”。意为：若

[1] 《外篇·知北游》“今日晏閒”，“閒”通“闲”。《说文》二字互通。

[2] 继谬解《逍遥游》褒大知、贬小知之后，旧庄学又无视本节对大知大言无一赞词，进而谬解《齐物论》褒大知大言、贬小知小言。古人多知“大言”之“大”训“夸大”，“大言炎炎”具贬义，故有所谓“徒托大言”。

无彼人，即无此我。“彼 / 我”是“彼 / 此”、“偶 / 我”之综合，隐斥以“我”为“此”的主体自执。

“非我无所取”意为：不坚执与“彼”对待之“我”，就不会择取与“彼”所执是非针锋相对的另一种是非。“取”字上扣“咸其自取，怒者其谁邪”之“取”，阐明大知小知所取之是非，实为“有我之取”。而“有我之取”乃是因“我”之利益与“彼”之利益冲突，故“有我之取”实非“自取”，而是因彼人之取而取。

“是亦近矣”运用庄学俗谛“物德相对”，相对肯定大知小知：能够认知“彼 / 此”的有知人类，若能超越对“彼 / 此”之坚执，就有望认知“彼 / 此”共同拥有的终极萌生者和终极驱使者。无法认知“彼 / 此”的无知物类，则无此可能。

“不知其所为使”上扣“使其自已”之“使”，点明大知小知不知天籁（道）是地籁、人籁的终极驱使者，也就是不知“怒者其谁”之“谁”。

（子綦曰：）若有真宰，而特不得其征；可行已信，而不见其形，有情而无形。

## 今译

（子綦说：）（万物之上）似有真宰，只是不易找到征象。（然而真宰）能够运行自己的规律（于天地万物），只是不现形迹，所以真宰真实存在却又没有形迹。

第六节：“真宰”卮言，阐明“所萌”者、“所为使”者。奥义藏于“真宰”。

论毕“人籁不和”的根源是大知小知“莫知其所萌”、“不知其所为使”，子綦进而申论地籁、人籁共同拥有的终极萌生者、终极驱使者——天籁。然而作为通篇主题的“天籁”，首章之后再未提及，而是不断转出异名同实的变文转辞。“真宰”是“天籁”的首次变文，晦藏对词“假宰”。[1]

[1] “天籁”无法晦藏“假宰”，故需变文为“真宰”。

“真宰……可行已信，有情而无形”，与《大宗师》“夫道，有情有信，无为无形”义理全同，足证“真宰”是“道”之变文，兼证“天籁”也是“道”之变文。因此，“若有真宰”并非庄子不确信“道”之存在，更非郭象谬解的庄子否定“道”之存在。[1]

“若有真宰”是子綦以启发性口吻对子游循循善诱：由于难以实证，世人似乎对自身“所萌”、“所为使”的真宰之存在将信将疑；其实真宰经由乐出窍穴、湿生菌芝、日月相代、昼夜交替等规律性征象，自古至今、每时每刻都在行使信用，即便真宰不著形迹，真宰依然存在，仅仅不见其形而已。

老聃论道，也用“若”字。《老子》六章：“谷神不死，是谓玄牝。玄牝之门，是谓天地根。绵绵若存，用之不勤。”又四十一章：“上士闻道，勤而行之。中士闻道，若存若亡。下士闻道，大笑之。不笑不足以为道。”《逍遥游》两述小知寓言，业已形象演绎“下士闻道，大笑之”，本节进而形象演绎“中士闻道，若存若亡”。按照“下士”郭象的谬解，岂非描述天道“绵绵若存，用之不勤”的道家始祖老聃，也像他笔下的假庄子一样否定“道”之存在？学说之荒谬，莫过于郭象断言道家集大成者庄子否定“道”之存在。世事之荒谬，莫过于郭象反注被奉为庄学至高权威长达一千七百年。按照老聃洞见，倘若儒生郭象不反注庄学，倘若治庄后儒不奉郭象为庄学至高权威，那么庄学就“不足以为道”。

（子綦曰：）百骸、九窍、六藏，赅而存焉，吾谁与为亲？汝皆悦之乎[2]？其有私焉？如是皆有，为臣妾乎？其臣妾不足以相治乎？其递相为君臣乎？其有真君存焉。如求得其情，与不得，无益损乎其真。

---

[1] 郭象利用“若”字的假设语气，反注曰：“万物万情，趣舍不同，若有真宰使之然也。起索真宰之眹迹，而亦终不得，则明物皆自然，无使物然也。”继谬解庄子否定“天籁”（道）之存在后，进而谬解庄子否定“真宰”（道）之存在。

[2] “汝”指子游。

## 今译

（子綦说：）骨骸百节，上下九窍，腹中六脏，完备地存于吾人之身，吾人与谁特别亲近？你是全都喜爱？还是有所偏爱？如果全都喜爱，是否全都视为臣妾？你的臣妾为何不能相互治理？你的臣妾为何不能逐级隶属为君臣？因为你有德心真君存在！无论能否找到德心真君存在的征象，都不影响德心真君的真实存在。

第七节："真君"卮言，阐明物德自治、天道不治。奥义藏于"真君"。

论毕"有情而无形"的"真宰"（道），子綦转而申论"有情而无形"的"真君"（德）——以人身"真君"（德心）之存在和作用方式，隐喻万物"真宰"（天道）之存在和作用方式：

百骸完备地存于一人之身，德心真君一视同仁[1]，无所亲疏[2]，不视为臣，不视为妾——真君之下，百骸平等。万物完备地存于天地之间，天道真宰一视同仁，无所亲疏，不视为臣，不视为妾——真宰之下，万物平等。生而平等的人身百骸、天地万物"不足以相治"，不能"递相为君臣"，不应被假宰假君役使，只能被物德真君直接驱使，亦即被天道真宰间接驱使。先天德心（"吾"），才是身内真君；后天成心（"我"），实为身内假君。施德之道，才是万物真宰；俗君僭主，实为天下假宰。无论真宰真君之存在能否实证，都不会增减其存在之绝对真实。

"真君"既是"真宰"的转辞，又是"天籁"的再次变文，晦藏对词"假君"[3]。除《齐物论》通篇义理足证"真宰真君"晦藏"假宰假君"外，《大宗师》又变文申论："人特以有君（假君）为愈乎己，而身犹死之，而况其真（真君）乎？"《人间世》则予终极揭破："天子之与己，皆天之所子。"

---

[1]《管子·心术》："心之在体，君之位也。"

[2]《外篇·徐无鬼》："无所甚亲，无所甚疏，抱德炀和，以顺天下。此谓真人。"

[3] 后世道教之神多名"真君"，历代君主、尊君儒生、道教信众，均不悟天上"真君"是对人间"假君"的极大反讽。

（子綦曰：）一受其成形，不化以待尽[1]。与物相刃相磨[2]，其行尽如驰而莫之能止，不亦悲乎？终身役役而不见其成功，苶然疲役而不知其所归，可不哀耶？人谓之：不死奚益！其形化，其心与之然，可不谓大哀乎？人之生也，固若是茫乎？其我独茫，而人亦有不茫者乎？

## 今译

（子綦说：）万物一旦禀受天道真宰萌生成形，若未物化死亡，唯有静待气尽。大知小知却与外物相互刃割相互磨损，悖道疾驰而行，无人能够停止，岂不可悲？终生受役于人道假宰的役使，而无望成功，疲困于被人役使，又不知万物所归的天道真宰，岂不可哀？人们说：这种人不死何益？身形物化近死，德心也随之物化近死，岂非大哀？人的一生，怎能如此糊涂？莫非独有我糊涂？那么还有不糊涂的人吗？

第八节："终身役役"卮言，隐斥"假宰假君"。奥义藏于"待尽"及"役"。

论毕"真宰真君"，子綦进而隐斥"假宰假君"。

上节人身"真君"，是万物"真宰"的喻体，本节"一受其成形"之"其"，又转回比喻本体：万物禀受道所分施之德萌生，在尚未"物化"即自然死亡之前，应该静待气尽；然而大知小知却与外物"相刃相磨"，悖道妄行一如奔马疾驰，而"莫之能止"。

上文"使其自已"、"不知其所为使"之"使"，指生命过程被"真宰真君"驱使。本节"终身役（动词）役（名词）"、"苶（nié）然疲役"之"役"，指生命过程被"假宰假君"役使。《德充符》"上有大役"，《大宗师》"役人之役"，均点明"役"与"君"的关联。《人间世》又变文申论："为人使，易以伪；为天使，

[1] "化"旧讹为"亡"、"忘"。刘师培、严灵峰、陈鼓应已据《外篇·田子方》校正。"化"、"尽"互文，也可说"不尽以待化"（不死就应静待物化）。

[2] "磨"旧作"靡"，奚侗、孙诒让已厘正。郭注："群品云云，逆顺相交。"成疏："刃，逆也。靡，顺也。""刃"、"靡"皆贬词，郭、成为自圆庄子褒大知贬小知之谬解，遂曲解为一逆一顺。

难以伪。”

上文“莫知其所萌”贬斥大知小知不知生命的终极来源，“不知其所为使”又贬斥大知小知不知生命过程的终极动力，本节“不知其所归”则贬斥大知小知不知生命的终极归宿，上下支离的三句，系统贬斥了大知小知被假宰假君终身奴役的悖道人生。由于不知“所萌”、“所归”仅及生死两端，个体所失尚小；而不知“所为使”则涉及生命全部过程，个体所失甚大，因此子綦连发“不亦悲乎”、“可不哀耶”、“可不谓大哀乎”三叹，乃至痛心疾言“不死奚益”。最后反问：人的一生，怎能如此糊涂？难道是主张“为道所使”的我独自糊涂？是否也有人不把“为道所使”视为糊涂呢？

“其形化，其心与之然，可不谓大哀乎”，是上文“近死之心，莫使复阳”的变文。“形化”即身形渐化，“形化”的终点即“物化”身死。倘若身形渐化趋死的同时，“其心与之然”，德心“与物迁”地随之渐死[1]，就是人生“大哀”。庄子认为，“终身役役”、“苶然疲役”是导致德心“近死”的根源。倘若德心已死，即便身形不死，也是“不死奚益”。

旧庄学谬解庄子主张“心死”，并谬解篇首子游语，然后视为证据。这一谬见影响深远，流毒极广。上文已证，庄学代言人并非子游，而是子綦，故子游浅见多有偏颇。何况篇首子游语“形固可使如槁木，而心固可使如死灰乎”，属于否定性的反问语气。即便并非反问，而是子游对其师子綦的客观现象描述，以庄学义理观之，至人子綦也仅是对君主专制、伪道俗见“心如死灰”，“形如槁木”则是以植物象征至人“内葆外不荡”、“才全德不形”[2]。《德充符》“心未尝死”及《外篇·田子方》“哀莫大于心死”，均为庄子反对“心死”的硬证。[3]

（子綦曰：）夫随其成心而师之，谁独且无师乎？奚必知化而心自

[1]《德充符》：“不与物迁。”

[2] 均见《德充符》。

[3] 参阅拙著《寓言的密码》第六章“自残自弱的僵尸哲学——意怠免患”。

取者有之[1]？愚者与有焉。未成乎心而有是非，是“今日适越而昔至”也。是以无有为有。无有为有，虽有神偊[2]，且不能知，吾独且奈何哉？

## 今译

（子綦说：）追随成心而以之为师，谁又会无师呢？何必知晓造化之存在？自取成心的人如果算是有师，那么愚人也可算是有师。心中没有成见却有是非纷争，正如“今日往越而昨日至越”（那样不可能）。自师成心就是以无师为有师。以无师为有师的人，即便是神人女偊，尚且不能使其知晓造化之存在，我又如之奈何？

第九节：“成心”卮言，阐明大知实为“假师”。奥义藏于“成心”。

论毕“为道所使”反被众人视为糊涂，子綦进而申论价值颠倒的原因：至人以天道为师，众人以大知为师。大知鼓吹的悖道人籁“为君所役”，经由庙堂力挺而弥漫到“无所逃于天地之间”，众人或主动“修养”，或被动“洗脑”，终成“主流价值观”。

积非成是的“主流价值观”长期横亘众人胸中，遂成习焉不察之“成心”。“成心”，即现代阐释学所言“前理解”。成心决定视域，视域决定选择。众人“随其成心而师之”，必然尊大知为“师”，实无真师，却自以为有真师；必然奉“为君所役”为“道”，实奉伪道，却自以为奉真道。面对人多势众的“愚者”，子綦也徒呼“奈何”。

“今日适越而昔至”是惠施“历物十事”之一[3]。庄子借用明显荒谬的惠施

[1]“化”旧讹为“代”。《吕览·贵直论》有“知化”篇。“化”字上扣“不化以待尽”、“其形化”。

[2]“偊”字旧讹为“禹”。庄子贬斥“儒墨”及儒家圣君尧舜、墨家圣君大禹，不可能称“神禹”。《人间世》：“禹攻有扈，国为虚厉，身为刑戮。其用兵不止，其求实无已。”“神偊”即《大宗师》“女偊”之变文。郭象为自圆反注而改“偊”为“禹”。

[3] 参见《外篇·惠施》。

诡辩，讽刺“未成乎心而有是非”之不可能：若非尊崇伪师，信奉伪道，坚执成心，大知小知就不会争夺君宠，不会党同伐异，人籁也就不会不和。

## 三 言吹章：悖道人籁不及地籁

（子綦曰：）夫言非吹也。言者有言，其所言者特未定也。果有言耶？其未尝有言耶？其以为异于鷇音，亦有辩乎？其无辩乎？

### 今译

（子綦说：）人籁之言异于地籁之吹。大知小知虽有所言，但其所言总是游移无定。无定之言果真可算有言？抑或未曾有言？他们以为人言异于鸟鸣，能否有所辩护？抑或无法辩护？

第十节：“言非吹”卮言，阐明悖道人籁不及地籁。奥义藏于“其所言者特未定”。

前两章分论吹（地籁）、言（人籁）之后，言吹章进而合论言、吹之异。

“言非吹”兼及言、吹，因此“言者有言，其所言者特未定”，晦藏省略“吹者有吹，其所吹者皆有定”。

大知小知总是盲目自信：人类有心之言，不仅异于而且必定胜过雏鸟无心之鸣。然而庄子认为，言、吹固然有异，人籁胜过地籁则未必。物类无心无知无我，故其所吹皆有定，无不被动应和天籁；人类有心有知有我，故其所言皆未定，往往主动违背天籁。因彼人之取而取、为争权夺利而不断改变言说主旨的大知大言、小知小言，不及地籁无心之吹。[1]

[1] 郭象反注：“各有所说，故异于吹。”各有所言、各有所吹，是言、吹之同。众吹皆和、众说不和，才是言、吹之异。

（子綦曰：）道恶乎隐而有真伪？言恶乎隐而有是非？道恶乎往而不存？言恶乎存而不可？道隐于小成，言隐于荣华。故有儒墨之是非，以是其所非而非其所是。欲是其所非而非其所是，则莫若以明。

## 今译

（子綦说：）天道被什么遮蔽而有了真伪？人籁被什么遮蔽而有了是非？真道隐藏于何处而不再显现？至言隐藏于何处而不被认可？真道被小成的伪道遮蔽而隐藏，至言被华美的言辞遮蔽而隐藏。所以有儒墨的相互对待之是非，以对方所非为是，以对方所是为非。必欲以对方所非为是，以对方所是为非，不如彰明天道。

第十一节："儒墨"卮言，挑明"内七篇"锋芒所指。奥义藏于"儒墨之是非"。

论毕大知小知"所言未定"，子綦进而申论其恶果："是其所非而非其所是。"

"道恶乎隐而有真伪？……道隐于小成"意为：大知小知把"小成"之术拔高为"道"，导致了"道"有"真伪"。大知小知信奉"以君为父"，事奉"假君假宰"；至知至人信仰"以天为父"，尊崇"真君真宰"。

"言恶乎隐而有是非？……言隐于荣华"意为：大知小知凭"荣华"之言争事君主，导致了"言"有"是非"。大知小知坚执"此是彼非"，只有"是其所非"、"非其所是"的伪是非。至知至人超越"此是彼非"，才有"然于然，不然于不然"的真是非。

因表述原理所需，以及晦藏其旨所致，从《逍遥游》到《齐物论》本节之前，庄子均未点破"内七篇"锋芒所指的"夭阏大知"究竟指谁，本节"儒墨之是非"则予挑破：所谓"夭阏大知"，就是鼓吹伪道、争事君主的儒墨大知[1]。庄子规劝

---

[1] 为遮蔽庄子贬斥儒家之旨，成疏故意误引《外篇·列御寇》之"儒墨"寓言，把学派通名"儒墨"谬解为寓言人名：郑人"缓"，郑人"翟"。

他们“莫若以明”，但是暂不解释何为“以明”。

（子綦曰：）物无非彼，物无非是。自彼则不见，自是则知之[1]。故曰彼出于是，是亦因彼。彼是，方生之说也。虽然，方生方死，方死方生；方可方不可，方不可方可。因是因非，因非因是。是以圣人不由，而照之于天，亦因是也。

是亦彼也，彼亦是也；彼亦一是非，此亦一是非。果且有彼是乎哉？果且无彼是乎哉？彼是莫得其偶，谓之道枢。枢始得其环中，以应无穷；是亦一无穷，非亦一无穷也。故曰“莫若以明”。

## 今译

（子綦说：）无物不是“彼”，无物不是“此”。从“彼”的角度无法看见“此”之“是”，从“此”的角度方能认知“此”之“是”。所以说“彼”相对于“此”而存在，“此”也相对于“彼”而存在。“彼”、“此”，是同生的言说。尽管如此，“彼”、“此”同生同死，同死同生；可以同时认可，也可以同时不认可；因循“是”就是因循“非”，因循“非”就是因循“是”。所以圣人都不因循（彼此、是非），仅仅观照以天道，亦即仅仅因任绝对之是。

“此”也是“彼”，“彼”也是“此”。彼也有一己之是非，此也有一己之是非。果真有彼、此之分吗？果真没有彼、此之分吗？彼人、此人一起丧忘匹偶对待，即可抵达天道的枢轴。枢轴如同圆环的中心，足以因应无穷是非。是也一直无穷，非也一直无穷，所以说不如彰明天道。

第十二节：“彼是”卮言，阐明“彼”有其“是”，“此”有其“非”。奥义藏于“彼是”及“彼是莫得其偶”。

[1]“自是”旧讹为“自知”。“自彼”、“自是”对言，上承“物无非彼，物无非是”，下接“彼出于是，是亦因彼”。郭象为自圆反注而妄改原文，导致本句文法不通，上下义理不通。

论毕“儒墨”伪道，子綦进而申论“以明”真道。

上文已把“彼/此”、“偶/我”综合为“彼/我”，隐斥以“我”为“此”的主体自执；本节又把“彼/此”、“是/非”综合为“彼/是”，隐斥以“此”为“是”的主体自执。

“偶/我”、“彼/此”、“是/非”，是异名同实的三组相关对词。“彼是”之“是”，既为“是/非”之“是”，又兼寓“彼/此”之“此”、“偶/我”之“我”。“彼是莫得其偶”之“偶”，既为“偶/我”之“偶”，又兼寓“彼/此”之“彼”、“是/非”之“非”。“丧我”就是超越“我此是”，“丧偶”就是超越“偶彼非”。“有我”就是坚执“我此是”，“有偶”就是坚执“偶彼非”。

“因是”意为：因循“我”、“此”必有之“是”。“因非”意为：因循“我”、“此”必有之“非”。“因是因非，因非因是”，是“其所言者特未定”的两种表现：“有我有偶”的大知小知，忽而从“因是”转为“因非”，忽而从“因非”转为“因是”。“丧我丧偶”的至知至人，达至“因是以明”[1]、“照之于天”的“道枢”，就不会被“无穷”的“我此是”、“偶彼非”牵着鼻子走。

末句“故曰莫若以明”，说明本节是对“以明”真道的展开，但是仍不点破何为“以明”。

（子綦曰：）以指喻指之非指，不若以非指喻指之非指也；以马喻马之非马，不若以非马喻马之非马也。天地一指也，万物一马也。

## 今译

（子綦说：）用一物的能指说明一物的能指并非一物的受指，不如用万物的能指说明万物的能指并非万物的受指。用小名“白马”说明小名“白马”并非大名“马”，不如用总名“马”说明大名“马”并非总名“马”。天地可冠同一能指，万物均属同一马体。

---

[1] 印度“逻辑”随佛教传入中土，译佛经者综合庄子“因是”、“以明”，译为“因明”。

第十三节：“指马”卮言，贬斥大知小知见“非”不见“是”。奥义藏于“指非指”、“马非马”。

论毕大知小知始于“因是”卒于“因非”，子綦进而以公孙龙的著名辩题“指非指”、“（白）马非马”为例[1]，申论大知小知仅见“偶彼”之“非”、“异”、“离”，不见“偶彼”之“是”、“同”、“合”。公孙两“非”辩题，因其佯谬表征[2]，当时既轰动天下又臭名昭著，拿来开刀，有举一寓万之效。

公孙“指非指”、“马非马”之“指”、“马”，是分析性的、专求“非异离”的物之专名；庄子“天地一指”、“万物一马”之“指”、“马”，是综合性的、专求“是同合”的物之共名。根据下文所言“物谓之而然”，“天地万物”的大共名，既可以是“物”，也可以是“指”、“马”。名相只须约定俗成，即可天下通用。[3]

（子綦曰：）可乎可，不可乎不可。道行之而成，物谓之而然。恶乎然？然于然。恶乎不然？不然于不然。恶乎可？可于可。恶乎不可？不可于不可[4]。物固有所然，物固有所可。无物不然，无物不可。

## 今译

（子綦说：）认可天道认可的，不认可天道不认可的。天道行于天地而绝对大成，万物冠以总名而总体肯定。如何肯定每物小名？就是肯定每物小名的相对意义。如何不肯定每物小名？就是不肯定每物小名的绝对意义。如何认可每物小实？就是认可每物小实的相对价值。如何不认可每物小实？就是不认可每物小实的绝对价值。每物小名固有相对意义，每物小实固有相对价值。没有一

[1] 分见公孙龙《指物论》、《白马论》。本篇篇名《齐物论》，或有戏仿暗讽前者之意。

[2] 参阅拙著《寓言的密码》二十七章“冒充历史的诽谤性寓言——秦赵相约”，拙著《文化的迷宫》之“公孙龙《指物论》奥义”。

[3]《荀子·正名》：“名无固宜，约之以命，约定俗成谓之宜，异于约则谓之不宜。”

[4] 旧脱加点十五字。刘文典采王闿运说，据陆释引崔譔本及《外篇·寓言》校补。

物的小名没有相对意义，没有一物的小实没有相对价值。

第十四节："然可"卮言，阐明庄学俗谛正反两大原则。奥义藏于"可乎可，不可乎不可"、"然于然，不然于不然"。

论毕大知小知见"非"不见"是"，子綦进而申论"我此是"、"偶彼非"的相对性，完整表述了庄学俗谛"物德相对"——

"可乎可"、"然于然"是庄学俗谛之肯定原则：为道所萌、为道所使的万物必有相对之是，即"物各有是"；因此对每物相对之然（实情），均应相对然之（评价）。然而大知小知无此客观，总是互相"非其所是"，把利益冲突者"所是"，极端化为绝对之"非"。

"不可乎不可"、"不然于不然"是庄学俗谛之否定原则：不知所萌、不知所使的万物必有相对之非，即"物各有非"；因此对每物相对之不然（实情），均应相对不然之（评价）。然而大知小知无此客观，总是互相"是其所非"，把利益冲突者"所非"，极端化为绝对之"是"。

"物固有所然，物固有所可。无物不然，无物不可"，强调源于彼岸绝对之道的物各有是，淡化源于此岸相对之物的物各有非。

庄子认为，从道高于名相的道极真谛观之，名相是约定俗成的，非终极的，因此不妨说"天地一指，万物一马"。然而从名相一旦约定俗成就不能"所言未定"的人间俗谛观之，人籁有心之言，必须像地籁无心之吹一样，"可"、"然"与"不可"、"不然"皆有定，不能为了利益需要，"以非为是，以是为非，是非无度，可与不可日变"。[1]

（子綦曰：）故为是举莛与楹，厉与西施，诙诡谲怪，道通为一。其分也，成也；其成也，毁也。凡物无成与毁，复通为一。唯达者知通为一，为是不用而寓诸庸。庸也者，用也；用也者，通也；通也者，得也。适得而几矣，因是已。已而不知其然，谓之道。

[1]《吕览·离谓》批评邓析之言。

## 今译

（子綦说：）所以可举莛草与楹柱、丑人与西施为例，万物千奇百怪，天道通约为一。天道分施物德，于是万物形成；天道成就万物，同时毁坏万物。万物没有绝对大成和绝对毁坏，无不复归于道一。唯有达道至人方知万物复归于道一，为此不用小成之心而寓诸庸常。寓诸庸常，就能大用真德；大用真德，就能与物相通；与物相通，就能悟得天道。悟得天道就近于物德极限，就能因循真德而又知止。知止以后承认不知绝对之然，称之为“道”。

第十五节：“道一”卮言，阐明“道通为一”。奥义藏于“因是已”。

论毕“物德相对”并强调“物各有是”之后，子綦进而申论“道通为一”：小草（莛）大柱（楹），丑人（厉）美女（西施），尽管千奇百怪，其实“道通为一”。

“其分也，成也”，阐明物德皆为道所分施；道一所分，即万物之成。“其成也，毁也”（上扣“方生方死”），晦藏省略“其毁也，成也”（上文“方死方生”）；阐明此物之成，即彼物之毁，此物之毁，即彼物之成。“凡物无成与毁，复通为一”兼言综合：无论生死成毁，万物相通为一。

彻悟万物一体的“达者”，就是至人；“达”、“至”同训。至人不会师心自用[1]，而是听任道之妙用，故曰“（人之）庸也者，（道之）用也。”听任道之妙用，则万物自化而相通，故曰“（道之）用也者，（物之）通也”。万物相通的原因，是物之真德与道同质，故曰“通也者，得（德）也。”

每物因循物德并达至极限，就是距道最近之处，故曰“适得（德）而几（极限）矣”。物德之极限，《逍遥游》称为“天池”，《齐物论》变文为“几”，《大宗师》变文为“天机”。

每物因循物德并达至极限，即须停止，故曰“因是已”。旧庄学谬解“因是已”之“已”通“矣”，未窥奥义。“矣”只能用于句尾，不能用于句首，“已而

[1] 成语“师心自用”，综合了《齐物论》“随其成心而师之”、《人间世》“犹师心者也”。

不知其然”证明“已”不通“矣”。庄子对谬解的预防和预破是“以重言为真”，因此《养生主》“殆已；已而为知者”重言这一句式。

“因是已”，即后世常言“适可而止”。“因”即“适”，“是”即“可”，“已”即“止”。

“知止不殆”的至人，适可而止，止于物德极限；因是而已，已于“因是”向“因非”转化的临界点，从“因是”达至“以明”，对“不知其然”的宇宙奥秘，不强不知以为知，但是坚信其必为道之妙用，故曰“已而不知其然，谓之道”。

“莫之能止”的大知小知，适可而不止，不止于物德极限；因是而不已，不已于“因是”向“因非”转化的临界点，从“因是”走向“因非”，对“不知其然”的宇宙奥秘，强不知以为知，拔高己德，自诩为“道”。

“因是已”的理由是，个体仅是人类之一，人类仅是“道生万物”之一，因此无论个体还是全体，人类的有限物德，必不足以尽窥无限道一。

（子綦曰：）劳神明为“一”，而不知其同也，谓之“朝三”。

（子游曰：）何谓“朝三”？

（子綦曰：）狙公赋芧，曰：“朝三而暮四。”众狙皆怒。曰：“然则朝四而暮三？”众狙皆悦。名实未亏，而喜怒为用，亦因是因非也[1]。是以圣人和之以是非，而休乎天均。是之谓两行。

## 今译

（子綦说：）劳心伤神地修剪物德之量使之齐一，却不知物德之质原本齐同，谓之“朝三”。

（子游问：）何为“朝三”？

（子綦说：）狙公命令众狙上交橡实作为赋税，说：“上午三颗，下午四颗！”众狙全都大怒。

[1] 旧脱“因非”二字，郭象为自圆反注而妄删原文。

狙公说：“那就上午四颗，下午三颗？”

众狙全都大喜。

狙公名实未亏，而众狙喜怒为用，也是时而因循人道相对之是，时而因循人道相对之非。因此圣人超越人道相对是非，而休止于天道绝对之是。这就叫众人、圣人两行其道。

第十六节：“朝三”寓言，隐斥“假宰假君”。奥义藏于“朝三”及“赋”、“怒”。

人籁章用长篇卮言层层推进到“道一”之后，章末突然插入千古哑谜“朝三”寓言，因为论旨涉入了专制语境的绝对禁区——正面攻击“假宰假君”。庄子为了逃刑免患，不得不借用寓言晦藏其旨，但在首章之后，首次插入子游突兀一问：“何谓朝三？”提醒读者留意这一贬斥君主专制的核心寓言。

寓言前的卮言“劳神明为一，而不知其同也”，点明大知小知劳心伤神地人为造作“假一”——假宰假君，却不知万物原本共同拥有“真一”——真宰真君。“朝三而暮四”，“朝四而暮三”，既生动刻画大知小知之“所言未定”，又辛辣讽刺俗君僭主实为“假一”。

寓言本文，揭破庙堂狙公对江湖众狙的实质侵夺。旧庄学谬解“赋”训赋予。其实“赋”训赋税，证据有五。

其一，义理证据。“狙公赋芧”之“赋”，与上文“终身役役”、“苶然疲役”之“役”，分指君主奴役民众的基本两项：交赋税，服徭役。

其二，文本证据。故意晦藏“朝三而暮四”、“朝四而暮三”的施、受关系，既可理解为“狙公（对众狙）给予（食物）”，早上给予三“芧”，晚上给予四“芧”[1]；也可理解为“狙公（对众狙）征收（赋税）”，早上征收三“芧”，晚上征收四“芧”。

其三，老学证据。《老子》七十五章：“民之饥，以其上食税之多。”

其四，庙堂证据。隐于庙堂的明人刘基曰：“狙公旦日必部分群狙于庭，使

[1] 改编“朝三暮四”以反庄奥义的晋人张湛伪《列子》即作此解。详见绪论一《战国大势与庄子生平》。

老狙率以之山中求草木之实，赋什一以自奉。”[1]

其五，江湖证据。隐于江湖的佚名高士曰：“赋”字有些“贼”形。[2]

寓言奥义是：“芧”本是真宰真君“天赋”（给予）下来，作为对众狙之劳作的慷慨赏赐；却被假宰假君大量“人赋”（征收）上去，再少量“赏赐”给为“狙公”帮凶帮忙帮闲的大知小知，以及心甘情愿“终身役役”的模范奴隶，而非“苶然疲役”的“众狙”。

寓言后的卮言“名实未亏，而喜怒为用，亦因是因非也”，揭破了庙堂狙公对江湖众狙的名相愚弄。“众狙皆怒”、“喜怒为用”之“怒”，前射《逍遥游》大鹏“怒而飞”之“怒”，上扣首章“怒者其谁”之“怒”。大鹏“怒而飞”，是愤怒于北溟假君的专制役使，故自适其适地飞往南溟。“怒者其谁”之“怒”，是地籁无心之“怒”（勃发），使其“怒”者是真宰真君。“众狙皆怒”、“喜怒为用”之“怒”，是人籁有心之“怒”（愤怒），使其“怒”者是假宰假君。庄子以“怒”字为关钮，揭破了君主专制的终极真相：由于众人尊北溟大知为真师，奉“为君所役”为真道，不知真宰真君才是真师，不知“为道所使”才是真道，因此庙堂狙公“名实未亏”，江湖众狙却被愚弄得“喜怒为用”，于是“朝三暮四”的悲喜剧，没完没了地长演不衰。[3]

“是以圣人和之以是非，而休乎天均”：“均”是陶泥环绕旋转的陶轮，“天均”隐喻万物环绕旋转的天道[4]。由于万物环绕永恒不变的“天均”（道）旋转无穷，于是万物的相对“是非”也旋转无穷，忽而“因是因非”，忽而“因非因是”，“是亦一无穷，非亦一无穷”。庄子主张休止于永恒不变的“天均”，而不追逐所言未定的相对“是非”。

狙公“名实未亏”和众狙“喜怒为用”，均属庄子贬斥的“因是因非，因非

[1] 改编“朝三暮四”以明庄奥义的明人刘基《郁离子》即作此解，且特意点破“假于彼而为之役”。详见绪论一《战国大势与庄子生平》。

[2] 明人冯梦龙辑《笑府》：“有富翁同友远出，泊舟江中。偶散步上岸，见壁间题‘江心赋’三字，错认‘赋’字为‘贼’字，惊欲走匿。友问故，指曰：‘此处有贼。’友曰：‘赋也，非贼也。’其人曰：‘赋便赋了，终是有些贼形。’”为了逃刑免患，江湖高士也不得不晦藏其旨。

[3] 参阅拙著《寓言的密码》第七章“把人当猴耍的闹剧——朝三暮四”。

[4]《外篇·寓言》：“始卒若环，莫得其伦，是谓天均。天均者，天倪也。”

因是”、“是亦一无穷，非亦一无穷”。因此“圣人和之以是非”之前，必定兼言“是非”，郭象版仅有“亦因是也”，足证郭象欲为“狙公”（君主）辩护，于是妄删“因非”二字。

结语“是之谓两行”，区分众人之“行”和圣人之“行”：众人役于人道，于是“因是因非”；圣人顺应天道，于是“和之以是非”。此即“天人两行”。

专明此岸俗谛“物德相对”的上篇三章，分别阐明地籁皆和、人籁不和、悖道人籁不及地籁，最后以“朝三”寓言隐斥假君假宰因循悖道人籁，奴役天下民众，侵夺天赋人权。

# 下篇　彼岸真谛，道极绝对

## 四　至知章：顺道人籁高于地籁

（子綦曰：）古之人，其知有所至矣。恶乎至？有以为未始有物者；至矣，尽矣，不可以加矣。其次以为有物矣，而未始有封也。其次以为有封焉，而未始有是非也。是非之彰也，道之所以亏也。道之所以亏，爱之所以成。

### 今译

（子綦说：）古之至人，其知达于至境。怎样的至境？有人认为万物生于“无”，这就是至境，这就是尽头，无以复加了。其次有人认为万物生于“有”，然而万物没有封疆。其次有人认为此物、彼物各有封疆，然而彼此没有是非。彰明此物之是、彼物之非，天道遂亏；天道之亏，才有偏私之成。

第十七节：“至知”卮言，阐明顺道人籁。奥义藏于支离其言的“知有所至”。

尽管悖道人籁不及地籁，但是顺道人籁高于地籁，因为无心无知的地籁只能被动应和天籁之局部，有心有知的人籁可以主动进窥天籁之全部。因此专明此岸真谛“道极绝对”的下篇之始，子綦立刻阐明高于地籁的顺道人籁：

达至第一境界者，认为万物生于“无”（道之体，即抽象之道，科学规律）。降至第二境界者，认为万物生于“有”（道之用，即万物总德），但这“有”没有局限而无所不在。降至第三境界者，认为每物皆有局限，但此物与彼物不存在是非。降至第四境界者，是非纷起，造成道之亏损。道之亏损，由人之偏爱造成。

“爱”，兼及儒家“仁爱”与墨家“兼爱”。凡“爱”皆偏，偏则不遍[1]；爱之小成，道之大亏。

“古之人”，即《大宗师》“有真人而后有真知”的“古之真人”。“知有所至”，是“至知”的首次支离表述，明确否定了庄学前三境“无知”、“小知”、“大知”。

（子綦曰：）果且有成与亏乎哉？果且无成与亏乎哉？有成与亏，故昭氏之鼓琴也；无成与亏，故昭氏之不鼓琴也。昭文之鼓琴也，师旷之杖策也[2]，惠子之据梧也，三子之知几乎？皆其盛者也，故载之末年。唯其好之也，以异于彼；其好之也，欲以明之。彼非所明而明之，故以坚白之昧终。而其子又以文之纶终，终身无成。若是而可谓成乎？虽我无成，亦可谓成也[3]。若是而不可谓成乎？物与我无成也。是故滑疑之耀，圣人之所鄙也[4]。为是不用而寓诸庸，此之谓“以明”。

## 今译

（子綦说：）偏私果真有成而天道果真有亏吗？偏私果真无成而天道果真无亏吗？偏私有成则天道有亏，如同昭文弹琴（乐成、音亏）；偏私无成则天道无亏，如同昭文不弹琴（乐不成、音不亏）。昭文之弹琴，师旷之击杖，惠施之倚梧（论辩），三人之知近乎极致吧？都是出类拔萃的大知，所以盛名传于后世。

---

[1] 《外篇·天下》：“不赅不遍，一曲之士。（中略。）选则不遍，教则不至。道则无遗者矣。”

[2] “杖”旧讹为“枝”。刘文典据陆释引崔譔本及《外篇·让王》校正。

[3] 旧脱“无成”、“可谓”四字，刘文典据《阙误》校补。

[4] “鄙”原作“啚”，旧讹为“圖（图）”。闻一多、蒋锡昌业已校正。

唯因他们所好之技，异于他人；他们酷好其技，必欲彰明。他们都把不宜彰明之技彰明为道，故以精通“坚白”的愚昧告终。而昭文之子又以昭文之技的余绪告终，终身无成。如此可称有成吗？那么我虽无成，也可称为有成了。如此不可称为有成吗？那么他们与我一样无成。因此混乱可疑的炫耀，圣人予以鄙弃，为此不用小成之心而寓诸庸常。这就叫彰明天道。

第十八节：“以明”卮言，阐明道无成亏，成亏在物。奥义藏于“为是不用而寓诸庸，此之谓以明”。

论毕人之偏爱导致道之亏损，子綦进而申论道之体永无成亏，道之用（德）才有成亏。

先以直观易解的有限音位之成亏，隐喻难以直观的无限天道之成亏。“音”指音位，隐喻真道；“声”指发声，隐喻真德；“响”指回声，隐喻伪德。三字分别甚严，故“五音”不可谓“五声”，《外篇·惠施》则贬斥惠施“穷响以声”（想用发声消除回声，喻其缘木求鱼）。昭文鼓琴之时（师旷击节伴奏），一声虽成，余音皆遗；昭文不鼓琴之时（师旷不再击节），一声未成，每音俱在。地籁万千，每声皆有，不会导致音位亏损；人籁寥寥，独尊一声，就会导致音位亏损。

随后贬斥惠施“合坚白”论：极端主离的公孙龙，仅见“坚/白”之异，遂不当离而离之；既合小异、又离大同的惠施，仅见“坚/白”之同，遂无须合而合之。惠施不用大道（万物一体）大斥伪德，仅用小德（合坚白）小斥伪德（离坚白），是“穷响以声，形与影竞走”。用发声来制止回声，让身形与影子赛跑，必然徒劳无功。公孙固然是詹詹小言、精于辨小的小知，惠施也仅是炎炎大言、拙于用大的大知。庄子以惠施、公孙为例，贬斥儒墨大知“唯其好之，欲以明之”，夸大一己爱好且特别擅长的小成之“术”，“非所明而明之”地离析万物，必将“终身无成”地“以坚白之昧终”[1]。儒墨大知各有偏爱的人籁之成，导致了无所

[1]《德充符》：“庄子（谓惠子）曰：今子外乎子之神，劳乎子之精，倚树而吟，据梧而瞑。天选子之形，子以坚白鸣。”“以坚白鸣”者有二：公孙龙“离坚白”在前，年长五十五岁的惠施“合坚白”在后。庄子讽刺惠施“劳精外神”，与后生小子辩不当辩者、合无须合者，因“非所明而明之”而“鸣”于当世、“载之末年”，实为盛德之羞。

偏爱的天籁（道）之亏。不过道之体（抽象规律）永无成亏，有成亏的仅为道之用——人之德。人德之亏，就是昧于天道，陷溺“黮暗”之域；人德之成，就是进窥天道，达至“以明”之境。

“以明”已经两见于专明“物德相对”的上篇，但是均未阐释，而是留给专明“道极绝对”的下篇。本节阐释“以明”的“不用而寓诸庸”，也已见于上篇，但是上篇故意支离其言，直到本节才予勾连——“不用而寓诸庸，此之谓以明”：不师心自用而听任道之用，安于道之用并进窥道之体，就是“以明”。

“滑疑之耀”，是“其所言者特未定”的变文。观点游移混乱（滑）、自己也不相信（疑）的炫耀性舌辩，被至人鄙弃。

（子綦曰：）今且有言于此，不知其与“是”类乎？其与“是”不类乎？类与不类，相与为类，则与彼无以异矣。虽然，请尝言之。有始也者，有未始有始也者，有未始有夫未始有始也者。有有也者，有无也者，有未始有无也者，有未始有夫未始有无也者。俄而有“无”矣，而未知有“无”之果孰有孰无耶？今我则已有谓矣，而未知吾之所谓[1]，其果有谓乎？其果无谓乎？

## 今译

（子綦说：）如今姑且假言于下，不知吾言与“是”同类呢？抑或与“是”不同类呢？无论与“是”同不同类，吾言均属一类，就是不立与“彼”对待之异。尽管如此，姑且尝试假言：有时间开始，有时间尚未开始，有时间尚未开始之前启动时间的“无”。有空间展开，有空间尚未展开，有空间尚未展开前的“有”，有“有”尚未展开之前的“无”。忽然有了“无”，然而不知有了“无”究竟属于有，抑或属于无？如今吾已假言，然而不知吾之假言，究竟属于有言？抑或属于无言？

[1] “吾之所谓”，旧误倒为“吾所谓之”。

第十九节：“与彼无异”卮言，泯合“我此是/偶彼非”。奥义藏于“类与不类，相与为类”。

论毕大知小知离析万物，子綦进而泯合“偶/我”、“彼/此”、“是/非”。

本节堪称“内七篇”最难理解的“谬悠之说，荒唐之言，无端崖之辞”（《外篇·天下》论《内七篇》），因为古人无法科学解释宇宙发生，只能诉诸思辨。然而先秦文言不适合思辨，因此空前绝后的语言大师庄子，也不得不远远溢出语言能够承载的极限。不过玄而又玄的绕口令式论“道”语，被“今且有言于此”与“今我则已有谓矣”前后包裹，表明本节并非论“道”，而是论“言”：借用“道”之“若有若无”，类比“言”之“有谓无谓”。但又不对“吾之所谓”究属“有谓”抑或“无谓”作出明确结论，而留待下文再予挑明。

“类与不类，相与为类”八字，泯合“偶/我”之相离，浑同“彼/此”之相异，致无“是/非”之相非。“类”即“我此是”，“不类”即“偶彼非”。两小类合为一大类（万物），就“与彼无以异”：“我”不视“偶”为“彼”为“非”，“偶”也不视“我”为“彼”为“非”。“偶/我”两丧，“彼/此”双忘，“是/非”致无，就能消弭人籁不和。

（子綦曰：）天下莫大于秋毫之末，而泰山为小；莫寿于殇子，而彭祖为夭。天地与我并生，而万物与我为一。

## 今译

（子綦说：）天下没有比毫末再大之物，而泰山极小；天下没有比殇子长寿之人，而彭祖短命。天地与我同生于道，万物与我合为一体。

第二十节：“万物为一”卮言，篇名点题，阐明万物齐一。奥义藏于“泰山为小”、“彭祖为夭”。

泯合“我此是/偶彼非”之后，子綦进而申论万物齐一。

“天下莫大于秋毫之末，而泰山为小；莫寿于殇子，而彭祖为夭”，终极阐明

《逍遥游》的“小大之辨”：万物仅有相对小大，天道才是绝对之大。又隔篇申论《逍遥游》的大知（大鹏）、大年（彭祖）被“众人匹之，不亦悲乎”：与绝对之大的天道相比，“背若泰山”的大鹏，其实小如毫末；寿近八百的彭祖，其实夭如殇子。[1]

“天地与我并生，而万物与我为一”，是对此岸俗谛“物德相对”的超越，点题阐明《齐物论》篇旨：万物齐一。与前相同，“我”非子綦自称，仍是“吾丧我”之“我”。天地万物与所有自以为高于天地万物的主体自执者（“我”）一样，无不为道所生，无不与道相通为一。

（子綦曰：）既已为一矣，且得有言乎？既已谓之“一”矣，且得无言乎？一与言为“二”，“二”与一为“三”。自此以往，巧历不能得，而况其凡乎？故自无适有以至于“三”，而况自有适“有”乎？无适焉，因是已。[2]

## 今译

（子綦说：）既然万物合为一体，怎能（自外于万物）言说“万物合为一体”？既已言说“万物合为一体”，怎能做到无言？实体一与名相“一”是对待的“二”，对待的“二”加没有对待的一是“三”。自从实体一有了名相以来，精通历算者也算不清关于实体一的纷繁言说，何况世间凡夫？所以从道无名相到道有名相，已积为“三”，何况从不变之真有（天道）产生总名到恒变之假有（万物）均有分名？不要往适了，因循相对之是必须知止。

[1] 参见《山海经·海外西经》：“轩辕之国在此穷山之际，其不寿者八百岁。”又《大荒西经》：“有轩辕之国。江山之南栖为吉。不寿者乃八百岁。”秦汉之交的神仙家，以“八百岁”为“不寿”，即演绎《齐物论》之“彭祖为夭”。

[2] 本节加引号者为名相（能指），不加引号者为实体（受指）。参阅拙著《文化的迷宫》之“中西思维层次之差异及其影响”。

第二十一节：“至言无言”卮言，解构一切言“道”人籁。奥义藏于“一与言为二,二与一为三”。

论毕“万物为一”，子綦进而解构关于万物为一的言说，亦即终极解构一切言“道”人籁；不仅解构悖道人籁，而且解构顺道人籁。

《逍遥游》篇末点明“逍遥”主旨，即告终篇。但是《齐物论》篇中点明“齐物”主旨，远未终篇；因为“齐物”仅是对此岸俗谛的超越，仅是通向彼岸真谛的桥梁，尚非彼岸真谛本身。欲达至彼岸真谛，必须超越“齐物”观，亦即超越“万物为一”观。超越“万物为一”观的唯一通途，就是超越关于万物为一的言说：区别作为实体的万物为一，以及作为名相的“万物为一”。本节是《齐物论》从此岸俗谛向彼岸真谛跃迁的转捩点。

“既已为一矣，且得有言乎”意为：言说从属于人类，人类从属于万物，万物从属于道，因此人类关于万物以及万物之道的任何言说（包括言说“万物为一”），均属自我指涉的“吊诡”。[1]

“既已谓之‘一’矣，且得无言乎”意为：人类不可能在绝对意义上自外于万物、自外于道地客观言说万物之道，只能在相对意义上自我指涉地勉强言说万物之道，因此“谓之‘一’”（言说“万物为一”）固然可算“有言”，其实“有”的仅是“假言”。

“一与言为‘二’”意为：一（道）是实体，谓之“一”（“道”）是名相。无言之时，世界仅是万物为一的实体；有了谓之“一”的名相之后，世界变成了“二”：实体一＋名相“一”。

“‘二’与一为‘三’”意为：“二”（实体一＋名相“一”）＋一（实体一）＝“三”。[2]

[1] 违背逻辑“排中律”，必导致“自涉吊诡”。尽管先秦思想尚未建构完善的逻辑学，但庄子已直觉到自我指涉必导致“吊诡”。

[2] “既已谓之一矣……一与言为二,二与一为三”，隐斥公孙龙《通变论》“谓鸡足一，数足二,二而一故三”。公孙龙“鸡三足”命题，见于《外篇·惠施》。庄、龙均承《老子》四十二章：“道生一，一生二,二生三,三生万物。”王弼注：“已谓之一，岂得无言乎？有言有一，非二如何？有一有二，遂生乎三。”老聃未及“言”，王弼以庄注老，非老聃本义，但颇合庄义。

为何“三”包含两个实体一？因为庄子思辨的终极起点，就是终极分判两种不同的实体一：未与名相“一”对待的实体一（即《应帝王》所言“浑沌”），已与名相“一”对待的实体一（即《应帝王》所言“浑沌死”）。

未有名相“一”之时，仅有实体一，因此道无真伪；已有名相“一”之后，小知、大知、至知均用名相“一”言说实体一，于是“道”有了真伪。小知、大知的悖道人籁，用名相“一”言说伪道、言说假一，而非言说实体一，前论已详。至知的顺道人籁，尽管用名相“一”言说实体一，也就是言说真道、言说真一，但其言说依然仅是实体一的名相，而非实体一本身。任何言说者，必在实体一之中。言说实体一，必属自我指涉。自我指涉，必定构成“吊诡”。因此，实体一不可能被终极地言说，只可能被非终极地“假言”。

庄子的假言自觉，承自老聃“名可名，非恒名”，因此假言的同时，必须自言自扫，致无其言。此即关于言说的庄学至境“至言无言”[1]。《外篇·外物》记载了庄子的名言：“庄子曰：筌者所以在鱼，得鱼而忘筌；蹄者所以在兔，得兔而忘蹄。言者所以在意，得意而忘言。吾安得夫忘言之人而与之言哉？”所谓“得意忘言”，就是忘其假言性的名相“一”，直面无须假借名相的实体一。

“自此以往，巧历不能得，而况其凡乎？”意为：有了名相“一”之后，精擅历法计算者也不能分辨小言“一”、大言“一”、至言“一”孰真孰伪，何况世间凡夫？

“自无适有以至于‘三’，而况自有适‘有’乎？无适焉，因是已。”意为：从实体一无名相，到实体一有名相，已变成“三”，何况从实体一（真有）有名相，到实体一分出之万物（假有）均有名相？不要越走越远啦，抵达物德极限就须停止。

“无适焉，因是已”，与上篇“适得而几矣，因是已”，似相反，实相成，阐明庄学至境“至适无适”。“适”兼训“前往”、“舒适”。上篇立足此岸俗谛，“适得而几”强调前往物德极限，侧重尽人力的“因是”；“因是”是“适”（前往）

[1]《外篇·寓言》概括“内七篇”是“言无言”，谓之“终身言，未尝言”。“言无言”是“至言无言”的变文，义同《外篇·知北游》“至言去言”。

的过程，如果不“适”（前往），必定不“适”（舒适）。下篇立足彼岸真谛，“无适”强调达至物德极限后不再前行，侧重应天命的“已”；“已”是止于“适”（前往、舒适）的极限，继续强“适”（前往），必定不“适”（舒适）。“至适”是俗谛，亦即达至物德极限、舒适极限，“尽其所受乎天”（《大宗师》）；“无适”是真谛，亦即达至物德极限、舒适极限以后不再强行前往，“因是”而“已”，“适可”而“止”。

“物各有适”，是对“物各有是”、“物各有非”的泯合与超越：万物无不为道所生，所以物各有德，物各有是；德有小大厚薄，所以德有极限，物各有非。信仰真君真宰，因循顺道人籁，就能“因是”而“已”，“适可”而“止”，完成自我实现，找到幸福之源，成为“自适其适”、“知止不殆”的至知至人。倚待假君假宰，盲从悖道人籁，就会“因是”而不“已”，“适可”而不“止”，走向自我异化，步入痛苦深渊，成为“役人之役，适人之适”的大知小知。

“适”无所谓“是”，更无所谓“非”，只要不侵夺践踏彼人之“适”，就无不可适，无适不可；无往不适，无适不往。《大宗师》所言“自适其适”，正是“逍遥游”的核心义理。

（子綦曰：）夫道未始有封，言未始有常，为是而有畛也。请言其畛：有左，有右；有论，有议[1]；有分，有辩；有竞，有争；此之谓八德。六合之外，圣人存而不论；六合之内，圣人论而不议；《春秋》经世，先王之志，圣人议而不辩。故分也者，有不分也；辩也者，有不辩也。

（子游）曰：何也？

（子綦曰：）圣人怀之，众人辩之以相示也。故曰：辩也者，有不见也。夫至道不称，至辩不言，至仁不亲，至廉不谦，至勇不忮；道昭而不道，言辩而不及，仁常而不周[2]，廉清而不信，勇忮而不成。五者

[1] “论”、“议”旧讹为“伦”、“义”。俞樾、王先谦据陆释引崔譔本校正。郭注“物物有理，事事有宜”，足证郭象为迎合儒学而妄改原文。

[2] “周”旧讹为“成”。刘文典据《阙误》及郭注“常爱必不周”校正。

无弃而几向方矣[1]。故知止其所不知，至矣。孰知不言之辩，不道之道？若有能知，此之谓天府——注焉而不满，酌焉而不竭，而不知其所由来；此之谓葆光。

## 今译

（子綦说：）天道没有封疆，人言没有常然，为此而有畛域。姑且假言人言的畛域：有左，才有右；有论说，才有评议；有分判，才有辩论；有竞逐，才有争斗。这是相互对待的八项畛域。六合之外的道，圣人知其存在而不论说。六合之内的物，圣人有所论说而不评议；《春秋》史实，先王心志，圣人有所评议而不辩论。所以分判天地万物的众人，必有不能分判；辩论相对是非的众人，必有不能辨析。

（子游）问：为何如此？

（子綦说：）圣人兼怀万物（而自逍己德），众人热衷辩论而标榜自我。所以说，辩论相对是非的众人，必定有所未见。

至道不可指称，至辩不落言筌，至仁无所亲疏，至廉不事谦让，至勇不逞强横；道若昭明必非真道，言若雄辩必有不及，仁若常施必不周遍，廉若至清必不可信，勇若逞强必将失败。五者不弃始能趋近彼道。所以心知止于自己不知之域，就是至境。谁能知晓无言之辩，不说之道？若是有人能够知晓，那就如同天池巨府，注入永不满溢，汲取永不枯竭，却不知其所由来。这叫永葆德光而不外耀。

第二十二节："至知不知"卮言，阐明庄学至境。奥义藏于"知止其所不知，至矣"。

论毕"至言无言"（道无法尽言），子綦进而申论"至知不知"（道无法尽知）。

"道未始有封"，变文重言上文"其次以为有物矣，而未始有封也"；"言未始

[1]"无弃"旧讹为"园"。陈鼓应采奚侗说，据《淮南子·诠言训》校正。

有常”，变文重言上文“其所言者特未定”。继阐明人籁（言）、地籁（吹）之异后，两句阐明人籁（言）、天籁（道）之异：天籁无封，人籁有畛。

首先列举人籁之四组“八德”的封疆畛域：左，右；论，议；分，辩；竞，争。

再对首尾两组四德“存而不论”，因为第一组“左”、“右”二德，是自然天籁无心造就的无言秩序，无须言说；第四组“竞”、“争”二德，是悖道人籁有心导致的有言混乱，斥之已详。

然后划定第二组“论”、“议”二德的适用范围：“六合之外”属天道（天籁）范畴，只能“存而不论”，即任其存在，而不论列。“六合之内”属物德（地籁、人籁）范畴，只能“论而不议”，即知晓论列，但不评议。“《春秋》经世、先王之志”属物德之局部（人籁），只能“议而不辩”，即有所评议，但不辩论。

结语“故分也者，有不分也；辩也者，有不辨也”，贬斥第三组“分”、“辩”二德的必有局限：热衷分析的大知小知，必有分析不了的客观现象；热衷辩论的大知小知，必有辨别不了的客观现象。

庄子判定悖道人籁、顺道人籁之异：大知小知总是言说物德，分析物德之异，与人异见就要辩论，因为有竞心，爱争斗；至知至人总是言说天道，不分析物德之异，与人异见也不辩论，因为无竞心，反争斗。

由于义理精微，子游难以晓悟，再次插入一问：“何也？”

子綦又予申论。“圣人怀之”，阐明圣人包容异见，是因为超越“我此是”、“偶彼非”，不愿自我标榜；“众人辩之”，阐明众人不容异见，是因为执于“我此是”、“偶彼非”，竭力自我标榜——“以相示”。“辩也者，有不见也”，是上文“辩也者，有不辨也”之变文，更进一解：热衷辩论而不容异见，是因为未窥物德之同。然后又举“至道不称，至辩不言，至仁不仁，至廉不谦，至勇不忮”五例以明之，随即再次变文申论“道昭而不道，言辩而不及，仁常而不周，廉清而不信，勇忮而不成”。五例及其申论，均属庄学至境“至知无知”之变文，故结以“知止其所不知，至矣”。[1]

[1] “知止其所不知，至矣”，承自《老子》七十一章“知不知，上”。

至知章阐明顺道人籁高于地籁，亦即阐明庄学至境“至知/无知”，故始于“至知”的支离表述“其知有所至矣”，阐明庄学至境之前件“至知”；结于“至知无知”的支离表述“知止其所不知，至矣”，阐明庄学至境之后件“无知”。最后结以“孰知不言之辩，不道之道？若有能知，此之谓天府——注焉而不满，酌焉而不竭，而不知其所由来；此之谓葆光”，既是礼赞“至知无知”的至人，又为下文阐明“固受其黮暗”的人类如何达至“以明”隐伏通途——“葆光”，葆其天赋物德之光。

## 五　无知章：形象说明顺道人籁

（子綦曰：）故昔者尧问于舜曰：“我欲伐宗、脍、胥敖，南面而不释然。其故何耶？”

舜曰：“夫三子者，犹存乎蓬艾之间。若不释然，何哉？昔者十日并出，万物皆照，而况德之进乎日者乎？”

### 今译

（子綦说：）从前唐尧问虞舜：“我打算征伐宗、脍、胥敖，每天居于尊位而不能释怀，是何缘故？”

虞舜说：“那三个小邦，犹如存在于蓬蒿艾草之间。你不能释怀而欲吞并，是何缘故？从前十个太阳并悬天空，万物均得普照，何况物德胜于太阳的你？”

第二十三节：“尧伐”寓言，形象贬斥假君假宰。奥义藏于“德之进乎日”。

至知章用卮言论毕顺道人籁“至知无知”，无知章进而用寓言形象说明顺道人籁“至知无知”，同时应用于现实，贬斥儒墨大知、俗君僭主自居“至知”。

《逍遥游》阐明义理以后，落实应用于“尧让”、“尧治”寓言，《齐物论》

阐明义理以后，同样落实应用于“尧伐”寓言。

“十日并出，万物皆照”，上扣“照之于天”、“莫若以明”、“葆光”，用“尧令羿射九日”神话[1]，阐明唐尧以前道之用未亏，唐尧以后道之用已亏。“尧令羿射九日”，是“葆光”的反动，导致十日仅剩一日，假君假宰僭代真君真宰；从“照之于天”的“因是”，降至“照之于人”的“因非”——因循儒墨大知的悖道人籁。

儒墨大知无不批评后世君主不效法“明君”尧舜禹，但是“尧伐”寓言揭示：祸害天下的兼并战争，肇始于“爝火”僭代“日月”的尧舜禹。因此《人间世》同时抨击了儒家“明君”唐尧和墨家“明君”夏禹：“昔者尧攻丛、枝、胥敖，禹攻有扈，国为虚厉，身为刑戮。其用兵不止，其求实无已。”[2]“犹存乎蓬艾之间”，是《逍遥游》“翱翔蓬蒿之间”的变文。庄子尽管贬斥尺鴳自诩“翱翔”（义近“逍遥”）、自居“飞之至”，然而承认物各有是、物各有适，反对俗君僭主“代大匠斫”地征伐之。

为了谏阻君主“求实无已”，儒墨大知不惜把专制暗君谄媚为“德进乎日”，殊不知谄媚的手段违背进谏的目标：谄媚必然导致君主自诩天道化身，从而必然导致进谏无效——儒墨大知却明知无效地“求名无已”。“十日并出”、“以天为父”之时，“自视缺然”、自比“爝火”的暗君还可能“往见四子藐姑射之山”；“羿射九日”、“以君为父”之后，“轻用民死”、“其德天杀”的“明君”只可能召见四皓任太子太傅。[3]

倚待庙堂的儒墨大知，均视“十日并出，万物皆照”为祸，皆以“尧令羿射九日”导致的“天无二日，国无二君”为福。傲立江湖的至知至人，独以“十

[1] 《淮南子·本经训》：“尧时十日并出，尧令羿射中九日，乌皆死，坠其羽翼。”

[2] 《齐物论》“我（尧）欲伐宗、脍、胥敖”，《人间世》作“尧攻丛、枝、胥敖”。“宗”、“丛”音近，“脍”、“枝”形近，未知孰正。事即“尧伐三苗”。《史记·五帝本纪》：“三苗在江淮、荆州数为乱。于是舜归而言于帝（尧），（中略。）迁三苗于三危。”《后汉书·西羌传》：“西羌之本，出自三苗，姜姓之别也。其国近南岳。及舜流四凶，徙之三危。”

[3] “四皓”之事，详见《史记·留侯列传》。

日并出，万物皆照”为福，而视“尧令羿射九日”导致的“天无二日，国无二君”为祸。[1]

(子綦曰：)啮缺问乎王倪曰："子知物之所同是乎？"

曰："吾恶乎知之？"

"子知子之所不知耶？"

曰："吾恶乎知之？"

"然则物无知耶？"

曰："吾恶乎知之？虽然，尝试言之。庸讵知吾所谓知之非不知耶？庸讵知吾所谓不知之非知耶？且吾尝试问乎汝：民湿寝则腰疾偏死，鳅然乎哉？木处则惴慄恂惧，猿猴然乎哉？三者孰知正处？民食刍豢，麋鹿食荐，蝍蛆甘带，鸱鸦嗜鼠，四者孰知正味？猿猵狙以为雌，麋与鹿交，鳅与鱼游。毛嫱西施[2]，人之所美也，鱼见之深入，鸟见之高飞，麋鹿见之决骤，四者孰知天下之正色哉？自'我'观之，仁义之端，是非之途，樊然淆乱。吾恶能知其变？"

啮缺曰："子不知利害，则至人固不知利害乎？"

王倪曰："至人神矣！大泽焚而不能热，河汉沍而不能寒，疾雷破山而不能伤，飘风振海而不能惊[3]。若然者，乘云气，骑日月，而游乎四海之外。死生无变于己，而况利害之端乎？"

---

[1] 按照古人普遍持有的历史衰退论，庄子贬斥“尧令羿射九日”，符合该神话的初始价值取向；儒家颂扬“尧令羿射九日”，违背该神话的初始价值取向。儒家认为“尧令羿射九日”开创了君主制的黄金时代，尧舜以后才开始衰退。墨家认为“大禹治水”开创了君主制的黄金时代，大禹以后才开始衰退。道家认为尧舜禹开创君主制之前才是黄金时代，尧舜禹降为白银时代，夏商周降为青铜时代，春秋战国降至黑铁时代。

[2] “西施”旧涉下文“丽之姬”讹为“丽姬”。刘文典据陆释引崔譔本及《御览》校正。

[3] 旧脱“而不能伤飘”五字。王叔岷、陈鼓应据《淮南子·精神训》校补“而不能伤”。奚侗、刘文典据《阙误》校补“飘”。

## 今译

（子綦说：）啮缺问王倪说：“先生可知万物同有的绝对之是？”

王倪说：“我如何能知？”

“先生可知先生之不知？”

王倪说：“我如何能知？”

“莫非无物能知绝对之是？”

王倪说：“我如何能知？尽管如此，不妨尝试假言。如何能知我所谓知并非不知呢？如何能知我所谓不知并非知呢？且让我尝试问你：人睡湿地，会得腰病偏瘫，泥鳅会吗？人在树上，就会惊慌恐惧，猿猴会吗？三物之中有谁知道绝对正处？人吃五谷六畜，麋鹿食用草木，蜈蚣爱吃小蛇，鸱枭乌鸦嗜好老鼠。四物之中有谁知道绝对正味？猿以猵狙配偶，麋与鹿交配，泥鳅与鱼同游；毛嫱、西施，人皆称美，鱼见了深潜水底，鸟见了高飞天宇，麋鹿见了撒腿逃跑。四物之中有谁知道绝对正色？从‘我’的成心观察万物，仁义的两端，是非的两歧，必定囿于樊篱而淆乱无定。我如何能知它们怎样变动？”

啮缺问：“先生不知利害，难道至人原本不知利害？”

王倪答：“至人神啦！大泽焚烧也不能使之炎热，河汉冰冻也不能使之寒冷，迅雷劈山也不能使之受伤，飓风海啸也不能使之惊惧。如此之人，乘着云气，骑着日月，游于四海之外。死生也不能使之改变真德，何况利害两端呢？”

第二十四节：“王倪”寓言，形象说明“至知无知”。奥义藏于“自‘我’观之”。

形象贬斥假宰假君“求实（求功）无已”、儒墨大知“求名无已”之后，子綦又形象褒扬至知至人“无名”、“无实”（无功）。

《逍遥游》在贬斥俗君僭主的“尧让”、“尧治”寓言之后，续以褒扬“至知”的“藐姑射神人”寓言。《齐物论》在贬斥俗君僭主的“尧伐”寓言之后，续以褒扬“至知无知”的“王倪”寓言。两篇章法全同，义理则有递进。

对啮缺前二问“子知物之所同是乎”，“子知子之所不知耶”，王倪均答以“吾恶乎知之”。

对啮缺第三问“然则物无知耶”，王倪的回答可称“无正见”寓言。王倪先言“吾恶乎知之”，再以“虽然，尝试言之”开始假言，亦即运用寓言，形象说明上文已用卮言抽象表述的“物各有是”、“物各有适”。“四者孰知天下之正色哉”，变文重言《逍遥游》“天之苍苍，其正色耶”，又在“无正色”之外，增益“无正处”、“无正味”两项，阐明此岸之物囿于各自的物德极限，必“无正见”。

“自‘我’观之”之“我”，并非王倪自称，也是“吾丧我”之“我”[1]。其旁证是，王倪七次自称，均用“吾”。整句意为：对于各不相同的“仁义”说教，以及相互冲突的“是非”争辩，“有我有偶”的众人不知谁对谁错，彻底晕头转向。吾人又怎能明白儒墨大知为何所言未定地变来变去？

“仁义之端”，与“王倪”对举，“倪”为始端，“端”为末端，《大宗师》合词“端倪”。“仁义之端”即人极，是为道之末端；“王倪”即天极，是为道之始端。至人王倪，实为下文“天倪”的寓言人格化，也是道极的寓言人格化，因此是“内七篇”唯一异篇重出的虚构至人。

“无正见”寓言阐明：一切人类知识都不可能具有终极性。自居“正见”的儒墨大知以“人端”（人极）僭代“天倪”（天极），自居“正道”的专制君主以一己相对之是僭称“物之同是”、“天下公是”[2]，是对天赋人权、天赋物权的侵夺践踏。《齐物论》上篇，用庄学俗谛“物德相对”贬斥人类个体（主要是儒墨大知和俗君僭主）的“我此是”，在人类哲学史上首次颠覆了“自我中心主义”。《齐物论》下篇，则用庄学真谛“道极绝对”贬斥人类全体的“我此是”，在人类哲学史上首次颠覆了“人类中心主义”。

对啮缺第四问“子不知利害，则至人固不知利害乎”，王倪的回答可称“至知无知”寓言。王倪不再像答前三问那样直言“吾恶乎知之”，因为如此作答有

[1]《外篇·秋水》系统化为“以道观之”、“以物观之”、“以俗观之”、“以功观之”、“以趣观之”。“以物观之”相当于《齐物论》“自‘我’观之”，异于“以道观之”。

[2]《外篇·徐无鬼》：“庄子曰：天下非有公是也，而各是其所是。”

自居“至人”之嫌，所以一转话锋答以“至人神矣”，然后描述至人“乘云气，骑日月，而游乎四海之外”，变文重言《逍遥游》描述藐姑射神人的“乘云气，御飞龙，而游乎四海之外”，隔篇挑明“藐姑射神人”是“至人”的志怪式文学夸张。

“至知无知”寓言阐明：至知不仅有知，而且其知远比小知大知深广。小知大知陷溺人间视点，坚执一己之知为绝对之知，对待彼人则坚执“自我中心主义”，对待彼物则坚执“人类中心主义”。至知达至道极视点，否认一己之知为绝对之知，对待彼人则超越“自我中心主义”，对待彼物则超越“人类中心主义”。因为不论一己之知乃至全体人类之知如何“至大”，面对绝对之道均属“无知”。

（子綦曰：）鹳鹊子问乎长梧子曰：“吾闻诸夫子：‘圣人不从事于务，不就利，不违害，不喜求，不缘道；无谓有谓，有谓无谓，而游乎尘垢之外。’夫子以为孟浪之言，而我以为妙道之行也。吾子以为奚若？”

长梧子曰：“是皇、帝之所听荧也，而丘也何足以知之？且汝亦太早计，见卵而求时夜，见弹而求鸮炙。予尝为汝妄言之，汝以妄听之。奚傍日月，挟宇宙，为其吻合，置其滑涽？以隶相尊，众人役役；圣人愚钝，参万岁而一成纯。万物尽然，而以是相蕴。予恶乎知悦生之非惑耶？予恶乎知恶死之非弱丧而不知归者耶？丽之姬，艾封人之子也，晋国之始得之也，涕泣沾襟；及其至于王所，与王同筐床，食刍豢，而后悔其泣也。予恶乎知夫死者不悔其始之祈生乎？梦饮酒者，旦而哭泣；梦哭泣者，旦而畋猎。方其梦也，不知其梦也；梦之中又占其梦焉，觉而后知其梦也。且有大觉而后知此其大梦也，而愚者自以为觉，窃窃然知之。君乎？牧乎？固哉！丘也与汝皆梦也，予谓汝梦亦梦也——是其言也，其名为吊诡。万世之后而一遇知其解者[1]，是旦暮遇之也。”

---

[1] 郭象自矜其注得庄正解，遂在“知其解者”前，妄增“大圣”以自况，语义重叠，文法不通。删去“大圣”，则语义完整，文法通顺。庄子从不自居“圣人”，更不可能把“知其解者”奉为“大圣”而自我神圣。

## 今译

（子綦说：）瞿鹊子问长梧子说：“我把所闻之言转告于夫子：‘圣人不从事俗务，不追逐利益，不躲避危害，不妄求尽知天道，不盲从名相之道；无所坚执而有所假言，有所假言而致无其言，游心于尘世扰攘之外。’夫子以为这是轻率之言，而我以为这是妙道之行。先生以为如何？”

长梧子说：“这些至言三皇五帝听了也会迷惑，孔丘如何能够知解？况且你也太过性急，一见鸡蛋就想孵出雄鸡，一见弹弓就想烧烤枭肉。我尝试为你姑妄言之，你不妨姑妄听之：何必倚傍日月，挟持宇宙，修剪物德之量使之齐一，却对物德之质原本齐同弃置不顾？层层隶属而上尊下卑，众人受役于假君假宰的役使；圣人自知愚钝，参透古今不变的大成纯一之道。万物均有相对之然，而以相对之是相互蕴涵。吾人如何能知爱悦生命不是大惑呢？吾人如何能知厌恶死亡不是幼年离开故乡而不知归宿呢？丽姬，是艾封人之女，刚被晋国掳去之时，哭得涕泪沾襟；等她来到晋国，与晋君同床共枕，享用荤素美食，然后懊悔当初之哭泣。吾人如何能知死者不会懊悔当初之祈求长生？夜梦饮酒作乐之人，晨醒反而哭泣；夜梦哭泣之人，晨醒反而驰骋打猎；当其陷溺梦境，不知身在梦中。梦中又会做梦，醒觉以后始知身在梦中。况且唯有大觉之后始知陷溺大梦，而梦中愚人却自以为大觉，窃窃自喜于尽知天道。鼓吹君啦臣啦，固陋至极！孔丘与你（德心、身形）均陷大梦，我说你们（德心、身形）均陷大梦，（德心虽悟大梦，身形）仍陷大梦。（身形陷于大梦的）我只能假言，名为吊诡。万世之后若能一遇知其解者，如同一朝一夕就遇知音。”

第二十五节：“吊诡”寓言，阐明“至境”原理，点明斥孔主旨。奥义藏于“予谓汝梦亦梦也”及“吊诡”。

形象说明“至知无知”之后，子綦又形象说明庄学至境的“吊诡”性，同时形象贬斥自居“至知”的儒墨大知不自知陷溺于梦寐。[1]

“吊诡”寓言的首要意图，是形象说明庄学至境为何必作吊诡性表述：初境（无×）、小境（小×）、大境（大×）仅有俗谛一重义理，无须吊诡性表述；至境（至×/无×）蕴涵真谛、俗谛双重义理，必作吊诡性表述。[2]

众人“傍日月”（倚待万物），与上文至人“骑日月”（超越万物）对比。众人“挟宇宙”（挟制宇宙），与上文至人“乘云气”（泯合宇宙）对比。众人“为其吻合”（强制物德不齐的万物齐一），是上篇“劳神明为一”（劳心伤神伪造假一）的变文。众人“置其滑涽”（置万物原本浑同合一于不顾），是上篇“不知其同”（不知万物浑同合一）的变文。

“以隶相尊，众人役役；圣人愚钝，参万岁而一成纯”意为：自作聪明的众人，层层隶属，上尊下卑，无不为君所役。自知愚钝的至人，参透万世不变的纯粹道一，无不为道所使。

“圣人愚钝”，与上篇、下篇各有一次称大知小知为“愚者”对比，蕴涵以“愚”为分类名相的庄学四境：物类无知，同时无愚；小知自矜小知，却不自知小愚；大知自矜大知，却不自知大愚；至知不自矜至知，却自知至愚。自知至愚则不愚，后世常言“大智若愚”[3]，正是“至知无知”的变文。

“万物尽然，而以是相蕴”意为：万物之德皆为道所分施，每物均有可“然”之处；此物之“是”与彼物之“是”虽不尽同，却能“相蕴”（相互包容），达至互不冲突、各存其“是”的物德和谐。故《德充符》曰：“不知耳目之所宜，而游心乎德之和。”

“方其梦也，不知其梦也；梦之中又占其梦焉，觉而后知其梦也。且有大觉而后知此其大梦也，而愚者自以为觉，窃窃然知之”，蕴涵以“梦”为分类名相的庄学四境：物类无知，同时无梦；小知陷溺小梦，却无小觉；大知虽有小觉，

[1] “梦”通“蒙”，“寐”通“昧”，“寤”通“悟”；身之“梦”、“寐”、“寤”，即心之“蒙”、“昧”、“悟”。身、心皆有梦寐、蒙昧、觉悟、觉醒。

[2] 吊诡之论，均含双重义理。英语 paradox，大陆译为“悖论”，欠通；港台取资《齐物论》译为“吊诡”，曲尽其妙。“吊诡”乃体悟至道之至言，何“悖”之有？

[3] 今本《老子》有此意，无此语。

却陷溺大梦；至知从大梦中大觉，遂自知至梦。自知至梦则不梦，故《大宗师》曰："古之真人，其寝不梦。"

"君乎？牧乎？固哉"点明：治民之君（如唐尧）、牧民之臣（如虞舜），无不陷溺梦寐，固陋到既未窥真谛，也未窥俗谛。

"吊诡"寓言的次要意图，是隐晦挑明斥孔之旨。《逍遥游》隐喻"至知"的"藐姑射神人"寓言，以接舆的特殊身份，晦藏斥孔之旨。《齐物论》隐喻"至知无知"的"王倪"寓言之后，又续以隐晦斥孔的"吊诡"寓言。两篇义理递进，斥孔之旨由隐趋显。

"内七篇"无所不在的四境象征系统中，无生物、微生物象征无知，动物之小虫、小鸟、小兽象征小知，动物之大鱼、大鸟、大兽象征大知，植物尤其是大树象征至知。以《逍遥游》为例，"知年四境"是象征范型：微生物"朝菌"象征无知，小虫"蟪蛄"象征小知，大龟"冥灵"象征大知，大树"大椿"象征至知。其余则是应用：小虫蜩、小鸟鸴鸠、小鸟尺鴳被定位为小知；大鱼鲲、大鸟鹏被定位为大知，大瓠、大樗被定位为至知。当然也有变例：庄子自谦大知而自比大兽斄牛，大知惠施也随之降格为相当于小知的小兽狸狌。因此小鸟人格化的"瞿鹊子"被定位为小知，大树人格化的"长梧子"被定位为至知。介于两者之间的孔子，则被两者锁定为大知。

《逍遥游》"其（至人）尘垢秕糠，将犹陶铸尧舜"，把"尧舜"定义为"尘垢"。其后"内七篇"又三次重言"尘垢"，每次均为"尧舜"之代词。"游乎尘垢之外"是首次，意为"游乎尧舜之外"，所以推崇尧舜的大知孔子斥之为"孟浪之言"。

"大知"被"众人匹之"，又被众人"随其成心而师之"，所以小知瞿鹊子是大知孔子之弟子，故称其为"夫子"。小知瞿鹊子又是至知长梧子之朋友，故称其为"吾子"。小知瞿鹊子对大知孔子转述所闻"妙道"至言，被斥"孟浪之言"而困惑，于是又来请教至知长梧子。至知长梧子遂斥大知孔子："丘也何足以知之？"[1]

---

[1] 为把长梧子斥孔之言，强解为孔子自谦之语，成玄英无视长梧子语"丘也与汝皆梦也，予谓汝梦亦梦也"，故意误释曰："丘是长梧名也。"俞樾已斥之。

“丘也与汝皆梦也”点明：倡导“以君为父”、“为君所役”的大知孔子及其小知信徒，均陷溺梦寐而不自知。

“予谓汝梦亦梦也”意为：至知不仅知晓大知小知陷溺梦寐而不自知，而且自知人类永在梦寐之中，不可能尽窥天道。

“是其言也，其名为吊诡”意为：自知永在梦寐，就是自知其不知。但“自知其不知”是违背排中律的自涉吊诡[1]。大知小知总是持独断论（思想独断是专制之源），永远自外于其批判，因而其言不属自涉吊诡。至知总是持怀疑论，永不自外于其批判，因而其言多属自涉吊诡。怀疑论的根本为自疑，正如幽默的根本为自嘲。“吊诡”既是庄子对庄学至境的终极定义，也是对“内七篇”的终极自我解构。

“吊诡”寓言实为《齐物论》开篇寓言之镜像：贬斥孔子的长梧子，实为“形同槁木”的南郭子綦之化身；孔子弟子瞿鹊子，是语皆浅见的颜成子游之化身。而颜成子游又是孔门“文学第一”言偃的寓言变形。“空语无事实”（司马迁语）的庄子寓言，无一不是现实的变形。

孔子弟子言偃，姓言，名偃，字子游。子綦弟子颜偃，姓颜，名偃，字子游。“言”、“颜”音同。庄子为何把“言子游偃”变文为“颜成子游偃”？因为“成子”二字，隐指田齐篡姜齐的窃国大盗田成子[2]。庄子又为何选中孔子弟子言偃而非其他弟子？因为言偃名偃，庄子深恶痛绝的母邦暴君宋康王也名偃。庄学代言人南郭子綦开口第一个字，即直呼宋康王之名。因此“颜成子游偃”之名，综合晦藏了三位历史人物。南郭子綦对颜成子游的通篇教诲，正是对专制君主和悖道大知的教诲。所以开篇寓言的颜成子游，语皆浅见，枉负孔门“文学第一”之名[3]。“吊诡”寓言的瞿鹊子，引出孔子，直接隐斥儒门始祖。

“万世之后而一遇知其解者，是旦暮遇之也”，准确预见了“内七篇”的理解命运：“吊诡”的“内七篇”晦藏的反对君主专制奥义，在君主专制终结之前

---

[1] “自知其不知”，义近苏格拉底名言：“我只知道自己一无所知。”

[2] 田常，又作陈恒，谥“成子”。原姓“陳”，后省文为“田”。原名“恒”，后避汉文帝刘恒讳改为“常”，一如姮娥改为“嫦娥”。详见绪论一《战国大势与庄子生平》。

[3]《论语·乡党》孔门“四科十哲”之“文学”科：“文学：子游，子夏。”

不可能得到正确阐释并公之于世，即便极少数至人领悟“此中有真意”，也只能“欲辨已忘言”。

## 六　待彼章：至知至人独待天籁

（子綦曰：）既使我与若辩矣，若胜我，我不若胜；若果是耶？我果非也耶？我胜若，若不吾胜；我果是耶？尔果非也耶？其或是耶？其或非也耶？其俱是耶？其俱非也耶？我与若不能相知也，则人固受其黮暗。吾谁使正之？使同乎若者正之，既与若同矣，恶能正之？使同乎我者正之，既同乎我矣，恶能正之？使异乎我与若者正之，既异乎我与若矣，恶能正之？使同乎我与若者正之，既同乎我与若矣，恶能正之？然则我与若与人，俱不能相知也，而待彼也耶？

### 今译

（子綦说：）假如我与你辩论，你胜我，我不胜你，你果真是，我果真非吗？倘若我胜你，你不胜我，我果真是，你果真非吗？难道必有一是？难道必有一非？抑或彼此皆是？抑或彼此皆非？我与你不能相互知解，可见人必禀受物德之昏暗。吾人让谁公正裁断？让观点同于你者裁断，既然观点同于你，怎能公正裁断？让观点同于我者裁断，既然观点同于我，怎能公正裁断？让观点异于你我者裁断，既然观点异于你我，怎能公正裁断？让观点同于你我者裁断，既然观点同于你我，怎能公正裁断？既然你与我和任何人，都不能相互知解，岂非唯有独待彼岸天道？

第二十六节：“待彼”卮言，阐明独“待彼”道。奥义藏于“人固受其黮（dǎn）暗”及“待彼”。

至知章（“至知无知”的卮言章）、无知章（“至知无知”的寓言章）阐明顺道人籁高于地籁并予超越之后，待彼章再次转回卮言，最后阐明对“天籁”（彼道）的终极信仰。

本节末句之前不无饶舌的准备性辨析，意在避免“彼”道被误解为“彼”人，因此不厌其烦地一一穷尽“彼人”的所有逻辑分岔并予排除，得出末句之结论：“我与若与人，俱不能相知也，而待彼也耶”。“待彼”之“彼”，即《大宗师》“一化之所待”之“道”。

“待彼”二字，把庄学分为“此岸俗谛”、“彼岸真谛”两部分，堪称“内七篇”之道枢。此岸俗谛就是“物德相对”，彼岸真谛就是“道极绝对”：有是有非、物德相对的“彼”人，不可能“正”人籁之“是非”；唯有独是无非、道极绝对的“彼”道，方能“正”人籁之“是非”。

“待彼”又是对《逍遥游》所问“恶乎待”的终极回答。《逍遥游》贬斥大知（大鹏、列子）“犹有所待”，反问“恶乎待”而未予回答，《齐物论》则两次做出隔篇回答，使前篇之反问，奇妙地变成后篇之设问。上篇之“待尽”，以“至待无待”之俗谛义回答“恶乎待”：无待外物，唯待尽年。下篇之“待彼”，以“至待无待”之真谛义回答“恶乎待”：无待此岸之物，独待彼岸之道。

信奉伪道的儒生郭象，为了否定“道”之存在，无视庄子一一排除“彼人”的所有逻辑分岔，仍然一意孤行地谬解“待彼”之“彼”为“彼人”[1]。旧庄学岂敢在这根本之处否定郭象？于是无一例外盲从郭象。

意外的是，在穷尽逻辑分岔的准备性辨析中，思维绵密的庄子竟然画蛇添足地虚增了一条不存在的逻辑分岔：“同乎我与若者”。“我”与“若”辩论的前提是见解不同，因此“同乎我与若者”不可能存在。我不禁猜想：庄子犯下如此匪夷所思的低级错误，是否现身说法，乃至以“身”殉“道”？或许庄子意在表达：本节对人类知识状况所下终极断语“人固受其黮暗”[2]，适用于一切人，包括小知、大知、至知，甚至庄子本人。“黮暗”此岸与“澄明”彼岸之间的绝对鸿沟，

---

[1] 郭注：“待彼不足以正此，则天下莫能相正也，故付之自正而至矣。”庄义“待彼而正”被谬解为“自正”。成疏：“待彼也耶，言其不待之也。”庄义“待彼”，被妄疏为“不待”。

[2] “人固受其黮（dǎn）暗”，义近柏拉图名言：“人类拥有昏暗的感官。”

无人能够逾越。

“黮暗”是“以明”的对词，也是物德与天道的根本差异。道如太阳，故纯阳无阴[1]，独明无暗，独是无非；万物被照，故有阳有阴，有明有暗，有是有非。“万物皆照”，故物皆有德，无德不亮。然而物德之亮非自亮，实为天道之光照亮——向道之处“以明”，悖道之处“黮暗”。“明”、“光”、“亮”之关系，一如“音”、“声”、“响”之关系。万物欲弃暗投明，转阴为阳，因是以明，不能像俗君僭主那样自欺欺人地自居“德进乎日”，也不能像大知小知那样大言炎炎地自夸“万物皆备于我”[2]，只能“葆光”：葆养道之澄明分施万物的德之微光，同时自知每物固有之“黮暗”。

（子綦曰：）化声之相待，若其不相待。和之以天倪，因之以蔓衍，所以穷年也。忘年忘义，振于无境，故寓诸无境。[3]

## 今译

（子綦说：）造化之声被万物倚待，又似不易倚待。和合万物以道极，因任天道而推移，以此穷尽小年。丧忘人类小年，丧忘人道小义，方能振拔于道无之境，寄身于致无之境。

第二十七节：“寓诸无”卮言，阐明庄学至境“至知/无知”后件“无知”的“致无”原理。奥义藏于“振于无境，故寓诸无境”。

论毕“独待彼岸之道”，子綦进而申论此岸万物之间的“相待”与“不相待”。

“化声之相待，若其不相待”意为：此岸万物，无不独待彼岸之道；万物之间，

[1] 道教八仙之一吕洞宾，号“纯阳”。

[2] 庄子消泯“我执”而主张“万物与我为一”，隐斥孟子强化“我执”而主张“万物皆备于我”。

[3] 本节38字，旧与下节46字前后错简。子綦先言“和之以天倪”，子游方能叩问“何谓‘和之以天倪’”。宋儒吕惠卿调整错简未得其正，王先谦、王叔岷、陈鼓应从之。郭庆藩、刘文典未调整错简。

似“相待”实“不相待”。此岸地籁、人籁，无一不是彼岸天籁之回声；不同地籁、不同人籁之间，似“相待”实“不相待”。“化声”即“造化之回声”，亦即“天籁之回声”。天籁不可得而闻，可得而闻者，均属万物各据所禀物德回应天籁之声：万千不同的地籁，纷繁歧异的人籁。

“和之以天倪，因之以蔓衍，所以穷年也”意为：对于天然不齐的人籁，无须修齐治平强制齐一，只须“和之以天倪，因之以蔓衍”，听其“吹万不同”[1]，任其穷尽天年。

“忘年忘义”意为：年有小大，德有厚薄，彭祖也好，殇子也罢，每物在穷尽天年的生命历程中，无须焦虑生死寿夭，因为物我并生，万物齐一。此我之死，即彼偶之生；此物之毁，即彼物之成。

末句“振于无境，故寓诸无境”，是旧庄学不知所云的疑难处。两句之“无”均指“道无”，即道之体。“振于无”是终极理想，即向往道无；“寓诸无”是毕生实践，即趋近道无。两者是义理递进的因果关系，所以用“故”字连缀。旧庄学谬解为语义重复的并列关系，完全不通。全句意为：因为“振于”（振拔、向往）彼岸的终极目标——道无，所以“寓诸”（寄身、履践）此岸的毕生修行——致无。

“寓诸无”终极阐释了《逍遥游》“至境”三句“至人无己，神人无功，圣人无名”之“无”，以及上文“丧我”之“丧”，《大宗师》“坐忘”之“忘”，终极证明了庄学至境之“无”是动词，训致无。因此庄学至境“至×无×”之“无”，均可置换为“丧”、“忘”、“寓诸无”。“至知无知”，就是至知丧知，至知忘知，至知寓诸无知。余可类推，兹不穷举。《齐物论》之“寓诸无”，义同《逍遥游》之“无何有”。“寓诸无”之境，正是“无何有之乡”。

（子游曰：）何谓和之以天倪？

（子綦）曰：是不是，然不然。是若果是也，则是之异乎不是也，

[1] “吹万不同”虽言地籁，实为庄子对顺道人籁之主张，承自老聃“人法地”（地法天，天法道）。义近今语“言论自由”。

其无辩[1]；然若果然也，则然之异乎不然也，亦无辩。[2]

## 今译

（子游问：）何谓和合万物以道极？

（子綦）说：就是以天道所“是”，“是”人道所“不是”，以天道所“然”，“然”人道所“不然”。倘若你之所“是”果真合于天道所“是”，那么你之所“是”必定异于天道所“不是”，那么你我就无须辩论；倘若你之所“然”果真合于天道所“然”，那么你之所“然”必定异于天道所“不然”，那么你我也无须辩论。

第二十八节：“天倪”卮言，阐明庄学真谛，晦藏否定原则。奥义藏于“是不是，然不然”。

“寓诸无”义理过于精微，子游难以晓悟，遂插入最后一问：“何谓‘和之以天倪’？”

于是子綦表述了庄学真谛“道极绝对”：“是不是，然不然。”晦藏三大奥义：

其一，俗谛“然于然”与真谛“然不然”，评价同，所评价者不同。

俗谛“然于然”，“然”的是伪道俗见以为“然”，因而“举世誉之”之事物的可“然”之处。至人不被逆反心理左右，即便总体否定伪道俗见，依然在俗谛层面，相对肯定伪道俗见绝对肯定之事物的值得肯定之处。

真谛“然不然”，“然”的是伪道俗见以为“不然”，因而“举世非之”之事物的可“然”之处。至人不受伪道俗见影响，对伪道俗见绝对否定之事物，依然从真谛高度，绝对肯定伪道俗见绝对否定之事物的值得肯定之处。

未窥奥义的旧庄学，不知俗谛“然于然”与真谛“然不然”，评价虽同，所评价者却不同。于是认定庄子颠倒是非，诋毁庄子“是（不是之事的）不是，

[1] “其”旧讹为“亦”，上下两言“亦无辩”，词复而义未晰，刘文典据《阙误》校正。

[2] 本节46字，旧与上节38字前后错简。

然（不然之物的）不然”。或者谬解庄子毫无是非，忽而“然于然”，忽而“然不然”。进而把贬斥“所言未定”的庄子，谬解为也是“所言未定”者；把超越“此亦一是非，彼亦一是非”、贬斥“是亦一无穷，非亦一无穷”的庄子，谬解为也是“此亦一是非，彼亦一是非”者；最后把主张“绝对主义”的庄子，厚诬为主张“相对主义”。

其二，故意晦藏真谛之否定原则“不是是，不然然”。

庄学真谛认为，对于伪道俗见否定的事物，必须运用真谛予以肯定，这是明确表述的庄学真谛之肯定原则“是不是，然不然”，意为“是（伪道俗见之）不是，然（伪道俗见之）不然”。庄学真谛进一步认为，对于伪道俗见肯定的事物，必须运用真谛予以否定，这是故意晦藏的庄学真谛之否定原则“不是是，不然然”，意为“不是（伪道俗见之）是，不然（伪道俗见之）然”。

其三，真谛是对俗谛的超越性包容和超越性批判。

俗谛被完整表述，而且完整表述后还用“无物不然”强调俗谛之肯定原则，旨在肯定天赋人权、天赋物权。真谛被不完整表述，仅仅表述真谛之肯定原则，旨在对“举世非之”的俗谛相对“不然”者，在符合事实地确认“不然”后予以超越性包容——“然不然”。真谛有所晦藏，而且晦藏的恰是透露“内七篇”根本宗旨的“不然然”：对“众人匹之”乃至“举世誉之”的儒墨大知、俗君僭主，运用真谛予以超越性批判。《大宗师》“与其誉尧而非桀也，不如两忘而化其道”就是对举世非之的夏桀，予以超越性包容，而对举世誉之的唐尧，予以超越性批判。

或问：对俗谛相对“不然”的夏桀，庄子尚且予以超越性包容；为何对俗谛相对“然”之的唐尧，庄子却要“不然”之？因为俗谛之“然”仅为相对之“然”，在道极视点下实为绝对“不然”，然而儒墨大知、俗君僭主却把仅有相对之“然”的俗君和伪道，抬高为绝对之“然”的真君和真道，因此以“道”为绝对信仰的庄子，不得不奋起反击。迫使庄子不得不支离其言、晦藏其旨的专制语境，同样迫使庄子不得不故意晦藏“不是是，不然然”。

“是若果是也，则是之异乎不是也，其无辩”，阐释“是不是”；“然若果然也，则然之异乎不然也，亦无辩”，阐释“然不然”：每物（如唐尧、夏桀）固有“不是”，但也必有其“是”；每物固有“不然”，但也必有其“然”。每物之“是”，必异于每物之“不是”，这无须辩论；每物之“然”，必异于每物之“不然”，这也无须辩论。

庄子并非为暴君夏桀辩护，而是贬斥为了现实利益、符合“政治正确”的极端化伪道。因为一旦把夏桀之“是”、之“然”也妄诋为“不是”、“不然”，那么首先，“政治正确”的言论必将毫不可信，必将彻底悖道。其次，万物为道所萌、为道所使、复归于道，因而无物不然，物必有然。倘若夏桀毫无可然之处，就贬低了无所不在的道之伟力。因此，即便是夏桀这样的“天之戮民”，也必有合道之处。

由于洞观以“主流价值观”为标准的天下所谓“是”、“非”，都是为了现实利益、符合“政治正确”的极端化伪道，所以庄子对毫无原则、颠倒是非、混淆视听的所谓“是非”，一概“不谴是非”，一概“和之以天倪”。“和之以天倪”，是上篇“休乎天均”的变文，故《外篇·寓言》曰：“天均者，天倪也。”

待彼章是《齐物论》通篇义理的总结，回答了三籁章预留的通篇悬念“怒者其谁”和根本之问“敢问天籁”：怒者其谁？彼道。何为天籁？彼道。此岸无知地籁和此岸有知人籁，均为彼岸天籁之回声，无不独待彼岸天籁。只有信仰彼岸天籁，才能超越此岸悖道人籁。一旦消弭悖道人籁之不和，顺道人籁就能像地籁一样众声皆和。

至此，篇首标举的“三籁”名相，均已阐释完毕。

## 七　物化章：形象说明独待天籁

（子綦曰：）魍魉问影曰：“曩子行，今子止；曩子坐，今子起，何其无特操欤？”

影曰：“吾有待而然者耶？吾所待又有待而然者耶？吾待蛇蚹蜩翼耶？恶识所以然？恶识所以不然？”

## 今译

（子綦说：）魍魉问影子说：“原先你行路，如今你止步；原先你坐着，如今你站起，为何如此缺乏特定操守？”

影子说：“我对外物有所倚待才会如此吧？我倚待的外物又对外物有所倚待才会如此吧？我所倚待的外物岂非蛇蜕、蝉壳？我怎能明白我所倚待的外物为何时而以此为然？我怎能明白我所倚待的外物为何时而以此为不然？”

第二十九节：“魍魉”寓言，阐明“有待”之链。奥义藏于“蛇蚹蜩翼”及“恶识所以然？恶识所以不然？”

至知章用卮言抽象表述“至知无知”以后，无知章又用“王倪”寓言形象说明“至知无知”。待彼章用卮言抽象表述“至待无待”以后，物化章也用“魍魉”寓言形象说明“至待无待”。不过这次反过来，“魍魉”寓言形象贬斥“有待此岸之物”，亦即蕴涵“独待彼岸之道”，因为后义难以用寓言形象表达。

子綦如此描述此岸“有待”之链：魍魉（影之影）有待于影子，影子有待于实体，因此魍魉的生老病死、影子的行止坐起，皆无特操。[1]

“魍魉”寓言作为下篇收尾寓言，与上篇收尾寓言“朝三”寓言一样，也涉入了专制语境的绝对禁区：魍魉、影子、主体的关系，就是小知、大知、君主的关系。然而君主像小知、大知一样，也是不自主的有待者，只不过被小知、大知误尊为无所待的主体而已。俗君僭主不过是“似之而非”的“蛇蚹蜩翼”[2]，不过是《齐物论》欲“齐”的道生万“物”之一。

“恶识所以然？恶识所以不然？”质问：谁能明白，魍魉（小知）、影子（大知）为何倚待蛇皮蝉蜕（君主）？却不肯倚待真蛇真蝉（天道）？谁能明白，伪道俗见为何以为“然”？又为何以为“不然”？

---

[1] 参阅拙著《寓言的密码》第五章“盲人骑瞎马的赌博——魍魉问影”。

[2] “似之而非”见《外篇·寓言》“魍魉问影”之变文：“蜩甲也，蛇蜕也，似之而非也。”

答案是：伪道俗见以为“然”，或以为“不然”，无不出于坚执“我此是”、“偶彼非”的利益驱动。

(子綦曰：)夕者庄周梦为蝴蝶，栩栩然蝴蝶也，不知周也。俄然觉，则蘧蘧然周也[1]。不知周之梦为蝴蝶欤？蝴蝶之梦为周欤？周与蝴蝶，则必有分矣。此之谓物化。

## 今译

(子綦说：)夜晚庄周做梦变成蝴蝶，栩栩如生以为自己就是蝴蝶，不知自己原为庄周。突然觉醒，惊喜地发现自己实为庄周。不知是庄周做梦变成蝴蝶？抑或是蝴蝶做梦变成庄周？庄周与蝴蝶，(以俗谛观之)必有分别，(以真谛观之)谓之物化。

第三十节：“梦蝶”寓言，回应篇首“丧我丧偶”。奥义藏于“物化”。

“魍魉”寓言终极贬斥“有待之链”以后，子綦又用“梦蝶”寓言终极阐明“齐物”主旨：物化。

“梦蝶”寓言是收煞全篇又笼罩全篇的总寓言。“庄周梦”、“俄然觉”，重言“吊诡”寓言的“梦/觉”主题。“不知周之梦为蝴蝶欤？蝴蝶之梦为周欤？”综合了“吊诡”寓言的“予谓汝梦亦梦也”以及“待彼”卮言的“我与若与人，俱不能相知也”，阐明万物无不陷溺“自彼则不见”的主体自执，各以己见为“正见”。唯有独待彼道，而后能“正之”。唯有独待彼道之造化伟力，把此物转化为彼物，方能“自是则知之”，达至超越“黮暗”此岸的“澄明”彼岸。

旧庄学谬解“周与蝴蝶，则必有分”为庄子之主张，实为未窥“丧我”奥义的“梦”中错“觉”。上篇一再阐明：有分别心就会“有我有偶”，无分别心方

[1] 此下旧衍“自喻适志欤”五字。刘文典谓隔断文义，乃注文羼入正文。

能“丧我丧偶”[1]。下篇又一再阐明：“其分也，成也；其成也，毁也”，“分也者，有不分也”。因此，“彼/此”之“分”，是已“成”之物陷溺“我”执的人间俗见。“彼/此”之“化”，才是被“化”之物超越“我”执的道极洞见。所以篇末“物化”二字，终极点破通篇主旨“丧我丧偶”：超越“偶/我”、“彼/此”、“是/非”之分，包括超越“庄周/蝴蝶”之分，达至“天地与我并生，万物与我为一”的“齐物”真谛。

“庄周”全名为“内七篇”仅见，借子綦之口提及，证明全篇皆为子綦、子游对话的大寓言，更是庄子传真给“万世之后”的亲笔签名。

《齐物论》之“物化”，为《大宗师》之“造化”千里伏线。庄子认为，天道与万物是主宰与被主宰的关系。《齐物论》专论“物”之被主宰，故谓之“物化”。《大宗师》专论“道”之主宰，故谓之“造化”。此岸万物，被无所不在的彼岸“造化”伟力主宰，从而“物化”不止；彼岸天道，主宰永无休止的此岸“物化”进程，从而“造化”世界。参透“所萌”、“所使”、“所归”的“造化”之道，就能勘破生死成毁的“物化”幻象，彻悟此岸俗谛“物德相对”，进窥彼岸真谛“道极绝对”。

对人而言，“物化”就是非人力造成的自然死亡，同时又意味着自然新生。人力造成的非自然死亡，比如被俗君僭主“代大匠斫”地诛杀，不得谓之“物化”，只是被悖道“文化”戕害。《大宗师》曰：“终其天年而不中道夭者，是知之盛也。”支离其言、晦藏其旨地痛斥君主专制的庄子，不肯被君主役使，也未被君主诛杀，而是被天道驱使，自适其适，尽其所受乎天，逍遥八十四年，终其天年而物化，化为中华民族永恒的梦中蝴蝶，成了古典中国顺道文化之魂。

## 结语　卮言寓言，结构井然

旧庄学不疑郭象篡改，盲从郭象反注，视《齐物论》为结构混乱，义理矛

[1] “无分别心”、“有分别心”为佛学术语，与庄子“丧我”、“有我”相通。

盾。旧庄学奉郭象为庄学至高权威，遂错误认定庄子否定“道”之存在，错误相信“天籁”是“地籁”之别名，不知“天籁”是“道”之变文，也不知“天籁”还被变文为“真宰”，转辞为“真君”，又不知“真宰真君”晦藏“假宰假君”，更不知“然于然”、“然不然”分属庄学二谛，盲人摸象的千年聚讼，各执一词而无一可通。其实忽而卮言，忽而寓言，又穿插大量重言、变文、转辞的《齐物论》，像《逍遥游》一样层层推进，滴水不漏，只是结构远为繁复，义理更加精深。

《齐物论》详尽阐明了《逍遥游》已扼要表述的庄学根本义理“至人无己”——

有我有偶的大知小知，以儒墨为师，陷溺人间视点，不知万物皆禀道所分施之德，修养后天成心，仅见物德之异。“偶/我”相待，始于对待，卒于倚待；“彼/此”对立，引同为是，斥异为非；“是/非”坚执，是己非人，是人非物。陷溺离析万物、非此即彼、党同伐异、出主入奴、适人之适、以君为父、为君所役的“黮暗”之域。

丧我丧偶的至知至人，以天道为师，达至道极视点，知万物皆禀道所分施之德，葆养先天德心，进窥物德之同。“偶/我”两丧，致无对待，致无倚待；“彼/此”双忘，忘彼之非，忘此之是；“是/非”致无，和以天倪，不谴是非。达至齐一万物、无彼无此、不党不群、非主非奴、自适其适、以天为父、为道所使的“以明”之境。

庄子对儒墨大知、惠施公孙的评价或许不无可商，乃至不无偏颇，但是学术批判必先弄清本义，不能像旧庄学那样奉篡改反注的郭象义理为至高权威，在违背庄义的前提下妄加诋毁。

郭注义理与庄学义理南辕北辙，植根于两种价值观的尖锐冲突；而价值观的天然对立，植根于人生实践的截然相反。

庄子“造化”论，肯定“道”（天籁）为至高存在，坚信万物为道所萌、为道所使、复归于道；其自然观是“自道而然”，其人生观是“为道所使”。所以庄子“终身不仕，以快吾志”（《史记》），终身被真君真宰驱使。

郭象“独化”论，否定“道”（天籁）之客观存在，否认万物为道所萌、为道所使、复归于道；其自然观是"自己而然"，其人生观是"为君所役"。所以郭象"任职当权，熏灼内外"（《晋书》），终身被假君假宰役使。

郭象篡改反注《庄子》，正是为其悖道人生及其倚待的专制庙堂辩护。反庄学的郭象伪庄学，遮蔽庄学奥义，诬陷古之真人，助长专制极权，遗毒直至于今。[1]

[1] 本文刊《社会科学论坛》2007年4月号，今已修订增补。

# 《养生主》奥义

——身心兼养的“人生”论

# 弁言　真谛必“知”，俗谛必“行”

《养生主》是庄学“人生”论。《齐物论》已明“为知”若欲达至真谛，必须超越人间视点，达至道极视点；《养生主》继明“为行”若欲达至俗谛，必须身心兼养，同时以心为主。

复原近真的《养生主》，白文570字：补脱文1字，订讹文3字。厘正通假字、异体字12字，重复不计。纠正重大误断2处，小误不计。

共四章。开篇卮言一章，总述养生义理；其后寓言三章，形象说明义理。

## 一　吾生有涯，有殆当已

吾生也有涯，而知也无涯。以有涯随无涯，殆已；已而为知者，殆而已矣。

### 今译

吾人身心有限，而知识无限。以有限身心追随无限知识，有殆当止；止于身心极限的认知者，知殆而止。

卮言章首节：“有涯无涯”卮言，阐明知行二“已”。奥义藏于“殆已”。

《齐物论》已明“为知”真谛之境，必须超越人间视点，达至道极视点。而达至道极视点的“齐物”，必先“丧我”。

《养生主》继明“为行”俗谛之域，必须身心兼养，以心为主。而以心为主的“养生”，必先“存吾”，故首字为“吾”。

“生有涯”之“生”，著于篇名，兼寓“身形”、“德心”。保养身形，谓之“保身”；葆养德心，谓之“葆德”[1]。物德“有涯”，所以“为行”因应外境，必有极限。

“知无涯”之“知”，上承《齐物论》之重心“为知”，下启《养生主》之重心“为行”。上知真谛，必须知而不行，不行悖道之事，是为“无为”。下知俗谛，必须知而行之，仅行顺道之事，是为“无不为”。天道“无涯”，所以“为知”顺应天道，永无极限。

“殆已；已而为知者”，与《齐物论》“因是已。已而不知其然”，句法全同，义理相关。为免“已”被误解为“矣”，庄子异篇重言“已，已而”顶针句式，对误解打了预防针。

“殆已”，是老聃“知止不殆”的变文。“因是已”和“殆已”，均属苏轼所言“止于不得不止”。老庄常言“不得已”[2]，则是苏轼所言“行于不得不行”。必先“不得已”地因循内德，“行于不得不行”；然后方能“因是已”地顺应天道，“殆已”地因应外境，“止于不得不止”。

《齐物论》之“因是已”，阐明德心“为知”，是人类不可逃避的形而上天职。“为知”的德心，必先“因是”而行于当行，趋近“以明”之境；然后“因是”而“已”，止于当止地避免“因非”，避免陷溺“为知”的“黮暗”之域。

《养生主》之“殆而已”，阐明身形“为行”，是人类无法解脱的形而下俗务。“为行”的身形，必先“养生”而行于当行，趋近“全生”之境；然后“知殆”而“已”，止于当止地避免“亏生”，避免陷溺“为行”的“危殆”之域。

首节意为：身心有涯的人类，行于当行地追随无涯的天道，有殆就须知止；知止的为知者，为免有殆才止于当止。

---

[1] “保”、“葆”义同，分用身心。《齐物论》之“葆光”，《外篇·田子方》之“葆真”，均为“葆德”之变文。

[2]《人间世》：“寓于不得已，则几矣。（中略。）乘物以游心，托不得已以养中，至矣。”《大宗师》：“古之真人，催乎其不得已也。（中略。）以知为时者，不得已于事也。”《老子》二十九章：“将欲取天下而为之，吾见其不得已。”三十章：“果而不得已。”三十一章：“兵者不祥之器，非君子之器，不得已而用之，恬淡为上。”

为善无近名，为恶无近刑。缘督以为经，可以保身，可以全生，可以养亲，可以尽年。

## 今译

所为被誉为善，勿近名教；所为被非为恶，勿近刑教。因循中道作为常经，可以免患保身，可以全生葆德，可以颐养亲属，可以尽己天年。

卮言章次节：“名刑”卮言，阐明伪道二“非”、身心二“殆”。奥义藏于“全生”。

“为善无近名，为恶无近刑”，包含两组深藏奥义的对词：“善/恶”，“名/刑”。

“善/恶”是伪道二“非”：悖道大知鼓吹的伪道，把有利于庙堂的言行“誉”为“善”，以便“劝”世人盲从；又把不利于庙堂的言行“非”为“恶”，以便“沮”世人效尤。经由庙堂力挺，大知鼓吹，小知学舌，众人匹之，伪道终成俗见。然而庄子师承老聃，不善“善”，不恶“恶”[1]。《养生主》的“不善（伪道俗见之）善，不恶（伪道俗见之）恶”，补证了《齐物论》晦藏的真谛否定原则“不是（伪道俗见之）是，不然（伪道俗见之）然”。

“名/刑”是身心二“殆”：“名”即维护宗法特权、迫使民众认同伪“善”的儒家“名教”；“刑”即维护君主极权、迫使民众认同伪“恶”的法家“刑教”。庄子把“刑”分为“天人四刑”：“名教”以名治心，是为“人之心刑”[2]；“刑教”以刑治身，是为“人之身刑”。“天池”以德限知，是为“天之心刑”；“天年”以寿限行，是为“天之身刑”。无为天道无意分施的“天刑”，庄子主张不逃，因为逃不了[3]；有为伪道有意滥施的“人刑”，庄子主张必逃，因为逃得了。

两句意为：所“为”被伪道俗见誉为“善”，必须“无近名”，以逃“名教”

---

[1]《老子》二章：“天下皆知美之为美，斯恶矣；皆知善之为善，斯不善矣。”

[2]《大宗师》：“尧既黥汝以仁义，而劓汝以是非矣。”即“人之心刑”。

[3]《德充符》：“天刑之，安可解？”“天刑”即“天之心刑”，“安可解”即逃不了。

之以名治心；所“为”被伪道俗见非为“恶”，必须“无近刑”，以逃“刑教”之以刑治身。

旧庄学望文生义而未窥奥义，妄诋庄子善恶不分，不仅伪善地主张“为善”（只要不出名），而且公然主张“为恶”（只要不触刑）。然而“为恶”不管真假，无不逃“刑”。真“为善”者是否逃“名”姑置勿论，伪“为善”者必不逃“名”，仅仅不欲人知其“伪”，却必求“善”名以图利。旧庄学的谬解，与“无近名”无法兼容。[1]

“无近名”，是《逍遥游》“圣人无名”的隔篇申论。两句又分别是《逍遥游》“举世誉之而不加劝，举世非之而不加沮”的隔篇申论——

真人以天为父，为道所使；身心和谐，知行合一；二谛圆融，自适其适；行于当行，止于当止；首逃“名教”，次逃“刑教”。所“为”被伪道俗见誉为“善”，不会变本加厉，而是致无其名，以免被“名教”扭曲。所“为”被伪道俗见非为“恶”，不会退缩放弃，而是因应得当，以免被“刑教”戕害。

假人以君为父，为君所役；身心分裂，知行不一；二谛相悖，适人之适；行不当行，止不当止；仅逃“刑教”，不逃“名教”。所“为”被伪道俗见誉为“善”，就会变本加厉，进而因名求利，逐渐被“名教”异化。所“为”被伪道俗见非为“恶”，或者退缩放弃，或者因应不当，于是被“刑教”整治。

“缘督以为经”之“督”，训中。整句意为：以因循中道为人生常经，在“名教”、“刑教”两极之间，行于当行，止于当止，方能践行“养生”四境：保身，全生，养亲，尽年。

其一，“保身”是顺应天道的人生起点：生命为天道所赐，故保身是葆德的物质基础，保身必须先于葆德。

“保身”承自《诗经·大雅·烝民》：“既明且哲，以保其身。”“明哲保身”后世转为贬义，“保身”也被贬低为贪生怕死，应验了庄子对伪道日趋悖道、俗见不明不哲的超前洞见。

[1] 不信庄子公然主张“为恶”者，也无不曲说。如明儒王夫之曰：“声色之类不可名之为善者，即恶也。”今人王叔岷则曰：“所谓善恶乃就养生言之，‘为善’谓善养生，‘为恶’谓不善养生。”

其二，“全生”是因循内德的人生目标：保身之后，继以葆德。德心为天道的种子，故葆德是保身的精神目标，葆德必须重于保身。葆德就是永葆造化所赐真德，不被文化伪德遮蔽、扭曲、异化——《大宗师》谓之“黥劓”。

“全生”承自道家前辈子华子的“人生四境”：“全生为上，亏生次之，死次之，迫生为下。”[1]

至境“全生”：保身葆德，二谛圆融；身心兼养，觉行圆满。

次境“亏生”：身亏德全，德亏身全；身心偏养，顾此失彼。

再次“丧生”：身既不保，心失寓所；身死心灭，德不复葆。

末境“迫生”：身虽得保，心失真德；身存心死，伪德入僭。[2]

其三，“养亲”是因应外境的人生义务：全生之后，继以养亲。上养父母，下养子女，行有余力，则遵循老聃箴言“天之道，损有余而补不足”，兼济万物。

“养亲”是庄子对孔学合理内核的批判性继承和修正性发展，《人间世》也借孔子之口相对肯定“爱亲”，然而“养亲”、“爱亲”仅属庄学俗谛[3]。庄学真谛强调齐一万物，因此《大宗师》批评“有亲，不仁”，《齐物论》主张“至仁不亲”，《应帝王》主张“于事无与亲”。以“亲”为分类名相的庄学四境是：无知无亲，小知小亲，大知大亲，至知忘亲（至亲无亲）。

其四，“尽年”是顺应天道的人生终点：保身、全生、养亲之后，人生已无余事，唯有顺道逍遥，自适尽年。

“尽年”为庄学要义，是对“保身”的补充限定。全生真人既要洞观伪道俗见、君主专制的危殆，避免“未终其天年而中道夭于斧斤”[4]；又须认知“物化”是“造

[1] 语见《吕览·贵生》。子华子（前380—前320），战国中期三晋人，略晚于杨朱（前395—前335），略早于庄子（前369—前286）。当为杨朱弟子。其书西汉已佚，《汉书·艺文志》未载。今本《子华子》，为宋人伪托。

[2] “全生”承自子华子“人生四境”，另有《外篇·田子方》可证：“哀莫大于心死，而人死亦次之。”两者均谓“心死”境界低于“身死”。

[3] 庄学俗谛“养亲”、“爱亲”，既不同于陷溺人间视点、强调宗法五服的孔学，更不同于主张愚忠愚孝、强化君主专制的儒学。后世儒学将孔学向悖道方向发展，儒学信徒常以“养亲”、“孝亲”名义，为其“迫生”辩护。

[4] 语见《人间世》。《大宗师》变文重言：“终其天年而不中道夭者，是知之盛也。”

化”规律，即便“天年”将“尽”，也不恐惧死亡。

卮言章寥寥五十八字，简洁洗练，字字千金。尽管不如《齐物论》玄妙深奥，却是对先秦各派人生观的继承综合和全面突破，高度概括了顺道人生之要义。

## 二　保身需技，葆德需道

庖丁为文惠君解牛，手之所触，肩之所倚，足之所履，膝之所踦，砉然响然，奏刀騞然，莫不中音。合于《桑林》之舞，乃中《经首》之会。

文惠君曰：“嘻，善哉！技盍至此乎？”

庖丁释刀对曰：“臣之所好者道也，进乎技矣。始臣之解牛之时，所见无非全牛者[1]。三年之后，未尝见全牛也。方今之时，臣以神遇而不以目视，官知止而神欲行。依乎天理，批大隙，导大窾，因其固然。肢经肯綮之未尝[2]，而况大骨乎？良庖岁更刀，割也；族庖月更刀，折也。今臣之刀十九年矣，所解数千牛矣，而刀刃若新发于硎。彼节者有间，而刀刃者无厚；以无厚入有间，恢恢乎其于游刃必有余地矣，是以十九年而刀刃若新发于硎。虽然，每至于族，吾见其难为，怵然为戒，视为止，行为迟，动刀甚微，磔然已解，如土委地。提刀而立，为之四顾，为之踌躇满志，善刀而藏之。”

文惠君曰：“善哉！吾闻庖丁之言，得养生焉。”

### 今译

庖丁为文惠君解牛，手之所触，肩之所靠，足之所踏，膝之所顶，动作砉

[1] 旧脱“全”字。郭庆藩据赵谏议本校补。

[2] “肢”原作“枝”，又讹为“技”。俞樾已厘正。褒义成语“切中肯綮”、缩略语“中肯”违背庄义，部分源于“技经肯綮”之讹。即便非讹，“技经肯綮之未尝”意为“刀刃连肯綮也未曾碰到”，并非“切中”、“中肯”。

然作响，运刀騞然有声，无不切中音律。其行合于《桑林》之祭舞，其声切合《经首》之节奏。

文惠君说：“嘻嘻，善哉！技术竟能达至如此境界吗？”

庖丁放下刀说：“吾之所好乃是天道，超越了技术。起初我解牛之时，所见都是全牛。三年之后，不再看见全牛。时至今日，我仅凭心神相遇而不用肉眼观看，感官知止而心神欲行。依照牛体的天然肌理，批开大缝隙，直入大空档，因循牛体固有构造。连关节、经络、筋腱、软骨也未曾碰到，何况大骨呢？优秀庖人一年一换刀，是因为用刀割肉；普通庖人一月一换刀，是因为用刀砍骨。如今我的刀已经用了十九年，解牛数千头，然而刀刃就像刚在磨刀石上磨过。关节有空隙，而刀刃没厚度；以没厚度进入有空隙，恢弘得遨游刀刃必有余地，因此用了十九年而刀刃就像刚在磨刀石上磨过。尽管如此，每次到达筋腱骨肉纠结之处，我知道难以因应，怵惕戒惧，目光凝止，动作迟缓，运刀轻微，牛体便已分解，如土堕地。我提刀而立，四顾外境，踌躇自适，葆养吾刀而晦藏光焰。”

文惠君说：“善哉！吾闻庖丁之言，得悟养生之主。”

第一寓言“庖丁解牛”，是“全生”寓言。奥义藏于“善”及“道/技”之辨。

先秦子书寓言中向君主进言者，均为食赋税、领俸禄、“劳心者治人”的所谓“君子”，其姿态是以下对上的惶恐谄媚。这是人间秩序的常态，以庄学俗谛观之，也不无其“然”；以庄学真谛观之，则殊属“不然”。唯有庄子寓言中向君主进言者，才有纳赋税、服徭役、“劳力者治于人”的所谓“小人”[1]，其姿态是以上对下的傲然训诫。这是人间秩序的颠覆，只可能存在于庄子的“理想国”藐姑射之山、无何有之乡、寓诸无之境——南溟。

《大宗师》表述了庄子的理想秩序对专制秩序的彻底颠覆：“天之小人，人之君子；天之君子，人之小人。”庖丁是“天之君子，人之小人”，在专制秩序中仅为百工，在理想秩序中却是至人。神乎其技的庖丁有真实原型，《吕览·精通》

[1] 《孟子·滕文公》：“劳心者治人，劳力者治于人。”

曰："宋之庖丁好解牛。"由于庖丁的国别时人皆知，故庄子晦藏"宋"字。文惠君是"天之小人，人之君子"，在理想秩序中充其量属于大知，在专制秩序中却是君主。理想君主"文惠君"为庄子虚构，因为现实中仅有"昏上乱相"，故庄子不言其国别[1]。不仅专制暗君唐尧只配"往见四子藐姑射之山"，理想君主"文惠君"也只配恭听庖丁训诫。

文惠君受教之前，毫无见识，尚未闻"道"，仅见其"技"，却又誉之为"善"。庖丁所"为"被誉为"善"，竟然不肯像众人那样顺竿爬以"近名"，反而傲然训诫曰："臣之所好者道也，进乎技矣。"[2]进而阐明"解牛"三义，隐喻"养生"三义——

其一，"以神遇而不以目视，官知止而神欲行"，意为"养生"必先因循内德，自适其适。

其二，"依乎天理，因其固然"，意为进一步"为知"顺应天道，当行则行。

其三，"视为止，行为迟"，意为落实于"为行"因应外境，当止则止。

"养生"能否因循内德，取决于"为知"能否顺应天道；"为知"能否顺应天道，取决于"为行"能否因应外境。所以"为行"因应外境，不可轻忽大意，必须全力以赴。庖丁"见其难为，怵然为戒"，行于当行，止于当止，终于觉行圆满，善始善终。

"莫不中音"、"乃中经首之会"，强调"中道"。"始时所见无非全牛"，喻"为知"未窥真谛；"三年之后未尝见全牛"，喻"为知"已窥真谛。"以无厚入有间"，喻"为行"已合俗谛，源自老聃"无有入于无间"，但是义理更为缜密。"游刃有余"，喻"为行"达至"逍遥游"。"踌躇满志"，并非自"满"，而是"葆真"之"志"。"善刀而藏"，并非"自得"[3]，而是"葆光"之相。

---

[1] 旧庄学欲坐实"文惠君"。崔譔、司马彪、成玄英谬解为"魏惠王"，刘文典谬解为"赵惠文王"；宋君之庖人，不得为魏、赵之君解牛。刘武谬解为即下文"公文轩"，尤为荒谬。

[2] 篇名无"道"字，否定"道"的郭象谬解"主"为"理"："夫生以养存，则养生者理之极也。若乃养过其极，以养伤生，非养生之主也。"此句有"道"字，否定"道"的郭象又谬解"道"为"道理"："直寄道理于技耳，所好者非技也。"把养生（心）之"道"，降格为"保身"之"技"。

[3] 郭注："逸足容豫，自得之谓。"成疏："志气盈满，为之踌躇自得。"又申"自得"谬说。

小知族庖，与外境外物相“折”；大知良庖，与外境外物相“割”。均属《齐物论》所斥“与物相刃相磨”，不知“因是”，纯然“因非”，更不知“止”，因而有“殆”；割折外境，刃磨外物，内德受亏，天性受损，杀敌一万，自损三千，不得不“月更刀”、“岁更刀”，真德渐丧，伪德入僭。至人庖丁，不与外境外物相割相折，决不“因非”，纯然“因是”，且能知“止”，因而无“殆”；因应外境，化解外物，内德无亏，天性无损，“十九年而刀刃若新发于硎”，真德永葆，伪德不入。

文惠君受教之后，道出本篇点题语：“吾闻庖丁之言，得养生焉。”“得养生”是“得养生之主”的略语[1]，点破篇旨：有主必有次，无次不成主；无技难成道，成道不弃技。心存妙道，知窥真谛；身怀绝技，行合俗谛。俗谛保身，技不可无；真谛葆德，道不可忘。

“庖丁解牛”寓言，形象阐明了保身需技，葆德需道；唯有知行合一，方能身心兼养。庖丁上知真谛，下行俗谛；二谛圆融，觉行圆满。所“为”被誉为“善”，又能“无近名”，因而得以“全生”。

同时隔篇点破《逍遥游》“庖人虽不治庖，尸祝不越樽俎而代之矣”：君主当如“尸祝”那样仅做摆设，像造化那样无为而治，任物自化，像庖丁那样顺其自然，化解万物。

## 三　俗谛难行，人刑必逃

公文轩见右师而惊曰：“是何人也？恶乎介耶？天欤？其人欤？”

（右师）曰：“天也，非人也。天之生是使独也，人之貌有与也。以是知其天也，非人也。泽雉十步一啄，百步一饮，不祈畜乎樊中。形

[1] 否定“道”的郭象反注曰：“以刀可养，故知生亦可养。”刻意否定庖丁所言的养生之“道”、文惠君已悟的养生之“主”，疑其妄删“之主”二字。“闻庖丁之言，得养生之主”文句整饬，义理绵密。因无确据，暂且不补。

虽王，不善也。”[1]

## 今译

公文轩看见右师而吃惊说：“这是何人？为何独足？是禀受天道身刑？还是罹患人道身刑？”

（右师）说：“是天道心刑，而非人道心刑。天道心刑使我（罹患人道身刑而）独足，天道生我原有双足。因此知道是天道心刑（使我德心浅薄未能知殆而止），而非人道心刑。江湖野鸡十步一啄食，百步一饮水，也不愿畜养于庙堂樊笼之中。（庙堂家禽）身形虽如王者，德心其实不善。”

第二寓言“右师刖足”，是“人刑”寓言和“身亏”寓言。奥义藏于“天 / 人”及“不善”。

司马彪认为“右师”是宋人，进而推断“公文轩”也是宋人，然而未言依据：“右师”为宋卿专名[2]。庄子让宋庖训诫理想君主“文惠君”之后，又让宋卿隐斥现实暴君宋康王。

“右师”虽居高位，却因触怒君主而被夺职刖足，业已面目全非，所以“君子”公文轩居然不识，而连发四问：“是何人也？恶乎介耶？天欤？其人欤？”意为：这是谁呀？为何独腿？是天刑？还是人刑？[3]

“解牛”寓言的主角庖丁有姓，配角文惠君有谥；“右师”寓言的配角公文轩

[1] “曰”字以下均为右师答公文轩语，郭庆藩、刘文典不误。释德清、张默生、陈鼓应误断为公文轩自答。王先谦、陈鼓应误断“泽雉”以下为庄子评述。“形虽王”，旧讹为“神虽王”，疑为郭象所改。褚伯秀厘正。

[2] 《辞源》“右师”条：“春秋宋官名。《左传·成公十五年》：‘于是华元为右师。’战国齐也有右师。”盖宋国首创，齐国仿效。

[3] 郭注：“介，偏刖之名。偏刖曰独。两足共行曰有与。”成疏：“介，刖也。与，共也。凡人之貌，皆有两足共行，禀之造物。”陆释：“司马云：介，刖也。一足曰独。崔云：断足。”又《广雅》：“介，独也。”王先谦、刘武、陈鼓应均误释“介”为先天独足。通篇义理与先天残疾无关，庄子更不可能讥讽先天残疾。

姓名俱全，主角右师却以旧职指代。无姓无名，暗示右师做到了“无近名”，成功逃遁了“名教”之治心；被刖一足，说明右师没做到“无近刑”，未能逃遁“刑教”之治身。

右师先答：“天也，非人也。天之生是使独也，人之貌有与也。以是知其天也，非人也。”“天”即“天之心刑”，“人”即“人之心刑”；“与”（双腿）即“天之身刑”[1]，“独”（独腿）即“人之身刑”。整句意为：我受了天之心刑，没受人之心刑。天之心刑导致了我独腿，但我天生原有双腿。所以我仅受天之心刑（进而导致遭人之身刑而独腿），但没受人之心刑。

右师已非“形全之人”（《德充符》），无望达至“全生”，业已降至“亏生”。但他不怨天，不尤人，不把责任推诿给外境外物，而是自责内德不厚，天池太小，不知有殆，因应不当；证明身虽不全，德却能葆，尚属“全德之人”（《德充符》）。右师与《德充符》三位身亏德全的刖足者一样，“犹有尊足者存焉”。

右师续答：“泽雉十步一啄，百步一饮，不祈畜乎樊中。”意为：我未达至知，无技保身；但业已闻道，有志葆德。尽管已遭“刑教”，生计困顿，但我不愿畜于樊笼之中，唯愿逍遥江湖之畔。

“泽雉”是泽畔水鸟。“将徙于南溟”的大鹏，是水鸟的志怪式夸张。“不祈畜乎樊中”的泽雉，则是大鹏的缩微式还原。庄子以此把右师定位为顺道大知。水鸟常单腿而立，被刖一足的右师，因而幽默地以“泽雉”自嘲。

结语“形虽王，不善也”[2]，已非右师自况，而是贬斥“畜乎樊中”的“泽雉”——夭阏北溟的大鲲。悖道大知认同“名教”而“畜乎樊中”，不仅丰衣足食，而且上则为“王”，下则为“王”辅佐。伪道俗见均以“畜乎樊中”为“善”，顺道大知右师“不善”之，正是“不善（伪道俗见之）善”。

---

［1］ 或以为“双腿”俱全，不得谓“刑”。其实双腿天生之形，正是“天刑”；后天人为改变其形，均属“人刑”。古文“刑”、“形”相通，故“形名”、“刑名”通用，“人刑”即以刑治形。

［2］ 郭象反注：“雉心神长王，志气盈豫，而自放于清旷之地，忽然不觉善之为善也。”成疏盲从：“雉居山泽，饮啄自在，心神长王，志气盈豫。当此时也，忽然不觉善之为善。”王先谦紧跟：“不善，不自得。”然则至人究竟是“自得”还是“不自得”？“自得”究属“逍遥”还是“不逍遥”？

旧庄学谬解“王”字通“旺”，未窥奥义：畜于庙堂樊笼之中的俗君僭主、大知小知、芸芸众人，保身无殆，葆德有殆。葆德有殆又分两种：一种降至身全德亏的“亏生”，身失真君，伪认假君，是为消极被动的奴隶。一种降至身全心死的“迫生”，身失真君，真认假君，是为积极主动的奴才。奴隶、奴才即便未受身刑，必受心刑，仅能保身，不能葆德，因此稍遇挫折，无不怨天尤人，必把责任推诿给外境外物，而不可能像右师那样自责内德不厚。

“右师刖足”寓言，形象阐明“真谛易知，俗谛难行”，重心是“俗谛难行”。右师虽闻真谛，未臻俗谛；有道无技，身心偏养。所“为”被非为“恶”，却未能“无近刑”，遂成身亏德全的亏生真人。

同时形象阐明“人刑必逃”：首逃身全心死的“迫生”，次逃身死德全的“丧生”。再对“亏生”两难做出抉择：宁可身亏德全，不可德亏身全。

## 四 真谛易知，天刑不逃

老聃死，秦佚吊之，三号而出。

（老聃）弟子曰：“非夫子之友耶？”

（秦佚）曰：“然。”

（老聃弟子曰：）“然则吊焉若此，可乎？”

（秦佚）曰：“然。始也吾以为至人也[1]，而今非也。向吾入而吊焉，有老者哭之，如哭其子；少者哭之，如哭其母。彼其所以会之，必有不祈唁而唁，不祈哭而哭者。是遁天悖情，忘其所受；古者谓之遁天之刑。适来，夫子时也；适去，夫子顺也。安时而处顺，哀乐不能入也；古者谓是帝之悬解。脂穷于为薪[2]，火传也，不知其尽也。”

---

［1］“至”旧讹为“其”，奚侗、刘文典、陈鼓应据《阙误》校正。郭象误以为秦佚乃斥老聃，认为斥之固可，谓非“至人”则过，遂妄改“至”为“其”。

［2］“脂”原作“指”，通假。“脂穷于为薪”以下均为秦佚语，郭象以降均误断为庄子评述之卮言。

## 今译

老聃死了，秦佚前往吊丧，号哭三声而出。

老聃弟子问：“你不是夫子的朋友吗？”

秦佚说：“是啊。”

老聃弟子又问：“那么如此吊丧，可以吗？”

“可以。我原以为老聃弟子当属至人，现在始知并非至人。刚才我进去吊丧，有老人恸哭老聃，如同恸哭儿子；又有少年恸哭老聃，如同恸哭母亲。他们聚会于此，必有不愿吊唁而假装吊唁，不愿恸哭而假装恸哭者。这是逃遁天道，悖逆实情，忘了生命受自天道，古人称为逃遁天道之身刑。当初得生而来，是夫子之时命；如今得死而去，是夫子之顺化。安于时命而顺处物化，哀乐不能入于德心，古人称为天帝解除倒悬。（个体生命的）油脂作为柴薪虽会燃尽，（群体生命的）火种却会传递下去，而不知何处是尽头。”

第三寓言“老聃之死”，是“天刑”寓言和“德亏”寓言。奥义藏于“遁天之刑”、“安时处顺”。

“右师刖足”寓言形象阐明“人刑必逃”，已经兼及不逃“天之心刑”——“天池”之以池限德。“天人四刑”既明其三，“老聃之死”寓言遂进而阐明不逃“天之身刑”——“天年”之以年限寿。

老聃死[1]，其友秦佚来吊丧，不肯就范“人之心刑”，不愿遵循“名教”的烦琐丧礼，然而因应外境又“简之而不得”，只能“有所简”地行于当行，“人哭亦哭”地干号三声，即止于当止，希望俗耳满意。[2]

[1] 儒生郭象对庄子斥孔语，必定反注。此处未斥老聃，仅言其必有之死，又轮到道士成玄英妄疏：“老聃，大圣人也，内外经书，竟无其迹。此独云死者，盖庄生寓言耳，而老君为大道之祖，为天地万物之宗，岂有生死哉！老君降生，行教升天，备载诸经。”儒生王先谦竟也附合：“老子不知其年，此借为说。真人不死。”

[2] 引文均出《大宗师》“处丧”寓言。

不料老聃弟子竟不满意，认为秦佚既为老聃之友，吊丧怎能如此敷衍？老聃弟子之诧异，更令秦佚诧异，遂毫不客气地面斥老聃弟子："始也吾以为至人也，而今非也。"[1]他原本以为老聃弟子必为知行合一、保身葆德的全生真人，不料竟是知行相悖、德亏身全的亏生假人。于是索性连带批评刚才入吊时所见：老聃的亲友乡邻，年老者像丧子那样哭，年少者像丧母那样哭。这些人聚在这里，必有不愿吊唁却假装吊唁者，必有不愿哭泣却假装哭泣者。逃遁"天之身刑"，是为"遁天"。违背德心真情，是为"悖情"[2]。忘了生命受自何处，忘了真德禀承于道，是为"忘其所受"。庄子在"遁天悖情"之后重言"遁天之刑"，点明"人之刑"、"天之刑"均分身心，共计"天人四刑"。

随后秦佚代友训诫弟子。"适来，夫子时也"阐明：人不能选择出生时地。尽管近乎废话，但有无数愚人抱怨生不逢时，生不逢地。"适去，夫子顺也"阐明：人不能逃避自然死亡。同样近乎废话，但有无数愚人妄想长生不死，逃死求仙。"安时而处顺，哀乐不能入"阐明：勘破生死，向死而生。"帝之悬解"阐明："终其天年"而"物化"，是天帝（"道"之人格化）让人生俗务得以解脱。"脂穷于为薪，火传也，不知其尽也"阐明：物德"有涯"，天道"无涯"；个体生命之火会像油脂、柴薪那样燃尽，群体生命的火种却会代代传递，不知尽头在哪里。篇末"不知其尽"，回应并超越篇首"吾生有涯"。

"老聃之死"寓言，再次形象阐明"真谛易知，俗谛难行"，重心是"真谛易知"。老聃弟子虽闻真谛，知行相悖；有技无道，身心偏养。虽逃"人之身刑"，未逃"人之心刑"，遂成德亏身全的亏生假人。

同时形象阐明"天刑不逃"：假人违背内心真德，因应外境失当，迎合俗情过度，当众表演假戏真做，无真情却貌似有真情；真人因循内心真德，因应外境

---

[1] 儒生郭象把秦佚面斥老聃弟子"遁天悖情"，谬解为斥责故友老聃。护郭最力的道士成玄英也不得不驳斥郭象："老君大圣，冥一死生，岂复逃遁天刑，驰骛忧乐？子玄此注，失之远矣。文势前后，自相矛盾。是知遁天之刑，属在哀恸之徒，非关老君也。"旧庄学对成疏偶有之卓识，多视而不见，仍盲从郭象。

[2] "悖情"之"情"，与庖丁寓言"天理"之"理"对举。庖丁解牛顺应天道得当，就是"依乎天理"；老聃弟子违背德心真情，就是悖于"人情"。参后《〈人间世〉奥义》"事之情"。

得当，尊重俗情有度，不愿当众表演真情假做，有真情却貌似无真情。

“老聃之死”也是收煞全篇又笼罩全篇的总寓言。庖丁虽有真实原型，却是庄子虚构的理想全生真人。老聃才是庄子之前的博大全生真人，是不善善、不恶恶、逃名逃刑、至知无知、知止不殆、终其天年、不中道夭的真实范例。以老聃之死为喻，意在阐明：全生真人，同样其生有涯，而且不逃天刑。以老聃弟子为喻，意在阐明老聃箴言：“吾言甚易知，甚易行；天下莫能知，莫能行。”老聃弟子亲聆全生真人教诲，尽闻真谛，却如同未闻，知行相悖；因应外境不能因循内德，不异众人。世上之所以真人少而假人多，正是因为知真谛易，行俗谛难。

## 结语　行于当行，止于当止

《逍遥游》的庄学四境，《齐物论》的真俗二谛，或许虚无缥缈，不切实际。《养生主》的人生四境，却通俗易懂，极切实际。不过伪道俗见以“不切实际”为贬语，庄学认为真谛高于俗谛，“真际”高于“实际”。

《养生主》阐明了庄子对人生的真知卓见：“生”兼身心，必须兼“养”。保身是葆德的物质基础，葆德是保身的精神目标；保身尽管先于葆德，葆德必须重于保身。身形为德心寓所，德心为天道分施；天道为万物真宰，德心为养生真君。因此保身仅是“生存”，是为“养生”之次；葆德才是“存在”，是为“养生”之“主”。保身需“技”，葆德需“道”。无论为知真谛之境以葆德，还是为行俗谛之域以保身，均需行于当行，止于当止；知殆而止，知止不殆。养生必须因循内德，是为“行道”；为知必须顺应天道，是为“求道”；为行必须因应外境，是为“证道”。

旧庄学被郭象误导，把庄子视为人类天职的“为知”，谬解为庄子所反对，厚诬“其学无所不窥”的庄子持“反智主义”；既不知“不得已”意为“行于当行”，更不知“因是已”、“殆而已”意为“止于当止”，又把囿于生命有涯、困于时代局限，因而值得同情的自身精神苦闷，投射到庄子身上，把“因是已”、“殆而已”、“不得已”混为一谈，一概谬解为“没办法”或“无奈何”，进而自师成心，谄媚伪道，迎合俗见，厚诬庄子“消极”。

试问：先秦以降有哪位“积极分子”，比庄子更“积极”地贬斥过君主专制和伪道俗见？然而庄子贬斥君主专制和伪道俗见，并非“积极”，而是行于当行。“内七篇”支离其言，晦藏其旨，也非“消极”，而是止于当止。伪道俗见所谓“积极”、“消极”，均属庄子贬斥的“黮暗”。无论是个体、家庭、民族、国家，或是人类全体，“为知”若不能行于当行，止于当止，则葆德有殆，遭受天刑，陷溺真谛之黮暗；“为行”若不能行于当行，止于当止，则保身有殆，罹患人刑，陷溺俗谛之黮暗。[1]

[1] 本文刊《社会科学论坛》2007年5月号，今已修订增补。

# 《人间世》奥义

## ——因应外境的“处世”论

# 弁言 “养生”续篇，群体处世

庄学“处世”论《人间世》，是庄学“人生”论《养生主》的续篇。两篇结构衔接：《养生主》先卮言后寓言，《人间世》先寓言后卮言。而且义理递进：《养生主》阐明主动而理想的个体“人生”，《人间世》阐明互动而实际的群体“处世”。

《逍遥游》的庄学二谛及“至境”三句，由其后三篇逐一深入展开。《齐物论》重点展开“为知”达至真谛和“至境”三句之首句“至人无己”。《养生主》重点展开“为行”达至俗谛，并用“庖丁解牛，右师刖足，老聃之死”三寓言，进一步展开为“顺应天道，因循内德，因应外境”三要义。再由后三篇逐一深入展开：三要义逆序展开，三寓言顺序展开。

《人间世》继《齐物论》之后，深入展开《逍遥游》“至境”三句之次句“神人无功”，又深入展开《养生主》第三要义“因应外境”及第一寓言“庖丁解牛”。

复原近真的《人间世》，白文2799字：补脱文4字，删衍文6字，订讹文7字。更正文字误倒5处。厘正通假字、异体字29字，重复不计。纠正错误标点3处。

共九章。前八章寓言，形象说明义理；末章卮言，归纳概括义理。

## 一 颜回往谏，主动往刑

第一组寓言共三幕，形象说明“游方之内”如何逃刑免患[1]。首先是“颜回往刑”寓言。

颜回（前521—前481），字子渊，前521年生于鲁。前497年二十五岁

[1]《大宗师》：“孔子曰：彼游方之外者也，而丘游方之内者也。”“游方之外”即后世所言“出世”，“游方之内”即后世所言“入世”。

随孔子自鲁适卫，前484年三十八岁随孔子自卫返鲁，前481年四十一岁死于鲁[1]。孔子（前551—前479）周游列国游说诸侯十四年，每次受挫无不返卫。颜回长期居卫不谏卫君，返鲁以后不可能重新往谏。此寓言中的颜回，实为有闻必行、主动"往刑"、仕于卫廷、死于卫乱的子路（前542—前480）之替身[2]。由于子路不擅长辨析义理，庄子遂以孔门"德行第一"、孔子自叹弗如的颜回替代[3]，以便褒颜回，贬孔子。[4]

颜回相及之卫灵公、卫出公，均不符合寓言所言"其年壮"。孔、颜居卫前五年，卫灵公（前534—前493在位）已年老[5]；居卫后九年，继祖为君的卫出公（前492—前481，前元）尚年幼[6]。卫庄公蒯聩（前480—前478在位）逐子为君时，颜回已死。因此寓言中的"卫君"不可坐实[7]，而是象征"其行独"的

[1] 颜回卒年，旧说有四：二十九岁，三十一岁，三十二岁，四十一岁。《仲尼弟子列传》："颜回少孔子三十岁。"《孔子世家》："鲁哀公十四年（前481）春，狩大野。叔孙氏车子鉏获兽，以为不祥。仲尼视之，曰：'麟也。'颜渊死，孔子曰：'天丧予！'及西狩见麟，曰：'吾道穷矣！'"《论语·先进》："颜渊死，颜路请子之车以为之椁。"颜回之父颜路，未随孔子出游，故颜回必死于鲁。卒年前三说，使颜回客死异邦，必误。

[2]《论语·公冶长》："子路有闻，未之能行。唯恐有闻。"《论语·颜渊》："子路无宿诺。"《仲尼弟子列传》：出公立十二年，其父蒯聩与卫大夫孔悝作乱，出公奔鲁。子路在外，闻而驰往。遇子羔（孔子弟子）出卫城门，谓子路曰："出公去矣，子毋空受其祸。"子路曰："食其食者不避其难。"造蒯聩。蒯聩与孔悝登台。子路曰："君焉用孔悝？请得而杀之。"蒯聩弗听。子路欲燔台。蒯聩令人攻子路，击断子路之缨。子路曰："君子死而冠不免。"遂结缨而死。

[3]《论语·乡党》孔门"四科十哲"之"德行"科："德行：颜渊，闵子骞，冉伯牛，仲弓。"《论语·公冶长》："子谓子贡曰：'女与回也孰愈？'对曰：'赐也何敢望回？回也闻一以知十，赐也闻一以知二。'子曰：'弗如也！吾与女弗如也。'"旧儒曲解连词"与"为"赞成"，妄断为"吾与女，弗如也"，意为：我赞成你的意见，你不如他。意在颂孔，实同贬孔。

[4]《外篇·让王》："孔子谓颜回曰：'回，来！家贫居卑，胡不仕乎？'颜回对曰：'不愿仕。'"颜回终身不仕，是庄子褒之的主因。

[5] 据《孔子世家》，卫灵公对孔子"致粟六万"，而问兵阵。孔子曰："俎豆之事则尝闻之，军旅之事未之学也。"孔子曾见灵公夫人南子，且分乘前后车招摇过市。《论语·雍也》："子见南子，子路不说。"

[6] 据《孔子世家》，宋女南子私通美男子宋朝，太子蒯聩欲杀之，事败奔晋。卫灵公死后，遂由蒯聩之子卫出公继祖为君，因其年幼，遂由卫大夫孔文子执政。孔文子也问兵孔子，孔子"辞不知"。

[7] 司马彪、成玄英坐实为"卫庄公"，陆德明坐实为"卫出公"，均不合史实。卫出公前元十二年，被其父蒯聩夺位而奔鲁。卫庄公蒯聩（前480—前478在位）死后，卫公子斑师、卫公子起，先后短暂为君（前477）。随后卫出公自鲁返卫，再度为君二十一年（前476—前456，后元）。

一切专制君主。

《养生主》结以孔子师事、达至道极视点的老聃之死,《人间世》续以问学老聃、陷溺人间视点的孔子论生。首则寓言借孔子之口，贬斥因应专制外境的最差方式：游方之内，又主动往刑。

颜回见仲尼，请行。

曰：“奚之？”

曰：“将之卫。”

曰：“奚为焉？”

曰：“回闻卫君，其年壮，其行独，轻用其国，而不见其过；轻用民死，死者以国量乎泽若蕉，民其无如矣。回尝闻之夫子曰：‘治国去之，乱国就之。医门多疾。’愿以所闻，思其所行[1]，则庶几其国有瘳乎？”

## 今译

颜回来见仲尼，请求允许出行。

仲尼问：“欲往何处？”

颜回说：“将往卫国。”

仲尼问：“意欲何为？”

颜回说：“我听说卫君，正当壮年，独断专行，轻率治国，然而不知己过；随意置民死地，死者盈城，如同长满湖泽的生麻，民众不堪忍受。我曾闻夫子教诲：‘离开太平的邦国，前往混乱的邦国。医家门前必多病人。’我愿遵循夫子教诲，指导我之践行，或许卫国之病有望痊愈吧？”

“行独”后言，交代通篇背景。奥义藏于颜言“愿以所闻，思其所行”。

---

[1] 旧脱“所行”二字，当为知行相悖的郭象所删。刘文典据《阙误》校补。王叔岷、陈鼓应从之。旧庄学不知脱文，误断于“思其则”。

庄子借颜回之口，于《人间世》篇首即点明，庄学处世观所因应的，并非一般意义的外境，而是危殆险恶的专制外境。

颜回先引孔言“乱国就之，医门多疾”，再明其志“愿以所闻，思其所行”，请求孔子允许他实践其教诲，知行合一地出使卫国，往谏卫君，救治卫乱。

《人间世》篇首寓言的孔子弟子之闻而能行，反扣《养生主》篇尾寓言的老聃弟子之闻而不能行。

仲尼曰：“嘻！若殆往尔刑耳！”

## 今译

仲尼说：“哈！你恐怕是前往你的刑场吧！”

“往刑”卮言，孔子反对颜回“往谏”。奥义藏于“往尔刑”。

孔言首句把“往谏”定性为“往刑”，直承《养生主》篇旨“无近刑”。“往刑”首句，总领其后三层孔言。三层孔言，差别微妙。

（仲尼续曰：）“夫道不欲杂，杂则多，多则扰，扰则忧，忧而不救。古之至人，先存诸己而后存诸人。所存于己者未定，何暇至于暴人之所行？且若亦知夫德之所荡，而知之所为出乎哉？德荡乎名，知出乎争。名也者，相轧也[1]；知也者，争之器也。二者凶器，非所以尽行也。”

## 今译

仲尼说：“道不能杂乱，杂乱必定纷繁，纷繁必定撄扰，撄扰必定忧患，忧

[1] “轧”旧或讹为“札”。王先谦、王叔岷、王孝鱼、陈鼓应据陆释引崔譔本及赵谏议本、世德堂本校改。

患必定自身难救。古之至人，必先保存自身，而后保存他人。能否保存自身尚未确定，哪有余暇纠正暴君之暴行？再说你是否明白真德为何外荡，心知为何外显？真德外荡源于外求声名，心知外显源于外争功利。声名，是相互倾轧的工具；心知，是相互争斗的工具。二者均属驱人近刑之凶器，无助于完善你的践行。”

“杂多扰忧”卮言，论证“往刑”的孔言第一层。奥义藏于孔子否定颜引孔言。

孔言第一层，阐明因应外境的普遍原理：真道因伪道而“杂”而“多”，真德因伪德而“扰”而“忧”，彰显真道真德必将身陷危殆，终至“不救”。自身无救，遑论救人救世并谏阻暴君暴行。无知无畏地暗抱侥幸之心一逞愚勇，说明内德因求名而摇荡，为知因贪功而出位。求名易致倾轧，矜知易致争胜。二者均属驱人近刑的凶器，无助于恰当因应外境的“尽行”。

第一层之奥义：对孔子既悖真谛又悖已行的部分之知，庄子运用俗谛否定原则“不然于不然”。孔子反对颜回“愿以所闻，思其所行”，貌似孔子批评颜回，实为庄子让孔子自曝“所言未定”又知行相悖。[1]

《人间世》篇首寓言的孔子之知行相悖，反扣《养生主》篇尾寓言的老聃之知行合一。寓言中颜回尝闻的孔子之知，尽管未达真谛，但是寓言中孔子反对颜回之行，却合于俗谛。因此对孔子的知行相悖，庄子否定孔子有悖真谛之知，肯定孔子合于俗谛之行；对颜回的知行合一，庄子肯定颜回为行必欲合知，否定颜回为行欲合悖道之知。[2]

（仲尼再续曰：）“且德厚信矼，未达人气；名闻不争，未达人心。尔强以仁义绳墨之言，炫暴人之前者[3]，是以人恶其有美也[4]，命之曰灾

[1]《论语·子路》：“子曰：君子名之必可言也，言之必可行也。君子于其言，无所苟而已矣。（中略。）子曰：言必信，行必果，硁硁然小人哉！”《孟子·离娄》：“大人者，言不必信，行不必果，惟义所在。”反对儒家的墨家及承墨余绪的后世侠者，均主张“言必信，行必果”。

[2] 颜引孔言“治国去之，乱国就之”，与《论语·泰伯》所载孔言“危邦不入，乱邦不居”相反。

[3]“炫”原作异体字“衒”，旧讹为“術”。郭庆藩、刘文典、王叔岷、陈鼓应据《阙误》校改。

[4]“人恶其有美”旧误倒为“人恶有其美”。与《德充符》“未尝闻其有唱者也”误倒为“未尝闻有其唱者也”类同。成疏：“必遭卫君憎恶。”可证成本尚未误倒。

人。灾人者，人必反灾之。若殆为人灾夫！且苟为悦贤而恶不肖，恶用尔求有以异？若唯无诏，王公必将乘人而斗其捷。尔目将荧之，尔色将平之，口将营之，容将形之，心且成之。是以火救火，以水救水；名之曰益多，顺始无穷。若殆以不信厚言，必死于暴人之前矣。”

## 今译

仲尼说：“况且物德淳厚、信用笃实之人，难以拥有人气；淡泊声名、不喜争斗之人，难以深入人心。你强行用仁义准则之言，炫耀于暴君面前，那么暴君必定憎恶你拥有美德，把你视为有害之人。对他人有害之人，他人必定反过来加害于他。你恐怕难免被人加害吧！况且卫君倘若喜欢贤人而厌恶不肖，何用你自求标新立异？你未奉其诏而主动往谏，卫君必将寻找漏洞逞斗其便捷口才。你的目光将会闪烁不定，你的神色将会强装平静，嘴巴将会自我营救，面容将会泄露心迹，心里将会急于求成。这是用火救火，用水救水，助长君恶使之更多，顺此开始再难终止。你恐怕是不获信任而多嘴，必将死于暴君面前。”

“灾人”卮言，论证“往刑”的孔言第二层。奥义藏于“人恶其有美”。

孔言第二层，点明颜回往谏必殆的具体原因。

先言“人气”对“人心”的影响力通则：“德信”、“人气”成反比，而“人气”、“人心”成正比。达至真知的达者，通常人气未达；未达真知的闻人，往往人气大达。因此内德深厚、信用笃实的达者，虽有真知却无人气推进，难以影响人心；而内德浅薄、信用虚浮的闻人，虽无真知却有人气助力，足以蛊惑人心。[1]

随后落实到颜回：既未达人气、又未达人心的你强行自居“仁义”化身，炫耀于暴君面前，暴君必定厌恶拥有美德的你，视你为“灾人”。主动找死的“灾

---

[1] 庄子“闻/达”之辨，承自孔子。《论语·颜渊》：“子张问：‘士何如斯可谓之达矣？’子曰：‘何哉，尔所谓达者？’子张对曰：‘在邦必闻，在家必闻。’子曰：‘是闻也，非达也。夫达也者，质直而好义，察言而观色，虑以下人。在邦必达，在家必达。夫闻也者，色取仁而行违，居之不疑。在邦必闻，在家必闻。’”

人”，暴君必定不吝降灾。你恐怕难免被暴君害死吧！倘若卫君钦慕贤人而厌恶不肖，卫国自有贤人，何须你立异往谏？卫君并未下诏向你求教，你却好为人师地往教[1]，卫君必定抓住你的言语漏洞逞其便捷口才。你的目光将会游移迷惑，你的表情将会强装平静，嘴巴忙于自我营救，神态急于表白心迹，乃至违心赞成卫君。这是用火救火，用水救水，初意阻止君恶，终至助长君恶，你的违心顺从一旦开始就再难终止。你未获信任却多嘴强谏，必将死在暴君面前。[2]

第二层之奥义：对孔子既合俗谛又合己行的部分之知，庄子运用俗谛肯定原则“然于然”。陷溺人间视点的孔子，有知行相悖的一面，因为其部分之知源于伪德，未达真谛，是光说不练的高调大言。但是作为游方之内的大知，孔子也有知行合一的一面，因为其部分之知植根真德，合于俗谛，也符合“临事而惧”、有殆即止的低调履践[3]。对知行相悖的半个孔子，庄子否定其知而肯定其行；对知行合一的半个孔子，庄子均予相对肯定。

本节“德厚信矼”云云指颜回，“苟为悦贤而恶不肖”云云指卫君，主语均晦藏省略。不晦藏省略的主语“尔”，原文又故意全用通假字“而”。全篇尚有无数晦藏主语、意旨飘忽的支离其言，旧庄学或者不明，或者加以利用，其系统谬解和全面曲说，导致义理浅显的《人间世》与义理艰深的《齐物论》一样难懂。

(仲尼又续曰：)“且昔者桀杀关龙逢，纣杀王子比干，是皆修其身以伛拊人之民[4]、以下拂其上者也，故其君因其修以挤之。是好名者也。昔者尧攻丛、枝、胥敖[5]，禹攻有扈，国为虚厉，身为刑戮。其用兵不止，其求实无已。是皆求名实者也，尔独不闻之乎？名实者，‘圣人’之所不能胜也，而况若乎？虽然，若必有以也，尝以语我来！”

---

[1]《礼记·曲礼》：“礼闻来学，不闻往教。”孔子周游列国，实欲“往教”诸侯，为免成为“不信厚言”的“灾人”，仅往其国，静待诸侯“来学”。诸侯不来不学，则孔子行。

[2]《论语·子张》：“子夏曰：信而后谏，未信则以为谤己也。”

[3]《论语·雍也》：“子曰：暴虎冯河，死而无悔者，吾不与也。必也临事而惧，好谋而成者也。”孔子身居母邦或客居异邦，无不有殆即止。

[4]“伛拊”前旧衍“下”字。刘文典采俞樾说，据《淮南子·俶真训》校删。王叔岷从之。

[5]“丛、枝”《齐物论》作“宗、脍”，未知孰正。

## 今译

仲尼说："再说从前夏桀诛杀的关龙逄，商纣诛杀的王子比干，都是修剪自身以便赢得君主的属民，以下犯上之人，所以君主借其修剪自身而挤兑诛杀。关、比都是好名者。从前唐尧攻伐丛、枝、胥敖，夏禹攻伐有扈，导致邦国虚空衰败，民众身遭刑戮。尧、禹用兵不止，都是求实不止。关、比、尧、禹都是好名求实之人，你难道未曾听闻？虚名实利，圣人尚且难以战胜，何况你呢？尽管如此，你必有理由，试着说给我听听！"

"好名贪功"卮言，论证"往刑"的孔言第三层。奥义藏于"人之民"及"求实无已"。

孔言第三层，举例说明强谏暴君的人臣均属"好名无已"者，而一切君主甚至圣君均属"求实无已"者：从前强谏的关龙逄被夏桀诛杀，强谏的比干被商纣诛杀，他们凭借修身赢得君主属民的爱戴，身居下位而冒犯身居上位者，被君主借其大言挤兑诛杀。关、比均属好名无已者。从前唐尧攻伐三苗，夏禹征讨有扈，导致民众死亡，身遭刑戮。用兵不止的尧、禹均属求实无已者。关、比、尧、禹均属好名贪实者，你难道没听说过？虚名实利连圣人关、比和圣君尧、禹也难以战胜，何况你呢[1]？尽管如此，你必有想法，不妨说来听听。

---

[1] 郭注、成疏把庄子贬斥征伐者尧、禹之"求实"，移花接木于被征伐者；治庄后儒进而把庄子贬斥修身者关、比之"好名"，移花接木于不修身的桀、纣。均与"名实者圣人之所不能胜"无法兼容。但伐有扈者非禹，而是禹之子启。有扈氏为禹之庶子、启之庶兄。《夏本纪》："有扈氏不服，启伐之，大战于甘。将战，作《甘誓》。（中略。）遂灭有扈氏。天下咸朝。（中略。）太史公曰：禹为姒姓，其后分封，用国为姓，故有夏后氏、有扈氏。"《容斋续笔》卷九："有扈氏。《夏书·甘誓》，启与有扈大战于甘，以其'威侮五行，怠弃三正，天用剿绝其命'为辞，孔安国传云：'有扈与夏同姓，恃亲而不恭。'其罪如此耳。而《淮南子·齐俗训》曰：'有扈氏为义而亡，知义而不知宜也。'高诱注云：'有扈，夏启之庶兄也，以尧、舜举贤，禹独与子，故伐启。启亡之。'此事不见于他书，不知诱何以知之？传记散轶，其必有以为据矣。庄子以为'禹攻有扈，国为虚厉'，非也。"庄子移启于禹，意在贬禹。《淮南子》所言"有扈氏为义而亡"的历史真相，则被儒生遮蔽至今。

第三层之奥义：寓言中的孔子是庄学俗谛的代言人。贬斥关、比修身好名，贬斥尧、禹用兵求实，贬斥圣君贤臣“好名求实无已”，完全不合孔学。[1]

“人之民”晦藏奥义：篇中诸多“人”字均指君主，与“民”对举[2]。前例有“暴人”、“人恶其有美”、“人必反灾之”、“若殆为人灾夫”、“因案人之所感”、“祈乎人善之，祈乎人不善之”、“与人为徒”、“人臣”、“为人使”、“而况人乎”、“人道”等。后例有“轻用民死”、“民其无如”、“人之民”、“匹夫”等。按照孔子倾力维护的宗法伦理，君主及君主五服之内的子孙称“人”，即“劳心”之“君子”、“人之臣”[3]；君主之属民称“民”，即“劳力”之“小人”、“人之民”。宗法伦理视庶民为群氓，不称为“人”，仅称“小人”。主张万物齐一、众生平等的庄子，反对把人类分为不同等级的宗法伦理，因此“内七篇”唯一提及“小人”之处，就是对“君子/小人”的彻底颠覆：“天之小人，人之君子；天之君子，人之小人。”（《大宗师》）

庄子主张“无名”、“无功”，反对“好名”、“贪功”。《逍遥游》许由拒绝尧让天下曰：“吾将为名乎？名者实之宾也。吾将为实乎？鹪鹩巢于深林，不过一枝；鼹鼠饮河，不过满腹。”“一枝”、“满腹”是保身所需的正当“求实”，不属“贪功”；超出所需的“求实无已”，方属“贪功”。

以上辨析浅层俗谛的“人间喜剧”第一幕第一场终。孔子论毕“往谏”实为“往刑”，颜回再唱对台戏不合其性格[4]，因此庄子让孔子激将，令颜回“语我”，以便继续辨析深层俗谛。

颜回曰：“端而虚，勉而一，则可乎？”

---

[1] 孔子盛赞比干、尧、禹。《论语·微子》：“微子去之，箕子为之奴，比干谏而死。孔子曰：‘殷有三仁焉。’”《论语·泰伯》：“子曰：大哉，尧之为君也！（中略。）禹，吾无间然矣。”

[2] 后儒避唐太宗李世民之讳，妄改古籍之“民”为“人”。“人之民”使《庄子》部分躲过此劫，因为改为“人之人”不通。

[3] 君主之子谓之“君子”，君主之孙谓之“公孙”，故“公孙”为列国均有之大姓。君主后裔，五服之内谓之“诸公子”。君主之子、之臣即便被封五等爵之最高爵位，子孙爵位一世一降，五世之后降为庶民、“小人”。故孟子曰：“君子之泽，五世而斩。”

[4]《论语·先进》：“子曰：回也，非助我者也！于吾言，无所不说。”

## 今译

颜回说："我进谏之时神色端庄而态度谦虚，尽心尽力而话题专一，是否可行？"

"端虚勉一"卮言，回应孔言"杂多扰忧"。颜回听令继续充当孔子发挥俗谛的靶子。

颜回说：那么我神色端庄，态度谦虚，立意诚恳，话题专一，对事不对人地只批评治国方式，不批评治国之君，可否免刑？

（仲尼）曰："恶！恶可！夫以阳为充孔扬，采色不定，常人之所不违。因案人之所感，以求容与其心。名之曰日渐之德不成，而况大德乎？将执而不化。外合而内訾[1]，其庸讵可乎？"

## 今译

仲尼说："不！不可行！内心激昂却冒充谦虚，神色不定，常人也不能违背这种情形。你想揣摩卫君感受，冀求谏言容纳于卫君之心。这是说日渐养成的后天习性尚难改变，何况天性大德呢？卫君将会坚执成心而顽固不化。你将会外表附合而内心非议，怎么可行呢？"

"外合内訾"卮言，孔子继续反对往谏。奥义藏于"日渐之德"及"大德"。

孔子仍说"不可"，因为颜回做不到"端而虚，勉而一"：你义愤填膺而阳气冲动，又不得不克制冲动，佯装平静，因而表情阴阳不定，这是"常人不违"

[1] "訾"前旧衍"不"字。郭象为自圆反注而妄增原文。"訾"训非议、诋毁、批评、厌恶。"外合而内訾"意为貌合而神离。"外合而内不訾"意为貌合神不离，不通。

的进谏常态。你必须争取卫君好感，冀求谏言获得接纳，因此神态不可能端庄，谦虚不可能真诚；论事不论人的表面诚恳，实为既论事又论人的严厉批评。说服世人改变积习小德尚且不易成功，何况说服君主改变天性大德？卫君必定固执不纳谏言。你必定外表假装相合，内心非议更甚，怎么可能免刑？

“日渐之德”指日渐养成的后天积习，“大德”指道所分施的先天德性[1]。第二场孔言，虽非孔子实有之言，却是孔子可有之言，是庄子模拟孔子总结其长期游说诸侯的经验教训[2]，也是《齐物论》“我与若与人俱不能相知也，而待彼（道）”的形象说明。

第二场孔言符合孔学之实，也符合庄学俗谛，是庄子对孔子的再次“然于然”。其洞察人性的深刻透彻，不仅可让闻一知十的颜回心悦诚服，而且足令素喜诘孔的子路难以为继，因此庄子不再让孔子令颜回“语我”。然而庄子还要借颜回之口阐明真谛，进而超越孔学，于是又进入第三场。

（颜回曰：）“然则我内直而外曲，成而上比。内直者，与天为徒；与天为徒者，知天子之与己皆天之所子，而独以己言祈乎人善之、祈乎人不善之耶[3]？若然者，人谓之童子。是之谓与天为徒。外曲者，与人为徒也[4]；擎跽曲拳，人臣之礼也，人皆为之，吾敢不为耶？为人之所为者，人亦无疵焉。是之谓与人为徒。成而上比者，与古为徒；其言虽教，责之实也[5]，古之有也，非吾有也。若然者，虽直而不病。是之谓与古为徒。若是，则可乎？”

[1]《论语·阳货》：“子曰：性相近，习相远。”《论语·子张》：“子夏曰：大德不逾闲，小德出入可也。”“性”即“大德”。“习”与“小德”，即“日渐之德”。

[2]《论语·卫灵公》：“子曰：可与言而不与之言，失人；不可与言而与之言，失言。知者不失人，亦不失言。”失人、失言均非泛指，专指对君主进言。

[3] 两“祈乎”后，旧皆衍“而”字。与《逍遥游》两“举世”后皆衍“而”字同。

[4]“与人”后旧衍“之”字。闻一多、王孝鱼、王叔岷、陈鼓应据赵谏议本校删。

[5]“责”原作“谪”。郭注、成疏训“谪”为“责”不误，训“责”为“谴责”则非。“责”训“核查”。“循名责实”为诸子常言，意为：根据“名”，核查“实”。

## 今译

颜回说："那么我保持内德正直而婉曲因应外境，仅举成例而上比古史。保持内德正直，就是德心与天道同行；德心与天道同行之人，彻悟天子与自己，都是天道之子，何必在乎吾之谏言是被卫君赞成还是不被卫君赞成？如此之人，人们称为童子。这就叫德心与天道同行。婉曲因应外境，就是身形与人道周旋；拱手跪拜弯腰抱拳，这是人臣应守之礼，众人皆为，我怎敢不为？为众人所为之事，卫君必难指摘。这就叫身形与人道周旋。仅举成例而上比古史，就是与古人同行；我之谏言虽属教诲，然而言必有据，古已有之，非我编造。如此之人，即使直谏也无可指责。这就叫与古人同行。如此进谏，是否可行？"

"与天为徒"卮言，颜回转而教诲孔子。奥义藏于"知天子之与己皆天之所子"。

与第一第二场孔言多于颜言不同，第三场变为颜言多于孔言。孔、颜的师徒关系易位，发生戏剧性逆转。

颜言首句"然则我内直而外曲，成而上比"总领，意为：既然论事不论人地退让半步不行，我就连半步也不退让，坚持因循内德，恰当因应外境，正告卫君以史为鉴。

随后颜言也分三层，颜回开始"有教无类"、"诲人不倦"地教诲孔子。

颜言第一层，"与天为徒"的颜回，是庄学真谛的代言人。庄子借颜回之口，强调"内直"即因循内德的优先性，进而道出石破天惊的十字金言："天子之与己，皆天之所子。"然而十字金言问世至今两千余年，始终湮没在旧庄学谬注妄疏的《人间世》全文之中，从未被人单独拈出并予正确阐释。[1]

---

[1] 郭象反注："物无贵贱，得生一也。"成疏紧跟："帝王与我，皆禀天然。"庄子的支离其言晦藏奥义，旧庄学的谬注妄疏遮蔽奥义。参见《外篇·庚桑楚》："人之所舍，谓之天民；天之所助，谓之天子。"

“独以己言祈乎人善之、祈乎人不善之耶”，隐扣《养生主》之“不善善，不恶恶”。颜言第一层意为：内德正直的与天为徒者，明白天子与我均属人格平等的天道之子，何必在乎己言是否被君主“善之”或“不善之”？与天为徒者，必葆童心真德。

颜言第二层，“与人为徒”的颜回貌似孔学代言人，实为庄学代言人。“与人为徒”的颜言第二层，孤立而言固然符合“与人为徒”的孔学之实，但在寓言语境中实以“与天为徒”的颜言第一层为前提：既然天子与我人格平等，那么我也应该尊重卫君之人格，因此愿意适当遵守庙堂礼仪。

代表庄学的颜言“内直而外曲”，与代表孔学的孔言“外合而内訾”，似之而非，差别微妙。相似之处是：“内直”、“内訾”相近，“外曲”、“外合”相近。差别之处是：颜言把“与天为徒”、因循内德的“内直”列于首位，属于游方之外的真谛；把“与人为徒”、因应外境的“外曲”置于其次，属于游方之内的俗谛。孔言把因应外境的“外合”列于首位，把因循内德的“内訾”置于其次，而且不分二谛，均属游方之内的人间视点。

这正是庄学与孔学的本质差别：庄学主张先“与天为徒”地因循内德，再“与人为徒”地因应外境，从而顺应天道地超越专制困境。而孔学缺乏“与天为徒”的因循内德，仅有“与人为徒”的因应外境，从而违背天道地屈服于专制困境。承认“与人为徒”的必要性，是庄子对游方之内者的同情之理解；否定“与人为徒”的优先性，则是庄子对游方之内者的超越性批判。

颜言第三层，“与古为徒”的颜回成了“与天为徒”的庄子和“与人为徒”的孔子之合体。“与古为徒”即“好学”，正是孔、颜、庄三人的共性[1]。“三位一体”的颜回说：最后我与古为徒，列举既成历史教训。我对卫君虽有教诲，但是循我谏言，核查古史，均为实有，非我虚构。那样是否可能免刑？

为了保持寓言的文学真实，庄子让颜回用十字金言教诲孔子之后回归弟子身份，“内直而外曲”地敬问孔子：“若是，则可乎？”

[1]《论语·公冶长》：“哀公问：‘弟子孰为好学？’孔子对曰：‘有颜回者好学，不迁怒，不贰过。不幸短命死矣！今也则亡，未闻好学者也。’”

仲尼曰："恶！恶可！太多政，法而不谍，虽固亦无罪。虽然，止是耳矣，夫胡可以及化？犹师心者也。"

## 今译

仲尼说："不！不可行！匡正方式太多，照此实行难达己意，虽然确实可能不被治罪。但是仅止于此，怎么可能感化卫君？你和卫君仍将各师成心。"

"师心"卮言，孔子态度微妙转变。奥义藏于"无罪"、"师心"。

孔子受教以后仍说：哼！怎么可以！你的政见层次太多，照此办理难以通达己意让卫君接纳，尽管确实可能不被治罪。不过仅止于此，哪里谈得上感化卫君？你和卫君仍将继续自师成心。

表面上孔子仍在坚持己见，其实态度已有微妙转变：历史上的孔子最重君臣纲常之"正名"，然而寓言中的孔子不仅对"大逆不道"的十字金言未加反驳，反被十字金言说服，不再坚持往谏必属"往刑"，反而承认往谏"固亦无罪"。可见寓言中的孔子已被颜回"策反"。孔言"犹师心者也"晦藏奥义："与天为徒"的颜回已非孔子之徒，而是庄学真谛的代言人；十字金言是颜回自师其心所得，而非师事孔子所得。

"师心"意为自师成心，成心即价值观。孔子、庄子的价值观天然对立，对"成心"的定义，以及对十字金言究属"师心"还是"师道"的判断，也截然相反：维护宗法伦理的孔子认为，人与人天然不平等，维护君臣纲常才是师道卫道；居下位者（如颜回）欲与居上位者（如卫君）人格平等，是自师成心、违背天道的人格自我膨胀。反对宗法伦理的庄子则认为，人与人天然平等，颠覆三纲六纪才是师道卫道；居上位者（如卫君）自居人格高于居下位者（如颜回），才是自师成心、违背天道的人格自我膨胀。

以上从深层俗谛转入浅层真谛的第三场终。然而庄子还有深层真谛尚待展开，于是又进入第四场。

颜回曰：“吾无以进矣，敢问其方？”

仲尼曰：“斋，吾将语若。有心而为之[1]，其易耶？易之者，皞天不宜。”

颜回曰：“回之家贫，唯不饮酒不茹荤者数月矣。如此，则可以为斋乎？”

曰：“是祭祀之斋，非心斋也。”

回曰：“敢问心斋？”

仲尼曰：“一若志[2]！无听之以耳而听之以心，无听之以心而听之以气。耳止于听[3]，心止于符。气也者，虚而待物者也。唯道集虚。虚者，心斋也。”

## 今译

颜回说：“我已别无良策，请问进谏的方法？”

仲尼说：“你先斋戒，我再告诉你。自师成心而有为，岂能轻易成功？以为轻易之人，天道以为不宜。”

颜回问：“我家境贫寒，不饮酒不食荤已有数月。如此，可否视为斋戒？”

仲尼说：“这是祭祀鬼神的身形之斋戒，而非信仰天道的德心之斋戒。”

颜回问：“何为信仰天道的德心之斋戒？”

仲尼说：“专一你的心志！勿用耳朵倾听而用心灵倾听，勿用成心倾听而用德心倾听。耳朵止于有声之声，成心止于有形之形。德心，就是冲虚而能容物的天池。天道仅仅栖止于冲虚之德心。自逍己德而冲虚，就是德心之斋戒。”

“心斋”卮言，孔、颜均成庄学代言人。奥义藏于“唯道集虚”。

---

[1] 旧脱“心”字。刘文典据《阙误》及郭注“夫有其心而为之者，诚未易也”校补。王叔岷、陈鼓应从之。

[2] “一若志”旧误倒为“若一志”。刘文典、王叔岷、钱穆据成疏“一汝志心”校正。

[3] 旧误倒为“听止于耳”。王叔岷采俞樾说，据成疏“止于听”校正。陈鼓应从之。

寓言之始，孔子批评颜回往谏卫君源于“好名”、“贪功”。经过三场往复辩论，颜回“无以进”而“敢问其方”，请教如何方能不“好名”、“贪功”，达至“无名”、“无功”。由于“无名”、“无功”从属于庄学根本义理“无己”，于是孔子教以“心斋”。“心斋”像《齐物论》“丧我”一样，也是“无己”的变文。因此从第四场起，已被“策反”的孔、颜师徒均成庄学真谛的代言人，对话超出了陷溺人间视点、偶尔符合俗谛的孔学樊篱。

颜回问：既然夫子承认弟子往谏无罪，只是无诏往谏不仅无效，且有危殆，那么弟子该怎么做？

孔子答：你先斋戒，我再告诉你。有心而人为的往谏，岂能轻易成功？倘若以为轻易，就违背了无为的天道。

颜回问：我家里穷，不饮酒不食荤已有数月。还需另行斋戒吗？

孔子答：这是祭祀天神的身斋，而非信仰天道的心斋。

颜回问：何为信仰天道的心斋？

孔子答：专一你的心志！不要用耳朵倾听，而要用心灵倾听；不要用后天成心倾听，而要用先天德心（气）倾听[1]。耳朵仅能倾听人籁地籁，德心方能倾听天籁的符征。用德心倾听必须德心冲虚，方能独待彼道[2]。天道只会进入冲虚的德心。修炼德心使之冲虚，就是心斋。

孔言“一若志”之“一”，指德心专一；上文颜言“勉而一”之“一”，指话题专一。孔言“唯道集虚”之“虚”，指内德冲虚；上文颜言“端而虚”之“虚”，指外形谦虚。第二场颜言“一”与“虚”，属孔学范畴；第四场孔言“一”与“虚”，属庄学范畴。

庄子认为，唯有冲虚的德心，方能感悟虚无的天道。倘若德心不能冲虚，不论天池多大，能够装入的万物终究有限，迟早必会装满。装满万物的德心必

[1] 参考伪《文子·道德》所袭庄文（以“神”代“气”）：“上学以神听，中学以心听，下学以耳听。以耳听者，学在皮肤；以心听者，学在肌肉；以神听者，学在骨髓。”

[2] 原文“虚而待物”，“物”指“道”。称“道”为“物”承自老聃，是无可奈何的借用，因为道不可名。《老子》二十一章：“道之为物，惟恍惟惚。”二十五章：“有物混成，先天地生。吾不知其名，强字之曰道。”

不圆满，仅是自满。

以上辨析深层真谛的第四场终。由浅入深的辨析已毕，于是进入收煞第一幕的第五场。

颜回曰：“回之未始得使，实有回也[1]；得使之也，未始有回也。可谓虚乎？”

夫子曰：“尽矣。吾语若，若能入游其樊，而无感其名。入则鸣，不入则止。无门无毒，一宅而寓于不得已，则几矣。绝迹易，无行地难。为人使，易以伪；为天使，难以伪。闻以有翼飞者矣，未闻以无翼飞者也；闻以有知知者矣，未闻以无知知者也。瞻彼阕者，虚室生白，吉祥止也[2]。夫且不止，是之谓坐驰。夫徇耳目内通，而外于心知，鬼神将来舍，而况人乎？是万物之化也，禹、舜之所纽也，伏羲、几蘧之所行终，而况散焉者乎？”

## 今译

颜回说：“未得到夫子准许出使之时，弟子确实‘有我’；得到夫子准许出使以后，弟子已经‘丧我’。如此可算德心冲虚吗？”

夫子说：“达于至境了。我告诉你，你可以入游庙堂樊笼，然而勿被‘君主’假名迷惑。卫君听得入耳就进言鸣放，卫君听不入耳就知殆而止。勿开医国之门，勿近毒民之药，德心寄于一宅而寓于不能停止的自适其适，庶几或能趋近彼道。隐身绝迹容易，行地无迹困难。被人道役使，易于违背德心；被天道驱使，难以违背德心。曾闻有真德之翼而能翱翔外境，未闻无真德之翼而能翱翔外境；曾闻有真谛之知而达俗谛之知，未闻无真谛之知而达俗谛之知。仰望天道高阕的至

[1]“有”旧讹为“自”。奚侗、陈鼓应据下文“未始有回”校改。郭注：“未使心斋，故有其身。”成疏：“谓颜回之实有也。”可证郭、成本均作“有”，但所释均非。

[2]“也”旧讹为“止”。俞樾、奚侗、王叔岷据《淮南子·俶真训》“虚室生白，吉祥止也”、《列子·天瑞》“虚室生白，吉祥止耳”校改。旧庄学不知讹文，均曲说“止止”。

人，心室冲虚生白，吉祥栖止德心。游心天道永无止境，这叫身坐心驰。收视返听而内通德心，超越成心之知，鬼神亦将前来投宿，何况人呢？化育万物的天道，是夏禹、虞舜欲往的枢纽，伏羲、几蘧欲达的终极，何况凡庸俗君呢？”

“不得已”卮言，阐明游方之内的“行于当行，止于当止”。奥义藏于“入游其樊”。

庄子用“夫子”替代“仲尼”，自己隐身出场。

颜回问：夫子不允许弟子出使卫国往谏卫君，确实是因为弟子“有我”。假如夫子现在允许弟子出使卫国往谏卫君，弟子已能做到“丧我”。这可算内德冲虚吗？

“夫子”总结陈述：做到“丧我”就达至尽头了。我告诉你，你不妨游历卫君樊笼，但不要被其“君主”假名迷惑。倘若卫君欢迎并信任你，你不妨因势利导进谏；倘若卫君不欢迎也不信任你，你必须知殆而止[1]。不妄开医治国事之门，不趋近荼毒民众之药[2]；住在你自己的内德之宅中，寄身于受天道驱使而无法停止的正当言行，就接近至人了。不行路而无足迹容易，行路而无足迹困难。被人君役使，容易违背内德；被天道驱使，难以违背内德。听说过有内德的翅膀而能翱翔外境的，没听说过无内德的翅膀而能翱翔外境的；听说过达至真谛之知从而达至俗谛之行的，没听说过未达真谛之知也能达至俗谛之行的。看那心有高阕的至人，心房冲虚而葆光生白，吉祥之光栖止德心。葆光常驻的德心，遨游六合之外，这叫身坐而心驰，逍遥而神游。因循内德的至人超越成心抵达至知，鬼神都将留宿其心房，何况卫君？足以感化万物的至人，是圣君禹、舜向往的枢纽，古圣伏羲、几蘧行道的目标，难道凡庸君主会不向往吗？

“入游其樊而无感其名”，前射《养生主》“不祈畜乎樊中”及《齐物论》“假君假宰”。“为人使，易以伪；为天使，难以伪”，辨析了被假君假宰役使与被真

---

[1] 隐扣孔子反复申论之“不可则止”。《论语·颜渊》：“子曰：忠告而善道之，不可则止，毋自辱焉。”《论语·先进》：“子曰：以道事君，不可则止。”

[2] “无门”上扣“医门多疾”，“无毒”意为“无近药毒”。旧庄学不知“无门”上扣“医门”，均予曲说。

君真宰驱使的本质差异。“为人使”、“而况人乎”之“人”，在寓言中专指卫君，又超越寓言泛指一切君主。“散焉者”与下文“散人”义同，“散”训凡庸。“散焉者”与“禹、舜、伏羲、几蘧”对举，在寓言中也专指卫君，又超越寓言泛指逊于古之圣君的后世凡庸君主。

“一宅而寓于不得已，则几矣”，是“内七篇”首见之“不得已”。强调“不得停止”地因循内德，为人生第一要义。

以上收煞第一幕的第五场终。孔子从阻止颜回往谏，转变为不仅不反对，反而支持他行于当行，但又告诫他止于当止，亦即“入则鸣，不入则止”。在庄子的导演下，孔子抱怨的“非助我者”颜回，在寓言中成了助孔者。已闻真谛的孔“夫子”，成长为庄“夫子”。

在《人间世》篇幅最长的核心寓言“颜回往刑”中，孔子主要充当庄学俗谛的代言人，颜回主要充当庄学真谛的代言人。庄子运用俗谛对孔学“不然于不然”、“然于然”之后，又运用真谛对孔学“不然然”、“然不然”。旧庄学陷溺尊孔成心，所释无一可通。

## 二 叶公使齐，被动近患

“游方之内”如何逃刑免患的“人间喜剧”第二幕，是“叶公使齐”寓言。主角仍是孔子，配角则是古今闻名的叶公。叶公丑名传于后世，是因为曾任韩相的郑人申不害的寓言“叶公好龙”[1]。叶公贤名留于青史，是因为前480年（颜回死后次年）平定楚国白公之乱，扶佐楚惠王复位之后功成身退[2]，属于游方之内的行于当行、止于当止者。

叶公，楚庄王玄孙，姓沈，名诸梁，字子高，封于河南叶县。

---

[1] 参阅拙著《寓言的密码》四十章“谁是龙的传人——叶公好龙”。

[2] 参见《左传·哀公十六年》,《史记·楚世家》及《史记·伍子胥列传》。

叶公子高将使于齐，问于仲尼曰："王使诸梁也甚重，齐之待使者，盖将甚敬而不急。匹夫犹未可动，而况诸侯乎？吾甚慄之。子常语诸梁也，曰：'凡事若小若大，寡不道以欢成。事若不成，则必有人道之患；事若成，则必有阴阳之患。若成若不成而后无患者，唯有德者能之。'吾食也执粗而不臧，爨无欲清之人。今吾朝受命而夕饮冰，我其内热欤？吾未至乎事之情，而既有阴阳之患矣；事若不成，必有人道之患。是两也，为人臣者不足以任之。子其有以语我来！"

## 今译

叶公子高即将出使齐国，遂问仲尼说："楚王对我出使寄望甚高，齐君接待楚国使臣，大概将会十分恭敬却不急于应允所请。庶民尚难说动，何况诸侯呢？我很害怕。先生常常教诲我说：'凡事不论小大，少有不合天道而能欢然办成。事若没有办成，必有人道外患；事若办成，必有阴阳内患。不论成或不成均无祸患，唯有葆全真德者方能做到。'我对饮食求粗不求好，口味不求清凉。如今我早晨受命而晚上饮冰，我恐怕已生内热了吧？我还没去办事，已有阴阳内患；事若没有办成，必有人道外患。这两种情形，是身为人臣的我不足以胜任的。先生必定有以教我！"

"内热"卮言，叶公之言。奥义藏于"人道之患"及"阴阳之患"。

叶公为楚使齐之前，唯恐有殆，于是绕道拜访旧识孔子[1]，请教如何免患，也像颜回一样开言即引孔言：楚王对我出使寄望甚高，齐君对待楚国使臣，必定礼数周到但不急于应允所请。庶民尚难说动，何况诸侯？我很害怕。先生常对我说："不论事务小大，不合天道罕有美好结局。不合天道地把事办砸，必有人道外患（被君主的名教刑教惩罚）；不合天道地把事办成，必有阴阳内患（因违

[1] 孔子周游列国曾至叶公封地叶（今河南叶县），故叶公曰"子常语诸梁"。《论语·子路》载孔、叶对话二条。

心内疚而阴阳失调)。不管办成办砸均无灾患,唯有因循内德者方能做到。”我对饮食求粗不求好,口味不喜清凉,为何早上受命使齐,晚上却因内热而不得不饮冰?看来我因应外境未达人事的实情,已有阴阳内患;假如到齐之后事没办成,必有人道外患。两患难免,看来我不足胜任人臣之务。先生可否有以教我?

“人道”即陷溺人间视点、以宗法伦理为核心的孔学樊篱,与庄学俗谛的认知之域相同,但是认识相异。“人道之患”即“处世”外患,“阴阳之患”即“养生”内患。[1]

仲尼曰:“天下有大戒二:其一命也,其一义也。子之爱亲,命也,不可解于心;臣之事君,义也,无适而非君也。无所逃于天地之间,是之谓大戒。是以夫事其亲者,不择地而安之,孝之至也;夫事其君者,不择事而安之,忠之盛也。自事其心者,哀乐不易施乎前,知其不可奈何而安之若命,德之至也。为人臣、子者,固有所不得已。行事之情而忘其身,何暇至于悦生而恶死?夫子其行可矣。”

## 今译

仲尼说:“天下大戒有二:其一是天道之命,其二是人道之义。子女敬爱双亲,是天道永恒之命,不可解脱于德心。臣仆事奉君主,是人道暂时之义,如今天下到处都有君主。天地之间无处可逃,这就叫作大戒。所以子女侍奉双亲,不论在何处都让双亲安心,是孝之极致。臣仆事奉君主,不论做何事都让君主安心,是忠之极盛。自事德心之人,哀乐不易呈现面前,明白人道之义暂时不可奈何而安之如同天道之命,是葆德之极致。身为臣仆、子女,固有不得停止的事务。践行事务之实情,而丧忘自身之得失,哪有闲暇贪生怕死?夫子照此而行即可。”

[1] 参见《外篇·列御寇》:“罹外刑者,金木讯之;罹内刑者,阴阳食之。”

“自事其心”卮言，符合孔学的孔言第一层。奥义藏于“自事其心”及“若命”。

颜引孔言被孔子否定，晦藏庄子对孔学的“不然于不然”；叶引孔言被孔子肯定，晦藏庄子对孔学的“然于然”。孔对叶言，也分三层。

孔言第一层，先言“无所逃于天地之间”的人生二戒：一是因循内德的“爱亲”之“命”，二是因应外境的“事君”之“义”。颜回寓言结尾处首见的“不得已”，阐明“不得停止”地因循内德是人生第一要义，即二戒之首的“命”。本节“为人臣、子者，固有所不得已”，是第二见的“不得已”，阐明“不得停止”地因应外境是人生第二要义，即二戒之末的“义”。庄子不仅在《养生主》中肯定孔学关于“养亲”的合理内核，而且在《人间世》中对孔学关于“事君”也抱有同情之理解，承认人生二戒是人子、人臣“不得已”的俗务。

针对叶言“朝受命”，孔言微妙暗示君主之“命”并非真“命”，而是“义”。“事君”之“义”与“爱亲”之“命”，固然并列为人生二戒，然而“义”不同于“命”，仅是“若命”。“知其不可奈何而安之若命，德之至也”，揭破两者的本质差别：“爱亲”的内德之“命”永恒不变，“事君”的外境之“义”随时变迁。因此对于“事君”之“义”，庄学真谛主张“忘义”（《齐物论》），庄学俗谛主张首先“知其不可奈何”，其次“安之”，最后视为“若命”。倘若把不断变迁的“若命”，等同于永恒不变的定“命”，甚至颠倒为“事君”高于“爱亲”，就不是因循真德的“因是”，而是因循伪德的“因非”。

与人格自我膨胀的“自师成心”不同，“自事其心”则是正视自我人格的自事德心，即因循内德。

叶公与颜回有三点不同。一是身份不同：颜回既非卫臣，更非卫室宗亲；叶公既是楚臣，又是楚室宗亲[1]。二是性质不同：颜回往谏卫君，是主动近刑；叶公为楚使齐，是被迫近患。三是认识不同：颜回不知有殆，从而“易之”；叶公预知有殆，因而“慄之”。颜回欲管异国之事，混淆内德之“命”与外境“若命”之“义”，故孔子阻行。叶公为本国出使，而且国事即其家事，内德之“命”与

[1] 成疏：“楚庄王玄孙，姓沈，名诸梁，字子高，封于叶。”

外境“若命”之“义”合一，故孔子劝行。[1]

孔言第一层基本符合孔学本色，但已极富庄学色彩。结语“夫子其行可矣”，表明孔子本色语业已结束。

(仲尼续曰：)“丘请复以所闻：凡交，近则必相靡以信，远则必忠之以言；言必或传之。夫传两喜两怒之言，天下之难者也。夫两喜必多溢美之言，两怒必多溢恶之言。凡溢之类妄，妄则其信之也莫，莫则传言者殃。故《法言》曰：‘传其常情，无传其溢言，则几乎全。’且以巧斗力者，始乎阳，常卒乎阴，泰至则多奇巧。以礼饮酒者，始乎治，常卒乎乱，泰至则多奇乐。凡事亦然。始乎谅，常卒乎鄙；其作始也简，其将毕也必巨。”

## 今译

仲尼说：“请让我再转述所闻之教：凡是交往，亲近必须相互磨合增进信任，疏远必须相互忠诚沟通言语。言语必须有人传递。传递双方喜悦、双方愤怒之言，是天下至难之事。双方喜悦必多溢美之言，双方愤怒必多溢恶之言。凡是溢美溢恶之言均属虚妄，虚妄则诚信全无，诚信全无则传言之人必定遭殃。所以《法言》说：‘只传符合常情的实话，不传超出常情的溢言，就能趋近自我保全。’凭借技巧斗力之人，开始使用阳招，而后常使阴招，极致就是出奇弄巧。遵循礼仪饮酒之人，开始规矩守礼，而后常至犯规，极致就是疯狂作乐。凡事大抵如此。始于诚信，而后常至卑鄙；开始之时简朴，将要完毕必定繁复。”

“溢言”卮言，孔、庄合体的孔言第二层。奥义藏于“行事之情”。

[1]《论语·先进》：“子路问：‘闻斯行诸？’子曰：‘有父兄在，如之何其闻斯行之？’冉有问：‘闻斯行诸？’子曰：‘闻斯行之！’（中略。）子曰：‘求也退，故进之；由也兼人，故退之。’”子路当止不止，故孔子退之；冉有当行不行，故孔子进之。上则寓言之颜回，相当于子路；本则寓言之叶公，相当于冉有。

以“丘请复以所闻”转折，是庄子的幽默，表明孔言第二层并非鲁人孔丘之言，而是百余年后的宋人庄周之言。

孔言第一层笼统而缺乏操作性，孔言第二层则具体而颇具操作性：凡是交往，关系亲近必须相互信任，关系疏远必须相互忠诚[1]。两者之间有时必须由使者传递言语。传递交好双方与交恶双方之言，是天下至难之事。双方交好则言多溢美，双方交恶则言多溢恶。凡是溢出之言均属虚妄不实，虚妄不实必无信用，溢言的传递者必定遭殃。故《法言》说：“只传递符合常情之言，不传递超出常情的溢言，方能趋近全生。”[2]凭借智巧争斗之人，开始均用阳招，逐渐有人使用阴招，最后无人再用阳招，全都改用阴招。按照礼仪饮酒之人，开始均守礼仪，逐渐有人违背礼仪，最后无人再守礼仪，全都疯狂作乐。世事大抵如此。开始无不善良，逐渐变得鄙恶；起初无不简朴，最终雕琢繁复。

孔言“行事之情而忘其身”，叶言“吾未至乎事之情”，两者重言的“事之情”，是“人事之情”的略语。《养生主》老聃寓言之“悖情”，是“悖于人事之情”的略语，庖丁寓言之“依乎天理”，则是“依乎天道之理”的略语。孔言又为“情”前缀定语“常”——也做“理”之前缀。“常情”是未被成心扭曲的客观人事之情，“溢言”则是已被成心扭曲的主观人事之情。所谓“合情合理”，就是既因循内德，合于人之常情；又顺应天道，合于天之常理。

理论上，无人不愿既合天之常理、又合人之常情地行于当行、止于当止；然而实际上，专制社会视为“天之经”的所谓“常理”，视为“地之义”的所谓“常情”，均属违背真道的伪道俗见，因而游方之内者常常有殆有患地行于不当行，止于不当止。

（仲尼再续曰：）“夫言者，风波也；行者，实丧也。风波易以动，实丧易以危。故忿设无由，巧言偏辞。兽死不择音，气息茀然，于是

---

[1] 忠诚逊于信任：忠诚未必信任，信任必定忠诚。

[2] “几乎全”为“几乎全生”之略语。《法言》为庄子杜撰之书，与《逍遥游》之《齐谐》同。汉儒扬雄取庄子语撰著《法言》，足证古无同名之书。

并生厉心[1]。剋核太至，则必有不肖之心应之，而不知其然也。苟为不知其然也，孰知其所终？故《法言》曰：‘无迁令，无劝成；过度，溢也。’迁令劝成，殆事。美成在久，恶成不及改。可不慎欤？且夫乘物以游心，托不得已以养中，至矣。何作为报耶？莫若为致命。此其难者。”

## 今译

仲尼说：“言语，如同风吹波动；行为，常常丧失真实。风吹波动容易动摇德心，丧失真实容易趋近危殆。所以忿怒假如没有理由，就会花言巧语偏颇设辞。野兽临死不择好音，气息勃怒，于是产生暴虐之心。刻薄算计太过，他人必以不良之心回应，而自己还不知他人为何如此对我。倘若不知他人为何如此对我，怎能奢望美好结局？所以《法言》说：‘不要改变君令，不要加速成事；越过合理限度，必将溢出常情。’改变君令，加速成事，事必危殆。美事欲成必须恒久，恶事既成不及悔改。因应外境岂可不慎？唯有身形驾乘外物而德心遨游天道，寄托于不得停止的事务而葆养中道，方为人生至境。何须别有酬报？不如达至天道之命。这是至难之事。”

“风波”卮言，代庄子言的孔言第三层。奥义藏于“乘物以游心”及“令”。

像颜回寓言一样，孔言第三层又超出了孔学樊篱，孔子再次成为庄学俗谛的代言人。庄子借孔子之口，用道极视点对陷溺人间视点又颇合俗谛的孔言第一第二层予以超越性批判：言语影响行为，如同风吹导致水波；轻信传言而行，必定背离真实。言语之风，容易引起德心波动；背离真实，容易导致行动危殆。所以被溢言激怒者虽无正当理由，却有机巧之言、偏颇之辞做借口。鸟兽临死鸣吼异常，是因为气息岔乱，已生不良之心。刻薄算计过分，他人为了求生必起不良之心因应，自己还不明白他人为何如此对我。倘若不明白他人为何如此对我，最终结局还能好吗？故《法言》说：“不要改变君令，不要加速成事，超

[1] “厉心”旧误倒为“心厉”。武延绪、王叔岷、陈鼓应已厘正。

出限度必将溢出常理常情。”改变君令，加速成事，事必危殆。美事欲成必须恒久，恶事既成已难悔改。因应外境岂能不慎？驾驭外物以遨游德心，寄身不得停止的因应外境，因循内德达至中道，方为俗谛极致。何须别有酬报呢？最佳酬报就是达至天命。尽管达至天命极难。

孔言第一层已辨析“养亲”的内德之“命”与“事君”的外境之“义”——“若命”；孔言第三层再次辨析：天道真宰的间接驱使、内德真君的直接驱使谓之“命”，故《德充符》曰“受命于天”；假宰假君的外在役使谓之“令”，也就是受令于人。[1]

“乘物以游心”，是《人间世》篇旨的含蓄点题语，也是“逍遥游”的精妙阐释，更是“内七篇”所有“乘/游”句式的核心句。“乘物”阐明因应外境必须非终极地“乘”物，不能终极性地“待”物；“游心”阐明因应外境必须因循内德，不能违背内德。

## 三 颜阖傅储，刑名迫近

“游方之内”如何逃刑免患的“人间喜剧”第三幕，是“颜阖傅储”寓言。孔子暂时退至幕后，但是主角、配角均与孔子有关。

游方之内的卫相蘧伯玉，是与孔子异国同时的卫人。孔子居卫期间师事蘧伯玉，为其家臣或门客[2]。孔、蘧二人，价值观与处世观均极相近[3]，因此蘧伯玉实为孔子之替身[4]。孔子阻止颜回往谏卫君的理由之一是卫国自有贤人，在游方

[1] “命”又与“运”异：人力无法改变先天之“命”，只能改变后天之“运”。“命”属天道，而事君之“义”、君主之“令”、外境之“运”，均属“人道”。旧庄学未明庄子“命/令”之辨，所释无一可通。

[2] 《史记·仲尼弟子列传》：“孔子之所严事：于卫，蘧伯玉。”《史记·孔子世家》：“(孔子)反乎卫，主蘧伯玉家。”《吕览·召类》：“蘧伯玉为相，史鳍佐焉，孔子为客。”

[3] 《论语·卫灵公》：“子曰：直哉史鱼！邦有道，如矢；邦无道，如矢。君子哉蘧伯玉！邦有道，则仕；邦无道，则可卷而怀之。”孔子佯赞史鱼(名鳍)，实褒蘧伯玉。

[4] 《外篇·寓言》：“庄子谓惠子曰：孔子行年六十而六十化，始时所是，卒而非之。”《外篇·则阳》：“蘧伯玉行年六十而六十化，未尝不始于是之，而卒黜之以非也。”亲闻庄、惠对话的庄门弟子，将乃师评孔语移于蘧伯玉，必得庄子亲传。

之内的孔子眼中，蘧伯玉正是卫国贤人。但在游方之外的庄子眼中，蘧伯玉仅是庙堂大知，并非江湖至人。

游方之外的隐士颜阖，是与孔子同国同时的鲁人[1]。颜阖与颜回、叶公价值观迥异。鲁哀公礼聘颜阖出仕，颜阖巧妙托辞弃家远避[2]。出任卫国太傅违背颜阖的价值观，仅是庄子寄托深意的寓言。

在游方之内的颜回主动趋近刑名、叶公被动趋近刑名之后，庄子虚拟了第三种外境：游方之外者固然不欲趋近刑名，然而一旦刑名主动迫近，又该如何因应？

> 颜阖将傅卫灵公太子，而问于蘧伯玉曰："有人于此，其德天杀[3]。与之为无方，则危吾国；与之为有方，则危吾身。其知适足以知人之过，而不知其所以过。若然者，吾奈之何？"

## 今译

颜阖即将出任卫灵公太子蒯聩的师傅，遂问蘧伯玉说："有人在此，天赋物德甚薄。我若教导无方，就会危害卫国；我若教导有方，就会危及吾身。他的心知仅知他人有过，却不知他人为何有过。如此之人，我如之奈何？"

"天杀"卮言，颜阖之言。奥义藏于"不知其所以过"。

"执斧斤"的卫灵公礼聘鲁国隐士颜阖做太子蒯聩的师傅，强召他"入游其樊"，硬要把他"畜乎樊中"。"不祈畜乎樊中"的颜阖推辞无效，又预知有殆，自己名虽为师为傅，实则为臣为役，保身葆德面临莫大危殆，因此从鲁至卫，求教"畜乎樊中"的逃刑免患大师、卫相蘧伯玉。

颜阖对蒯聩的评价是"其德天杀"。"杀"训减损，不可作"殺"[4]；意为内

[1] 除《庄子》、《吕览》外，先秦诸籍及《史记》均不载颜阖。而《吕览》二条全钞《庄子》。

[2] 参见《外篇·让王》"鲁君闻颜阖得道之人也"。

[3] 繁体字诸本，"杀"均讹作"殺"。郭庆藩、王先谦、刘文典、王叔岷皆然。

[4] "殺"训杀生，不可作"杀"。古文"杀"、"殺"形义均异。

德遭受“天之心刑”，因而天池太小，先天德薄。旧庄学谬解“其德天杀”为蒯聩天性酷爱杀人，未明“杀/殺”之异，未窥庄学奥义。

颜阖之“殆”，分为两面：“与之为无方，则危吾国；与之为有方，则危吾身。”由于蒯聩天池太小，先天德薄，颜阖若欲适合其理解力，只能不教正道，但会危及卫国民众；倘若教以正道，又不适合其理解力，就会危及颜阖自身。蒯聩之知为天池所限，仅知他人有过，却不知他人为何有过。如此池小德薄的储君，应该如何因应？

颜阖语“其（卫储）知适足以知人之过，而不知其（人）所以过”，与颜回语“其（卫君）行独，而不见其（卫君）过”，义理相关而有递进。游方之内的颜回，仅仅批评君主师心自用，不知自己行独专制之真过。游方之外的颜阖，进而批评君主仅知他人假过，不知他人假过之源，实为刑名过苛。

俗君僭主以名教、刑教苛责臣民，动辄谓之有“过”，却不知仅是伪道恶法诬陷之“过”。“不善善，不恶恶”的庄子，不视伪道定义之“善”为真善，不视伪道定义之“恶”为真恶。

> 蘧伯玉曰：“善哉问乎！戒之！慎之！正汝身也哉！形莫若就，心莫若和。虽然，之二者有患。就不欲入，和不欲出。形就而入，且为颠为灭，为崩为蹶。心和而出，且为声为名，为妖为孽。彼且为婴儿，亦与之为婴儿；彼且为无町畦，亦与之为无町畦；彼且为无崖，亦与之为无崖。达之，入于无疵。”

## 今译

蘧伯玉说：“问得好啊！要戒惧！要审慎！你要自正己身！身形不如与他亲近，德心不如与他应和。尽管如此，仅仅做到两者仍有危殆。身形亲近而不可投入，德心应和而不可外显。身形亲近而且投入，将被（庙堂刑教）颠覆毁灭，崩溃倒下。德心应和而且外显，将被（庙堂名教）彰扬声名，成妖成孽。太子如同婴儿，你也如同婴儿；太子不拘小节，你也不拘小节；太子漫无边际，你也漫无边际。达至此境，即可无过。”

“妖孽”卮言，符合本色的蘧言第一层。奥义藏于“心莫若和”及“和不欲出”。

蘧伯玉先赞叹问得好，因为颜阖预知有殆，随后反复叮咛颜阖“戒之，慎之”。“正汝身”总领，即躬行正道。具体而言，又分身心两面：“（身）形莫若就，（德）心莫若和”。然而仅仅如此仍然有殆有患，必须身形趋近又不投入，德心应和却不倡导。因为身形趋近到过于投入，太子就容易用刑教颠覆你惩罚你，使你如同奴仆，难以保身。德心应和到主动倡导，太子就容易用名教抬举你异化你，使你如同妖孽，难以葆德。只能不即不离地灵活因应，太子婴儿般任性，你也婴儿般与他嬉戏；太子无城府到何等程度，你也无城府到何等程度；太子漫无边际，你也漫无边际。达至因应外境的俗谛极致，太子即便吹毛求疵也难以指摘。

“心莫若和”、“和不欲出”：“出”即出主意，上扣颜回寓言“知之所为出”。“出”、“和”对举，如同“唱”、“和”对举。蘧言主旨即《德充符》所言“和而不唱”：仅有被动应和，决不主动倡言。[1]

由于史鳝的生荐死谏，导致了卫灵公强召蘧伯玉出任卫相[2]，蘧伯玉只能“不可奈何而安之若命”。蘧言第一层，是他出任卫相后“和而不倡”的夫子自道[3]。“彼且为婴儿，亦与之为婴儿；彼且为无町畦，亦与之为无町畦；彼且为无崖，亦与之为无崖”，正是下文“支离其德”之旨，又预伏后篇《德充符》之“才

[1] 古文“唱”与“倡”同。《齐物论》：“（地籁）前者唱于，而随者唱喁；泠风则小和，飘风则大和。”有心之人籁，前者为唱，随者为和。无心之地籁，虽有先后，实非唱和；先后皆唱，先后皆和。

[2]《韩诗外传》二十一章：昔者卫大夫史鱼（名鳝）病且死，谓其子曰：“我数言蘧伯玉之贤而不能进，弥子瑕不肖而不能退。为人臣生不能进贤而退不肖，死不当治丧正堂，殡我于室足矣。”卫君问其故，其子以父言闻。君造然召伯玉而贵之，而退弥子瑕。

[3]《韩诗外传》十五章：外宽而内直，自设于隐括之中，直己而不直人，善废而不悒悒，蘧伯玉之行也。《左传·襄公十四年》：文子曰：“君之暴虐，子所知也。大惧社稷之倾覆，将若之何？”对曰：“君制其国，臣敢奸之？虽奸之，庸知愈乎？”又《左传·襄公二十六年》：蘧伯玉曰：“瑗不得闻君之出，敢闻其入？”

全而德不形”，更遥伏末篇《应帝王》“吾与之虚而委蛇，不知其谁何”，以及“至人之用心若镜，不将不迎，应而不藏，故能胜物而不伤”。

（蘧伯玉续曰：）“汝不知夫螳螂乎？怒其臂以挡车辙，不知其不胜任也。是其才之美者也。戒之！慎之！积伐尔美者以犯之，几矣。汝不知夫养虎者乎？不敢以生物与之，为其杀之之怒也；不敢以全物与之，为其决之之怒也；时其饥饱，达其怒心。虎之与人异类，而媚养己者，顺也；故其杀之者[1]，逆也。夫爱马者，以筐盛屎，以蜃盛尿。适有蚊虻仆缘，而拊之不时，则缺衔，毁首，碎胸。意有所至，而爱有所亡，可不慎耶？”

## 今译

蘧伯玉说：“你不知螳螂吗？螳螂怒举其臂阻挡车轮，不知自己不能胜任，实为自美其才。要戒惧！要审慎！一再自矜美德而冒犯太子，必近危殆。你不知养虎之人吗？养虎之人不敢用活物喂虎，是因为杀死活物将会诱发杀戮之怒；不敢用全物喂虎，是因为撕裂全物将会激发残忍之怒；洞悉虎之饥饱，驾驭虎之怒心。虎与人是异类，却媚事养虎之人，是因为养虎之人顺道因应外境。所以虎若杀死养虎之人，是因为养虎之人悖道因应外境。爱马之人，用竹筐装马屎，用蚌壳盛马尿。恰有蚊虻飞近马身，爱马之人突然拍击，马会受惊挣脱衔口，踢毁人首，踏碎人胸。善意虽达极致，然而因爱自招死亡，岂可不慎？”

“顺逆”卮言，申论庄学俗谛的蘧言第二层。奥义藏于“意有所至而爱有所亡”。

蘧言第一层尚属蘧伯玉本色，蘧言第二层则是庄子的志怪特色。蘧伯玉遂成庄学俗谛的代言人，连设螳螂、虎、马三喻：你不会没听说过螳螂吧？螳臂挡

[1] “之”字旧脱。王叔岷据《列子·黄帝》校补。陈鼓应从之。

车，不自知不胜任。这是螳螂自美其才，夸大己能。你千万不要像挡车的螳螂那样，务必“戒之！慎之！”一旦自矜美德冒犯太子，危殆就会降临。你不会没听说过如何养虎吧？养虎者不敢把活物和全物给老虎吃，因为杀死活物、撕裂全物会激发、唤起其杀戮之心，而是根据虎之饥饱按时恰当喂食，安抚平息其杀戮之心。虎是与人敌对的异类，却媚事养虎者，是因为养虎者顺应了虎之天性；所以养虎者被虎杀死，是因为违逆了虎之天性。有些爱马者，用柳条筐装马屎，用大蚌壳盛马尿，爱护备至。恰好蚊虻叮咬马身，爱马者突然拍击，惊马咬坏衔口，撞坏笼头，绷断肚带逃走。爱马者出于好意的不当因应导致了事与愿违，因应外境怎能仅有好意而不谨慎呢？

第三则寓言的表层显义是蘧伯玉教诲颜阖，深层奥义是庄子让位极人臣的蘧伯玉大叹“伴君如伴虎”之苦经。这是由他充当孔子替身的部分原因。游方之内的蘧伯玉，已在其位却不谋其政，隐讽游方之内的“内热”者孔子，不在其位而欲谋其政[1]。游方之外的颜阖毫无“内热”，根本无须“饮冰”。

第一组三幕寓言，均与陷溺人间视点的孔子有关，形象说明了“游方之内”逃刑免患的三种外境。让游方之内的“内热”者“饮冰”，自顶至踵连泼三盆凉水。[2]

三幕寓言一总二分：往复辩难的颜回寓言，涵盖庄子对孔子的“不然于不然”、“然于然”、“不然然”、“然不然”。一问一答的叶公寓言，深入展开庄子对孔子的“然于然”；一问一答的颜阖寓言，深入展开庄子对孔子（以蘧伯玉为替身）的“不然于不然”，然而极其隐晦，只有破解全篇结构乃至“内七篇”总体结构方能领悟。

第一组寓言出场的五人中，四人是游方之内者，仅有颜阖是游方之外者。颜回往谏，叶公出使，均为符合其价值观的可有之事。颜阖出仕，则是违背其价值观的必无之事。庄子把第三幕寓言硬栽于颜阖而不移于他人，晦藏甚深奥

[1]《论语·泰伯》：“子曰：不在其位，不谋其政。”

[2]“不惜以今日之我与昨天之我战”的梁启超，从“内热”（对君主热望，主张君主立宪）转为“饮冰”（对君主寒心，主张民主立宪），遂取庄子语，名其书斋“饮冰室”，并冠文集。

义：颜回、叶公服膺孔子的教诲，然而颜阖并不服膺蘧伯玉的教诲[1]。颜阖与蘧伯玉，如同本篇第八寓言的接舆与孔子，价值观截然相反。

孔子曾经多次论及“邦有道，邦无道”的不同“处世”观：“邦有道，危言危行；邦无道，危行言逊。”“邦有道，则仕；邦无道，则可卷而怀之。”“邦有道则知，邦无道则愚。”“有道则现，无道则隐。”[2]孔子关于“邦无道”的处世法则“危行言逊”、“卷而怀之”、“无道则愚”、“无道则隐”，与庄学俗谛相近；然而孔子关于“邦有道”的处世法则“危言危行”、“有道则仕”、“有道则知”、“有道则现”，却与庄学俗谛相远。孔、庄之异在于，孔子认为理想的君主专制就能“有道”，庄子断言一切君主专制必定“无道”。所以庄子仅仅肯定孔子直面“邦无道”的逃刑免患之“行”，而否定孔子幻想“邦有道”的宗法伦理之“知”。把第一组最后一幕寓言硬栽于颜阖，意在暗示游方之内的蘧伯玉言之谆谆，游方之外的颜阖听之藐藐，以便引出游方之外如何逃刑免患的第二组三幕寓言。

## 四　栎树寄社，不材全生

第二组寓言也有三幕，形象说明“游方之外”如何逃刑免患。首先是“人间喜剧”第四幕：“栎树寄社”寓言。

颜阖寓言并未挑明颜阖对蘧伯玉的“不然于不然”，栎树寓言则予挑明，并把颜阖的个案予以泛化，形象说明颜阖这样的游方之外者，一旦格于情势不得不寄身庙堂，也不妨“知其不可奈何而安之若命”，但是全生远害之志不可动摇。

匠石之齐，至于曲辕，见栎社树。其大蔽数千牛，絜之百围；其高临山，十仞而后有枝；其可以为舟者旁十数。观者如市，匠石不顾，遂

[1]《外篇·列御寇》“鲁哀公问乎颜阖”寓言，颜阖贬斥孔子。虽然不能简单移于蘧伯玉，但是足资参考。

[2] 均见《论语》。

行不辍。

弟子厌观之，走及匠石曰：“自吾执斧斤以随夫子，未尝见材如此其美也。先生不肯视，行不辍，何耶？”

曰：“已矣，勿言之矣。散木也。以为舟则沉，以为棺椁则速腐，以为器则速毁，以为门户则液樠，以为柱则蠹。是不材之木也，无所可用，故能若是之寿。”

匠石归，栎社见梦曰：“汝将恶乎比予哉？若将比予于文木耶？夫柤梨橘柚，果蓏之属，实熟则剥，剥则辱；大枝折，小枝抴[1]。此以其能苦其生者也，故不终其天年而中道夭，自掊击于世俗者也。物莫不若是。且予求无所可用久矣，几死，乃今得之，为予大用。使予也而有用，且得有此大也耶？且也，若与予也皆物也，奈何哉其相物耶？尔几死之散人，又恶知散木？”

匠石觉而诊其梦。弟子曰：“趋取无用，则为社何耶？”

曰：“密！若无言！彼亦直寄焉，以为不知己者诟厉也。不为社者，且几有翦乎？且也，彼其所保与众异，尔以义誉之，不亦远乎？”

## 今译

匠石前往齐国，到了曲辕，看见一棵成为社神的栎树。树冠之大可以遮蔽数千头牛，树干之粗达到百臂合围；树冠之高可比山峰，十仞以上始有旁枝，可造舟船的旁枝数以十计。围观之人多如集市。匠石头也不回，继续行路不止。

弟子看够以后，赶上匠石问：“从我手执斧斤跟随夫子至今，未曾见过如此完美的木材。先生不肯一看，行路不止，是何缘故？”

匠石说：“罢了，不必说它了，不过是散木！做成舟船必沉，做成棺椁必定迅速腐烂，做成器具必定迅速毁坏，做成门户必渗树脂，做成梁柱必生蛀虫。

---

[1] “抴”旧讹为“泄”。俞樾正之。王先谦、刘文典、王叔岷、陈鼓应从之。《荀子·非相》杨倞注：“抴，牵引也。”

这是不材之木，无所可用，故能如此长寿。”

匠石回到家，栎社树托梦说：“你用何物比况我？你竟用文木比况我？那些楂、梨、橘、柚，瓜果之类，果实成熟就被摘掉，摘掉果实就是受辱；大枝被砍，小枝被折。这是它们愿意自苦其生，所以不终天年而中途夭亡，自动撞击于世俗斧斤。有用之物无不如此。而我祈求无所可用已经很久，濒于死亡，如今始得如愿，成为我之大用。假使我是有用文木，岂能如此高大？再说，你我均属道生之物，为何把我视为供你砍伐之物？你这濒于死地的散人，又如何能知散木？”

匠石梦觉以后诊断其梦。

弟子问：“既然趋求无用，为何又做社木？”

匠石说：“住口！你勿再言！它也只是寄身庙堂，任凭不知自己之人诟病诋毁。若不寄身庙堂，岂非难逃斧斤修剪？再说，它所保全的与众生相异，你用庙堂之义毁誉它，岂非相差太远？”

“栎树寄社”寓言，形象说明“乘物以游心”。奥义藏于“执斧斤”及“以义誉之”。

“社”即土地庙，隐喻“社稷”即庙堂。栎社树是与长梧子一样的植物人格化，被四境象征系统定位为至人。危害树木的“斧斤”，象征“代大匠斫”的庙堂“人刑”[1]。“执斧斤”的匠石师徒，被定位为倚待庙堂的大知小知。匠石实为孔子之替身，匠石弟子则是孔子弟子之替身[2]。因此栎社树斥匠石，是长梧子斥孔子的变文。

栎树之有用无用，像《逍遥游》惠施、庄子辩论“大瓠”、“大樗”有用无用一样，并非普通意义的有用无用，专指对“庙堂”是否有用。“不材之木”、“无所可用”、“若是之寿”，是“执斧斤”的匠石和“被斧斤”的栎树共同认可的基本事实，也是持庙堂立场的惠施和持江湖立场的庄子对“大瓠”、“大樗”共同

[1]《外篇·胠箧》：“斧钺之威弗能禁。”《外篇·至乐》：“斧钺之诛。”

[2] 除《人间世》通篇义理足证匠石为孔子之替身外，本篇又预留弟子对孔子忽称“夫子”忽称“先生”之疑，至《德充符》常季对孔子先称“夫子”后改称“先生”，再前射扣死。前517年，35岁的孔子带弟子游仕齐国受挫。

认可的基本事实，然而两者利益天然冲突，价值判断截然相反。

匠石认为“文木”价值高于“散木”：“文木”天生德厚，所以能够成材；“散木”天生德薄，所以无法成材。栎树不能为庙堂所用，证明其无价值；无价值的“散木”，“若是之寿”也无价值。对渴望为庙堂所用的“文木”而言，“立之途，匠者不顾”是痛心疾首的莫大不幸。

栎树认为“散木”价值高于“文木”：“散木”天生德厚，所以不想成材；“文木”天生德薄，所以只配成材。栎树不愿为庙堂所用，证明其有价值；有价值的“散木”，“若是之寿”更有价值。对拒绝为庙堂所用的“散木”而言，“匠石不顾，遂行不辍”是得其所哉的莫大幸运。

匠石出于价值观成心，误以为一切树木无不愿意成为文木，无不愿意为庙堂所用，尽管渴望成材者未必能够成材，渴望为庙堂所用者更未必能够如愿。然而价值观与之相反的栎树托梦告知匠石：“予求无所可用久矣，几死，乃今得之，为予大用。”为避斧斤，栎树拒绝成材；为求“道”之大用，栎树拒绝“器”之小用。栎树进而告知匠石：文木“熟则剥，剥则辱；大枝折，小枝泄”，不能自全其生，而是“自苦其生”。

“物莫不若是”阐明：由于庙堂价值观被“众人匹之”，伪道已被俗见普遍接受，因而无人质疑为庙堂所用、被刑名斧斤是否合理，而是视为天经地义的人生宿命。于是无不主动被动、有意无意趋近刑名斧斤，结果“中于机辟，死于网罟”，“未终其天年而中道夭于斧斤”。

“若与予也皆物也，奈何哉其相物耶”质问：人与人是平等的道生之物，为何要“相彼”(《齐物论》)、“相物”，乃至任意宰割、妄加斧斤？同为“道生之物”，却自居高于“物”，正是俗君僭主及夭阏大知的悖道立场。

栎树被“相物”的悖道性、侮辱性激怒，遂痛斥曰：“尔几死之散人，又恶知散木？”[1]

---

[1] 栎树语“散人”意为无价值之人，是对匠石语“散木”（意为无价值之木）的仿词。后世庄学之友常自号“散人”，意为顺应造化、未被文化雕琢的真人。“散人”的对词是“文人”。“文人”非后世常义，如同“文木”，意为被悖道文化雕琢而失真德的假人。

“梦寐”中的匠石被栎树秘教惊醒[1]，无比惊骇地告诉弟子，居然有人不愿成为“文木”，不愿成材，不愿为庙堂所用。

弟子问：“既然不愿为庙堂所用，栎树为何要做社木？”

匠石赶紧制止弟子：“闭嘴！不要说了！栎树寄身庙堂，任凭不了解他的众人诟骂贬低，是因为知其不可奈何而安之若命。倘若不寄身庙堂，就难免被斧斤宰割。况且栎树之欲保与文木不同。文木仅求保身，栎树志在葆德。你用事君之义毁誉栎树，岂非差得太远？”

“以义誉之”之“义”，上扣孔言“事君”之“义”；“誉”兼毁、誉。弟子前誉后毁，匠石前毁后誉，所取价值观均为“人道”之“义”，而非天道之“命”，故曰“不亦远乎”。匠石之“与人为徒”价值观，已被栎树的托梦秘教摧毁，尽管未必达至“忘义”之境，但对“与天为徒”的“散木”已生敬畏之心。[2]

## 五　商丘散木，异材大用

“游方之外”如何逃刑免患的第二幕寓言，即“人间喜剧”第五幕：“商丘大木”寓言。奥义藏于“异材”及“拳曲”。

栎社树“乘物以游心”，德心所游之境虽在“方之外”，身形所乘之物尚在“方之内”，离社稷庙堂不远，“执斧斤者”常在身边监察打量，危殆依然无时不在。因此“内七篇”的首席庄学代言人南郭子綦，在第二组第二则寓言中变文出场，形象说明身寄江湖、心游方外的俗谛至境。

> 南伯子綦游乎商之丘，见大木焉有异，结驷千乘，将隐庇其所藾。[3]

[1] 参前《〈齐物论〉奥义》辨析长梧子语“丘也与汝皆梦也”。

[2] 孔子对接舆、晨门、长沮、桀溺、荷蓧、荷蒉等游方之外者（均见《论语》），均抱敬畏之心。后儒均否。

[3] “将隐”旧误倒为“隐将”。刘文典采奚侗说，据《阙误》厘正。王叔岷、陈鼓应从之。

子綦曰：“此何木也哉？此必有异材夫！”

仰而视其细枝，则拳曲而不可以为栋梁；俯而视其大根，则轴解而不可以为棺椁；舐其叶，则口烂而为伤；嗅之，则使人狂酲三日而不已。

子綦曰：“此果不材之木也，以至于此其大也。嗟乎神人，以此不材。”

## 今译

南伯子綦游于商丘，看见一棵大树十分奇异，千乘四马之车，也可隐没庇荫其下。

子綦说：“这是何树啊？此树必定别有异材吧！”

仰头看它的细枝，弯曲不能做成栋梁；低头看它的大根，剖开不能做成棺椁；舔其树叶，口烂而受伤；嗅其气味，使人狂醉三日而不醒。

子綦说：“这果真是不材之木，以至于如此硕大。伟哉神人，因此不愿成材。”

“南伯子綦”，是《齐物论》“南郭子綦”的变文[1]。“商之丘”，是庄子母邦宋都“商丘”的支离其言。“形同槁木”的子綦，与“执斧斤”的匠石价值观天然对立，因此子綦一见商丘大木，便知“必有异材”，进而细加观察：细枝拳曲不能做栋梁，大根轴解不能做棺椁，舔其树叶则口烂舌伤，嗅其气味则狂醉三日以上。于是感叹“神人不材”。[2]

“神人不材”，是《逍遥游》“至境”三句之次句“神人无功”的变文演绎，“不材”则“无用”，“无用”即“无功”。至人不求功，先虑败，因而立于不败之地。“异材”是对匠石贬低“散木”为“不材”的颠覆性阐释，阐明“散木”的正面价值。

[1] 旧庄学谬解“伯”为“郭”之讹。

[2] 参见《论语·为政》：“子曰：君子不器。”

“拳曲”，上扣颜回寓言“擎跽曲拳，人臣之礼”。孔学主张“与人为徒”，对君主主动“曲拳”，意在好名贪功，为庙堂所用。庄学俗谛主张，在无法避免“与人为徒”时，只能“知其不可奈何而安之若命”，对君主被动“曲拳”，意在逃刑免患，不为庙堂所用。然而庄学真谛进一步主张，为了避免“与人为徒”地对君主被动“曲拳”，应该像商丘大木那样“与天为徒”地主动“拳曲”于江湖，远离庙堂。

## 六　荆氏文木，材之大患

“游方之外”如何逃刑免患的第三幕寓言，即“人间喜剧”第六幕：“宋国荆氏”寓言[1]。奥义藏于“荆”及“材之患”。

> 宋有荆氏者，宜楸柏桑。其拱把而上者，求狙猴之杙者斩之；三围四围，求高名之欐者斩之；七围八围，贵人富商之家求椫傍者斩之；故未终其天年，而中道夭于斧斤，此材之患也。故解之以牛之白颡者，与豚之亢鼻者，与人有痔病者，不可以适河。此皆巫祝已知之矣，所以为不祥也。此乃神人之所以为大祥也。

### 今译

宋国有位荆氏，善种文木楸、柏、桑。文木长到双手合围以上，被寻求拴猴木桩的耍猴人砍伐。长到三围四围，被寻求高大名贵栋梁的木匠砍伐。长到七围八围，贵人富商之家为求棺椁厚板又来砍伐。所以未能终其天年，而中途夭于斧斤，这是成材的祸患。所以禳解灾祸的祭祀，凡是牛有白额，猪有高鼻，

[1] 王叔岷、陈鼓应误将荆氏寓言断为南伯子綦语。南伯子綦独语数句则可，长篇大论对谁而言？庄子寓言无不造景逼真，从未如此荒谬。

人有痔疮，不能投入黄河祭祀河神。这是所有巫祝已经知道的，因为视不材为不祥。这正是神人视不材为大祥的原因。

庄子以“商之丘”隐指母邦“宋”之后，又继言“宋”之“荆氏”。“荆”有二义：一、隐喻形近之字“刑”。二、“荆”非高大乔木，而是低矮灌木，以此连类隐喻倚待庙堂的大知小知——

宋国荆氏所种楸树、柏树、桑树，均属可望成材成器的“文木”。然而未及成材成器，刚刚长到双手合围，已被养猴人砍去拴猴；长到三围四围，就被木匠砍去造门梁屋栋；长到七围八围，又被富贵人家砍去做棺椁。全都未终天年而中途夭于斧斤，这是成材成器之患：所成器材，多非所愿；即便如愿，天性亦失。巫祝禳解天灾时，不会把白额的牛、高鼻的猪、痔病的人扔进河里祭祀河神，因为异常的不材之物对祈祷风调雨顺不吉祥。然而对神人来说，众人眼中的不吉祥，恰是免于悖道文化之雕琢黥劓的大吉祥。

荆氏寓言在大木寓言把“散木”之“不材”颠覆为“异材”的基础上，进一步把“文木”之“材”颠覆为“不祥”的“材之患”，揭破“自苦其生”的“文木”之负面价值。

第二组三幕寓言，均与象征至人的树木有关，形象说明了“游方之外”逃刑免患的三种外境，为江湖“散木”正名，阐明因应外境的至高俗谛。

由于《人间世》的重心是贬斥“游方之内”，《德充符》的重心才是褒扬“游方之外”，因此第一组“游方之内”三幕寓言篇幅均长，第二组“游方之外”三幕寓言篇幅均短——而且大木寓言仅有子綦独白，荆氏寓言则连独白也没有，是近似卮言的寓言。不过第二组“游方之外”三幕寓言仍然一总二分：栎树寓言形象说明“散木”、“文木”之大异，大木寓言形象说明“散木”之大用，荆氏寓言形象说明“文木”之大害。

第二组“游方之外”三幕寓言，始于栎树寓言的“执斧斤”，结以荆氏寓言的“未终其天年而中道夭于斧斤，此材之患也”，贯穿始终的“斧斤”二字，遥应《逍遥游》篇末八字：“不夭斤斧，物无害者。”而此前的“何不树之于无何有之乡，广漠之野，彷徨乎无为其侧，逍遥乎寝卧其下”，正是游方之外、逃刑免患的确切注脚。

## 七　支离其形，养身尽年

第七第八两幕寓言，逆序涵盖前两组寓言。第七幕“支离”寓言，涵盖“游方之外”的第二组寓言。奥义藏于“支离疏”、“支离其形”、“支离其德”。

> 支离疏者，颐隐于脐，肩高于顶，会撮指天，五管在上，两髀为胁。挫针治繲，足以糊口；鼓筴播精，足以食十人。上征武士，则支离攘臂而游于其间；上有大役，则支离以有常疾不受功；上与病者粟，则受三钟与十束薪。夫支离其形者，犹足以养其身，终其天年，又况支离其德者乎？

### 今译

支离疏这人，脸颊埋于脐下，肩膀高于头顶，发髻上指天空，五脏脉管居上，双腿与肋平行。持针缝衣，足以糊口保身；扬糠簸谷，足以养亲十人。庙堂征用武士，支离疏挥舞手臂而穿游其间；庙堂征用劳役，支离疏因有残疾而被豁免；庙堂赈济病残，支离疏却领到三钟粟和十捆柴。支离身形之人，尚且足以保养身形，终其天年，何况支离德心之人呢？

“支离”寓言把植物寓言落实于至人，正如《逍遥游》把动物寓言落实于大知小知。前两组六幕寓言，全都明言国别，两幕言卫，两幕言齐，两幕言宋。“支离”寓言则把“游方之外，逃刑免患”之旨，泛化到整个天下，因此不言国别。

“支离疏”三字均寓深意。“疏”即“散”，变文上扣“散木”。“支离”为“内七篇”首见，但是高密度连用五次，是庄子对其支离其言、晦藏其旨的强烈暗示。

“与天为徒”的支离疏，像商丘大木一样“拳曲”佝偻，虽不能像栎树那样“其大蔽数千牛”，也不能像商丘大木那样“隐庇结驷千乘”，但是身形佝偻着缝洗衣物，足以糊口保身；身形佝偻着扬糠簸谷，足以养亲“食十人”。支离疏不属于食赋税、领俸禄、“劳心者治人”的“君子”阶层，而属于纳赋税、服徭役、“劳力者治于人”的“小人”阶层，天生远离庙堂。由于天生残疾，支离疏逃避了假宰假君的赋役，得以安享“天地不仁”的真宰真君之恩泽，甚至额外得到了假宰假君赈济病残的三钟粟和十束薪，因为天灾而得享人福。[1]

“支离”寓言是对《养生主》的理想人生观在实际处世中的深化补充：与其受人之身刑，不如受天之身刑。“支离其形”仅是比喻，必须得意忘言，不可死于句下。庄子并非教人自残肢体（这是“人之身刑”），而是主张不著形迹。不著形迹足以保身，支离其德则足以葆德。

“支离其德”意为支离真德，隐而不彰。因为真德仅对自身有用，无须彰显；在专制制度下彰显真德，必有危殆。以俗谛言之，是趋近刑名斧斤；以真谛言之，是悖逆真道真德。彰显真德之初意，或为抵制伪道伪德，然而通常不知彰显真德将有危殆。除了预知有殆却决意“往刑”的殉道者，不知有殆的彰显真德者，一旦发现暴君“恶其有美”，面临始料不及的刑名斧斤，通常后悔自己的无知轻率，不愿成为“死于暴人之前”的“灾人”，于是不得不出于自保而附合伪道伪德，从而陷入违背初意的“以火救火，以水救水”。因此“支离其德”不仅是为了逃刑免患，也是为了不助长伪道伪德使之“益多”。

“文木”、“散木”的区别，就是“文木”不知有殆而彰显其德，“散木”预知有殆而支离其德。“文木”认为彰显其德不仅无殆，而且有利于保身，这是因为“文木”彰显的并非“造化”真德，而是“文化”伪德。彰显“文化”伪德固然有利于“好名贪实”，有利于暂时保身，但是不利于长期保身，而且永远不利于葆德。

## 八 接舆讽孔，临人以德

第八幕“接舆讽孔”寓言，首先是涵盖“游方之内”的第一组寓言，其次

[1] “上与病者粟，则受三钟与十束薪”是庄子对伪道俗见的挑战。庙堂重税重刑，俗见不以为异；支离受粟得薪，俗见谓之“刁民”。此即《外篇·胠箧》所言“彼窃钩者诛，窃国者为诸侯”。

是收煞全篇并笼罩全篇的总寓言。

“游方之内”的第一组寓言，已运用庄学俗谛对孔学“不然于不然”并“然于然”；“游方之外”的第二组寓言加第七幕寓言，已运用庄学真谛对孔学间接“不然然”；最后的第八幕寓言，则对孔学直接“不然然”，再予超越性批判。

第三幕以后暂时退至幕后的孔子，在“人间喜剧”最后一幕重回前台，但是不再有资格“诲人不倦”，仅是一言未发地恭听接舆讽谕。

接舆已在《逍遥游》“藐姑射神人”寓言间接出场，又于《人间世》最后一幕直接出场。接舆是与孔子异国同时的楚人，因为不满专制暴政而佯狂避世。孔子游楚之时，接舆曾以歌谣方式对孔子进言，这是载于《论语》、关于接舆的唯一史实。对孔子生平了如指掌、对孔子学说烂熟于心的庄子，遂把史实改编为寓言。奥义藏于“免刑”及“临人以德”。

> 孔子适楚，楚狂接舆游其门，曰：
> “凤兮凤兮，何尔德之衰耶？
> 来世不可待，往世不可追也。
> 天下有道，圣人成焉；
> 天下无道，圣人生焉；
> 方今之时，仅免刑焉。
> 福轻乎羽，莫之知载；
> 祸重乎地，莫之知避。
> 已乎已乎，临人以德；
> 殆乎殆乎，画地而趋；
> 迷阳迷阳，无伤吾行；
> 却曲却曲[1]，无伤吾足。”

[1] “却曲却曲”旧讹为“吾行却曲”。焦竑、刘文典、王叔岷、陈鼓应据《阙误》校改。

## 今译

孔子前往楚国。楚狂接舆游于门外，唱道：

“凤凰啊凤凰，为何你的真德如此衰退？

你寄望的将来之世不可期待，你仰慕的以往之世不可追回。

天下有道，可以成就无数圣人；

天下无道，才会产生唯一‘圣人’；

当今之世，仅能尽量免于刑戮。

天道之福轻于羽毛，你却不知承载；

人道之祸重于大地，你却不知躲避。

停止吧停止吧，以己伪德凌驾世人；

危险啊危险啊，画地为牢自投罗网。

荆棘啊荆棘啊，不要妨碍吾之行路；

绕行啊绕行啊，不要伤害吾之双足。”

第七幕的支离疏，仅是“支离其形”者；第八幕的接舆，才是“支离其德”者。接舆“支离其德”的方式，就是佯狂装疯。其所讽谕的孔子，则是不支离其德的彰显其德者，即“临人以德”者。

理解庄子之寓意，必须比较寓言版与史实版接舆之歌的异同。《论语·微子》曰：“楚狂接舆，歌而过孔子，曰：‘凤兮凤兮！何而德之衰？往者不可谏，来者犹可追。已而！已而！今之从政者殆而！’”

史实版的接舆之歌，对应寓言版的接舆之歌前四句。起兴的前两句无关紧要，关键的后两句有两大差异。

其一，主语不同。史实版的中心语是“者”，指孔子；寓言版的中心语是“世”，指社会。

其二，语序颠倒。史实版是“往者不可谏，来者犹可追”，寓言版倒置为“来世不可待，往世不可追”。

史实版意为：此前的孔子难以改善，此后的孔子尚能改善。

寓言版意为：此后的社会难以期待，此前的社会无法重现。

由此可明，史实版接舆之歌，批评孔子的言行、学说不合天道，希望他痛改前非。这符合接舆的语境，因为孔子还没死，尚有可能改弦易辙。寓言版接舆之歌，预判孔子学说将对未来中国社会产生不良影响。这符合庄子的语境，因为孔子已死百余年，孔学不良影响业已初露端倪。

寓言版没有史实版的“今之从政者殆而”，正是庄子的晦藏其旨，庄子不想让专制庙堂察觉他在直接攻击“从政者”。寓言版比史实版另外多出的十八句，同样晦藏奥义。

五至八句意为：天下有道之时，人人均为圣人；天下无道之时，产生唯一圣人。

九至十两句是寓言版的核心句，阐明《养生主》、《人间世》两篇共有的逃刑免患主题：“方今之时，仅免刑焉。”因应外境必逃刑戮，是价值观迥异的孔子、庄子的交叉重叠处。[1]

十一至二十二句是对核心句的演绎：轻于羽毛的天道之福，世人不知承载；重于大地的人道之祸，世人不知逃避。停止吧停止吧，切莫彰显伪德凌驾世人之上。危险啊危险啊，画地为牢再自投罗网。荆棘荆棘，不要妨碍吾之行路[2]；绕行绕行，不要伤害吾之双足。

庄子借“支离其德”的接舆之口，支离其言、晦藏其旨地贬斥孔子“临人以德”：彰显“仁义”伪德，以便凌驾众人之上。

“无伤吾足”前射《养生主》右师被刖一足，后伏《德充符》更多的被“伤足”者。

## 九　漆园自况，无用之用

《人间世》八幕寓言的结构关系：三，三；一，一。先以两组一总二分各三幕，

[1]《论语·公冶长》：“子谓南容：‘邦有道，不废；邦无道，免于刑戮。’以其兄之子妻之。”

[2] 湘人王夫之：“迷阳：野草也。朱子以为薇，东坡以为大巢菜。”湘人王先谦：“谓棘刺也。生于山野，践之伤足，至今吾楚舆夫遇之，犹呼迷阳。”

形象说明“游方之内”、“游方之外”如何逃刑免患。第七幕涵盖第二组三幕，并隐伏《德充符》的“因循内德”主旨：保身之后，继以葆德。第八幕涵盖第一组三幕，并总摄《人间世》的“因应外境”主旨：葆德之前，必先保身。至此“人间喜剧”已经神完气足，所以闭幕卮言仅有三十七字，比言简意赅的《养生主》开篇卮言还少二十一字。奥义藏于“山木”及“漆树”。

山木，自寇也；膏火，自煎也。桂可食，故伐之；漆可用，故割之。人皆知有用之用，而莫知无用之用也。

## 今译

山上文木，自招斧斤；油脂可燃，自招煎熬。桂树可食，故被砍伐；漆树可用，故被切割。众人皆知有用于庙堂的亏生小用，然而不知无用于庙堂的全生大用。

前四句比喻，两喻为一组。山木、膏火两喻，点明因“内热”而陷溺“人道”的“游方之内者”，“自寇”、“自煎”地主动近刑罹患。桂树、漆树两喻，点明虽“饮冰”但未达天道的“游方之外者”，被“伐”被“割”地被动近刑罹患。末两句总结：众人皆知有用于庙堂之亏生小用，不知无用于庙堂之全生大用。

“山木”是弟子蔺且所撰、与《人间世》主旨一致的《外篇·山木》所本。“漆树”是曾任漆园吏的庄子之自喻：为了避免像漆树那样任人宰割，庄子弃职回家，终生不仕；保身葆德，全生远害；逍遥江湖，优游尽年。

# 结语　乘物游心，间世保身

综观全篇，可明庄子的独特“处世”观，晦藏于篇名《人间世》，意为：人

“间”于世[1]。“间”读去声，动词。旧庄学把“人间世”谬解为“人世间”，既无外证，更无内证，纯属想当然的望文生义。

“间世”的坚实外证，见于弟子蔺且所撰《外篇·山木》：

庄子行于山中，见大木枝叶盛茂，伐木者止其旁而不取也。问其故，曰：“不材之散木，无所可用。”庄子曰：“此木以不材，得终其天年。”夫子出于山，及邑，舍于故人之家。故人喜，具酒肉，命竖子杀雁而享之。竖子请曰：“其一能鸣，其一不能鸣，请奚杀？”主人公曰：“杀不能鸣者。”明日，弟子问于庄子曰：“昨日山中之木，以不材得终其天年；主人之雁，以不材死。先生将何处？”庄子笑曰：“周将处乎材与不材之间。”

“处乎材与不材之间”是弟子直录庄子答其所问“何处”的口语，倘若直接表述并用书面古文，就是“间乎材与不材”，可做“间世”的确切注脚。[2]

不过“间世”仅为庄学俗谛，所以庄子自言“周将处乎材与不材之间”以后，又说：“材与不材之间，似之而非也，故未免乎累。”随后再以庄学真谛超越性否定庄学俗谛：“若夫乘道德而浮游则不然：无誉无訾，一龙一蛇，与时俱化，而无肯专为；一下一上，以和为量。浮游乎万物之祖，物物而不物于物，则胡可得而累耶？”

“间世”的文本内证，至少有五。

其一，先秦古文极简，诸籍皆无“人间世”或“人世间”。惜墨如金、重言必寓奥义的庄子，不可能在举足轻重的篇名上赘一义复之字。先秦诸籍中，除了晚于庄子的《韩非子》二见“人间”，余书均无“人间”、“人世”、“世间”。“世”字或单用，或如篇中组合为“来世”、“往世”等。

其二，“内七篇”篇名可以成词的“逍遥”、“养生”，内、外、杂篇内文均有，但是“人间世”、“人世间”、“人间”、“人世”、“世间”，内、外、杂篇内文

[1] 参阅《读者导报》1994年11月21日之拙文《出世·入世·间世》，1999年拙著《寓言的密码》第三章“庖丁解牛——游刃有余的间世主义”，2005年拙著《文化的迷宫》之“间世异人资耀华”。

[2] 参见《外篇·达生》：“无入而藏，无出而阳，柴立其中央。”

均无[1]。后世文言不及先秦古文之简，但是同样尚简，因而多见“人间”、“人世”、“世间”，少见“人间世”、“人世间”。以“人间世”寓“人世间”之意者，多为治庄者，均属读庄误解所致。“人世间”则源于对“人间世”之误读，而又调整语序。其实调整语序业已证明，把“人间世”连读为名词，不合汉语习惯。

其三，“内七篇”篇名均有动词：《逍遥游》之“游”，《齐物论》之“齐”，《养生主》之“养”，《人间世》之“间”，《德充符》之“充”，《大宗师》之“大”，《应帝王》之“应”。

其四，“内七篇”环环紧扣，篇名均为篇旨，每篇侧重“人世”的某一方面，没有一篇涵盖所有方面。倘若“人间世”连读为纯粹名词，意为空洞浅陋的“人世间”，无助于阐明篇旨。倘若必须有一篇涵盖总括，也以首篇《逍遥游》、末篇《应帝王》为宜，而非居中的第四篇《人间世》。

其五，“内七篇”的其余六篇均有明确点题，《人间世》仅以“乘物以游心”隐晦点题，理由至少有四。

首先，上引《外篇·山木》庄子语“浮游乎万物之祖，物物而不物于物”，足证“乘物以游心”是“乘物以游心于道”的略语。“物（动词，训役）物（名词）而不物（动词，训役）于物（名词）”，正是“入世”的“乘物”；“浮游乎万物之祖”，正是“出世”的“游心（于道）”。因此“乘物以游心（于道）”，是“间世”的标准解释，也是《人间世》的隐晦点题。

其次，所谓庄学俗谛，就是身形“游方之内”的“乘物”以“入世”；所谓庄学真谛，就是德心“游方之外”的“游心”以“出世”。“间世”之义超越本篇，足以概括全部庄学，而《人间世》位居“内七篇”之中，此前三篇及此后三篇，是真俗二谛、“间世”两翼的展开，因此庄子故意不明确点题，仅有隐晦点题。

再次，《人间世》是《养生主》的续篇。《人间世》的明确点题语，已见《养生主》“以无厚入有间”。“以无厚入有间”是老聃“无有入于无间”的变文。老

---

[1]《外篇·至乐》：“吾安能弃南面王乐，而复为人间之劳乎？”“人间之劳”原作“生人之劳”，刘文典已据《阙误》引张君房本及成疏“生人之劳”校正。《外篇·山木》：“其畏人也，而袭诸人间。”“袭诸人间”原作“袭诸人舍”，证见郭注：“畏人而入于人舍。”成疏：“入人舍宅，寄作窠巢。”两例均为误解《人间世》篇名者妄改。

聃语“无有入于无间”，建立在“及吾无身，吾有何患”的虚妄幻想之上。老聃认为，专制“人道”的“法令滋彰”已至“无间”，唯有吾身“无有”，方能“无有入于无间”。庄子语“以无厚入有间”，建立在葆德必先保身的真实认知之上。庄子认为，唯有无为的天道方能无所不在，而且深藏于悖道者被伪道俗见遮蔽的德心深处。有为的“人道”不可能无所不在，专制“人道”即便“法令滋彰”也必定“有间”。“无己”、“丧我”的至人，必能“以无厚入有间”。

最后，《养生主》用三则寓言分别阐明人生三义，三则寓言分别是其后三篇的浓缩总领：《人间世》深入展开《养生主》庖丁解牛寓言，专明“因应外境”以“保身”；《德充符》深入展开《养生主》右师刖足寓言，专明“因循内德”以“葆德”；《大宗师》深入展开《养生主》老聃之死寓言，专明“顺应天道”以“明道”。因此《养生主》庖丁解牛寓言的“以无厚入有间”，是其对应展开之篇《人间世》不可移易的确切点题。这是“间世”之坚不可摧的结构内证。

《人间世》不迂不曲地对君主专制正面强攻，直撄其锋地与伪道俗见全面对抗，遂成“内七篇”最为危殆之篇；为免专明“因应外境，逃刑免患”之篇，反而招致近刑罹患，庄子发挥惊世骇俗的独绝天才，晦藏其旨的支离其言臻于极致，造景逼真的摹情状物登峰造极，终于履险如夷、“胜物不伤”地轻松登临“藐姑射之山”的绝顶。读者登临绝顶，理解后文已无难事；领悟“间世”奥义，庄学全貌一览无遗。缓辔而下，触目皆成胜景；细绎其文，妙谛永难穷尽。[1]

---

[1] 本文刊《社会科学论坛》2007年6月号，今已修订增补。

# 《德充符》奥义

## ——因循内德的“葆德”论

## 弁言　葆光养心，支离其德

《德充符》是庄学“葆德”论。《齐物论》“葆光”，是“葆德”之变文。

《德充符》继《齐物论》、《人间世》之后，深入展开《逍遥游》“至境”三句之末句“圣人无名”；又继《人间世》之后，深入展开《养生主》第二寓言“右师刖足”、第二要义“因循内德”。

复原近真的《德充符》，白文1871字：补脱文17字，删衍文8字，订讹文4字。更正文字误倒2处。厘正通假字、异体字18字，重复不计。纠正重大错误标点1处，小误不计。

共六章。前四章、末章寓言，形象说明义理；第五章寓言领卮言，归纳概括篇旨。

## 一　兀者王骀，王德之人

鲁有兀者王骀，从之游者，与仲尼相若。

### 今译

鲁国有个被刖一足的王骀，从他游学的人，与仲尼相当。

“兀者”寓言第一幕：首句交代背景，引出孔子对立面。奥义藏于“兀”。

《德充符》之“兀”，前扣《养生主》右师刖足寓言之“介”。郭注：“介，偏刖之名。”成疏：“介，刖也。”陆释：“介，一音兀。司马云：刖也。崔本作兀，又作趴。”奚侗：“兀借为趴，趴为跀之或体。《说文》：跀，断足也。”《德充符》

之“兀”，郭象未注。成疏：“刖一足曰兀。”陆释：“兀，又音介[1]。李云：刖足曰兀。”可见“介”、“兀”均训刖足。[2]

《德充符》前三幕主角王骀、申徒嘉、叔山无趾，与《养生主》右师一样，均为刖足者。

前三幕均为《人间世》篇旨“方今之时，仅免刑焉”之反例，是庄子对专制暴政的愤怒控诉。兀者三幕，笔法无一相同，寓意各有侧重。第一兀者王骀，并未直接出场，仅是常季、孔子的议论对象。

> 常季问于仲尼曰：“王骀，兀者也。从之游者，与夫子中分鲁。立不教，坐不议。虚而往，实而归。固有不言之教，无形而心成者耶？是何人耶？”
>
> 仲尼曰：“夫子，圣人也。丘也直后而未往耳。丘将以为师，而况不若丘者乎？奚假鲁国？丘将引天下而与从之。”

## 今译

常季问仲尼说：“王骀，是被刖足的刑余之人。从他游学的人，与夫子平分鲁国。王骀立不施教，坐不议论。学者虚怀而往，充实而归。确有不言之教，不著形迹而德心化成天下之人吗？他是何等样人？”

仲尼说：“夫子，是圣人。我只是落后一步而尚未前往追随。我也将以他为师，何况不如我之人？何止鲁国？我将引领天下人共同追随夫子。”

第一幕第一回合：“奚假”卮言，孔子自承不如王骀。奥义藏于“往 / 王”之辨。

常季并非孔门弟子，称其“夫子”仅是礼节性尊称。常季说王骀“与夫子

[1] 陆释“介”字或作“界”，刘武引作“介”。是也。

[2] 王先谦、刘武、陈鼓应误释《养生主》右师之“介”为先天独足。

中分鲁”，是对孔子的礼节性微词。最后点出王骀“立不教，坐不议”，就能使从之游者“虚而往，实而归”，暗讽“诲人不倦”的孔子稍逊王骀一筹。

于是孔子不得不表示自己不能与王骀相提并论。先把“夫子”尊称转谓王骀：“夫子，圣人也。”再逊让“中分鲁”：“丘将以为师。”最后极致性推崇：“奚假鲁国？丘将引天下而与从之。”庄子的倾向性，开篇即已显露无遗。

孔子欲引天下“往”归“王”骀，“往”、“王”同音互训[1]。人心归往，又不欲得君位者，庄子称为“王德之人”[2]，弟子后学称为“素王”[3]。“王德”之“王”是动词，“素王”之“王”是名词，但都言德不言位。“素王”之“素”，与“朴”对言[4]。身“素”无位且不欲得位，心“朴”无为且从不自得，方为“素王”或“王德之人”。[5]

“王骀”及其化身“哀骀它”，均名“骀”。“骀”本义驽马，引申为愚，即《齐物论》“圣人愚钝”、“不用而寓诸庸”。“骀”兼训殆，陆释：“骀，徐音殆。”合其二义，就是知殆而骀，即《人间世》“支离其德”。因此“王骀”意为：王德之人，支离其德。王骀等三兀者及哀骀它等三恶人，均为支离其德的王德之人。

另须留意“奚假”。“假”字“内七篇”八见：《德充符》三见，《大宗师》五见。均训“假借”，蕴涵“非真”。直观易解的“奚假”（何须假借鲁国褒扬王骀），

---

[1] 《诗经·商颂·殷武》：“莫敢不来王。”《老子》三十五章：“执大象，天下往。”《穀梁传》：“众所归往谓之王。”苏轼《上神宗皇帝书》：“天下归往谓之王，人各有心谓之独夫。”

[2] 《外篇·天地》：“夫子（庄子）曰：不拘一世之利以为己私分，不以王天下为己处显。（中略。）夫王德之人，素逝而耻通于事。（中略。）存形穷生，立德明道，非王德者耶？荡荡乎！忽然出，勃然动，而万物从之乎？此之谓王德之人。”庄子之“王德”与“王天下”反义对举，两“王”皆动词。旧庄学谬解“王德”之“王”为名词，曲说庄子阐明的是俗王之德。参见《外篇·庚桑楚》庚桑楚拒绝畏垒之民欲尊其为君主。

[3] 《外篇·天道》：“无为者，万物之本也。以此处下，玄圣素王之道也。”清儒胡文英《庄子独见》：“‘素王’二字，本之于此。”

[4] 《老子》十九章：“见素抱朴。”《外篇·马蹄》：“同乎无欲，是谓素朴；素朴而民性得矣。”《外篇·天地》：“明白入素，无为复朴。”

[5] 汉儒借用庄学专名“素王”以称孔子，不合庄学本旨。孔子虽不欲得君位，却欲得臣位；身固“无位”而“素”，心欲“有为”失“朴”。

为下文“无假”（无须终极假借）、“登假”（超越非终极之假借）预做铺垫。[1]

常季曰：“彼兀者也，而王先生，其与庸亦远矣。若然者，其用心也独若之何？”

仲尼曰：“死生亦大矣，而不得与之变，虽天地覆坠，亦将不与之遗。审乎无假而不与物迁，命物之化而守其宗者也。”[2]

## 今译

常季说：“他是被刖足的刑余之人，却高于先生，可见他远非庸常之辈。如此之人，他运用德心，有何独特之处？”

仲尼说：“死生也算大事了，但王骀的德心不随之改变。即使天覆地坠，也不能让王骀遗弃真德。他审察不须假借万物的天道，不随外物变迁，驾乘物之迁化，是笃守万物宗主的人。”

第一幕第二回合：“无假”卮言，孔子充当庄学代言人。奥义藏于“王先生”及“无假”。

常季对孔子极致性推崇王骀深感奇怪，又问：王骀是刑余之人，先生居然欲引天下之人归往，那么王骀必非凡庸之辈。如此不用而寓诸庸的至人，用心有何特异之处？

孔子答：生死是个体最大之事，王骀也不放在心上。即便天覆地坠，也不能让王骀改变德心。因为王骀明白德心不能终极假借外物乃至身形，所以其心不随外物及身形之变迁而改易，而是驾驭外物及身形的变迁，笃守万物之宗（道）。

[1] 旧庄学对“奚假”、“无假”、“登假”之“假”，均不作本字解，而谬解为“奚暇”、“无瑕”、“登遐”，未窥奥义。

[2] 旧脱“者”字。刘文典据《阙误》引江南古藏本校补。王孝鱼、王叔岷从之。

常季语“王先生”之“王”，名词动用，读去声，与“往”义同，又兼“王”之名词义；再申“王/往”之辨：王骀之德可做孔子之“王”，令其归“往”。因孔子隐辞“夫子”之称，常季遂改称他为“先生”，隐夺孔子的“夫子”资格。

孔子形容王骀“死生亦大矣，而不得与之变”，是《齐物论》王倪语“死生无变于已”的变文。“内七篇”一切至人，包括两位姓“王”的至人王倪、王骀，均为“王德之人”。[1]

“无假”之“假”，也训“假借”，蕴涵“非真”。假借就是倚待，因此“无假（外物）”是“无待（外物）”的变文。由于此岸之物并非终极，彼岸之道才是终极，然而彼岸之道并不直接显现，而是间接显现于此岸万物，因此一方面不能终极倚待外物，不能终极假借外物；另一方面又不得不非终极地驾乘外物。“审乎无假”，就是彻悟不能终极假借外物，只能非终极“乘物”。“不与物迁”，就是不因外物及身形之变迁，而改易“游心（于道）”之志。

“命物之化而守其宗”，也是“乘物以游心（于道）”的变文。“乘物”者必须“命物之化”：洞观所“乘”外物于何时何处偏离了己之目标，及时知殆而止，转“乘”别物。“乘物”是为了“游心（于道）”，正如“命物之化”是为了“守其宗”：非终极“乘物”，必须无时或忘终极目标。一旦忘记终极目标，乃至不知终极目标，就会终极“待物”、终极“假物”，从而被外物之舟车，带往不欲抵达之处，甚至不知业已“与物迁”地偏离、背离了终极目标。

常季曰：“何谓耶？”

仲尼曰：“自其异者视之，肝胆胡越也[2]；自其同者视之，万物皆一也。夫若然者，且不知耳目之所宜而游心乎德之和，物视其所一而不见其所丧，视丧其足犹遗土也。”

---

[1] “外杂篇”仅有《外篇·则阳》“王果”姓“王”，正是“王德之人”。旧庄学对王果及相关之夷节、公阅休，标点无不盲从郭象而误，阐释更误。

[2] “胡”旧讹为“楚”。刘文典据《淮南子·俶真训》“自其异者视之，肝胆胡越”校改。楚越相邻，不足喻远。况且庄子晚年著书之时，楚早已灭越。

## 今译

常季说："此言何意？"

仲尼说："从物德之量皆异观之，肝胆迥异如同胡越；从物德之质皆同观之，万物齐一于天道。如此观照之人，必将超越耳目对天地万物之好恶，而游心于物德总和之天道；洞观万物齐一于道，就能超越局部得失；王骀视其丧失一足，犹如遗落一块泥土。"

第一幕第三回合："异同"卮言，孔子阐明庄学二谛。奥义藏于"万物皆一"及"德之和"。

常季不明"无假（外物）"之义，继而问"何谓"。

孔子进而阐明庄学二谛。"自其异者视之，肝胆胡越也"是庄学俗谛：倘若外物与自己"道"不同，那么即便近如肝、胆，也必背道而驰，终至远如胡、越。"自其同者视之，万物皆一也"是超越俗谛的庄学真谛，亦即《齐物论》"天地与我并生，万物与我为一"的变文：倘若外物与自己"道"同，那么即便远如胡、越，也必殊途同归，终至肝、胆相照。

"不知耳目之所宜而游心乎德之和"，仍是"乘物以游心（于道）"的变文。"耳目所宜"者，属于外物表象，如果惑于表象，迷恋外物，就会终极"待物"、终极"假物"。"不知耳目之所宜"，则是超越外物表象，洞观外物本质，非终极"乘物"，乃至非终极地乘己之身，从而"游心乎德之和"。

"德之和"之"德"，与"丧其足"之"丧"对举。王骀只看见万物一体之"德（得）"，看不见万物灭裂之"丧（失）"，因此对自己被刖一足，如同掉了一块土那样无所介怀。

"德之和"共有四义，也可视为"和"之四境。

其一，"和"为动词，读去声，与"唱"对举；先者为"唱"，后者为"和"。此义承自老聃"音声相和，先后相随"。上扣王骀"立不教，坐不议"、"不言之教"，下伏第四幕王骀化身哀骀它之"和而不唱"。前射《齐物论》"地籁"之

“和”:“泠风则小和，飘风则大和”。

其二，“和”为动词，读平声，与“不和”对举；训和睦。此义对外物言，承自老聃“六亲不和有孝慈”。前射《齐物论》顺道“人籁”之“和”:“以是相蕴”、“和以天倪”。以及悖道“人籁”之“不和”:“与接为构，日以心斗。”

其三，“和”为名词，意为德心因充盈而和顺，上扣王骀“无形而心成”，下伏第四幕王骀化身哀骀它之“德者，成和之修”。此义对自身言，承自老聃“冲气以为和”。内德充盈而和顺，是对悖道“人籁”之“不和”的根本矫治。遵守“孝慈”礼教的外在约束，仅能违背内德地与外物勉强维持合乎礼仪的皮相和睦；隐忍的不和一旦累积超出临界点，就会突破外约爆发冲突。只有德心因充盈而和顺，同时内外相符地显现为身心豫悦之符征，方能因循内德地与外物达至“以是相蕴”、“和以天倪”的深层和睦。

其四，“和”为名词，训相加；“德之和”即“道”：万物之德的总和，等于道。此义不仅证明《德充符》“游心乎德之和”，是“游心于道”的变文；而且证明《人间世》“乘物以游心”，是“乘物以游心于道”的略语。此义是究竟义，前三义均植根于此义。

常季曰：“彼为己，以其知得其心，以其心得其常心。物何为聚之哉？”[1]

仲尼曰：“人莫鉴于流水而鉴于止水，唯止能止众止。受命于地，唯松柏独也正，在冬夏青青；受命于天，唯尧舜独也正，在万物之首[2]。幸能正生，以正众生。夫葆始之征，不惧之实。勇士一人，雄入于九军。将求名而能自要者，而犹若是；而况官天地，府万物，直寓六

[1] “聚”原作异体字“冣”，旧讹为“最”。王念孙《经义述闻》二四：“最当为冣。《说文》：‘冣，积也。从冂取，取亦声。’徐锴曰：‘古以聚物之聚为冣。’世人多见最，少见冣，故书传冣字皆讹作最。”王叔岷、陈鼓应从之。

[2] 旧脱“尧”、“正”、“在万物之首”七字。明儒焦竑据《阙误》引张君房本校补。刘文典、刘武、王叔岷、陈鼓应从之。

骸，象耳目，一知之所不知[1]，而心未尝死者乎？彼且择日而登假，人则从是也。彼且何肯以物为事乎？”

## 今译

常季说：“王骀为己达道，以其心知得悟德心，以其德心得悟众人的恒常德心，众人为何聚集在他身边？”

仲尼说：“人不能鉴照于流水，只能鉴照于止水。唯有心如止水的至人，方能制止众人的盲动使之心如止水。物类受命于地，唯有松柏独葆正德，历经冬夏长青；人类受命于天，唯有尧舜独居正德，僭居万人之首。幸而至人自正己生，鉴照众生亦正己生。葆全初始真德的符征，就是德心无惧而充实。勇士一人，闯入九军称雄。求取虚名而自我要求的勇士，尚能如此；何况以天地为耳目感官，以万物为六骸腑脏，齐一心知于难以尽知之道，而德心从未死亡的至人呢？王骀即将登达无所假借的天道，众人才会追随他。他哪里会把是否有人追随当一回事？”

第一幕第四回合：“登假”卮言，“流水 / 止水”之辨。奥义藏于“常心”、“官天地，府万物”及“登假”。

常季终于明白了王骀“用心”之根本是“为己”达道，而非“为人”达物。然而仍有一疑：“为人”达物者孔子，众人“从之游”容易理解；“为己”达道者王骀，众人为何“从之游”？

常季四句，分属两个层次。郭象以降的旧庄学，误以为四句属同一层次，故于“常心”后加逗号，连读为“以其心得其常心，物何为聚之哉”；又谬解“常心”为“众人之心”，因而所释皆非[2]。倘若“得其常心”意为“赢得众人之心”

---

［1］ 旧脱“不”字。王叔岷据《淮南子·览冥训》校补。

［2］ 郭象错误连读“彼为己以其知”，再反注曰：“嫌王骀未能忘知而自存。”又错误连读“得其心以其心”，再反注曰：“嫌未能遗心而自得。”俞樾已斥郭象误断。

且与下句连读，常季就不可能疑惑“众人为何聚之”。

首尾两句“彼为己……物何为聚之哉”属于主层次，意为：王骀为己不为人，众人为何聚在他周围？

中间两句“以其知得其心，以其心得其常心”属于副层次，释“为己”，即《养生主》“古之至人，先存诸己而后存诸人”。“以其知得其心”即自觉，认知自己“为道驱使”的真德之心；“以其心得其常心”即觉他，认知众人“为道驱使”的真德之心。宗法伦理借助名教洗脑和刑教威慑，强迫众人接受“为君役使”的伪道，于是众人的真德常心，被伪道成心遮蔽。然而被遮蔽的真德之心不会彻底泯灭，众人仅是不自知，却被至人所深知。众人不自知的真德之心，至人自觉觉他的真德之心，均为道所分施，同质而且相通，因而众人不知所以然地被至人王骀感化。常季正是既不自知真德之心，又不知王骀“用心若何”的众人之一。

对常季的疑惑，作为庄学代言人的孔子又再加阐释，其言分为三层。

孔言第一层，止于“以正众生”[1]。首句“人莫鉴于流水而鉴于止水，唯止能止众止”总领，再以“松柏”隐喻“止水”，“尧舜”隐喻“流水”，然后以“幸能正生，以正众生”承接首句，阐明褒松柏、贬尧舜之旨。

“松柏”在四境象征系统中象征至人，此处象征至人信仰的天道伦理。松柏无为而心如止水，仅求“为己”而自正己生，不愿“为人”而妄正众生。然而众人若以心如止水的松柏为镜鉴，也能够“为己”而自正己生，也能够像松柏一样“在冬夏青青”，而不会被天道伦理惩罚。是为“唯止能止众止”：自己因是而已，心如止水；以之为鉴者，方能从因非不已，心如流水，自止为因是而已的止水。

“尧舜”是“内七篇”反复贬斥的俗君僭主，此处代表君主专制的宗法伦理。尧舜有为而心如流水，未能“为己”而自正己生，却妄求“为人”而欲正众生。因此众人若以心如流水的尧舜为镜鉴，既不能“为己”而自正己生，又不能像

[1]《德充符》“幸能正生，以正众生”，为汉语史首见之“众生”。庄义“万物齐一”，近于佛义“众生平等”，译佛经者借用“众生”，遂成佛学重要名相。

尧舜那样“在万物之首”，否则必被刑教名教严惩。尽管宗法伦理的倡导者要求众人心如止水地安于等级阶梯中的俗位，但是倡导者自己却心如流水地“求名”、“求实”无已，于是陷入“唯流不能止众流”的致命逻辑坎陷：自己因非不已，心如流水；以之为鉴者，同样因非不已，心如流水，不可能被制止为因是而已的止水。

旧庄学谬解庄子借孔子之口褒扬尧舜“受命于天”、“在万物之首”。《逍遥游》已明言至人之“尘垢秕糠”足以“陶铸尧舜”，倘若尧舜“在万物之首”，至人居于何地？《齐物论》已明言“万物为一”，上文又重言“万物皆一”，倘若尧舜“在万物之首”，万物如何齐一？因此《德充符》借孔子之口对举“松柏”、“尧舜”，旨在褒松柏，贬尧舜；正如《人间世》借颜回之口对举“与天为徒”、“与人为徒”，旨在褒“与天为徒”，贬“与人为徒”。旧庄学谬解《德充符》褒扬“尧舜”，与谬解《人间世》褒扬“与人为徒”相同，均属坚执儒学成心的断章取义。

孔言第二层，止于“而心未尝死者乎”。“官天地，府万物”远取诸物，“寓六骸，象耳目”近取诸身。“官”即外摄之感官，“府”即内聚之藏府[1]；“寓”、“象”动词，“官”、“府”名词动用。四句的逻辑关系是：“官天地，象耳目；府万物，寓六骸。”意为：以天地为已之耳目感官，以万物为已之六骸藏府。义同《逍遥游》“磅礴万物以为一”和《齐物论》“天地与我并生，万物与我为一”，不过更为具体形象：以人身“小宇宙”，对应天地“大宇宙”。[2]

宗法伦理同样近取诸身，远取诸物，只不过以个体“小宇宙”，对应社会“中宇宙”：以“官”吏为民之耳目感官，以政“府”为民之六骸藏府。于是主宰“中宇宙”的“官府”，自命为“大宇宙”的至高代表而“替天行道”，自命为民众与“大宇宙”的唯一中介而“代民祭天”。然而信仰天道伦理者直面天地万物，否认“官府”是“大宇宙”的至高代表，认为“官府”主宰“中宇宙”是“代

---

[1] 古文“藏府”，今作“脏腑”。《齐物论》“六藏”，即“六脏”。《外篇·在宥》：“天地有官，阴阳有藏。”成疏：“阴阳二气，春夏秋冬，各有司存，如藏府也。”

[2] 参见清人马骕《绎史》卷一引《五运历年纪》：“首生盘古，垂死化身，气成风云，声为雷霆，左眼为日，右眼为月，四肢五体，为四极五岳，血液为江河，筋脉为地理，肌肉为田土，发髭为星辰，精髓为珠玉，汗流为雨泽，身为诸虫，因风所感，化为黎氓。”

大匠斫”，拒绝“官府”强行充当自己与“大宇宙”的唯一中介。[1]

“葆始之征，不惧之实”：个体之“始”，即道所分施之德。“征”即篇名“符”之变文，合词“符征”。句意为：葆德的符征，就是无所畏惧的坚实德心。但是葆德者面对“其杀如秋冬”的刑名二教，又须知殆而骀，以便“在冬夏青青”。沐浴在天道春夏的阳光雨露之下，能够青青并非难能；置身于人道秋冬的肃杀霜雪之下，仍能青青方为可贵。

“求名自要”，反扣《逍遥游》“至境”三句之末句“圣人无名”。第一幕之尧舜，第二幕之子产，第三幕之孔子，均为“求名自要”的宗法伦理信奉者；王骀等三兀者及哀骀它等三恶人，均为“圣人无名”的天道伦理信仰者。“勇士一人，雄入于九军”，变文隐扣孔子名言“三军可夺帅，匹夫不可夺志”。第二层意为：具有“近死之心”的“求名”大知，信奉伪道尚且不可夺志；“心未尝死”的“忘名”至人，信仰真道更加不可夺志。

孔言第三层，即“彼且择日而登假”以下。“登假”之“假”，同样训“假借”，蕴涵“非真”。“登假”，是《大宗师》“登假于道”的略语。“彼且何肯以物为事乎”，前扣《逍遥游》“其尘垢秕糠，将犹陶铸尧舜者也。孰肯纷纷然以物为事”。第三层意为：王骀即将经由非终极的“假物”而登达天道，从之游的众人则希望非终极的假借王骀而趋近天道。即将成道的王骀，怎么肯像尧舜那样不正己生却欲正众生？

第一幕庄子借孔子之口褒扬王骀，有意晦藏孔子、王骀之异，但又隐伏悬念：孔子为何欲师事王骀却“后而未往”？又隐晦贬斥孔子像尧舜一样心如流水，不正己生却欲正众生。晦藏之旨，将在第二第三幕中由隐趋显。

## 二　兀者申徒，痛斥子产

第二幕初步揭示孔子欲师事王骀却“后而未往”的悬念：孔子师事的并非登

[1] 庄义近于马丁·路德名言：“任何人都不能代表上帝（道之神格化），人与上帝之间无须中介（指教会）。”

达天道的兀者王骀，而是陷溺人道的郑相子产[1]。但是初步揭示的同时，又有所晦藏：不让孔子直接出场，而让子产代替孔子出场。子产名言“天道远，人道迩，非所及也”[2]，被《大宗师》变文为孔子语“彼游方之外者也，而丘游方之内者也，外内不相及”，因此子产实为孔子之替身，申徒嘉则是王骀之化身。孔子替身与王骀化身的激烈冲突，隐晦暗示孔子、王骀“道”不同。

申徒嘉，兀者也，而与郑子产同师于伯昏无人。

## 今译

申徒嘉，是被刖一足之人，而与郑相子产共同师事伯昏无人。

“兀者”寓言第二幕：首句交代背景，孔子替身与王骀化身成为同学。奥义藏于“同师”。

第二兀者申徒嘉，“申”训申斥，兼寓“道”不同的子产、申徒嘉之双向申斥。“徒”是服劳役的罪人，今语“徒刑”仍存古义。“嘉”隐寓庄子对“罪人”的嘉许，所以双向申斥的结果是子产落败。

申徒嘉、子产之师“伯昏无人”，又是继《人间世》“南伯子綦”之后的《齐物论》“南郭子綦”之化身，因其象征天道，所以隐于幕后。“伯昏无人”与“南郭子綦”并无直接关联，经由“南伯子綦”之“伯”，才有了间接关联。“伯”为排行之长，后射《大宗师》“（道）长于上古而不为老”。“昏”即愚骀，上扣王骀，下伏哀骀它。“无人”即致无人道。执斧斤的子产与被斧斤的申徒嘉，俗

[1]《史记·仲尼弟子列传》：“孔子之所严事：于郑，子产。”《左传·昭公二十年》：“子产卒，仲尼闻之，出涕曰：‘古之遗爱也。’”《论语·公冶长》载孔子论子产两条：“子谓子产：有君子之道四焉：其行己也恭，其事上也敬，其养民也惠，其使民也义。”“或问子产。子曰：惠人也。”

[2] 参见《左传·昭公十八年》。又《榖梁传·昭公十八年》载子产语的传写异文：“人有谓郑子产曰：‘某日有灾。’子产曰：‘天者神，子恶知之？是人也。’”子产谬说，在唯一之道“天道”之外，妄增“人道”。《外篇·天下》谓之“道术将为天下裂”。

位悬殊，却“同师”象征天道的“伯昏无人”，暗示天道面前，万物齐一（平等）。

子产谓申徒嘉曰：“我先出则子止，子先出则我止。”其明日，又与合堂同席而坐。子产谓申徒嘉曰：“我先出则子止，子先出则我止。今我将出，子可以止乎，其未耶？且子见执政而不违，子齐执政乎？”

申徒嘉曰：“先生之门，固有执政焉如此哉？子悦子之执政而后人者耶[1]？闻之曰：‘鉴明则尘垢不止，止则不明也。久与贤人处则无过。’今子之所取大者，先生也。而犹出言若是，不亦过乎？”

## 今译

子产对申徒嘉说：“我先出去，你就止步；你先出去，我就止步。”

第二天，两人又共堂同席而坐。子产对申徒嘉说：“我先出去，你就止步；你先出去，我就止步。现在我要出去，你可以止步吗？还是不肯止步呢？你见到执政大臣竟不回避，你想与执政大臣平起平坐吗？”

申徒嘉说：“先生门下，竟有如此执政大臣？你自喜执政俗位，而认为众人应居你后吗？我闻先生教诲：‘镜子明净，尘垢就不留其上；尘垢停留其上，镜子就不明净。长久与贤人相处，就无过失。’如今你择取尊大的，是齐一万物的先生，却仍出言如此，不是太过吗？”

第二幕第一回合：“同出止”卮言，宗法伦理挑衅天道伦理。奥义藏于“齐执政”。

子产陷溺人道，坚执宗法伦理，未能自正己生却妄正众生，率先对进窥天道而信仰天道伦理，自正己生却不欲正人的申徒嘉发起挑衅，于是引发“不和”：“我先出则子止，子先出则我止。”

申徒嘉不予理睬，因为天道面前，人格平等，“天子之与己”尚且“皆天之

---

[1] 前“子”字后，旧衍“而”字。

所子”，何况区区执政？

庄子让子产重言“我先出则子止，子先出则我止”，点明子产陷溺等级森严的人道，未达万物齐一的天道。子产重言“出止”，反扣第一幕“唯止能止众止”：子产像尧舜一样心如流水，未能自“止”却欲“止”人，因而无法制“止”申徒嘉。

子产申斥申徒嘉：“子见执政而不违，子齐执政乎？”恶俗之极地炫耀自己在宗法等级中的世俗高位，悖天逆人地认定申徒嘉之人格，不配与子产之人格相“齐”（平等）。

主张“修身齐家治国平天下”的宗法伦理认为：自己及家人国人天下人必须服从“君主之下，人格不齐”（不平等）的人道名教，并用人道刑教“齐一”（有为之人治）家国天下，强使物德先天“不齐”（不相等）的天下万物，趋于后天之“齐”（相等）。通过“齐（整治）之不齐（人格不平等）”的有为专制，达至“上齐（齐于一人之下）下不齐（众人各有等差）”的宗法理想。

主张“万物齐一于天道”的天道伦理认为：自己及家人国人天下人必须顺从“天道之下，人格齐一”（平等）的天道秩序，听任物德之质“齐一”（平等）的天下万物，自由发展先天“不齐”（不相等）的物德之量。通过“不齐（不治）之齐（人格平等）”的无为放任，达至“下齐（人生起点平等）上不齐（人生结果不相等）”的天道理想。

《外篇·骈拇》曰：“长者不为有余，短者不为不足。是故凫胫虽短，续之则忧；鹤胫虽长，断之则悲。故性长非所断，性短非所续。”天道伦理认为：鹤、凫站于先天人格平等的齐一地平线，其胫长短无须齐一，均可向上自由发展。宗法伦理认为：凫、鹤站于后天人格不平等的不齐等级，其胫长短必须齐一，不可向上自由发展。

申徒嘉深感奇怪：致无人道的先生门下，竟有如此炫耀执政俗位的妄人？难道你是自得于执政俗位而鄙视众生的俗物？我听说：镜子澄明则尘垢不落其上，尘垢落于其上则镜子已失澄明。长久与贤人相处必能无过。如今你表面上推戴的，是先生的天道；实际上却坚执人道，不是太过分了吗？

“鉴明则尘垢不止，止则不明也”，“鉴”字上扣第一幕“莫鉴于流水而鉴于止水”，否定子产为至人。《逍遥游》“其尘垢秕糠，将犹陶铸尧舜”把“尧舜”

定义为“尘垢”之后，本篇又继《齐物论》“游乎尘垢之外”后，再次以“尘垢”隐扣“尧舜”，下文子产以“尧”自居，又补证这一隐扣。

子产曰：“子既若是矣，犹与尧争善。计子之德，不足以自反耶？”

申徒嘉曰：“自状其过，以不当亡者众；不状其过，以不当存者寡。知不可奈何而安之若命，唯有德者能之。游于羿之彀中[1]，然而不中者，命也。人以其全足笑吾不全足者多矣，我勃然而怒；而适先生之所，则废然而反。不知先生之洗我以善耶？吾之自寤耶[2]？吾与夫子游十九年矣，而未尝知吾介者也[3]。今子与我游于形骸之内，而子索我于形骸之外，不亦过乎？”

子产蹴然改容更貌曰：“子无乃称。”

## 今译

子产说：“你已经这样了，还与尧争善！看看你的德性，不该自我反省吗？”

申徒嘉说：“承认自己有过，以为自己不当亡足的人很多；不承认自己有过，以为自己不当存足的人很少。明白（无道之世难以免刑）是无可奈何之事而承受人运如同安于天命，唯有葆德之人方能做到。游走于后羿的靶心，却能不被射中，纯属天命。很多人因为双足健全而嘲笑我双足不全，我曾勃然大怒；但我来到先生这里，则不再愤怒而反思原因。不知是先生以上善之水洗涤我之德心呢，还是我之自悟呢？我追随夫子游学十九年，而夫子至今不知我是独足。如今你与我以德心相交，而你却专注于我的身形残缺，不是太过吗？”

子产怵然改容变色说：“请你不要再说了！”

---

[1] “彀中”后，旧衍“中央者，中地也”六字。浮词赘语，不合庄子极简文风；隔断句意，必非原文。当属注文羼入。

[2] 旧脱本句五字。刘文典据《阙误》引张君房本及郭注（案：成疏同）校补。王叔岷从之。“寤”通“悟”，为明“寤/悟”相通，故不厘正。

[3] “介”字诸本均作“兀”，据陆释“‘知吾介’，本又作兀”校改。

第二幕第二回合："彀中"卮言，天道伦理挫败宗法伦理。奥义藏于"自状其过"、"不状其过"。

坚执宗法伦理的子产被申徒嘉申斥以后，仍不开窍，继续坚执成心，甚至自比宗法伦理的开创者唐尧："你已被刖足，还要与德比唐尧的我争善。你德亏被刑，不该自我反省吗？"

子产像《人间世》接舆讽谕的孔子一样"临人以（伪）德"，自比唐尧，自命"善"人，自居高贵，再次证明第一幕并未褒扬而是隐贬尧舜自居"受命于天"、"在万物之首"。子产像一切"临人以（伪）德"者一样，价值颠倒地反诬葆德者德亏，强逼葆德者反省，却不自知德亏，更不自我反省。于是申徒嘉再予痛斥，其言分为七层。

申言第一层："自状其过，以不当亡者众；不状其过，以不当存者寡。"句义婉曲深隐，晦藏庄子对宗法伦理的终极指控：宗法伦理把顺应天道、因循内德、捍卫人权的一切正当行为，一概诬为有"过"有"罪"。

以申徒嘉与子产"同出止"为例：天道伦理认为申徒嘉无"过"无"罪"，但是宗法伦理认定申徒嘉有"过"有"罪"。孔子及儒家所重的名教，先"温柔敦厚"地把顺道言行"正名"为"过"，"过"之名是"僭越"；子产及法家所重的刑教，再严厉无情地对顺道言行加以治"罪"，"罪"之名是"不敬"[1]。于是申徒嘉被子产告至"执斧斤"的有司。子产是一人之下的顶级有司，运动员自兼裁判员。有司照例审问申徒嘉：被告申徒嘉，欲"齐执政"，欲与原告子产"同出止"，是否属实？倘若属实，当刖一足。

葆有真德的申徒嘉不肯撒谎，诚实供认"同出止"之事实，但是不同意"同出止"被名教诬陷为"过"，更不同意因"同出止"而被刑教治"罪"。进而论证"齐执政"合道，指控宗法伦理悖道。诚实"自状"事实、勇敢论证天道的

---

[1] 郑相子产于前536年铸刑鼎公布中国第一部成文法。《左传·昭公六年》："郑人铸刑书。叔向使诒子产书曰：'民知有辟，则不忌于上。'"《论语·泰伯》："子曰：民可使由之，不可使知之。"晋相赵鞅于前513年也铸刑鼎公布成文法。《左传·昭公二十九年》："仲尼曰：'晋其亡乎！失其度矣。贵贱不愆，所谓度也。今弃是度也，而为刑鼎，民在鼎矣，何以尊贵？贵贱无序，何以为国？'"子产、赵鞅侧重刑教，孔子、叔向侧重名教。

申徒嘉，认为己足“不当亡”。

然而有司只需要“同出止”之事实，不允许申徒嘉对事实另做价值判断，因为价值判断权，亦即定义权，仅属庙堂伪道，不属江湖真道。申徒嘉竟敢申辩“同出止”无罪，竟敢论证“齐执政”合道，竟敢指控宗法伦理悖道，比“同出止”更为“僭越”，属于“是可忍孰不可忍”的“大不敬”，格杀毋论。[1]

因此两句的后半句“以不当亡者众”与“以不当存者寡”，是表述相反、意蕴相同的变文。两句的前半句“自状其过”与“不状其过”，则是面对“人刑”的两种态度。

“自状其过”者，不仅信仰而且试图捍卫天道伦理，结果轻则“亡足”，重则“亡身”。

“不状其过”者中，大部分人信奉宗法伦理，决无“齐执政”之动机，也认为“同出止”有“过”，只是不认为己足“不当存”；为了免于治“罪”，必定“不状其过”：抵赖“同出止”之事实，符合事实地自辩没有“齐执政”之动机。小部分人信仰天道伦理，确有“齐执政”之动机，不认为“同出止”有“过”，更不认为己足“不当存”，由于预知宗法伦理不可能承认悖道，斥其悖道将会加重刑罚，从“亡足”变为“亡身”；为了免于“亡身”，于是被逼无奈地“不状其过”：抵赖“同出止”之事实，违背事实地掩饰“齐执政”之动机。

总之，在君主专制的暴政高压下，绝大多数人为了逃避“名教”之诛心和“刑教”之诛身，必将从“勇于敢”的“自状其过”，变为“勇于不敢”的“不状其过”。[2]

申徒嘉勇敢反击子产之挑衅，仅是庄子的寓言虚构，在奉宗法伦理为天经地义的宗法社会中极少发生，一旦发生，被刖尚属有司“仁恕”。所以申徒嘉被刖，可以视为王骀之“前传”。王骀年轻时“不知务而轻用吾身是以亡足”（第三幕王骀第二化身无趾之“自状”），此后“知务”而不再“轻用吾身”，于是从“自状其过”变为“不状其过”，“立不教，坐不议”地把内心真德隐藏起来。

---

[1]《论语·八佾》：“孔子谓季氏：八佾舞于庭，是可忍也，孰不可忍也？”

[2]《老子》七十三章：“勇于敢则杀，勇于不敢则活。”

申言第二层："知不可奈何而安之若命，唯有德者能之"，变文重言《人间世》"知其不可奈何而安之若命，德之至也"。意为：生于君主专制的宗法社会，即使不与宗法伦理公开对抗，杀一儆百的严酷刑教仍会随机选中倒霉者。被厄运选中的众人，总是怨天尤人，只有真正的有德者，方能"知不可奈何而安之若命"。

申言第三层："游于羿之彀中，然而不中者，命也。"意为：身处君主专制的刑教射程之内，是否被厄运选中，与德无关，纯属天命。

"彀中"，与《齐物论》"环中"对言。"环中"是"（天）道（之）枢"，"彀中"则是"人道之枢"。"彀"喻君主专制的"人刑"所及范围[1]。当时的整个天下，均属君主专制的射程范围，即《人间世》所言"无适而非君，无所逃于天地之间"。至人无法逃出天地之间，但是可从"彀"之"中"、靶之心，逃向"彀"之"缘"、靶之边，也就是主动边缘化：逃出庙堂"彀中"，趋近江湖"环中"；身居"汾水之阳"，心游"藐姑射之山"；超越"黮暗"的"北溟"，飞向"以明"的"南溟"。[2]

"羿之彀中"终极指控开启宗法伦理的唐尧，因为羿为尧臣，尧令羿射九日，才使天道伦理阳光普照的"十日并出"，变为宗法伦理"仁义"偏照的"天无二日"，使天下人动辄得咎地"中于机辟，死于网罟"，"未终其天年而中道夭于斧斤"。

"中"则"安之若命"，"不中"则归于"天命"，前扣《人间世》"命/若命"之辨。此处"若命"，即为后天"人运"。"道"不同，价值观必不同；价值观不同，对"天命"的认知必不同；对"天命"的认知不同，对"人运"的认知必不同。[3]

申言第四层："人以其全足笑吾不全足者多矣，我勃然而怒；而适先生之所，则废然而反。"意为：未被刖足而讥笑我被刖足的人很多，我原先非常愤怒；直

---

[1] 郭注："弓矢所及为彀中。"不确。"彀"为弓矢所及范围，"彀中"则为靶心。《管子·小称》："羿有以感弓矢，故彀可得而中也。"《孟子·告子》："羿之教人射，必志于彀。"王先谦："以羿彀喻刑网。"

[2] 陶渊明像庄子一样主动边缘化，远离"彀中"，把庄子的"环中"、"南溟"、"藐姑射之山"、"无何有之乡"，称为"桃花源"。

[3] 五代王定保《唐摭言》卷一：唐太宗"见新进士缀行而出，喜曰：'天下英雄入吾彀中矣。'"进士金榜题名，入于宗法社会之"彀中"，伪道俗见视为"命"好"运"佳，庄子视为"命"恶"运"蹇。故众儒力攻举业，庄子峻拒楚相。

到我受先生教诲而领悟天道，才对众人的讥笑不再感到愤怒，反而对众人盲从人道而德亏深感悲哀。

这是对君主专制使人冷漠的深刻揭示：盲从伪道俗见的众人，通常认定被刑者必有触犯名教之"过"，才会被刑教治"罪"，因而不予同情，反而嘲笑乃至幸灾乐祸。直到他也被厄运选中，才会渴望同情。然而彼时众人对他，将与此时他对被刑者一样冷漠。

申言第五层："不知先生之洗我以善耶？吾之自寤耶？""吾之自寤"表明伯昏无人与王骀一样实行"不言之教"，人必自悟，方能自救。"洗我以善"痛斥子产陋见"与尧争善"，兼有二义：洗去名教加诸我先天德心的后天伪善，因而申徒嘉不再视伪道俗见之善为真善，即"不善善"；以真善洗去我俗念未尽的愤怒，因而申徒嘉不再愤怒于伪道俗见视其真善为恶，即"不恶恶"。

申言第六层："吾与夫子游十九年矣，而未尝知吾介者也。"以伯昏无人之重德轻形，反衬子产之重形轻德，又预伏第三幕孔子之重形轻德。而通篇皆作"兀"，此处独作"介"，则是《德充符》之"兀"与《养生主》之"介"的隐扣。

申言第七层："今子与我游于形骸之内，而子索我于形骸之外，不亦过乎？""形骸之内"即德心，"形骸之外"即身形。申徒嘉一语中的，申斥子产重形轻德，子产终于明白其德远逊申徒嘉，惭愧地请求申徒嘉不要再说了。自"止"而不欲"止"人的申徒嘉，反而制"止"了子产。

申徒嘉以天道伦理挫败子产之宗法伦理，并让子产认错悔过，是庄子在寓言中虚拟的胜利，在奉宗法伦理为天经地义的宗法社会中决无可能。然而庄子的虚拟胜利，并非自我安慰，而是揭示了宗法伦理信奉者的人格分裂：假如子产、申徒嘉的冲突发生在现实之中，子产内心深处被伪道俗见遮蔽而不自知的真德常心，确实可能被申徒嘉唤醒，亦即内心深处被天道伦理折服；但是由于宗法伦理为子产带来的实际利益，所以子产仍将坚执宗法伦理，对一切"同出止"、"齐执政"者予以严惩。人格分裂地严惩申徒嘉的现实子产，是"实际子产"；心口如一地被申徒嘉折服的寓言子产，则是"真际子产"。同理，"内七篇"反复贬斥的孔子，是"实际孔子"；"内七篇"中偶尔充当庄学代言人的孔子，则是"真际孔子"。

第二幕中申徒嘉对自比唐尧的子产之层层深入、环环紧扣的痛斥，正是对第一幕中虚假褒扬王骀、真心褒扬尧舜之孔子的间接隐斥。而第三幕将从间接隐斥孔子，变为直接痛斥孔子。

## 三　兀者无趾，痛斥孔子

第一幕，留下了孔子声称欲师事王骀却“后而未往”的悬念。第二幕，孔子替身子产与王骀第一化身申徒嘉的激烈冲突，已经初步揭示孔子与王骀之“道”不同。第三幕，王骀第二化身叔山无趾反向师事孔子，并以孔子对王骀化身的蔑视，揭破孔子声称欲师事王骀却“后而未往”的悬念。

鲁有兀者叔山无趾，踵见仲尼。

### 今译

鲁国有个被斩足趾的叔山无趾，用脚跟行走拜见仲尼。

“兀者”寓言第三幕：首句交代背景，王骀化身反向师事孔子。奥义藏于“叔山无趾”。

第三兀者叔山无趾，是继申徒嘉之后的王骀第二化身。庄子未言申徒嘉之国别，其为王骀化身较为隐晦。叔山无趾却与王骀一样既是兀者又是鲁人，其为王骀化身一目了然。

“叔”为排行第三。至此，“伯昏”、“仲尼”、“叔山”、“常季”，已经构成“伯—仲—叔—季”的四境隐喻系统。这是《逍遥游》晦藏庄学四境“至知 / 无知—大知—小知—无知”的终极证据，同时深藏奥义：迫于伪道俗见之暴虐，自正己生的“伯”字辈至知，只能“无形而心成”地行“不言之教”；凭借俗君僭主之力挺，不正己生的“仲”字辈大知，却“求名自要”地“诲人不倦”。于是“叔”、“季”

辈众人常常误入歧途，问道于“仲”字辈大知，所以第一幕是“常季”问道于“仲尼”，第三幕是“叔山”问道于“仲尼”。“山”扣《逍遥游》“藐姑射之山”。“无趾”是刖刑中较轻的断趾，远不如刖足显眼。然而重德轻身的“伯”字辈至知伯昏无人，十九年不知申徒嘉的显眼刖足；重身轻德的“仲”字辈大知仲尼，初见无趾即驻目其毫不显眼的断趾。

仲尼曰：“子不谨，前既犯患若是矣。虽今来，何及矣！”

无趾曰：“吾唯不知务而轻用吾身，吾是以亡足。今吾来也，犹有尊足者存焉[1]，吾是以务全之也。夫天无不覆，地无不载，吾以夫子为天地，安知夫子之犹若是耶？”

孔子曰：“丘则陋矣。夫子胡不入乎？请讲以所闻！”

无趾出。孔子曰：“弟子勉之！夫无趾，兀者也，犹务学以复补其前行之恶[2]，而况全德之人乎？”

## 今译

仲尼说：“你太不谨慎！从前既然犯法被斩足趾，即使今天再来求道，如何来得及呢？”

无趾说：“我仅是不通世务而轻率使用我的身形，我因此失去足趾。今天我来求道，还有比足趾尊贵的德心存在，我因此务求葆全它。苍天无不覆盖，大地无不承载，我以夫子为天地，不料夫子如此重身轻德？”

孔子说：“我太浅陋了。夫子何不请进？敬请讲授所闻之道！”

无趾告辞而出。

孔子说：“弟子们努力啊！叔山无趾，是亏德受刑之人，仍然努力学道以便修复弥补从前所作之恶，何况全德之人呢？”

---

[1] 旧脱“焉”字。刘文典据《御览》校补。王叔岷、陈鼓应从之。

[2] 旧脱“其”字。刘文典据《御览》校补。王叔岷从之。

第三幕第一场："全德"卮言，王骀化身对孔子大失所望。奥义藏于"犹有尊足者存焉"。

孔子妄斥无趾"子不谨，前既犯患若是矣"，是子产妄斥申徒嘉"子既若是矣"的变文，孔子像子产一样，不加分辨地认定兀者必定有"过"，才被治"罪"。即便无趾是确有真过的"失足"青年，孔子也违背了"有教无类"的自诩。

于是本欲师事孔子的兀者无趾，"有教无类"地反向教导孔子："我因为不知世务而轻用吾身，才被斩断足趾。我今天来向你问道，是因为尚存远比身形尊贵的德心，我仍想务必葆全它。苍天没有不覆盖之物，大地没有不承载之物，我把夫子视为天地一样博大，没想到夫子竟然如此重身轻德！"

孔子顿时语塞，不得不佯装认错悔过："孔丘太固陋了。夫子何不进来一坐，告知你所闻之道？"

无趾像常季一样，并非孔门弟子，也像常季一样尊称孔子为"夫子"。孔子开口即坚执伪道俗见，遭到无趾申斥，于是像第一幕把"夫子"尊称转谓王骀一样，转而尊称王骀化身无趾为"夫子"，被庄子再次隐夺"夫子"资格。情节若止于此，孔子尚能维持知过能改的正面形象。然而庄子不肯住笔，特意添一情节——

刚对无趾认错悔过的孔子，却在无趾走后对弟子说："弟子们，努力啊！那无趾是犯罪刑余之人，尚且努力求道弥补前行之恶，何况你们这些全德之人呢？"

庄子添此情节，隐含三义：

其一，揭破第一幕孔子褒扬王骀属于"所言未定"的言不由衷：由于常季盛赞王骀，孔子才违心声称欲师事王骀，实际上孔子与王骀"道不同不相为谋"。[1]

其二，补证第二幕子产为孔子之替身：子产因申徒嘉身亏而"计子之德"，认定申徒嘉必定德亏；孔子尽管佯装认错，仍然认定亏身的无趾已非"全德"，自诩孔门师徒才是"全德之人"。孔子及其替身子产，无不视形亏为德亏，未明"形 / 德"之辨。

[1]《论语·卫灵公》："子曰：道不同，不相为谋。"没有不同之道，仅有唯一之道。

其三，补证第三幕无趾为王骀之化身，因此像王骀一样自觉觉他：无趾判定孔子是言不由衷的佯装认错，因此不再接受虚假邀请，转身就走。

至此方明，第一幕孔子佯称欲师事兀者王骀，正是第二幕兀者申徒嘉痛斥子产的“子之所取大者，先生也”。第三幕孔子妄斥兀者无趾必有“前行之恶”、“虽今来，何及矣”，正是第二幕兀者申徒嘉痛斥子产的“而犹出言若是，不亦过乎？”

情节若止于此，庄子对孔子的鄙薄尚有余地。然而庄子仍未住笔，而是笔锋一转，转入第二场景。

无趾语老聃曰：“孔丘之于至人，其未耶？彼何宾宾以学子为？彼且祈以諔诡幻怪之名闻，不知至人之以是为己桎梏耶？”

老聃曰：“胡不直使彼以死生为一条，以可不可为一贯者，解其桎梏，其可乎？”

无趾曰：“天刑之，安可解？”

## 今译

无趾对老聃说：“孔丘距离至人之境，远未达到吗？他为何彬彬有礼向您请教？他将要祈求奇诡虚幻的名声，不知至人把名声视为自己的桎梏吗？”

老聃说：“为何不直接告诉他把死生视为一体，无视外境认可、不认可而保持一贯，解除其桎梏，是否可行呢？”

无趾说：“天道施刑于他的德心，我又怎能解除？”

第三幕第二场：“天刑”卮言，镜头从孔门移至老门。奥义藏于“天刑”。

“内七篇”此前的寓言从未换景，《德充符》第三幕却首次换景：“叔”字辈小知叔山无趾，离开“仲”字辈大知孔子之门，转投“伯”字辈至知老聃（字伯阳）之门。这一换景意味深长：“季”字辈无知，物德太薄，天池太小，总是误入歧途地问道于“仲”字辈大知而盲从，于是无缘成长为至人，所以“常季”不属三兀者之列。“叔”字辈小知，物德较厚，天池较大，一旦问道于“仲”字辈大知而失望，就会转而问道于“伯”字辈至人，于是有机会成长为至人，所以“叔山无趾”属于三兀者之一。

无趾首先对老聃否定孔子是“至人”，随后反问老聃：孔子为何师事先生却无长进，不知“名闻”为至人之“桎梏”，未达“圣人无名”之至境？[1]

老聃反问无趾，为何不教诲孔子“以死生为一条，以可不可为一贯”的天道，解除其所信奉的人道“桎梏”。

此处的老聃，也是庄学代言人。“以死生为一条”，是庄学真谛：无论是否面临生死考验，葆德之志均不可夺。“以可不可为一贯”，是《齐物论》庄学俗谛“可乎可，不可乎不可”的变文。孔子佯装认“可”王骀，对王骀化身无趾却“不可”，正是《齐物论》贬斥的“所言未定”。[2]

无趾说出了“内七篇”对孔子的最严厉贬斥：“天刑之，安可解？”

“天刑”，即“天之心刑”，指物德太薄，天池太小[3]，《逍遥游》谓之“知有聋盲”，《人间世》谓之“其德天杀”。其德“天刑”的孔子，与“其德天杀”的蒯聩一样“知有聋盲”，“其知适足以知人之过，而不知其所以过”——不知宗法伦理违背天道、侵夺人权，不知三兀者均因顺应天道、因循内德、捍卫人权才惨遭宗法伦理斧斤。申徒嘉被刖一足，可以视为“实际子产”所为[4]；无趾被

[1]《论语·卫灵公》：“子曰：君子疾没世而名不称焉。”《论语·子罕》：“子曰：四十、五十而无闻焉，斯亦不足畏也已。”

[2]《论语·微子》：“（孔子）谓：虞仲、夷逸，隐居放言。身中清，废中权。我则异于是，无可无不可。”

[3] 旧庄学出于尊孔成心，对贬孔语“天刑之，安可解”或含糊带过，或避而不注。郭注、成疏移后于《大宗师》“天之戮民”再予曲说，参后《〈大宗师〉奥义》。王先谦则提前于《养生主》“遁天之刑”曲说为褒孔语：“《德充符》以孔子为‘天刑之’，则知‘遁天刑’是赞语。”刘武曲说为“自愿”：“言彼之本性，自愿受此桎梏，如天之所刑也。”王叔岷曲说为“人运”：“孔子再逐于鲁，削迹于卫，伐树于宋，穷于商周，围于陈蔡，何异遭刑邪！”

[4]《左传·昭公二十年》“子产曰：‘为政，唯有德者能以宽服民，其次莫如猛。夫火烈，民望而畏之，故鲜死焉；水懦弱，民狎而玩之，则多死焉，故宽难。’”史多误将子产继任者驷颛杀邓析，误归子产名下，即因子产重刑好杀。

刖一足，也可视为“实际孔子”所为。[1]

从《逍遥游》肩吾不能理解反孔始祖接舆之言，连叔谓之“知有聋盲”，到《齐物论》长梧子对鹳鹊子隐斥“丘也何足以知之”，“丘也与汝皆梦也”，再到《人间世》接舆讽谕孔子“临人以（伪）德”，直到《德充符》无趾痛斥孔子“天刑之，安可解”，“内七篇”的斥孔主线不绝如缕，由隐趋显，至此豁然。既要传道后世又须逃刑免患的庄子，运用支离其言的超常表述，婉曲隐晦地阐明了“内七篇”的主旨之一：大知孔子之所以坚执宗法伦理，强化“代大匠斫”的庙堂“人刑”，是因为被天道“大匠”施了“天刑”，先天物德不厚，自身天池太小，终生未窥天道。

前三幕阐明：信仰天道伦理的王骀等三兀者，由于免于“人之心刑”而德全，由于遭到“人之身刑”而身亏；信奉宗法伦理的孔子、子产，由于免于“人之身刑”而身全，由于遭到“人之心刑”而德亏。

## 四　恶人哀骀，其德不形

前三幕业已阐明，“实际孔子”仅是信奉伪道的悖道大知，并非“至人”。因此第四幕的“至人孔子”，是庄子虚构的“真际孔子”。庄子的寓言虚构，旨在做一个理想实验：俗君僭主被悖道大知鼓吹的伪道所蛊惑，无不“有为而治”地强化“人刑”；那么俗君僭主如果被顺道至人倡导的真道所感化，是否会“无为而治”地弱化“人刑”？

鲁哀公问于仲尼曰：“卫有恶人焉，曰哀骀它。丈夫与之处者，思

[1]《论语·为政》：“道之以政（名教），齐之以刑（刑教）。”《论语·尧曰》：“不教而杀谓之虐。”孔子主张先名教后刑教，反对“不教而杀”；教而杀之，是为“仁义”。《荀子·宥坐》：“孔子为鲁摄相，朝七日而诛少正卯。”《淮南子·泛论训》：“孔子诛少正卯而鲁国之邪塞，子产诛邓析而郑国之奸禁。”《史记·孔子世家》又载，前500年鲁定公、齐景公夹谷之会，孔子迫使齐景公诛杀了违“礼”的倡优侏儒。

而不能去也。妇人见之，请于父母曰‘与为人妻，宁为夫子之妾’者，十数而未止也。未尝闻其有唱者也[1]，常和人而已矣。无君人之位以济乎人之死，无聚禄以望人之腹；又以恶骇天下，和而不唱，知不出乎四域，且而雌雄合乎前，是必有异乎人者也。寡人召而观之，果以恶骇天下。与寡人处，不至以月数，而寡人有意乎其为人也。不至乎期年，而寡人信之。国无宰，寡人传国焉。闷然而后应，泛然而若辞[2]。寡人丑乎，卒授之国。无几何也，去寡人而行。寡人恤焉若有亡也，若无与乐是国也。是何人者耶？”

## 今译

鲁哀公问仲尼说：“卫国有个丑陋之人，叫哀骀它。男人与他相处，思恋不肯离去。女人与他相见，请求父母说‘与其为人之妻，宁为夫子之妾’，十个也不止。未曾听他有所倡导，常常应和他人而止。没有君主之位用来救济他人脱离死地，没有聚敛财富用来填饱他人肚腹；又身形丑陋惊骇天下，应和而不倡导，心知并未超出国人，竟然男女聚合于前，这人必有异于众人之处。寡人把他召来一观，果然身形丑恶惊骇天下。与寡人相处，不足一月，寡人就已倾心其为人。不满一年，寡人就已信任他。正好鲁国没有宰相，寡人意欲托付国事。他沉默良久回应，泛泛似欲推辞。寡人羞愧啊，终究授予国政。没过多久，他辞别寡人而行。寡人郁闷若有所失，似乎鲁国无人再能让我快乐。这是何等样人？”

第四幕第一问：虚拟理想实验，鲁哀公描述恶人哀骀它。奥义藏于“和而不唱”。

第一恶人哀骀它，像第一兀者王骀一样不出场，仅供哀公、孔子议论。

旧庄学释“恶”为“丑”，未窥奥义。“美 / 恶”对举，兼寓形之“美 / 丑”及德之“善 / 恶”；正如《齐物论》“彼 / 是”对举，兼寓客观之“彼 / 此”及主

[1] “其有”旧误倒为“有其”。与《人间世》“人恶其有美”误倒为“人恶有其美”同。

[2] 旧脱“然”字。陈鼓应采武延绪说校补。《外篇·田子方》“泛然若辞”可做旁证。

观之“是 / 非”。庄子以直观易解的形之“美 / 恶（丑）”，隐喻难以直观的德之“善 / 恶”，承自老聃“天下皆知美之为美，斯恶矣；皆知善之为善，斯不善已。”《人间世》“是以人（君主）恶其有美”，以及《大宗师》“天之小人，人之君子；天之君子，人之小人”，均已阐明：王骀等三兀者及哀骀它等三恶人，以天道伦理观之，实为形之“美人”，德之“善人”；只有在价值颠倒的宗法伦理眼中，才是形之“丑人”，德之“恶人”，正如第二幕德亏伪善的子产自居“善”人，第三幕所言未定的孔子妄斥葆德真善的无趾必有“前行之恶”。“恶骇天下”，实为庄子的幽默自况，自知“内七篇”奥义惊世骇俗，必不容于伪道俗见猖獗之世，因而支离其言，晦藏其旨。

《德充符》鲁哀公召见卫人哀骀它，是《人间世》卫灵公召见鲁人颜阖之镜像，因此《人间世》的颜阖，同于《德充符》的哀骀它，全都“和而不唱”。第四幕鲁哀公褒扬哀骀它之语，又是第一幕常季褒扬王骀语之变文：哀骀它“和而不唱”，同于王骀“不言之教”；哀骀它“无君人之位”，同于王骀身“素”德“王”；哀骀它“雌雄（男女）合乎前”，同于王骀“从之游者”众。因此全身全德的哀骀它，是身亏德全的王骀之第三化身。

为何全身全德的哀骀它，也可以成为身亏德全的王骀之化身？因为王骀等三兀者以及哀骀它等三恶人，全都免于“天之心刑”而欲葆德，全都免于“人之心刑”而能葆德，全都做到了“为善无近名”，是为葆德至人之同“命”。王骀等三兀者罹患“人之身刑”而亏身，未能“为恶无近刑”，哀骀它等三恶人免于“人之身刑”而全身，做到了“为恶无近刑”，是为葆德至人之不同“运”。

王骀等三兀者，由于年轻之时“不知务而轻用吾身”，于是顺道之“善”被伪道俗见视为悖道之“恶”，葆德之“美”被伪道俗见视为亏德之“恶”，终因“人（君主）恶其有美”而“近刑”。然而三兀者仍然“务全”其“尊于足”之“德”，只是从“不知务”变为“知务”，从“自状其过”变为“不状其过”。

哀骀它等三恶人，或者年轻“不知务”之时运气极好，或者德厚池大天生“知务”而不“轻用吾身”，从而“才全德不形”地免于刑教。然而在刑网绵密、刑教滥施的专制暴政之下，非由自招的无妄之灾，殃及池鱼的飞来横祸，随时可能降临“知务”者。正如第二幕申徒嘉之言“游于羿之彀中，然而不中者命也”

所言：中者“运”（“若命”）蹇，不中者“命”大；被厄运选中则亏身，侥天之幸则全身。中与不中，与物德厚薄、天池小大，是否臻于俗谛、为行不慎，不具有必然关系。能否葆德，取决于己；能否全身，不完全取决于己。庄子认为，全身的葆德者不仅不能对亏身的葆德者自矜自得，而且必须寄予同情，因为“亡足”者多属“不当亡者”，被诛者多属不当诛者[1]。因此“哀骀它”之名的寓意是：“哀”（同情）王“骀”及其化身申徒嘉、无趾（“它”）之运蹇。

鲁哀公像众人一样，其真德常心已被伪德成心遮蔽而不自知，也像众人一样，不知所以然地被至人哀骀它感化。面对被宗法伦理视为“恶人”的哀骀它，真德常心觉醒的鲁哀公惭愧地意识到“寡人丑乎”。《养生主》的理想君主文惠君，对至人庖丁自称“吾”，从未自称“寡人”。“内七篇”的“寡人”，仅见于《德充符》鲁哀公之口。为使读者留意这一宗法伦理的象征性名相，庄子比《人间世》高密度五次重言“支离”更甚，高密度八次重言“寡人”。自称“寡人”表明，这位预备役理想君主，尚未彻底解脱宗法伦理之“桎梏”。

仲尼曰：“丘也尝游于楚矣[2]，适见豚子食于其死母者，少焉眴若，皆弃之而走。不见己焉尔，不得类焉尔。所爱其母者，非爱其形也，爱使其形者也。战而死者，其人之葬也，不以翣资；刖者之屦，无为爱之；皆无其本矣。为天子之诸御，不剪爪[3]，不穿耳；娶妻者止于外，不得复使。形全犹足以为尔，而况全德之人乎？今哀骀它未言而信，无功而亲，使人授己国，唯恐其不受也，是必才全而德不形者也。”

## 今译

仲尼说：“我曾游历楚国，恰好看见一群小猪在死母猪身上吃奶，片刻以后

[1]《外篇·胠箧》：“彼窃钩者诛，窃国者为诸侯。”

[2]“游”旧讹作“使”。陆释：“本亦作游。”马叙伦：“孔子无使楚事。”

[3]“剪爪”旧误倒为“爪翦”。武延绪、王叔岷、陈鼓应据成疏“穿耳翦爪”校正。

受惊，全都离弃母猪逃走。因为发现与己异样，觉得已非同类。小猪之爱母猪，并非爱其身形，而是爱其主宰身形的德心。战死之人，下葬无棺，无须棺饰仪仗；刖足之人，受刑亡足，无须爱惜鞋子；因为皆已无其根本。成为天子的嫔妃，不能剪指甲，不能穿耳孔；娶妻的臣仆止于外廷，不得役使内廷。身形健全尚且如此可贵，何况葆全德心之人？如今哀骀它无言而使人信赖，无功而使人亲近，使人自愿授予国政，唯恐他不肯接受，这人必属才性健全而真德不形于外的至人。”

第四幕第一答：“食母”寓言，“至人孔子”教诲鲁哀公。奥义藏于“食母”及“非爱其形也，爱使其形者也”。

“至人孔子”以庄子式志怪寓言“豚子食死母”教诲鲁哀公，“食母”承自老聃“我独异于人，而贵食母”。老聃之“贵食母”意为贵天道，庄子之“非爱其形也，爱使其形者也”义同：“使其形者”就是道[1]，道之在身为德。“食母”寓言再次阐明，葆德重于保身。

继以两喻，申而明之：战死者，葬而无棺，因而不再需要从属于棺的棺饰；刖足者，被刑亡足，因而不再爱惜从属于足的鞋子。其意为：身形从属于德心。倘若德心能葆，则身形也当保；倘若德心不能葆，则身形“无其本”，保之已无益。《齐物论》谓之“不死奚益”。蠢猪尚且重德轻形，何况有心有知之人？

再以两喻，更进一解：天子之嫔妃，不许剪爪穿耳；娶妻者已失元阳而止于外廷，不得役使内廷。此义分为二层：其一，宗法伦理首重“形全”[2]，天道伦理首重“德全”。其二，在针砭现实的第三幕中，实际的大知孔子把无趾之“亏身”视为“亏德”，不明“形/德”之辨。在理想实验的第四幕中，真际的“至人孔子”已明“形/德”之辨，故曰“形全犹足以为尔，而况全德之人乎”。结语“才全而德不形”，引出本篇义理核心：“才形德”之辨。

---

[1] 否定“道”之存在的郭象反注曰：“使形者，才德也。”成疏盲从。

[2] 《孝经·开宗明义章第一》：“子曰：夫孝，德之本也，教之所由生也。身体发肤，受之父母，不敢毁伤，孝之始也。”

哀公曰："何谓才全？"

仲尼曰："死生存亡，穷达贫富，贤与不肖毁誉，饥渴寒暑，是事之变，命之行也；日夜相代乎前，而知不能窥乎其始者也，故不足以滑和，不可入于灵府；使之和豫，通而不失于兑；使日夜无隙而与物为春，是接尔生时于心者也。是之谓才全。"

"何谓德不形？"

曰："平者，水停之盛也。其可以为法也，内葆之而外不荡也。德者，成和之修也。德不形者，物不能离也。"

## 今译

哀公问："什么叫'才性健全'？"

仲尼说："死生存亡，穷达贫富，贤与不肖的毁誉，饥渴冷暖，既是人事的变迁，也是天命的运行。昼夜有规律地交替相代于眼前，然而心知不能尽窥其终极驱使者，所以万物表象不足以滑乱德心之和顺，不可进入灵魂之府；使德心和顺愉悦，通达而不失门户；使德心日夜没有裂隙，而与万物同沐春风，就是承接你初生之时的真德于心。这就叫'才性健全'。"

哀公问："什么叫'真德不形于外'？"

仲尼说："所谓平，就像水之静止达于极盛。止水可以为人效法，就是内葆真德而不外荡。真德，就是成就和顺的修为。真德不形于外的至人，众人不能离开。"

第四幕二三问答："才形德"之辨，本篇义理核心。奥义藏于"才全德不形"及"内葆外不荡"。

"至人孔子"所答，距鲁哀公所问甚远。故须先据庄学义理，辨明晦藏的奥义。

"德"有三义：其一，道分施万物之德的总和，即万物"总德"。其二，道分施个体之德的总和，即个体"分德"。其三，个体"分德"之精神成分，即"德心"——个体"分德"之物质成分，即"身形"。为免混淆"德"之三义，遂把个体"分德"称为"才"，作为个体精神之"德"、个体物质之"形"的总名。

名相既明，义理即明：道分施每物之“才”，包括“德”与“形”，质同而量不同。宗法伦理用悖道文化把造化所赐之“才”加工为“材”，施以“人之心刑”，使之“德”亏；倘若拒绝“人之心刑”，则施以“人之身刑”，使之“形”亏。悖道文化的信奉者，宁可“德”亏，不愿“形”亏。天道伦理用顺道文化顺应造化，并且反抗宗法伦理的悖道文化，“德”、“形”兼养地趋近《养生主》所言“全生”；倘若“德”、“形”难以两“全”，宁可“形”亏，不愿“德”亏。此即《人间世》所言“彼其所保与众异”。

“才形德”之辨既明，“才全而德不形”也涣然冰释：“才全”即“德”、“形”俱“全”，“德不形”即“支离其德”。身处伪道猖獗的专制时代，形全较易，德全甚难。形全的代价往往是德亏。为了形全的同时真德不亏，必须“支离其德”地隐匿真德，避免名教诛心和刑教诛身。

明乎“才形德”之辨，方可理解哀公之问与孔子之答。先看“才全”问答——

哀公问：何为“才全”？

孔子答：生死存亡，穷达贫富，德心究属贤或不肖的毁誉，以及身形的饥渴冷暖，既是人间事务的表象变迁，也是天道之命的运行变化；昼夜有规律地在万物眼前嬗代变化，人之心知固然不足以尽窥万物变化的始原（道），但不可被表象变化扰乱德心和顺，不可影响德心豫悦。而应永葆德心和顺豫悦，通达而不关闭心扉。静观昼夜的无间隙运转，与万物相通而心意如春，接通萌生你之道，存于德心之中。这是身心兼养的才全。

“事之变”，属于人事之“运”，前射《人间世》“事之情”。“命之行”，属于天命之“化”，上扣第一幕“命物之化而守其宗”。“运 / 行”、“变 / 化”，今皆合词同训，在庄子笔下则有精微差别。“日夜相代乎前，而知不能窥乎其始者”，变文重言《齐物论》“日夜相代乎前，而莫知其所萌”。“窥乎其始者”，义同“接尔生时于心”，上扣第一幕“葆始之征”。“滑和”之“滑”训扰乱，“和”即第一幕“德之和”的略语。“灵府”即德心。“和豫”兼言德心之和顺与身形之豫悦：至人内德和顺，“德不形外”；外形豫悦，“心止于符”（《人间世》）。因此篇名之“符”，兼训“符征”和“（内德外形）相符”。二义其实相通：心口如一，知行圆融，内外相符，正是德心充盈的符征。“通”即达，合词“通达”。“兑”训门，喻“灵府”之门扉[1]，义承老聃“塞其兑，闭其门。”“通而不失于兑”意为：葆德者之心扉，对天道则“蓬门今始为君开”，对人道则“门虽设而常关”；《人间世》谓之“无门无毒”。“与物为春”正扣第一幕“在冬夏青青”，反扣《齐物论》“其杀如秋冬”。

再看“德不形”问答——

哀公又问：那么何为“德不形”？

孔子又答：天下之至平，就是静止之水。静止之水可被天地万物效法[2]，葆德者应该效法静止之水，内葆真德而不外荡彰显。葆德者修炼到和而不唱，才算有成。至人真德不形于外，众人反而离不开——因为众人欲乘至人之舟车趋近天道。

“水停……可以为法”，上扣第一幕“鉴于止水”。“成和之修”，上扣第一幕“德之和”及哀公语“和而不唱”。“物不能离”，上扣第一幕“物聚之”及哀公语“雌雄合乎前”、“去寡人而行，寡人恤焉若有亡”。

“内葆之而外不荡”，义同“德不形”，前射《齐物论》“葆光”、《养生主》“善刀而藏”及《人间世》“支离其德”，反讽第二幕子产对申徒嘉、第三幕孔子对无趾的“临人以（伪）德”。

哀公异日以告闵子曰：“始也吾以南面而君天下，执民之纪而忧其死，吾自以为至通矣。今吾闻至人之言，恐吾无其实，轻用吾身而亡其国。吾与孔丘，非君臣也，德友而已矣。”

## 今译

哀公后来告诉闵子骞：“原先，我面向南方而君临天下，执掌臣民之纲纪而

---

[1] 旧庄学误释“兑”通“悦”。“内七篇”皆以“说”通“悦”，无以“兑”通“悦”之例。

[2] “水”喻至德，承自老聃。《老子》八章：“上善若水。水善利万物而不争。”七十八章：“天下莫柔弱于水；而攻坚强者，莫之能胜。”庄子发展为“止水 / 流水”之辨。

忧虑其生死，我自以为已经至于通达之境。如今我听闻至人之言，深恐自己有其名而无其实，轻率使用我的身形而丧亡鲁国。我与孔丘，实非君臣，只是德友。”

第四幕第二景：“德友”卮言，理想实验获得虚拟成功。奥义藏于哀公改称“吾”。

闵子骞没有一句台词，似乎换成别人也无不妥。不过即便是跑龙套，导演庄子让谁上场也寓深意。孔门之中，“不仕大夫，不食污君之禄”的闵子骞，德行仅次于“不欲仕”的颜回[1]，因而成为颜回之后第二个出场的孔门弟子。

辨析“才形德”之后继言“德友”，是运用结构对位法隐晦强调“德”之重要。俗位差异是陷溺人间视点的相对人际关系，平等“德友”是达至道极视点的绝对人际关系。信奉宗法伦理者曰：“四海之内，皆兄弟也。”[2]信仰天道伦理者曰：四海之内，皆德友也。

哀公受教以后所言“轻用吾身而亡其国”，变文重言第三幕无趾之言“轻用吾身是以亡足”，“亡国”、“亡足”小异，“轻用吾身”全同，表明达至道极视点的庄子对兀者无趾、君主哀公一视同仁，无所亲疏。哀公语又与《人间世》“轻用其国”、“轻用民死”的“暴人（卫君）”形成对照，表明经过“至人孔子”教诲，哀公不仅从预备役理想君主成长为理想君主，而且成长为至人，所以不再自称“寡人”，而是自称“吾”[3]。“丧我存吾”的至人哀公，已悟君主与民众的本质关系并非“君臣”[4]，而是“德友”，于是不再彰显“我”之俗位，彻底解脱了宗法

[1]《论语·乡党》：“德行：颜渊、闵子骞、冉伯牛、仲弓。”《史记·仲尼弟子列传》：“闵损字子骞。少孔子十五岁。不仕大夫，不食污君之禄。”《论语·雍也》：“季氏使闵子骞为费宰。闵子骞曰：‘善为我辞焉。’”

[2]《论语·颜渊》子夏语。

[3]《外篇·徐无鬼》魏武侯先对徐无鬼自称“寡人”，受教后也改称“吾”。

[4]《论语·颜渊》：“齐景公问政于孔子，孔子对曰：‘君君，臣臣，父父，子子。’公曰：‘善哉！信如君不君，臣不臣，父不父，子不子，虽有粟，吾得而食诸？’”

伦理的名教“桎梏”。庄子的理想实验，获得了虚拟成功。

## 五　德有所长，形有所忘

第五幕的第二恶人闉跂支离无唇和第三恶人瓮盎大瘿，均为第四幕的第一恶人哀骀它之化身。第五幕的寓言情节，是第四幕的高度浓缩，而且第二恶人与第三恶人全部重言，因而不再分占一幕，而予以合并。

闉跂支离无唇说卫灵公，灵公悦之，而视全人，其头肩掮[1]。瓮盎大瘿说齐桓公，桓公悦之，而视全人，其头肩掮。

### 今译

闉跂支离无唇教诲卫灵公，灵公爱悦他，而后再看身形齐全之人，仅是其头由肩掮着。瓮盎大瘿教诲齐桓公，桓公爱悦他，而后再看身形齐全之人，仅是其头由肩掮着。

第五幕寓言部分：“恶人”寓言第二幕，简述第二第三恶人。奥义藏于“其头肩掮”。

第二恶人“闉跂支离无唇”之名：“闉跂”谓支离其形，“支离”谓支离其德，“无唇”与“（游）说”形成吊诡，暗示至人不可能与虎谋皮地游说俗君僭主，而是行其“不言之教”。因此第四幕让“至人孔子”对鲁哀公行其“有言之教”，暗示“知者不言，言者不知”[2]。第三恶人“瓮盎大瘿”之名：以宗法伦理眼中的

[1] 原文作“其脰肩肩”，“脰”通“头”，旧庄学误释为颈。《说文》段注：“假‘头’为‘脰’，以异物同音相假借。”明人张溥《五人墓碑记》：“有贤士大夫发五十金，买五人之脰而函之。”前“肩”名词；后“肩”动词，今作“掮”。

[2]《老子》五十六章。《外篇·天道》、《外篇·知北游》引用。

“恶人”之庞大丑陋身形，隐喻至人的天池大如“瓮瓷”，物德厚如“大瘿”。

两位君主，亦非随意拉夫。以宗法伦理观之，卫灵公属于“无道”昏君，齐桓公属于“有道”明君。寓意是：无论昏君明君，一旦被至人的“无言之教”感化，都会像鲁哀公一样抛弃宗法伦理，皈依天道伦理，成为理想君主，不再对至人“恶其有美”，而是视为至美；真德觉醒之后，再看信奉“人道”的芸芸众生，不过是两肩扛一脑袋的行尸走肉，白白辜负了天道独厚于人的大好头颅。

三恶人寓言仅占两幕，篇幅一详二简，与占三幕的三兀者寓言仅仅构成形式对称。第五幕以寓言领卮言，重心是阐明篇旨的卮言部分。

故德有所长，而形有所忘。人不忘其所忘，而忘其所不忘，此谓诚忘。故圣人有所游，而知为孽，约为胶，德为接，工为商。圣人不谋，恶用知？不斫，恶用胶？无丧，恶用德？不货，恶用商？四者天鬻也，天鬻者天食也。既受食于天，又恶用人？

有人之形，无人之情。有人之形，故群于人；无人之情，故是非不得于身。渺乎小哉，所以属于人也；傲乎大哉，独成其天！

## 今译

所以德心有其长处，而后身形有所丧忘。人若不能丧忘应当丧忘的身形，而丧忘不当丧忘的德心，就是真忘。所以圣人游心于道，视心知为妖孽，视誓约为胶漆，视自得为交接，视工巧为买卖。圣人不谋外物，何须心知？不伤万物，何须胶漆？无所丧失，何须自得？不贵财货，何须买卖？四者本是天赋真德，天赋真德是天道所赐精神食粮。既然真德受自天道，又何必外用于人境？

至人有众人的形貌，没有众人的俗情。有众人的形貌，故能与众人相处为群；没有众人的俗情，因而相对是非不沾于身。至人身形渺小，所以寄寓人境；至人德心博大，所以独成天道！

第五幕卮言部分：“德形”卮言，本篇解题。奥义藏于“有人之形，无人之情”。

卮言第一层，从“故德有所长”至“又恶用人”，庄子的支离其言，仍有大量的晦藏省略。

《德充符》的重心，并非三兀者亏身、三恶人全身的不同“人运”，而是三兀者、三恶人无不葆德的相同“天命”。所以卮言章首句点明篇旨，概括内德充盈之符征：重德轻形者，必定“德有所长，形有所忘”。同时晦藏省略其反面：重形轻德者，必定“德有所短，形有不忘”。

“诚忘”意为，忘了不当忘的萌生真德之道[1]。上文“葆始之征”、“窥乎其始”、“接尔生时于心”，均已反复重言道不可忘。

“圣人有所游”之“游”，是“乘物以游心”的略语，“有所游”又晦藏省略“有所不游”[2]。“知为孽，约为胶，德为接，工为商”四句之前，均略“视”字；从笼统批评德形于外，进而具体批评形于外的“知”、“约”、“德”、“工”四德。前射《逍遥游》“知”（效一官）、“行”（比一乡）、“德”（合一君）、“能”（征一国）四德；二德重言，二德变文。

四真德如果形之于外，必将变成四伪德——

“知”形于外，异化“为孽”。丧失内在真知者，才需要“为声为名，为妖为孽”，“求名自要”，“祈以諔诡幻怪之名闻”，以便谋求“知效一官”。

“约”形于外，异化“为胶”。丧失内德真约者，才需要礼教外约[3]，作为役人（同时役于人）的强力胶[4]，以便谋求“行比一乡”。

“德”形于外，异化“为接”。丧失内在真德者，才需要外显伪德，作为“与接为构，日以心斗”的争胜工具，以便谋求“德合一君”。

“工”形于外，异化“为商”。丧失内在天工者，才需要像商贾那样工于心计，

[1] 旧庄学以《人间世》“坐忘”为据，谬解此句为庄子主张“诚忘”。

[2] 郭象反注“圣人有所游”曰：“游于自得之场，放之而无不至者，才德全也。”又申“自得”谬说。

[3] “约为胶”针对孔子鼓吹的礼教。《论语·雍也》（《论语·颜渊》重出）：“子曰：君子博学于文，约之以礼，亦可以弗叛矣夫。”《论语·子罕》：“颜渊喟然叹曰：夫子循循然善诱人，博我以文，约我以礼。”

[4] 《外篇·骈拇》：“待绳约胶漆而固者，是侵其德者也。天下有常然。常然者，附丽不以胶漆，约束不以纆索。”《外篇·盗跖》有至人“无约”。

作为役物（同时役于物）的欺诈手段[1]，以便谋求“能征一国”。

“四者天鬻也，天鬻者天食也”意为：四德原本均为天赋真德，无须外显临人，仅是自用的天赐精神美食：真知用于以明达道，真约真行用于自律达人，真德用于葆光达物，天工本能用于逃刑免患。

“既受食于天，又恶用人？”“受食于天”意为德禀于道：真德为道所分施，仅须无为顺应天道而内用于己，何须有为倚待人道而外显于形？

卮言第二层，从“有人之形”至“独成其天”，尽管不太难懂，仍有四点可予解说。

其一，“傲乎大哉，独成其天”之葆德，即《齐物论》之葆光：“注焉而不满，酌焉而不竭，而不知其所由来；此之谓葆光。”德心冲虚，方能“注焉而不满”；德心充盈，方能“酌焉而不竭”。“不知其所由来”，其实是“知其所由来”，亦即来自于道。但是道尽管无所不在地间接显现于天地万物，却无法对德薄池小者指实确证，只有德厚池大者方能神而明之，因而虽然“知其所由来”，仍说“不知其所由来”，此即《齐物论》所言“知止其所不知”的“不知之知”，所以王倪“吊诡”地说：“庸讵知吾所谓不知之非知耶？”

其二，“无人之（俗）情”，是卮言章的核心语，也是《德充符》的点题语。“无人之（俗）情”，正是至人德心充盈的根本符征。

其三，第二幕“伯昏无人”之“无人”，正是“无人之（俗）情”的略语，所以十九年不知申徒嘉之刖足。

其四，“无人之（俗）情”，前射《人间世》“（人）事之情”、人之“常情”。“常情/俗情”之辨，正是收煞本篇的第六幕之核心。

## 六　致无俗情，永葆常情

惠子谓庄子曰：“人固无情乎？”

---

[1]《外篇·庚桑楚》：“圣人工乎天，而拙乎人。”

庄子曰："然。"

惠子曰："人而无情，何以谓之人？"

庄子曰："道与之貌，天与之形，恶得不谓之人？"

惠子曰："既谓之人，恶得无情？"

庄子曰："是非吾所谓情也。吾所谓无情者，言人之不以好恶内伤其身，常因自然而不益生也。"

惠子曰："不益生，何以有其身？"

庄子曰："道与之貌，天与之形，无以好恶内伤其身。今子外乎子之神，劳乎子之精，倚树而吟，据梧而瞑[1]。天选子之形，子以坚白鸣。"

## 今译

惠子对庄子说："至人可以没有众人之情吗？"

庄子说："可以。"

惠子说："既然没有众人之情，为何称之为人？"

庄子说："道施至人以人的容貌，天赐至人以人的身形，为何不可称之为人？"

惠子说："既然称之为人，怎能没有众人之情？"

庄子说："你所言之情非我所言之情。我所言至人没有众人之情，是说至人不以人道好恶内伤其身，总是因任天道自然，而不求增益其生。"

惠子说："不求增益其生，如何保有其身？"

庄子说："道施至人以人的容貌，天赐至人以人的身形，所以至人不以人道好恶内伤其身。如今你外驰你的心神，劳顿你的精力，背靠大树而与人争辩，身据梧桐而德心昏睡。天道选中你来明道，你却以坚白之辩鸣世。"

第六幕："无情"寓言，阐明"有情/无情"之辨。奥义藏于"不益生"。

---

[1] "梧"前旧衍"槁"字。王叔岷据《艺文类聚》、《御览》、《事类赋》注引校删。陈鼓应从之。刘文典："瞑，'眠'之正字。"吟、瞑成韵。今瞑、眠音异，故不厘正。

庄、惠"有情/无情"之辩，是庄子取材于生活的艺术加工。一方面紧接"德形"卮言的"无人之情"，另一方面取材于《外篇·至乐》记载的庄子妻死而鼓盆而歌。惠施批评庄子"(妻)死不哭，亦足矣，又鼓盆而歌，不亦甚乎？"庄子反驳说："我独何能无慨？（中略。）人且偃然寝于巨室，而我噭噭然随而哭之，自以为不通乎命，故止也。"

庄子对妻死大有感慨，实为有真情。"鼓盆而歌"与《人间世》秦佚"三号而出"一样，都是宣泄真情的自主选择，外人不能干涉，名教无由约束，刑教无权惩罚。倘若庄子对妻死、秦佚对友死毫无真情，即便合乎礼教地隆重治丧，佯装呼天抢地，也属"无情"，更属"悖情"。"情"之有无和顺悖，取决于对"情"如何定义。"是非吾所谓情"点明，庄子信仰的天道伦理与惠施信奉的宗法伦理，对"情"的定义截然不同。然而欲明"有情/无情"之辩，必须先明"常情/俗情"之辨。

惠施及老聃弟子，仅因庄子、秦佚不合礼制名教，就妄斥为"无情"，是因为已受"人之心刑"，盲从宗法伦理的礼制名教，遂误把合乎礼教的"俗情"视为"常情"，误把合乎礼教的"伪情"视为"真情"，误把合乎礼教的"溢情"视为"有情"。

放大或压抑内心真情，使之增减到符合礼教风俗，谓之"俗情"，并非符合常德的"常情"。"不祈唁而唁，不祈哭而哭"的虚伪做戏，谓之"伪情"，并非符合真德的"真情"。"如哭其子，如哭其母"的过度哀伤，谓之"溢情"，是真情的"溢"出和常情的增"益"。过度哀伤倘若真诚，就是"不知所归"(《齐物论》)、"不通乎命"(《至乐》)的妄逃物化，不"因自然"而妄求"益生"。过度哀伤倘若虚假，就是"伪情"加"溢情"，是双料的"遁天悖情"(《养生主》)。《人间世》之"过度，溢也。""溢"兼"益"义。《德充符》之"常因自然而不益生。""益"兼"溢"义。"内七篇"的"溢"、"益"二字，无不兼训。《人间世》已阐明"溢言"导致损生："凡溢之类妄，妄则其信之也莫，莫则传言者殃"；《德充符》则阐明"溢情"导致损生："以好恶内伤其生"。妄求益生反而损生，老聃称为"益之而损"。

"常情"与"常心"对举。"常"即"道"。道分施万物以德，每物之德皆禀于道而与道同质，故谓之“常德”[1]。天地万物，品类万千：常德不同，即为异类；常德不异，即为同类。所谓“常德”，即同类之共性[2]。“常德”葆于内，谓之“常心”；“常德”形于外，谓之“常情”。可见庄子所言“无情”，并非无真情，无常情，更非无情；而是无俗情，无伪情，无溢情。“无”训致无，“无情”就是致无“俗情”的随俗部分，致无“伪情”的虚伪部分，致无“溢情”的溢出部分[3]，从而“不以好恶内伤其生，常因自然而不益生”，“终其天年而不中道夭”（《大宗师》）。不求益生反能益生，老聃称为“损之而益”。[4]

结语“今子外乎子之神，劳乎子之精，倚树而吟，据梧而瞑。天选子之形，子以坚白鸣”，当与《齐物论》“惠子之据梧也……彼非所明而明之，故以坚白之昧终”合观。《齐物论》、《德充符》均把惠施与象征至知的“梧桐”予以勾连[5]，“据梧而瞑”讽刺惠施徒有造化所赋至知之“才”，却被悖道文化加工为大知之“材”，陷溺梦昧之“瞑”，未能“有大觉而后知此其大梦”（《齐物论》）。庄子既深爱惠施之丰茂如“树”，大才如“梧”，又痛惜其“拙于用大”地盲从宗法伦理，“劳精外神”地倚待专制庙堂，“非所明而明之”地“以坚白鸣”，直至“以坚白之昧终”。

由于孔子在前四幕或直接出场（第一、第三、第四幕），或以子产为替身间接出场（第二幕），第五幕则是卮言章，因此孔子实为《德充符》第一主角。而惠施与梧桐的反向关联，已被《齐物论》、《德充符》重言锁定；孔子与梧桐的反向关联，又由《齐物论》之长梧子语“丘也何足以知之”、《人间世》之接舆称孔子为“德衰之凤”（凤栖梧桐）暗扣锁定，从而把大知惠施与大知孔子同构锁

---

[1]《老子》二十八章：“常德不离，复归于婴儿；常德不忒，复归于无极。常德乃足，复归于朴。朴散则为器。”

[2] 人类常德，谓之“人性”；物类常德，谓之“物理”。道之“命”与德之“性”相对，此即“性/命”之辨。全体之“性”与个体之“才”相对，此即“才/性”之辨。儒生坚执伪道成心，无不以己昏昏、使人昭昭地妄辨。

[3] 冯友兰误释“无情”为“以理化情”，未辨“情”之真伪、常俗。庄子之“理”仅化俗情、伪情、溢情，不化常情、真情。

[4] 老聃“为学日益，为道日损”，当与“有损之而益，有益之而损”合观。意为：为学日益，益之而损；为道日损，损之而益。

[5] 参见《外篇·秋水》庄子以“鹓雏（凤凰）非梧桐不止”讽谕惠施。

定。因此第六幕的惠施，仍为通篇第一主角孔子之替身。庄子对惠施的深爱与痛惜，正是对孔子的深爱与痛惜。“真际孔子”被庄子深爱，所以频频成为庄学代言人；“实际孔子”被庄子痛惜，所以一再予以贬斥。

第六幕貌似与前五幕无关，实为阐明《德充符》篇旨的总寓言：老聃、三兀者、三恶人所代表的至人与孔子、子产、惠施所代表的大知之激烈冲突，植根于天道、人道的根本对立。“有情/无情”之辨蕴涵的真谛至理，光焰万丈，照彻人性；穿越时空，直抵今日。

## 结语　贬孔太甚，泛论亦偏

旧庄学被郭象误导，又陷溺尊孔成心，难以接受《德充符》痛斥孔子“天刑之，安可解”，加之或不明“介”、“兀”为变文，或不知“天刑/人刑”共有身心四刑，或不悟“常情/俗情”之辨是“有情/无情”之辨的前提，因而所释全悖庄学本旨，无一可通。

庄子贬斥实际孔子“天刑之，安可解”，是其个人观点，未必是公允之论，然而必先确解本旨，方能评判其偏颇[1]。“天刑之，安可解”即便与孔子脱钩，作为泛论仍属偏颇。因为上善之水，可以注入冲虚的小杯盏，却无法注入自满的大瓮瓮。孔子并非天池太小、物德太薄，而是其极大天池“北溟”之中，业已注满宗法伦理的伪道俗见，未能鲲化为鹏地飞向“南溟”。天池小大与物德厚薄，仅仅限制“为知”的层次，不能决定“为行”的方向。只要德心冲虚，天池再小也可顺应天道；只要永葆真德，物德再薄也可趋近“南溟”。倘若坚执成心，天池再大也必悖道丧德，物德再厚也必止于“北溟”。

《逍遥游》的“至境”三句，由其后三篇（跳过《养生主》）逐一深入展开：《齐物论》深入展开首句“至人无己”，《人间世》深入展开次句“神人无功”，《德

[1] 参阅拙著《寓言的密码》二十四章“反道德的道德高标——子贡赎人”论孔子，二十八章“长短其说的纵横家——赎尸诡论”论子产。

充符》深入展开末句“圣人无名”。至此，“至境”三句深入展开完毕。

《逍遥游》的庄学二谛，由《齐物论》重点展开“为知”达至真谛，由《养生主》重点展开“为行”达至俗谛，并展开为三要义及三寓言，再由其后三篇逐一深入展开：《人间世》深入展开第三要义“因应外境”及第一寓言“庖丁解牛”，《德充符》又深入展开第二要义“因循内德”及第二寓言“右师刖足”。尚余《养生主》第一要义“顺应天道”及第三寓言“老聃之死”，留待《大宗师》深入展开。[1]

---

[1] 本文刊《社会科学论坛》2007年7月号，今已修订增补。

# 《大宗师》奥义

## ——顺应天道的“明道”论

## 弁言　游方之外，以明达道

《大宗师》是庄学“明道”论。“葆德”论《德充符》之后，继以“明道”论《大宗师》，理由有二：其一，必先因循内德，方能顺应天道。其二，师法《老子》初始版之“德”论在前，“道”论在后。

《养生主》三要义、三寓言已被《人间世》、《德充符》深入展开其二，《大宗师》最后展开第一要义“顺应天道”及第三寓言“老聃之死”，同时总结概括前五篇义理。

复原近真的《大宗师》，白文2966字：补脱文21字，其中至少6字属于故意删除。删衍文51字，其中篇内错简重出31字。订讹文25字。更正文字误倒5处，其中至少1处属于故意颠倒。移正错简1处，涉及34字。厘正通假字、异体字44字，重复不计。纠正重大错误标点5处，小误不计。

共十四章。上篇卮言七章，概括总结庄学义理；下篇寓言七章，形象说明上篇义理。

## 上篇　卮言七章，正面论道

### 一　天人章：知天所为，知人所为

第一章是天人章。阐明庄学基石“天/人”之辨。奥义藏于“天之非人乎”、“人之非天乎”。

知天之所为、知人之所为者，至矣。知天之所为者，天而生也；知人之所为者，以其知之所知，以养其知之所不知。终其天年而不中道夭者，是知之盛也。虽然，有患。夫知有所待而后当，其所待者特未定也。庸讵知吾所谓天之非人乎？所谓人之非天乎？

## 今译

知天道之所为，知人道之所为，方为知之至境。知天道所为之无限，就能彻悟天道生成万物；知人道所为之有限，就能以心知所知的有限所知，颐养心知所不知的无限天道。终其天年而不中途夭折于人道斧斤，堪称知之极盛。虽然如此，仍然有患。因为知识合于所待标准方称允当，然而知识所待标准实未确定。谁能明白我所言天道所为就是真人所为？谁能明白我所言真人所为就是天道所为？

首句亮出“天 / 人”之辨。“天之所为”即造化天道，“人之所为”即文化人道。至知至人既“知天之所为”，又“知人之所为”；既知造化天道之真谛，又知文化人道之俗谛，同时彻悟造化天道高于文化人道。

二三句展开首句。“知天之所为者，天而生也”，揭破天地万物均为造化天道所生。“知人之所为者，以其知之所知，以养其知之所不知”：至人凭借深知文化人道之俗谛，进而上窥造化天道之真谛。

“终其天年而不中道夭者，是知之盛也”综合二三句：走完造化天道所赐生命之全程，而不中道夭于文化人道之刑戮，是至知的标志。

“虽然，有患”转折：知造化天道而不知文化人道，则身形危殆；知文化人道而不知造化天道，则德心危殆。

“夫知有所待而后当，其所待者特未定也”，揭破“有患”的根源：俗谛之知必待外境验证之后方称允当，然而俗谛之知所待验证的外境却瞬息万变。“其所待者特未定”，前射《齐物论》“其所言者特未定”，揭破“有患”的根源，正是瞬息万变的悖道人籁。

“庸讵知吾所谓天之非人乎？所谓人之非天乎？”小结：有谁明白我所说的“天”道，就是“人”之真德？有谁明白我所说的“人”之真德，就是“天”道？

## 二　真人章：真人真知，登假于道

第二章是真人章。天人章之后继以真人章，是因为真人彻悟“天 / 人”之辨，超越人间视点，达至道极视点。真人章是“个体”三章之首章，分为三节。

且有真人而后有真知。何为真人？古之真人，不逆寡，不雄成，不谋事。若然者，过而弗悔，当而不自得也。若然者，登高不慄，入水不濡，入火不热。是知之能登假于道者也若此。

### 今译

况且先有真人而后才有真知。何为真人？古之真人，不以众暴寡，不自雄有成，不谋划治人。如此之人，举世非其有过也不后悔，举世誉其有当也不自得。如此之人，登临高山不恐惧，潜入深水不濡湿，穿行烈火不灼热。这只有心知能够假借外物登达天道的真人方能如此。

首节“真知”卮言，阐明真人顺应天道的真谛三义。奥义藏于“登高”三句。

“有真人而后有真知”总领：只有真人方能达至真谛之知。“真知”就是绝对的真谛之知，区别于相对的俗谛之知。仅凭相对的俗谛之知因应外境，必有莫大危殆，因为悖道人籁瞬息万变。凭借绝对的真谛之知因应外境，方能“没身不殆”[1]，因为天籁、地籁、顺道人籁永恒不变。

随后先把“真人”定义为“古之真人”。《外篇·列御寇》：“庄子曰：古之人，天而不人。”“古之人”即“古之真人”，“天而不人”即超越人间视点，达至道极视点。《外篇·天下》：“不离于真，谓之至人。”因此“真人”是庄子之至高人

[1]《老子》十六章：“知常容，容乃公，公乃全，全乃天，天乃道，道乃久，没身不殆。”

格理想的总名，与分名“至人”、“神人”、“圣人”异名同实。“真人”晦藏“假人”，正如《齐物论》“真宰真君”晦藏“假宰假君”。“至人”是真人的真谛名相，“圣人”是真人的俗谛名相，“神人”是真人的志怪式文学夸张；三者各具不同表述功能，是《逍遥游》“至境”三句与其展开之篇《齐物论》、《人间世》、《德充符》的暗扣。一总三分四名相的共同对立面，是未达天道的“众人”——大知小知，众多假人。

“真人”、“至人”也有义理差别：古之“真人”已死，不再可能晚节不保。今之“至人”未死，随时可能中道“夭阏”而晚节不保。因此今之“至人”仅是将“至”之“人”，即预备役真人，只有不死不休地永葆真德，方能成为“至于丘”（墓丘）的“古之真人”。

三“不”句定义“真人”，即真人顺应天道的真谛三义，变文演绎《逍遥游》“至境”三句。

真谛一，“不逆寡”。变文演绎“至境”三句之首句“至人无己”，意为真人不恃众凌寡。“不逆寡”的真人，拒绝倚待群体组织和群体领袖，拒绝以数量战胜质量[1]。欲“逆寡”的众人，无不倚待群体组织和群体领袖，妄想以数量战胜质量。《逍遥游》“尧往见四子藐姑射之山，汾水之阳窅然丧其天焉”，业已贬斥群体成员对群体领袖的绝对倚待。

真谛二，“不雄成”。变文演绎“至境”三句之次句“圣人无名”，意为真人不以成道自雄。承自老聃“知雄守雌”，前射《齐物论》“道隐于小成”。只有“小成”的大知小知，才会“雄成”，欺世盗名地拔高一己有限之“知”为“无所不知”，无知无畏地拔高一己有限之“德”为“道”。

真谛三，“不谋事”。变文演绎“至境”三句之末句“神人无功”，意为真人不参与“代大匠斫”的治人恶行。《逍遥游》至人“孰肯纷纷然以物为事”，《齐物论》“圣人不从事于务”，《德充符》“彼且何肯以物为事乎”、“圣人不谋”，业已反复重言。

论毕真谛三义，再以两层“若然者”略加展开。

---

[1]《外篇·徐无鬼》：“是以神人恶众至。”

第一层，“若然者，过而弗悔，当而不自得也。”真人因循内德行于当行，被伪道俗见诬为“过”，治以“罪”，不会后悔;《养生主》右师、《德充符》三兀者是其例。真人因应外境止于当止，被伪道俗见视为“当”，誉为“善”，不会自得;《养生主》庖丁、《德充符》三恶人是其例。郭象无视庄文反复重言的“不雄成”、“不自得”，喋喋不休地以“自得”反注庄子。“雄成”而“自得”的儒生郭象，正是“道隐于小成”的悖道小知。

第二层，“若然者，登高不慄，入水不濡，入火不热。”“登高”三句与“藐姑射神人”一样是志怪式文学夸张，却被秦汉之际的神仙家坐实，谬解为庄子以神仙为真实，张湛伪《列子》承之。以抽象义理而言：“登高不慄”形容举世誉之为“善”却不加劝不自得，“入水不濡”形容寄身俗世却“是非不得于身”，“入火不热”形容举世非之为“恶”却不加沮不焦灼。以具体境遇而言：“登高不慄”以高下相形隐喻身居高位却不忧虑失位，《养生主》右师、《人间世》颜阖是其例。“入水不濡”以水性润下隐喻身处下位却不影响心境，《逍遥游》许由、《养生主》庖丁、《人间世》支离疏、《德充符》三兀者是其例。“入火不热”以火性炎上隐喻间世保身却无“内热”,《人间世》栎社树、《德充符》哀骀它是其例。

“是知之能登假于道者也若此”小结：只有为知达至天道真谛者方能如此。“登假于道”，补足了《德充符》“登假”晦藏省略的“于道”二字，同时再次证明《人间世》“乘物以游心”晦藏省略了“于道”二字。《大宗师》篇旨是明“道”，又是前五篇义理的概括总结，所以不再晦藏省略“道”字。

古之真人，其寝不梦，其觉无忧；其食不甘，其息深深。真人之息以踵，众人之息以喉。屈服者，其嗌言若哇。其嗜欲深者，其天机浅。

## 今译

古之真人，安寝不梦，觉醒无忧；吃饭不辨香甜，气息深沉绵长。真人的气息直达脚踵，众人的气息仅及咽喉。屈服于人道外境的众人，咽喉出言如同呕吐。身形嗜欲很深的众人，德心天机很浅。

次节“天机”卮言。阐明真人为何能达天道真谛，众人为何未达天道真谛。奥义藏于“真人之息以踵”及“屈服”。

“古之真人，其寝不梦，其觉无忧”，以直观易解的身形之“梦/觉”，隐喻难以直观的德心之“梦/觉”，前射《齐物论》“有大觉而后知此其大梦”。小觉即认知外物的俗谛之知，大觉即认知天道的真谛之知。达至真谛者“其寝不梦”，即不妄求外物；达至真谛者“其觉无忧”，即不忧虑外境。不妄求外物、不忧虑外境的真人固然少梦无忧、寝安食甘，然而庄文以身喻心，而非单纯言身。旧庄学坐实为言身，未窥奥义。

“其食不甘”，与老聃“甘其食”字面义相反，深层义相成，而庄义又深于老义：没有尝过美食，甘其粗食甚易；业已尝过美食，不甘美食甚难。

“真人之息以踵，众人之息以喉”，申论“其息深深”，并且引入“众人”对比：真人身心贯通，真气绵长，气息自顶至踵；众人身心分裂，真气短促，气息自口及喉。旧庄学谬解“真人之息以踵”为真人用脚踵呼吸[1]，后人在此基础上进一步把“真人”谬解为“仙人”，与“其息深深”牴牾。自顶至踵方为深，自踵而入何深之有？

“屈服者，其嗌言若哇；其嗜欲深者，其天机浅”，申论“众人之息以喉”。“嗌”训噎，“哇”训吐；“嗌言若哇”，即吞吞吐吐的“所言未定”。“嗜欲”言身形，“天机”言德心。句谓：屈服于伪道俗见者，必定知行分离，口不应心，其言吞吞吐吐，如同呕吐秽物；身形嗜欲若深，德心天机必浅。

“其嗜欲深者，其天机浅”，晦藏省略“其嗜欲浅者，其天机深”。“天机”是《逍遥游》“天池”之变文，物德厚薄、天池小大、天机深浅，异名同实。两句小结真谛层面的真人、众人之异：众人屈服于伪道而未达真谛，是因为身形之嗜欲深，德心之天机浅；真人不屈服于伪道而达至真谛，是因为身形之嗜欲浅，德心之天机深。

---

[1] 郭注：“乃在根本中来。”成疏：“脚踵中来，明其深静也。”陆释：“王穆夜云：起息于踵，遍体而深。”

古之真人，不知悦生，不知恶死；其出不欣，其入不拒；翛然而往，翛然而来而已矣。不忘其所始，不求其所终；受而喜之，忘而复之，是之谓不以心损道[1]；不以人助天，是之谓真人。若然者，其心忘[2]，其容寂，其颡頯；凄然似秋，煖然似春，喜怒通四时，与物有宜而莫知其极。

## 今译

古之真人，不知贪生，不知怕死；出道而生不感欢欣，入道而死不予抗拒；自逍己德往归彼道，自逍己德新生重来。不忘生命受始于何处，不求生命终结于何时；禀受生命而喜悦，丧忘生命而复归，这叫做不以心知减损天道；不以人道助长天道，这就叫真人。如此之人，德心丧忘，面容寂静，额头向天；凄清如秋与物同悲，温暖如春与物同乐，喜怒哀乐通达四季，与万物相宜，而不知其极限。

末节“道极”卮言，阐明真人因应外境的俗谛六义。奥义藏于“莫知其极”。

论毕真人达至真谛而众人未达真谛，进而申论真人达至俗谛而众人未达俗谛。但先插入真人之生死观，因为生死观是真人达至俗谛的基石。

“古之真人，不知悦生，不知恶死；其出不欣，其入不拒”，前射《齐物论》“死生无变于己”、《德充符》“死生亦大矣，而不得与之变”。“出”即生，“入”即死；承自老聃“出生入死”。真人对出生不欣悦，对死亡不抗拒。

“翛然而往，翛然而来而已矣”，“往来”与上文“出入”逆序，揭破“其入不拒”的理由：“出”而“来”并非终极之生，尚有“入”而“往”之物化死亡；“入”而“往”也非终极之死，尚有“出”而重“来”之物化新生。

---

[1] “损”旧讹为“捐”。卢文弨、武延绪、朱桂曜、王叔岷、陈鼓应均已校正。

[2] “忘”旧讹为“志”。赵以夫、褚伯秀、林云铭、陆树芝、王懋竑、王叔岷、陈鼓应均已校正。

“不忘其所始，不求其所终”：生命“所始”，《齐物论》谓之“所萌”；生命“所终”，《齐物论》谓之“所归”。真人不忘记生命所始所萌，也不逃避生命所终所归，只愿“终其天年而不中道夭”。

“受而喜之，忘而复之，是之谓不以心损道”：真人禀受生命，不因“我执”而欣悦，然而深喜自己萌生于道；真人物化而死，丧忘此“我”之得失，然而深喜自己复归于道。这叫做不以文化成心损害造化天道。

“不以人助天，是之谓真人”：不妄求以文化人道助长造化天道，才配称为真人。真人“不以人助天”，就是“常因自然而不益生”（《人间世》），反而受益，常常终其天年；众人“以人助天”，就是不因自然而常益生，反而受损，往往不终天年。

论毕真人之生死观，再续“若然者”以下六句，是为真人因应外境的俗谛六义。

俗谛一，“其心忘”。真人丧忘人道，然而不忘天道。

俗谛二，“其容寂”。真人无所亲疏，神态淡然寂寞。

俗谛三，“其颡頯（kuí）”；即额高，引申为昂首向天。真人仰望天道，鄙视人道。

俗谛四，“凄然似秋”。真人面对伪道俗见，心情凄然如秋。

俗谛五，“煖然似春”。真人面对天地万物，心情和豫如春。

俗谛六，“喜怒通四时”。真人喜怒皆当，如同四季循环。

末句“与物有宜而莫知其极”小结：“与物有宜”是为行俗谛之域，因应外境的“乘物”；“莫知其极”是为知真谛之境，顺应天道的“游心（于道）”。真人只能信仰天道，游心于道，然而不知何处是天道之极。此即致无其知、知其无知的“至知无知”。[1]

---

[1]《老子》五十九章：“莫知其极，可以有国。”老聃的“莫知其极”，是“君人南面之术”。庄子的“莫知其极”，是“不为君役”之道。这是老、庄的最大不同。

## 三　众人章：役人之役，适人之适

第三章是众人章。真人章之后继以众人章，是因为众人未明“天 / 人”之辨，陷溺人间视点，未达道极视点。众人章是“个体”三章之次章。奥义藏于“役人之役，适人之适”及“自适其适”。

故圣人之用兵也，亡国而不失人心；利泽施乎万世，不为爱人。故乐通物，非圣人也；有亲，非仁也；失时[1]，非贤也；利害不通，非君子也；殉名失己[2]，非士也；亡身不真，非役人也[3]。是役人之役，适人之适，而不自适其适者也。

### 今译

所以圣人看待兵事，宁愿亡国也不愿失去民心；利泽施及万世，不是为了爱人。所以乐于通物，必非圣人；亲疏有别，必非仁人；违失时势，必非贤人；不通利害，必非君子；殉名失己，必非士人；亏身而无真德，必非受役于天之人。这是受役于他人之役使，安适于他人之安适，而不安适于自己之安适的假人。

贬斥“众人六非”之前，先以真人的俗谛名相“圣人”过渡。

“故圣人之用兵也，亡国而不失人心；利泽施乎万世，不为爱人”：因此君主

[1] “失”旧讹为“天”。“天时”不词，郭注作“时天”亦非。“六非”均为动宾结构。

[2] “殉”原作“徇”，又讹为“行”。吴汝纶：“‘行名’疑当作‘徇名’。”王叔岷：“吴说盖是。‘行’为‘徇’讹，‘徇’俗作‘殉’。《秋水》‘无以得徇名’，亦可证此‘行名’之误。”

[3] 此下旧衍“若狐不偕、务光、伯夷、叔齐、箕子、胥余、纪他、申徒狄”十九字，隔断文意。“内七篇”文势妖娆多姿，从未有过如此单调的穷举法。当为治庄者引“外杂篇”之例旁注后羼入原文。所举八人，六人见于郭象删存之“外杂篇”，狐不偕、胥余未见，当在郭象所删篇什或段落之中。

若是达至真谛的真人，必定不肯对内用刑、对外用兵，那样即便本国亡于外敌，仍能获得本国民众拥戴；不用兵、不用刑的理想君主利泽施及万世，但不用兵、不用刑并非出于“爱人”，而是出于“爱道”，因为杀生由造化天道掌控，人类不能“代大匠斫”地代其杀生。

“用兵”二字，“用”不训“使用”，而训“看待”；“兵”不仅对外，兼寓对内，即“刑”。老聃对“用兵”尚留余地：“兵者不祥之器，不得已而用之。”庄子则不留余地，主张真人“用（看待）兵”的态度是“不用（使用）兵”。亦即《外篇·列御寇》所言：“圣人以必不必，故无兵。”《外篇·让王》还有圣人不用兵，“亡国而不失人心”的实例：“太王亶父居邠，狄人攻之。（中略。）太王亶父曰：‘与人之兄居而杀其弟，与人之父居而杀其子，吾不忍也。子皆勉居矣！为吾臣与为狄人臣，奚以异？且吾闻之：不以所用养，害所养。’因杖而去之。民相连而从之，遂成国于岐山之下。”

旧庄学坚执儒学成心，把“内七篇”所有贬斥尧舜禹及孔子之处，无不系统谬解为褒扬。此处又以尧灭三苗、禹灭有扈、成汤灭夏、武王灭商为例，谬解庄义是亡他人之国而得他国之民拥戴[1]。既与《齐物论》、《人间世》贬斥尧灭三苗、禹灭有扈是“求实无已”直接牴牾，又与“内七篇”的言必斥尧舜无法兼容。

“利泽施乎万世，不为爱人”，针对孔子名言“仁者爱人”。或问：“爱人”为何不好？因为伪道俗见只“爱人”，不“爱民”（详见《人间世》“人之民”奥义），亦即只爱“君子”，不爱“小人”，观下文“有亲，非仁”即明。或问：谁会爱小人而不爱君子？这正是伪道俗见横亘胸中之问，观第十章江湖寓言“君子 / 小人”之辨即明。

人类可“乘”之“物”，最大的是“国”，故《外篇·在宥》曰：“夫有土者，有大物也。”“物”大如“国”，尚且不可终极“乘”之，何况别“物”？包括尧舜禹和孔子在内的“非圣人”，由于陷溺人间视点，未达道极视点，因而求名求

---

[1] 成疏：“尧攻丛支，禹攻有扈，成汤灭夏，周武伐殷，并上合天时，下符人事。所以兴动干戈，吊民问罪，虽复殄亡邦国，而不失百姓欢心故也。”陆释：“崔云：亡敌国而得其人心。”

实无已，其非有六。

其非一，“乐通物，非圣人也”。乐于通物却不欲达道，必非明哲的圣人。

其非二，“有亲，非仁也”。亲疏有别而厚薄同类，必非博爱的仁人。

其非三，“失时，非贤也”。违失时势而悖逆天道，必非明智的贤人。

其非四，“利害不通，非君子也”。不知利害相通转化而求实无已，必非达道的君子。

其非五，“殉名失己，非士也”。以身殉名丧失自我而求名无已，必非全生的士人。

其非六，“亡身不真，非役人也”。亏身丧德而被物所役，必非役物的真人。

末句“是役人之役，适人之适，而不自适其适者也”小结。“适”兼二义：抵达目标，身心舒适。具此六非的众人，就是被他人（专制君主、悖道大知）奴役，因而以他人之适为适，而不以自己之适为适的悖道之人。[1]

## 四 天人不相胜章：逃刑逃名，以德为循

第四章是天人不相胜章。众人章之后继以天人不相胜章，是因为在文化伪道猖獗的专制社会中，天道与人道长期陷入“两不相胜”的僵局。因此第二章褒扬真人信仰天道、第三章贬斥众人信奉人道之后，第四章进而阐明真人如何因应天道与人道“两不相胜”的专制困境。

天人不相胜章是“个体”三章之末章，也分三节。

古之真人，其状峨而不凭[2]，若不足而不承。与乎其廓而不坚也[3]，

[1] “自适其适”，义近尼采名言：“跟随你自己。”

[2] “峨”原作“義（义）”，“凭”原作“朋”（通“冯”，即“凭”）。兼采俞樾、章太炎、王叔岷诸说厘正。

[3] “廓”原作“觚”（通“瓠”，即“廓”）。“廓而不坚”扣《逍遥游》“坚不能自举也。剖之以为瓢，则廓落无所容”。

张乎其虚而不华也，怲乎其似喜也[1]，催乎其不得已也，滀乎其进我色也，与乎止我德也，广乎其似世也[2]，傲乎其未可制也，连乎其似好闭也，闷乎忘其言也。[3]

## 今译

古之真人，状貌高大而不凭借外物，如若不足而无力承担：待人宽容而不顽固，敞开虚怀而不浮华，忧愁而似喜悦，催迫于不得停止的天命，蓄积真德而进于容色，与物相宜而止德外荡，广袤如同世界，博大不可宰制，与世相连而似关闭，闷然沉寂而忘言语。

首节“忘言”卮言，描述真人十状。奥义藏于“其状峨而不凭，若不足而不承”。

首句“古之真人，其状峨而不凭，若不足而不承”，承自老聃“广德若不足”[4]，总领其后“乎也”十句，即真人十状。“乎也”十句均属吊诡式表述：“乎”字结构，形容真人之“状峨”、“广德”；“也”字结构，形容真人之“若不足”而“不凭”、“不承”。

其状一，“与乎其廓而不坚也”。真人冲虚宽容，而不僵化顽固。

其状二，“张乎其虚而不华也”。真人德心敞开，冲虚而无矫饰。

其状三，“怲乎其似喜也”。真人忧而似喜，喜而似忧；真德永葆，心如止水。

其状四，“催乎其不得已也”。真人被天赋真德驱使催迫，永不停止自适其适。

---

[1] “怲”原作“邴”，无义。当通“怲”，训忧愁。《诗经·甫田之什·頍弁》：“未见君子，忧心怲怲。”后误迭为“邴邴”，严灵峰谓不当迭字。原文“也”又讹作“乎”。刘文典：“‘也’旧作‘乎’，与上下文不一律。今依碧虚子校引文、成、张本改。下‘崔崔乎其不得已也’、‘厉乎其似世也’同。”陈鼓应从之。

[2] “廣（广）”旧讹为“厲（厉）”。陆释：“崔云：本作广。”郭庆藩：“‘厉’当从崔本作‘广’。”马叙伦从之。

[3] “闷”原作“悗”，与《德充符》“闷然而后应”之“闷”，音义均同。

[4]《老子》四十一章：“广德若不足。”《外篇·寓言》老聃教诲阳子居（杨朱）曰：“盛德若不足。”

其状五，“滀乎其进我色也”。真人真德蓄积于内，气色充盈于外。

其状六，“与乎止我德也”。真人与物相宜，不谴是非；知殆而止，但不自得。

其状七，“广乎其似世也”。真人包容万物，广大如同世界。

其状八，“傲乎其未可制也”。真人傲视伪道，不被俗见制约。

其状九，“连乎其似好闭也”。真人知行连贯，心扉向造化天道敞开，但对伪道俗见关闭。

其状十，“闷乎忘其言也”。真人致无其知，忘乎其言。

以刑为体，以礼为翼，以知为时，以德为循。以刑为体者，绰乎其殺也；以礼为翼者，所以行于世也；以知为时者，不得已于事也；以德为循者，言其与有足者至于丘也，而人真以为勤行者也。

## 今译

真人以因应刑教为根本，以因应礼教为辅翼，以心知因应时势，以真德因循天道。以因应刑教为根本，就能游刃有余于杀戮之网。以因应礼教为辅翼，就能行于世间与众人相处。以心知因应时势，就能处理不得停止的日常事务。以真德因循天道，就能与有足者同行而达至高丘，而他人误以为真是勤勉快行之人。

次节“循德”卮言，阐明“逃刑逃名，因循内德”。奥义藏于“以德为循”。

本节虽无“真人”，但是仍论真人，因为第四章自始至终均论“真人”，证据是始于“真人”，止于“真人”。由于“真人”仅见于章首章尾，旧庄学遂误以为本节非论“真人”，于是或持儒家立场谬解本节，离题万里，全悖庄学；或持道家立场妄删本节[1]，导致第四章乃至通篇义理无法贯通。

总领句前八字“以刑为体，以礼为翼”，是真人因应专制困境必逃刑名二教

[1] 张默生、王叔岷、陈鼓应均以本节为衍文，主张删除。未窥奥义。

的隐晦表述。旧庄学谬解为庄子赞成刑名二教，既与庄学义理根本牴牾，又与后八字“以知为时，以德为循”无法兼容，更与下文的展开完全冲突。

“以刑为体者，绰乎其杀也”：真人以巧妙逃避刑教，作为因应专制困境之根本；在严密的刑网中游刃有余，避免身形被摧残。

“以礼为翼者，所以行于世也”：真人以巧妙逃避名教，作为因应专制困境之辅翼；在繁琐的礼教中支离其德，避免德心被异化。

“以知为时者，不得已于事也”：真人达于至知，与时消息；巧妙因应，行止皆当。

“以德为循者，言其与有足者至于丘也，而人真以为勤行者也”：真人因循内德，追随成道前辈达至高丘，众人却误以为真人走得快。“有足者”喻成道者，如《德充符》哀骀它等三恶人。“与有足者”即追随成道者。“至于丘”喻达至高境，兼训“墓丘”，因为顺应天道必须不死不休。“而人真以为勤行者也”揭破：顺道而行，虽慢也能近道；悖道而行，行愈速则愈悖道。

本节两破两立。破人道之“刑”、人道之“礼”（名），立天道之“知”、天道之“德”。结语“以德为循”，是“自适其适”的变文演绎。并与“乘物以游心”共同成为“逍遥游”的精妙阐释。“乘物以游心”的真人，信仰天道又无法穷尽天道，所以把因循内德、自适其适视为顺应天道的起点。

故其好之也一，其弗好之也一。其一也一，其不一也一。其一，与天为徒；其不一，与人为徒。天与人不相胜也，是之谓真人。

## 今译

所以真人喜好天道始终如一，不喜好人道也始终如一。真人与天道一致始终如一，真人与人道不一致也始终如一。真人与天道一致，因此德心与天道同行。真人与人道不一致，因此身形与人道同行。德心与天道同行、身形与人道同行不相互取代，方可称为真人。

末节“不相胜”卮言，阐明“天/人”之辨的俗谛结论。奥义藏于“天与人不相胜”。

“其好之也一，其弗好之也一”：真人喜好天道始终如一，不喜好人道也始终如一。真人言皆有定，“以可不可为一贯”(《德充符》)，不像悖道大知那样“其所言者特未定”(《齐物论》)。

“其一也一，其不一也一”：真人与天道一致始终如一，与人道不一致也始终如一。

“其一，与天为徒；其不一，与人为徒”：真人的真谛之知与天道一致，体现在“与天为徒”的顺应天道之时；真人的俗谛之知与人道不一致，体现在“与人为徒”的因应外境之时。“与天为徒”属于庄学真谛，“与人为徒”属于庄学俗谛，《〈人间世〉奥义》论之已详。

“天与人不相胜也，是之谓真人”：能够认知天道与人道必将长期陷入“两不相胜”的僵局，方为真人。因此真人不以顺应天道的真谛绝对之知，取代因应外境的俗谛相对之知；也不以因应外境的俗谛相对之知，取代顺应天道的真谛绝对之知。举例来说，真人像《养生主》庖丁那样，以真谛之“道”葆德全生，又以俗谛之“技”逃刑免患。

不过“天与人不相胜”只是“天/人”之辨的俗谛结论，仅仅适用于文化伪道猖獗的专制社会。“天/人”之辨的真谛结论，将由第九章造化寓言揭破。

## 五　江湖章：陆处王霸，水处两忘

第五章是江湖章。第一章的“天/人”之辨，经“个体”三章初步辨析展开之后，再由“群体”二章进一步辨析展开。江湖章是“群体”二章之首章，从真人、众人分道扬镳之个体，转入真人、众人相杂共处之群体，揭破《逍遥游》“江湖/庙堂”之辨。奥义藏于“泉涸，鱼相与处于陆”。

死生，命也；其有夜旦之常，天也。人之有所不得与，皆物之情也。

彼特以天为父，而身犹爱之，而况其卓乎？人特以有君为愈乎己，而身犹死之，而况其真乎？

泉涸，鱼相与处于陆。与其相呴以湿[1]，相濡以沫，不如相忘于江湖。与其誉尧而非桀也，不如两忘而化其道。

## 今译

死生，是天道之命；犹如昼夜循环的恒常规律，都是天道使然。人类不得干预天道，是道生之物皆然之实情。唯有真人以天为父，而终身爱戴具象之天，何况高卓的抽象之道？众人只以为唯有君主高于自己，而终身效死君主，何况天道真宰？

泉水干涸以后，鱼类才会共同相处于陆地。与其处于陆地相互嘘气润湿，相互濡染唾沫，不如遨游江湖相互忘记。与其以尧为是而以桀为非，不如两忘尧是桀非而皈化天道。

江湖章分为三层，层层对比真人信仰的天道与众人信奉的人道。

第一层，阐明生死为“天刑”之“常”。

“死生，命也；其有夜旦之常，天也。人之有所不得与，皆物之情也”：死生如同昼夜循环，是不可改变的天命。人类不得干预，是万物之德的终极真实。

第二层，阐明真人信仰真宰真君，众人信奉假宰假君。

“彼特以天为父，而身犹爱之，而况其卓乎？人特以有君为愈乎己，而身犹死之，而况其真乎？”“以天为父”，晦藏“以君为父”。真人以天为父，对具象之天尚且以身爱戴，何况对更为高卓的抽象之天（道）呢？众人以君为父，对人道假君尚且舍身效死，那么对天道真君又该如何呢？

“而况其真乎”，承上“有君”句，支离其言地晦藏省略“君”字，前射《齐

[1] 诸本均脱“与其”二字。此句与下句均为“与其……不如”句式。“与其”见于郭注，必被持儒学成心者故意删去。《外篇·天运》“泉涸，鱼相与处于陆，相呴以湿，相濡以沫，不若相忘于江湖。”“与其”二字也被系统删去。

物论》“道”之变文“真宰真君”。

第三层是本章核心，也是“内七篇”的义理核心。追究阻碍众人顺应天道、阻碍众人成为真人的社会根源，揭破《逍遥游》“庙堂 / 江湖”之辨。

“泉涸，鱼相与处于陆”，承自老聃“鱼不可脱于渊”。庄子终极指控专制“庙堂”：抽干造化天道的“江湖”之水，对本该处于有水之渊的自由之鱼，剥夺其天赋自由，强制性地置于无水之陆。

“与其相呴以湿，相濡以沫，不如相忘于江湖”，是庄子对“仁义”伪道的终极指控：与其把民众置于抽干上善之水的专制困境之中再施舍有限仁义，不如让民众自由遨游于天地不仁的浩淼江湖之中。

庄子终极指控倚待庙堂的悖道大知：对“鱼处于陆”的悖道本质视而不见，运用“名教”对民众洗脑，把违背天道的“鱼处于陆”论证为“道”。对“代大匠斫”的悖道本质视而不见，运用“刑教”迫使民众屈服，把违背天道的“鱼处于陆”论证为“天不变，道亦不变”；最后才规劝君主对“处于陆”之鱼实行“相呴以湿，相濡以沫”的有限“仁义”，把民众控制在忍受极限之内苟延残喘，确保专制制度长治久安。

庄子贬斥“相呴以湿，相濡以沫”的“与其”二字，不见于郭象版《庄子》，然而其铁证见于郭注：“与其不足而相爱，岂若有余而相忘！”故有两种可能：或为儒生郭象嗅出庄文异味，妄删庄文却忘改注文，不慎露出马脚。或为治庄后儒嗅出庄文异味，妄删庄文却忘改郭注，不慎留下铁证。无论真相如何，总之“与其”二字被删之后，贬语“相呴以湿，相濡以沫”被旧庄学谬解为褒语，全悖庄义地通用于日常语言至今。

“与其誉尧而非桀也，不如两忘而化其道”紧承前句，也是前句必为“与其……不如”句式的坚实旁证。意为：与其称颂尧舜之王道而贬斥桀纣之霸道，不如两忘王霸伪道而同归天道。[1]

陷溺人间视点的伪道俗见与庄学俗谛属于同一认知之域，但是认识大不相

[1]《外篇·外物》：“与其誉尧而非桀，不如两忘而闭其非誉。”《淮南子·主术训》：“与其誉尧而毁桀也，不如掩聪明而反修其道也。”“反修其道”揭破奥义。

同，对唐尧、夏桀的不同评价是其显例：伪道俗见总是夸大事实地“誉尧”之“然”，隐匿事实地讳言桀之“然”；违背庄学俗谛之肯定原则“然于然”。伪道俗见又总是夸大事实地“非桀”之“不然”，隐匿事实地讳言尧之“不然”；违背庄学俗谛之否定原则“不然于不然”。

庄子终极颠覆了伪道俗见判断君主是否“有道”的价值标准。伪道俗见认为，尧舜奴役民众未达忍受极限，尚能施舍“相呴以湿，相濡以沫”的有限“仁义”，让民众得以苟延残喘，就是“有道”、“王道”；桀纣奴役民众超过忍受极限，连“相呴以湿，相濡以沫”的有限“仁义”也不肯施舍，使民众难以苟延残喘，才是“无道”、“霸道”。然而庄子认为，王道、霸道均属“人道”，均非天道。霸道固属悖道，王道仍属悖道，王霸杂用亦然，无论是否施舍“相呴以湿，相濡以沫”的有限“仁义”，一切“人道”均把民众置于“鱼处于陆”的悖道绝境之中。[1]

至此，众人不信天道、难成真人的主客观原因均已揭破：个体主观原因是“嗜欲深”而“天机浅”，社会客观原因是“鱼处于陆”而“有君”。后者又是根本原因：由于专制庙堂与倚待庙堂的悖道大知联手，运用名教洗脑，动用刑教胁迫，迫使众人无法顺应天道，难以成为真人。

## 六 小大章：万物所系，一化所待

第六章是小大章，“群体”二章之末章。在第五章论毕“人道”之“小”以后，在第七章正论“天道”之“大”以前，庄子先以第六章终极揭破《逍遥游》的“小大之辨”。奥义藏于“一化之所待”。

夫藏舟于壑[2]，藏山于泽，人谓之固矣[3]，然而夜半有力者负之而

[1] 参阅拙著《文化的迷宫》之“江湖的词源”。

[2] “夫藏舟于壑”前，旧衍“夫大块载我以形，劳我以生，佚我以老，息我以死。故善吾生者，乃所以善吾死也”三十一字。隔断文义，当属下文子来语之错简重出。王懋竑、马叙伦、陈鼓应均已校删。

[3] 旧脱“人”字。刘文典据《淮南子·俶真训》校补。

走，昧者不知也[1]。藏小大有宜，犹有所遁。若夫藏天下于天下而不得所遁，是恒物之大情也[2]。故圣人将游于物之所不得遁而皆存，善夭善老[3]，善始善终，人犹效之；而况万物之所系，而一化之所待乎？

## 今译

隐藏小舟于小壑，隐藏大山于大泽，众人以为牢固，然而半夜被至高之力背负移走，昏昧之人浑然不知。隐藏小物于小处、大物于大处而自以为合宜，万物仍有逃遁之处。唯有隐藏天下于天下，万物才无逃遁之处，这是万物永存的真实情形。所以圣人游心于万物不得逃遁而无不依存的天道，视早夭为善，也视长寿为善，视生命为善，也视死亡为善。众人对于圣人尚且愿意仿效，何况对于万物所系，而一切被化之物无不倚待的天道呢？

“夫藏舟于壑，藏山于泽，人谓之固矣，然而夜半有力者负之而走，昧者不知也”：“有力者”是“道”之变文。“负之而走”指渐变的物化过程，并非真的搬走。“昧”通“寐”。“夜半”、“梦寐”均为比喻：对知有聋盲者而言，即便白昼也如“夜半”，即便自以为觉也如同“梦寐”，即便造化真道天天在眼前发挥作用，改易一切，也浑然不知。句意为：隐藏人造的舟船于山谷，隐藏天然的山峰于水泽，众人以为稳妥牢固，然而永恒天道却持续驱使万物渐变物化，愚昧者如同夜半的梦寐者那样浑然不知。

“藏小大有宜，犹有所遁”，前射《逍遥游》“小大之辨”。悖道大知宣称“贤者识其大，不贤者识其小”[4]，同时自居为“识”人道之“大”的“圣贤”。其实人道仅是类似于山谷大于舟船、水泽大于山峰的达物之知，并非达道之知。句

---

［1］“昧”字《淮南子·俶真训》作“寐”。今不厘正，以证“昧”、“寐”相通，身心互喻。

［2］此下旧衍“特范人之形而犹喜之，若人之形者，万化而未始有极者也，其为乐可胜计耶”三十字。隔断文义，当属下文子来语之错简。前未有人移正。

［3］“夭”旧讹为“妖”，无义。陆释：“本又作夭。”卢文弨：“今本作夭。”郭庆藩：“妖字，正作夭。”

［4］《论语·子张》子贡语。

意为：专制庙堂用宗法伦理把民众按“小大”排定世俗等级，自以为就能治国平天下，然而至小的人道不可能战胜至大的天道。

“若夫藏天下于天下而不得所遁，是恒物之大情也”：“藏天下于天下”即不治天下，听任天地万物自适其适。揭破“仁义”伪道把民众拘囿于家国之中，用名教齐之，用刑教治之，违背了创造万物且任其不齐、从不治之的天道。句意为：天地万物全都无法逃遁天道“真宰”，自适其适、逍遥自在乃是万物禀自天道的永恒真德。

“故圣人将游于物之所不得遁而皆存，善夭善老，善始善终，人犹效之；而况万物之所系，而一化之所待乎”：圣人游心于万物无法逃遁的天道，自幼至老，自始至终，自正其生而自适其适，众人尚且愿意仿效；何况是万物绝对所系、一切被化之物绝对倚待的天道？——众人当然更加向往天道，仅是悖道外境不允许。

“万物之所系”之“系”，即《养生主》“帝之悬解”之“悬”。生而为人，就是天道（帝）把人“悬系”于物形；物化而死，就是天道（帝）把人对物形的“悬系”予以“解”除，重新“悬系”于天道。因此人对人、人对物、物对物的偶然“悬系”，属于非终极的相对倚待关系；天地万物必然被道“所系”，才是终极的绝对倚待关系。

“一化之所待”，揭破《齐物论》“待彼”之“彼”，正是“道”。《齐物论》的主旨，仅是“以明”即认知真俗二谛，无暇展开天地万物所“待”之“彼”道。《大宗师》的主旨，却是由俗谛达至真谛的“明道”，因而“一化之所待”句后，立刻展开天地万物“所待”之“彼”道。[1]

## 七　明道章：造化天道，自古固存

第七章是明道章。《大宗师》正面论道之前，庄子在前五篇中竭力回避“道”

[1] 林希逸：“一化之所待者，道也。此所谓大宗师也。”钱穆：“万物所系，一化所待，指下道者。”王叔岷：“‘一’犹‘凡’也，犹今语‘一切’也。”

字，或者变文转辞，或者径直省略。这既是困于专制语境的支离其言、晦藏其旨，也是由于老聃早已揭示的“道可道，非常道”，两者均导致庄学奥义难以窥破。不过在《大宗师》的卮言末章，庄子与“强为之名”的老聃一样不得不假言“道”，希望读者得“道”之意，然后“闷乎忘其言”。

夫道，有情有信，无为无形。可传而不可受，可得而不可见。自本自根，未有天地，自古以固存。神鬼神帝，生天生地。在太极之上而不为高[1]，在六极之下而不为深。先天地生而不为久，长于上古而不为老。

## 今译

道，真实可信，无为无形。可以心传而又不能实授，可以领悟而又不能看见。自为本根，未有天地之前，自古以来固存。神于鬼，神于帝，生出天，生出地。在太极之上而不自居为高，在六极之下而不自居为深。先天地生而不自居为久，长于上古而不自居为老。

明道章首节，庄子正式论“道”。奥义藏于“有情有信，无为无形”。

“道”的根本性质，被庄子概括为不可移易的“二有二无”八字：“有情有信，无为无形。”揭破《齐物论》“可行已信，有情而无形”的“真宰”，正是“道”之变文。

“有情”即真实性，“有信”即规律性；“无为”即自然性，“无形”即抽象性。综合言之，“道”就是绝对真实又绝对抽象的普遍自然规律。

此下五句，均为丰富“道”之内涵的阐释语和避免误解的限定语。

“可传而不可受，可得而不可见”：可以传授、可以得到道之真谛，但是不能实授、不能得到道之全部。道并非可以授受的可见实物，而是抽象存在于天地

[1] “上”旧讹为“先”。俞樾、马叙伦、王叔岷、陈鼓应已校改。证见郭注、成疏。

万物之中。

“自本自根，未有天地，自古以固存”：道是永恒普遍的终极规律，没有更高的规律；道是天地万物的终极原因，也是自己存在的原因，没有更前的原因。没有天地之前，道已经存在；自古至今直至永远，道均为唯一的至高存在。

“神鬼神帝，生天生地”[1]：道比“鬼”、“帝”更“神”。“帝”是“鬼”的顶级版，五“帝”实为被尊崇放大的祖先之“鬼”。“神鬼神帝”，承自老聃“象帝之先”。不明道的众人，以“鬼”、“帝”为“神”；明道的真人，“鬼神不扰”，“其鬼不祟”[2]。“生天生地”，承自老聃“先天地生”，然而老聃仅仅揭示了道与天地万物的终极先后关系，庄子进一步揭示了道与天地万物的终极因果关系。

“在太极之上而不为高，在六极之下而不为深”：“太极”即天地万物之“总德”、“元气”或“原质”，即物德“质同量不同”之“质”。在“太极”之上的，就是《逍遥游》“无极之外复无极”的“无极”，即“道”。《逍遥游》之“无极”，即老聃所言“无”；《大宗师》之“太极”，即老聃所言“有”。“太极”生于“无极”，即老聃所言“有生于无”。

“先天地生而不为久，长于上古而不为老”，是上文“生天生地”与老聃“先天地生”的变文。变文目的，是与下文许由点题语建立暗扣。

狶韦氏得之，以契天地；伏羲氏得之，以袭气母；维斗得之，终古不忒；日月得之，终古不息；堪坏得之，以袭昆仑；冯夷得之，以游大川；肩吾得之，以处泰山；黄帝得之，以登云天；颛顼得之，以处玄宫；禺强得之，立乎北极；西王母得之，坐乎少广，莫知其始，莫知其终；彭祖得之，上及有虞，下及五霸；傅说得之，以相武丁，奄有天下，乘

---

[1] 《管子·四时》：“道生天地。”郭注：“无也，岂能生神哉？不神鬼帝而鬼帝自神，斯乃不神之神也；不生天地而天地自生，斯乃不生之生也。”仍以道为“无”（没有）。“不神鬼帝”、“不生天地”全反庄义。

[2] 两句分见《外篇·缮性》、《外篇·天道》。又《外篇·天地》有慕道者名“门无鬼”，《外篇·徐无鬼》篇名，均承庄子无鬼论。《外篇·达生》之有鬼论，违背庄学。

东维，骑箕尾，而比于列星。[1]

## 今译

狶韦氏有得于道，契合天地；伏羲氏有得于道，调和元气；北斗有得于道，终古不变；日月有得于道，终古不灭；堪坏有得于道，合于昆仑；冯夷有得于道，优游黄河；肩吾有得于道，处于泰山；黄帝有得于道，上登云天；颛顼有得于道，处于玄宫；禺强有得于道，立于北极；西王母有得于道，坐于少广，无人知其终，无人知其始；彭祖有得于道，上及虞舜，下及五霸；傅说有得于道，辅佐武丁，广有天下，死后驾乘东维，骑着箕尾，比肩于恒星。

明道章次节，志怪式文学夸张。奥义藏于“肩吾”、“彭祖”。

从“狶韦氏”至“傅说”，列举十三位“得道”者[2]。其中“维斗”、“日月”两项为物名，其余十一项为帝名、鬼名、人名，形象说明道之“神鬼神帝，生天生地”。

第一位“狶韦氏”，是庄子杜撰的人类始祖。第二位“伏羲”属三皇，第八位“黄帝”及第九位“颛顼”属五帝。第五位“堪坏”，是昆仑山神。第六位“冯夷”，是黄河之神。第十位“禺强”，是北方之神。第十一位“西王母”，是西方之神。第十三位“傅说”，是殷高宗武丁之相。人类始祖也好，儒墨鼓吹的三皇五帝也罢，无论何方神圣，天地万物均不得不顺应天道。

第三位“维斗”永处北极，第四位“日月”升降圆缺有常，是宇宙规律“终古不忒（差错）”、“终古不息”的永恒显证。

第七位“肩吾”，第十二位“彭祖”，均为前篇已见的重言。“以重言为真”，奥义有三。

---

[1] 陆释：“崔本此下更有‘其生无父母，死登假，三年而形遯，此言神之无能名者也。’凡二十二字。”此下必有脱文，因无确据，不补。

[2] 未计顺便提及的“有虞”、“五霸”、“武丁”。

其一，“肩吾”是泰山之神，却被《逍遥游》贬为“知有聋盲”者。《齐物论》则曰“泰山为小”，以此隐讽“登泰山而小天下”的孔子。[1]

其二，“彭祖”是长寿之人，被《逍遥游》讥为“以久特闻”者。《齐物论》则曰“彭祖为夭”，以此隐讽庄子时代业已出现的不因自然而妄求“益生”的求仙。

其三，“众人匹之”的肩吾、彭祖，“匹之”的均是道，反扣《逍遥游》所言：“众人匹之，不亦悲乎？”

末句“乘东维，骑箕尾，而比于列星”，再次点明“乘物以游心（于道）”之旨，所以每一“得道”者，各配一项所“乘”之“物”，也是十三项。首项“天地”，是万物总名。次项“气母”，是万物总德。其余十一项，散处五方：乘物而得道者均处“下”，“维斗”、“日月”亦然，因为道“在太极之上而不为高”。“云天”、“列星”处“上”，尽管未必高于“维斗”、“日月”，但是不可死于句下，而须得意忘言。“昆仑”、“少广”处“西”，“玄宫”、“北极”处“北”，“泰山”、“东维”处“东”。四方上下“六极”，十三项中独缺“南”极。据此可知，明道章首节言“太极”而不言“无极”，明道章次节言“五极”而独缺“南极”——“南溟”，均属庄子有意晦藏，因为首篇《逍遥游》篇首寓言之“无极”、“南溟”，将由末篇《应帝王》的篇末寓言“浑沌”终极揭破。

# 下篇　寓言七章，形象论道

## 八　明道寓言：成道九阶，闻道九阶

上篇以卮言七章概括总结庄学义理之后，下篇以寓言七章形象说明上篇义理。

第八章是“明道”寓言，《大宗师》第一寓言。继明道章之后，形象说明真人如何闻道成道。

---

[1]《孟子·尽心》：“孔子登东山而小鲁，登泰山而小天下。”

南伯子葵问乎女偊曰：“子之年长矣，而色若孺子，何耶？”

曰：“吾闻道矣。”

## 今译

南伯子葵问于女偊：“你年事已长，然而容色一如婴儿，是何缘故？”

女偊说：“我已得闻道术。”

第一层，交代背景。奥义藏于“色若孺子”。

“女偊”，即《齐物论》“神偊”，并非女人，古有“女”姓。“女”字喻雌，上扣“不雄成”。“仁义”伪道开启于男人尧舜禹，因此庄子把传真道者命名为“女偊”。“女偊”不妨视为与“天父”相对的“地母”，亦即老聃所言“万物之母”，道之“玄牝”。[1]

“南伯子葵”，是继《人间世》“南伯子綦”、《德充符》“伯昏无人”之后，《齐物论》“南郭子綦”的又一化身[2]。“伯”扣《德充符》“伯仲叔季”四境之首，“葵”再扣象征至知的植物，其向光性进一步暗示南伯子葵业已葆光成道。因此女偊并非子葵之师。子葵问道女偊，是与德友切磋印证，实为代读者而问。

女偊之“色若孺子”，上扣“滀乎其进我色”，承自老聃“抟气致柔，能如婴儿乎”，“常德不离，复归于婴儿”。女偊实为《逍遥游》“肌肤若冰雪，绰约若处子”的“藐姑射神人”之具象化，故《齐物论》谓之“神偊”。“色若孺子”是真德充盈的精神符号，意为葆德者表情纯真如孺子。旧庄学误以为是修炼成仙的身体符号，谬解为修仙者肌肤柔嫩如孺子。

女偊所言“闻道”，意为“闻葆德之道”。旧庄学谬解为“闻保身之道”，与女偊所言“外生”直接牴牾。

---

[1]《外篇·达生》：“天地者，万物之父母也。”

[2] 成疏：“‘葵’当为‘綦’字之误，犹《人间世》南郭子綦也。”未窥奥义。又“南郭子綦”仅见《齐物论》，《人间世》变文为“南伯子綦”，成疏误以“伯”为“郭”之讹。

南伯子葵曰："道可得学耶？"

曰："恶！恶可！子非其人也。夫卜梁倚有圣人之才而无圣人之道，我有圣人之道而无圣人之才，吾欲以教之，庶几其果为圣人乎？不然。以圣人之道告圣人之才，亦易矣。吾犹告而守之[1]，叁日而后能外天下；已外天下矣，吾又守之，七日而后能外物；已外物矣，吾又守之，九日而后能外生；已外生矣，而后能朝彻，朝彻而后能见独，见独而后能无古今，无古今而后能入于不死不生。故杀生者不死[2]，生生者不生。其为物，无不将也，无不迎也，无不毁也，无不成也，其名为撄宁。撄宁也者，撄而后成者也。"

## 今译

南伯子葵说："我可否学习道术？"

女偊说："不！你不可以！你不是合适之人。卜梁倚有圣人的才具而无圣人的道术，我有圣人的道术而无圣人的才具，我想教他学习道术，他是否果真能够成为圣人呢？不是这样。以圣人的道术告诉圣人的才具，只是闻道容易，成道仍然不易。我告诉他之后仍要守护他，三天以后他方能丧忘天下；丧忘天下以后，我又守护他，七天以后他方能丧忘万物；丧忘万物以后，我又守护他，九天以后他方能丧忘生命；丧忘生命以后，方能一朝彻悟；一朝彻悟以后，方能洞见独立不改的道体；洞见独立不改的道体以后，方能丧忘古今；丧忘古今以后，方能与不死不生的道体同在。所以毁灭生命的道体不会毁灭，创造生命的道体不被创造。道体作用于万物，无一不送，无一不迎，无一不毁，无一不成，洞见独立不改的道体就能撄宁。所谓撄宁，就是不受外境撄扰而永远宁定，然后就能成就道术。"

---

[1] "告而守之"旧误倒为"守而告之"。闻一多据成疏校正。陈鼓应从之。
[2] 旧脱"故"字。刘文典据《阙误》引江南古藏本校补。

第二层，阐明为行顺应天道的“成道九阶”。奥义藏于“子非其人”。

子葵问“道可得学耶”。女偊所答“恶可”，不能误解为“道不可学”。“恶可”当与“子非其人”连读，但“子非其人”意为子葵业已成道，而非子葵不具备学道资质。所以女偊并未传道于子葵，而是描述如何传道于卜梁倚。

“卜梁倚”是惠施之真身。宋人惠施，鉴于宋康王是无道暴君，于是另“卜”有道明君“梁”（魏）惠王而“倚”之。庄子认为，“倚树”、“据梧”的惠施“有圣人之才而无圣人之道”，有学道的资质却“拙于用大”，因此“卜梁倚”仅是“真际惠施”。庄子在惠施死后所著“内七篇”中痛扁老友，不无歉疚，于是让惠施在天之灵“登假于道”。

“我有圣人之道而无圣人之才”：女偊尚未降至“失道而后德”、“朴散而为器”的“才”之层次，更未降至“失德而后仁，失仁而后义”的“材”之层次。

“吾欲以教之，庶几其果为圣人乎？不然”：有道者教诲有才者，必能达成正果吗？未必。倘若知有聋盲，有闻等于无闻；倘若知而不行，反而身心分裂。

“以圣人之道告圣人之才，亦易矣，吾犹告而守之”：女偊对卜梁倚传授“寓诸无”之知，确实很容易。难的是卜梁倚的“寓诸无”之行，女偊无法替代，只能“告而守之”。以下详述卜梁倚知而后行的“成道九阶”。

成道第一阶，“外天下”。丧忘未能亲接之外物，致无对天下的终极倚待。“外”是动词，训丧忘，致无，即《齐物论》所言“寓诸无”。下“外”义同。

成道第二阶，“外物”。丧忘亲接之外物，致无对外物的终极倚待。

成道第三阶，“外生”。丧忘自我之身形，致无对身形的终极倚待。

前三阶由远及近，“寓诸无”地“丧偶”，丧忘空间。为行俗谛之域，成之较易，故以“三日”、“七日”、“九日”示学成之速。

成道第四阶，“朝彻”。永葆朝阳般德心初光，照彻有涯之生的全部身心。

成道第五阶，“见独”。由德之微光达至道之澄明，洞见独立不改的终极天道。

成道第六阶，“无古今”。有涯之生前后无极之远的时间，均被道极之光照彻。

中三阶由己及外，“寓诸无”地“丧我”，丧忘时间。为知真谛之境，成之较难，故不再明言学成时间，何况时间也已丧忘。

成道第七阶，“入于不死不生”，即“游心”于道。进而补论明道章预留未言之义："杀生者不死，生生者不生。""杀生者"，"生生者"，均为"道"之变文。上文"先天地生而不为久"阐明道与天地万物之终极先后关系，"生天生地"又进一步阐明道与天地万物之终极因果关系，此处"杀生者不死，生生者不生"最终阐明道是天地万物的终极第一因，无生无死，永恒不变。知乎此，方为达至真谛的终极之"知"。

成道第八阶，"撄宁"。由于行百里者半九十，因此第八阶用六句详述："其为物，无不将也，无不迎也，无不毁也，无不成也，其名为撄宁。"前五句描述，末句总括。由于总括在后，前五句易与上句"故杀生者不死，生生者不生"连读，误解为言道，其实是指道对学道者的四大考验，即总名为"撄"的迎、将、成、毁[1]。"撄"训撄扰。"撄宁"是对"乘物以游心"的深化：学道者终生被外境外物撄扰，却能终生内德宁定[2]。行乎此，方为达至俗谛的终极之"行"。

成道第九阶，"撄而后成"，即从生至死的觉行圆满。第九阶"撄而后成"，与第八阶"撄宁"字面相近，然而寓意不同。第七阶达至终极之"知"，第八阶达至终极之"行"，故至第八阶已经知行合一，学道者已有"小成"。然而"小成"之后一旦"自得"而"雄成"，必将功败垂成，亦即《齐物论》所言"道隐于小成"。只要没死，学道就未"大成"，仅在从"北溟"趋近"南溟"的途中，随时有晚节不保的"夭阏"危险。所以"撄而后成"，就是不死不休地保持"撄宁"直至物化死亡。生命是"撄宁"的过程，死亡是"撄而后成"的终点。成乎此，方为二谛圆融的终极之"成"。[3]

后三阶物我合一、古今合一、时空合一，"无何有"地丧偶丧我。身形物化，心游造化。

---

[1] 杨文会："即将、即迎、即毁、即成，合四句为一'撄'字。"

[2] 成疏："撄，扰动也。宁，寂静也。"林希逸："撄扰而后见其宁定，故曰撄宁。"释德清："言学道之人，全从逆顺境界中做出，只到一切境界不动其心，宁定湛然，故曰撄宁。"王叔岷："撄而后成，犹言扰而后定。"

[3] 旧庄学混同"撄宁"、"撄而后成"，故不明"成道九阶"。庄子弟子蔺且所撰《外篇·寓言》有"九阶"之旁证："颜成子游谓东郭子綦曰：自吾闻子之言也，一年而野，二年而从，三年而通，四年而物，五年而人来，六年而鬼入，七年而天成，八年而不知死不知生，九年而大妙。"又弈有"九段"。"阶"、"段"义同。

“成道九阶”始于因循内德，向上为知顺应天道，向下为行因应外境，“以死生为一条”地抵达藐姑射之山、无何有之乡、寓诸无之境——南溟。

南伯子葵曰：“子独恶乎闻之？”

曰：“闻诸副墨之子，副墨之子闻诸络诵之孙，络诵之孙闻之瞻明，瞻明闻之聂许，聂许闻之需役，需役闻之於讴，於讴闻之玄冥，玄冥闻之参寥，参寥闻之疑始。”

## 今译

南伯子葵问：“你又如何得闻道术？”

女偊说：“我得闻于辗转抄写的至文，辗转抄写的至文得闻于络绎口诵的至言，络绎口诵的至言得闻于亲见征象的澄明，亲见征象的澄明得闻于亲闻天籁的默许，亲闻天籁的默许得闻于必需躬行的力役，必需躬行的力役得闻于世代相传的歌谣，世代相传的歌谣得闻于玄幽冥漠的浑沌，玄幽冥漠的浑沌得闻于参合浑沌的寥一，参合浑沌的寥一得闻于宇宙之始的道无。”

第三层，阐明为知达至天道的“闻道九阶”。奥义藏于先述“成道”后述“闻道”。

女偊所论“成道九阶”，子葵莫逆于心，因而相视而笑，未置一言，又问“子独恶乎闻之？”继续与德友切磋印证，实为代读者而问。

庄子先论“成道九阶”，后论“闻道九阶”，理由有二。

其一，“闻道”是为知达至天道，“成道”是为行顺应天道。理论上，为知闻道先于为行成道；实际上，闻道不可能一时尽闻，成道不可能瞬间大成。为知与为行相互促进，永无止境。由于顺应天道的起点只能是“以德为循”的“自适其适”，因此先论为行顺应天道，后论为知达至天道。

其二，“成道”均属个体之事，始于个体之生，止于个体之死，所以“成道九阶”第一阶至第九阶，顺时而下。“闻道”尽管立足于个体，但是超越短暂的个体生命，不仅逆溯到人类群体之始，而且逆溯到宇宙终极之始，所以“闻道九阶”第一阶至第九阶，逆时而上。

闻道第一阶，“副墨之子”。见诸文字钞本，比如庄子读《老子》，后人读《庄子》。“副墨”之书，必须自己阅读，故称“之子”。他人读书有得转告，即成“络诵”。

闻道第二阶，“络诵之孙”。闻诸德友传道，比如卜梁倚闻诸女偊，女偊闻诸其师。“络诵”之闻，必经络绎传递，故称“之孙”。“络诵”高于“副墨”，因为印证共识，胜过读书独见。

闻道第三阶，“瞻明”。以眼观察，亲见天道无所不在，真德无物不有。心知不盲，则视而皆见；心知有盲，才视而不见。“瞻明”高于“络诵”，因为“目击道存”，胜过闻诸教诲。

闻道第四阶，“聂许”。以耳聆听，亲闻天籁无所不在，地籁无所不在。心知不聋，则听而皆闻；心知有聋，才听而不闻。“聂许”高于“络诵”：“络诵”是耳闻顺道人籁，易被语言固有的局限误导。“聂许”是耳闻地籁，默许天籁，超越了语言局限。“聂许”又高于“瞻明”：“瞻明”仅是目睹道之显证，“聂许”则是感悟道之密证。

闻道第五阶，“需役”。以身躬行，亲证天道无所不在，真德无物不有。物我互有相对之需，也互有相对之役；然而天道为万物终极所需，万物被天道终极所役。“需役”寓知于行，高于前四阶，是“乘物”五阶的最高阶。

以上“乘物”五阶，立足个体，由低至高；以下“游心”四阶，超越个体，由终溯始。

闻道第六阶，“於（音乌）讴”，承自老聃“唯之与阿，相去几何”[1]。意为：以舌唱诵歌谣，传承遥远祖先对天道的感悟。即“游心”于已有语言、尚无文字的上古时代，相当于《齐物论》所言“有封而未始有是非”时代。旧庄学不明“於讴”、“聂许”、“络诵”的差别，或者跳过不解，或者含糊谬解，或者反诬庄子义理混乱，故弄玄虚。

[1] 语见《老子》二十章。意为：“唯”、“阿”是异名同实的应答之词。

闻道第七阶，“玄冥”，承自老聃“玄之又玄”、“窈兮冥兮”。意为：以心玄思冥悟，与天地万物玄妙冥合为一。即“游心”于语言、文字均未产生的太古时代，相当于《齐物论》所言“有物而未始有封”时代。

闻道第八阶，“参寥”。“参”即天地人“相参（叁）”，“寥”字承自老聃“寂兮寥兮，独立不改”。意为：无思无虑地参与寥廓的道一。下文江湖寓言谓之“游乎天地之一气”。即“游心”于天地尚未剖判、万物远未出现、人类更未产生的“浑沌”时代，相当于《齐物论》所言“未始有物”时代。

闻道第九阶，“疑始”。“疑”通“拟（擬）”，“疑始”即“拟始”，承自老聃“无名天地之始”。意为：达至宇宙终极之始[1]。上文小大章谓之“游于物之所不得遁”。《外篇·山木》之庄子，称为“浮游乎万物之祖”。《外篇·达生》之关尹，称为“游乎万物之所终始”，《外篇·田子方》之老聃，称为“游心于物之初”。即“游心”于前“浑沌”时代，相当于《齐物论》所言“未始有始”时代。这是庄子拟想的宇宙终极起点，《逍遥游》称为“无极之外复无极”的道极。

## 九　造化寓言：生于造化，死于物化

第九章是“造化”寓言，即“四子”寓言，《大宗师》第二寓言。明道寓言形象说明“道”之后，造化寓言又把“道”变文为“造化”，以“物化”死亡为主题，形象说明无不“物化”的万物与“造化”天道的终极因果关系。

> 子祀、子舆、子犁、子来四人相与语曰：“孰能以无为首，以生为脊，以死为尻？孰能知死生存亡之一体者[2]，吾与之友矣。”
>
> 四人相视而笑，莫逆于心，遂相与为友。

[1] 郭注：“九重而后疑无是始。”庄义实为“九重而后疑有是始”。郭注全反庄义。

[2] 旧脱“能”字。王叔岷据成疏、《初学记》、《御览》校补。

## 今译

子祀、子舆、子犁、子来四人相互交谈："谁能把道无视为头脑，把生命视为脊梁，把死亡视为屁股？谁能明白死生存亡同属一体，吾人与他就是朋友。"

四人相视而笑，莫逆于心，于是相互成为朋友。

第一层，交代背景。奥义藏于四子之名。

《逍遥游》"尧往见四子藐姑射之山"，"四子"指谁，旧庄学纷纷胡猜，未得正解[1]。庄子于明道寓言后紧接四"子"寓言，意在暗示"子祀、子舆、子犁、子来"正是"藐姑射四子"，从而对"藐姑射神人"之志怪式文学夸张，予以自我解构和自我祛魅。

四子之名，均有寓意。"子祀"之名，暗示真道、伪道异"祀"：真道祀天，伪道祀人。"子犁"之名，暗示农耕文明靠天吃饭，仅须信仰天道，无须信奉人道。"子来"将"去"却名"来"，前射《养生主》"适来，夫子时也；适去，夫子顺也"，表明物德原质不灭，"去"者必将复"来"。

四子之名中，最有意味的是"子舆"。容易想到的是均字"子舆"的曾参、孟轲。两者同字并非巧合。曾参是孔子死后首位儒学掌门人，孔子之孙子思也成曾参弟子。孟轲是孔子死后弘扬儒学最力的庄子同时代大儒，子思再传弟子，因为仰慕曾参而自字"子舆"。因此"子舆"首先是指《逍遥游》、《德充符》、《应帝王》三次出场的反孔始祖"接舆"，其次兼指曾参、孟轲（真际的，不是实际的），晦藏的奥义将由第三寓言之"孟子反"揭破。

"以无为首，以生为脊，以死为尻"：以"道"为生命开端的终极萌生者，以"道"为生命过程的终极驱使者，以"道"为生命尾端的终极归宿。三句分扣《齐

[1] 成玄英谬解四子喻四德。司马彪、李颐均误据《外篇·天地》"尧之师曰许由，许由之师曰啮缺，啮缺之师曰王倪，王倪之师曰被衣"，谬解四子为：王倪、啮缺、被衣、许由。郭象谬解四子为：许由、啮缺、披衣、王倪。诸家排序均与《天地》异，已互证其谬。何况《天地》非庄子所撰，不可据以阐释内篇。

物论》“所萌”、“所为使”、“所归”。谁能知此三义，“知死生存亡之一体”，四子就愿与之成为“相视而笑，莫逆于心”的“德友”。

俄而子舆有病。

子祀往问之，曰：“伟哉！夫造物者将以子为此拘拘耶？”[1]

曲偻发背，上有五管，颐隐于脐，肩高于顶，句赘指天。阴阳之气，有沴其心；闲而无事，跰跹而鉴于井，曰：“嗟乎！夫造物者又将以予为此拘拘耶？”

子祀曰：“汝恶之乎？”

曰：“亡。予何恶？浸假而化予之左臂以为卵[2]，予因以求时夜；浸假而化予之右臂以为弹，予因以求鸮炙；浸假而化予之尻以为轮，以神为马，予因以乘之，岂更驾哉？且夫得者，时也；失者，顺也；安时而处顺，哀乐不能入也。此古之所谓悬解也。而不能自解者，物有结之。且夫物不胜天久矣，吾又何恶焉？”

## 今译

不久子舆患病。

子祀前往慰问，说：“伟大啊！造物者竟能让你身形如此拘挛？”

子舆伛偻驼背，五脏脉管居上，脸颊埋于肚脐，肩膀高于头顶，发髻上指天空。阴阳元气，有所撄扰他的德心；他悠闲而若无其事，跰跹而鉴照于井，说：“啊呀！造物者竟能让我身形如此拘挛？”

子祀问：“你厌恶如此吗？”

子舆说：“不。我为何厌恶？假如造物者把我的左臂逐渐物化为鸡蛋，我就用它孵出雄鸡；假如造物者把我的右臂逐渐物化为弹弓，我就用它射枭烤肉；假

---

[1] “子”旧讹为“予”。车柱环厘正。王叔岷从之。

[2] “卵”旧讹为“鸡”。王先谦据《齐物论》“见卵而求时夜，见弹而求鸮炙”校正。

如造物者把我的屁股逐渐物化为车轮，把我的心神逐渐物化为骏马，我就因循其德驾乘马车，何须更换车驾？况且得生为人，则是时命；失生而死，则是顺化；安于时命而顺处物化，哀乐不能入于德心。这是古人所言的解除倒悬。而不能自解倒悬之人，是被外物有所结缚。况且道生之物永远不能战胜天道，我又何必厌恶物化而死？”

第二层，前二子出场。奥义藏于“物不胜天”。

子舆有病将死，子祀前去慰问。

“曲偻发背，上有五管，颐隐于脐，肩高于顶，句赘指天”，五句形容子舆病状，是《人间世》形容支离疏之语的重言和变文。

“阴阳之气，有沴其心；闲而无事，跰跹而鉴于井”[1]：“沴”同“撄”，训扰乱。“闲”同“宁”，训宁定。前两句言“撄”，后两句言“宁”。身形病变之撄扰，丝毫不影响子舆德心之宁定，所以步履潇洒如同跰跹舞蹈，行至井口，鉴于止水。

子祀问“夫造物者将以子为此拘拘耶”，与子舆答“夫造物者又将以予为此拘拘耶”，变文重言。区别是：子祀赞叹“伟哉”，是旁观者的超然正情。子舆感叹“嗟乎”，是当事人不能无慨的适当真情。

子祀问“汝恶之乎”，询问子舆是否厌恶患病，恐惧死亡。子祀虽知子舆业已达道，仍然砥砺“莫逆于心”的德友，助其以死证成大道。

子舆答“予何恶”，超然否定厌恶患病，恐惧死亡。“浸假”三句之前两句，是《齐物论》“见卵而求时夜，见弹而求鸮炙”之变文。“浸”训渐，“假”训假借。三句意为：倘若天道要假借我的左臂渐化为鸡蛋，我就孵出公鸡听报晓；倘若天道要假借我的右臂渐化为弹弓，我就用它射鸟吃烤肉；倘若天道要假借我的屁股渐化为车轮，假借我的德心渐化为骏马，我就乘上马车，何须另找车驾？

“浸假”三句实属吊诡之言。倘若“我”之身形、德心均已物化，“我”已不复存在，听报晓、吃烤肉、乘马车的不可能是“我”。庄子以此阐明：此“我”之毁，就是彼“我”之成；小“我”之死，就是复归大“我”。

---

[1] 郭象误断为“阴阳之气有沴，其心闲而无事”。陆释：“崔以‘其心’属上句。”旧庄学均盲从郭象，无人从崔譔。

“得者，时也；失者，顺也；安时而处顺，哀乐不能入也。此古之所谓悬解也”，变文重言《养生主》秦佚语。“安时而处顺，哀乐不能入”，是庄子的终极生死观。

“而不能自解者，物有结之。且夫物不胜天久矣，吾又何恶焉？”不能自解人生之悬的原因，是因为被外物系上了绳结。所以只有“外天下”、“外物”，方能“外生”。子舆洞观死亡是万物必有之归宿，因此不恐惧死亡，不逃避物化。

“物不胜天”，是“天 / 人”之辨的真谛结论，超越了专制社会“天与人不相胜”的俗谛表象，揭破人道无法战胜天道的终极真实。

俄而子来有病，喘喘然将死，其妻、子环而泣之。子犁往问之，曰：“叱！避！无怛化！”倚其户与之语曰：“伟哉造化！又将奚以汝为？将奚以汝适？以汝为鼠肝乎？以汝为虫臂乎？”

子来曰：“父母于子，东西南北，唯命之从。阴阳于人，不啻于父母，彼近吾死而我不听，我则悍矣，彼何罪焉？夫大块载我以形，劳我以生，佚我以老，息我以死。故善吾生者，乃所以善吾死也。特范人之形而犹喜之，若人之形者，万化而未始有极者也，弊而复新，其为乐可胜计耶[1]？今大冶铸金[2]，金踊跃曰‘我且必为镆铘’，大冶必以为不祥之金。今一范人之形，而曰‘人耳人耳’，夫造化者必以为不祥之人。今一以天地为大炉，以造化为大冶，恶乎往而不可哉？成然寐，蘧然觉。”发然汗出。[3]

## 今译

不久子来患病，喘气急迫即将死亡，他的妻儿环绕他而哭泣。

[1] 加点三十四字，旧错简误移于江湖章之中。

[2] “今”下旧衍“之”字。王孝鱼据世德堂本校删。

[3] 旧脱加点四字。陆释：“向、崔本下有‘发然汗出’四字。”郭窃向注，向本既有，必为自圆反注的郭象妄删。

子犁前往慰问，说："嗨！让开！不要惧怕（造化主宰的）物化！"倚着门户对子来说："伟大啊造化！又将把你物化为何物？又将带你何往？把你物化为老鼠的肝脏吗？把你物化为虫子的手臂吗？"

子来说："儿子对于父母，不论前往东西南北，唯命是从。阴阳对于人类，更加高于父母，造化驱使我趋近死亡而我不听，我就过于倔犟了，造化又有何罪？大地承载我之身形，用生命让我劳苦，用衰老让我闲佚，用死亡让我休息。所以造化使我得到生命是善待我，使我趋近死亡也是善待我。岂能仅被造化范铸为人形才肯喜悦？类似人形的物类，千变万化而未有终极，旧形弊坏而复生新形，物化的快乐怎能算清？如今大匠用陶范铸造青铜，青铜跃起大叫：'必须把我范铸为镆铘！'大匠必将视为不祥之铜。如今我因一度曾被造化范铸为人形，就说：'必须把我范铸为人！必须把我范铸为人！'造化必将视为不祥之人。如今一旦把天地视为冶炼万物的大炉，把造化视为范铸万物的大匠，那么我被重新范铸为何物不可以呢？我将完成此生而物化睡寐，又将变易物形而新生觉醒。"（说毕）发出一身大汗。

第三层，后二子出场。奥义藏于"造化"及"未始有极"。

子来有病将死。子犁前去慰问，见其妻与子"不通乎命"、"不知所归"地环绕子来而哭，于是斥之："让开！不要恐惧物化，不要惊扰造化！"

子犁之语，分为三层。

"伟哉造化"，是子祀语"伟哉造物者"之变文。

"又将奚以汝为？将奚以汝适？"阐明物德原质不灭；死亡仅是"物化"复归原质，并非最后的终结。

"以汝为鼠肝乎？以汝为虫臂乎？"是子舆语"浸假"三句的变文，意为人死复归原质以后，还将继续物化为其他物形。

"鼠肝"、"虫臂"，是深寓至理的超然幽默。

子来之语，共有七层。

第一层，"父母于子，东西南北，唯命之从。阴阳于人，不啻于父母，彼近吾死而我不听，我则悍矣，彼何罪焉？"父母之言尚须听从，高于父母的天道之命更应听从，倘若天道驱我近死而我不听，就是我悖逆天道，天道又有何错？——“阴阳”与“彼”，均指“道”。[1]

第二层，“夫大块载我以形，劳我以生，佚我以老，息我以死；故善吾生者，乃所以善吾死也。”大地承载我的身形，用一生让我辛劳，用老年让我闲佚，用死亡让我休息。因此生命是天道对我的善待，死亡也是天道对我的善待。——此层六句三十一字，先脱简误移于小大章之首，钞刻者与未脱简本对校，补入此处却未删小大章之衍文，遂致重出。[2]

第三层，“特范人之形而犹喜之，若人之形者，万化而未始有极者也，弊而复新，其为乐可胜计耶？”何必只有被范铸为人类之形才欢喜，类似人形的物类，千变万化而永无终极，我死之后物化易形的快乐难道计算得清吗？——此层五句三十四字，旧与前六句三十一字同时脱简，而误移于小大章之中。旧庄学迂就错简而强说，无一可通。移正于此，则上下全通。

第四层，“今大冶铸金，金踊跃曰‘我且必为镆铘’，大冶必以为不祥之金。”倘若大匠用陶范模铸青铜，青铜跳起来说“我一定要做镆铘宝剑”，必被大匠视为不祥之铜。

第五层，“今一范人之形，而曰‘人耳人耳’，夫造化者必以为不祥之人。”如今我即将物化，仅因曾被范铸为人形，就强求“一定要把我范铸为人”，必被造化视为不祥之人。

第六层，“今一以天地为大炉，以造化为大冶，恶乎往而不可哉？”如今我将把天地视为大炉，把造化视为大匠，我将被范铸为何物不行呢？

第七层，“成然寐，蘧然觉。”我将完成此生而物化睡寐，又将变易物形而新生觉醒。

郭象误以为“成然寐，蘧然觉”为客观陈述，认定“成然寐”谓子来已死，无法理解紧接其后的“发然汗出”，为自圆妄断而妄删原文。即便“成然寐”可

---

[1] 郭象反注：“彼，谓死耳；在生，故以死为彼。”则“彼近吾死”，同于“死近吾死”，不通之至。王叔岷：“彼谓造化。郭注非。”

[2]《淮南子·俶真训》有此六句三十一字，高诱注引《庄子》：“生乃徭役，死乃休息。”郭象版无此八字。《淮南子·精神训》又变文引用此佚文：“或者生乃徭役也，而死乃休息也。”

勉强解释为客观陈述，“蘧然觉”却不可能是客观陈述，因为没人知道子来死后将被范铸为何物。戏言子来将被范铸为“鼠肝”、“虫臂”，不过是子犁的幽默。

“寐 / 觉”两句，是子来阐明“造化”之后，进而阐明“物化”之语。人之生如黎明觉醒，人之死如入夜睡寐。死亡是生命最后之“撄”，不惧死亡而“宁”，方为“撄而后成”，所以子来笑称自己之死为“成然寐”。“蘧然觉”，前射《齐物论》梦蝶寓言之“俄然觉，则蘧蘧然周也。此之谓物化”，所以子来预言自己必将“蘧然觉”地“物化”新生。

“喘喘然将死”的子来，说了一大段话，因劳累而“发然汗出”，反而大病小愈，死期稍迟。众人恐惧死亡，小病常因恐惧而吓成大病，大病常因恐惧而加速其死。

子来语是造化寓言的核心，也是庄子对“造化 / 物化”的集中阐发。担心死后不再为人，而为异物，这是“类”之执，即“人类中心主义”；担心死后虽可重新为人，却成异人，这是“我”之执，即“自我中心主义”。两“执”均为《齐物论》王倪的“无正见”寓言所破。真人双破“类”执、“我”执，彻悟万物无不生于造化，也无不死于物化，“物化”的终极第一因是“造化”天道，因而不恐惧死亡，不逃避物化。

## 十　江湖寓言：方内方外，两种选择

第十章是“江湖”寓言，即“三子”寓言，《大宗师》第三寓言。造化寓言形象说明“造化”义理，褒扬真人不惧死亡、笑对物化之后，江湖寓言进而形象说明“江湖”义理，贬斥众人恐惧死亡，逃避物化。

> 子桑户、孟子反、子琴张三人相与语曰[1]：“孰能相与于无相与，相为于无相为？孰能登天游雾，挠眺无极，相忘以生，无所终穷？”

[1] “语”字旧讹为“友”。与下文“遂相与为友”义复。林云铭、胡文英、陈鼓应均已校正。

三人相视而笑，莫逆于心，遂相与为友。

## 今译

子桑户、孟子反、子琴张三人相互交谈：“谁能相互一致而无须刻意一致，相互帮助而无须刻意帮助？谁能登临天空遨游云雾，超越阻挠眺望无极，相忘江湖而生，不惧死亡而终？”

三人相视而笑，莫逆于心，于是相互成为朋友。

第一层，交代背景。奥义藏于“孟子反”及“挠眺无极”。

三子之名，均有隐指。“子桑户”，隐指载于《论语》的子桑伯子[1]，是与《人间世》之颜阖相似的鲁国隐士。“子”为男子美称，原为后缀，如墨子、华子、桑伯子。后缀泛滥以后，降为通称，敬仰者又添前缀，遂有叠床架屋的“子墨子”、“子华子”、“子桑伯子”。

“子琴张”，隐指孔门弟子琴张[2]，命名法仿照“子墨子”、“子华子”，前缀“子”字。《左传·昭公二十年》：“琴张闻宗鲁死，将往吊之。仲尼曰：‘齐豹之盗，而孟縶之贼，女何吊焉？君子不食奸，不受乱，不为利疚于回，不以回待人，不盖不义，不犯非礼。’”琴张往吊宗鲁，庄子移用于下文的子贡往吊子桑户，子琴张反成临尸而歌的不吊者。

三子之名中，最有意味的是“孟子反”。到眼可辨，是与庄子同时代的大儒“孟子”相“反”。旧庄学一方面奇怪，庄、孟同时，为何双方均未提及；另一方

---

[1]《论语·雍也》：“子曰：‘雍也可使南面。’仲弓问子桑伯子，子曰：‘可也，简。’仲弓曰：‘居敬而行简，以临其民，不亦可乎？居简而行简，无乃太简乎？’子曰：‘雍之言然。’”庄子化用“简/太简”之辨，移于下文孟孙才之“简之而不得”、“已有所简”。钱穆《论语新解》：“子桑伯子，疑即《庄子·大宗师》之子桑户。”俞樾：“《山木》之子桑雽，即《大宗师》之子桑户。”

[2] 马叙伦：“孔子弟子有琴张，见《左传·昭公二十年》及《孟子·万章》。”《孟子·万章》：“孟子曰：‘孔子“不得中道而与之，必也狂狷乎！狂者进取；狷者有所不为也。”孔子岂不欲中道哉？不可必得，故思其次也。’‘敢问何如斯可谓狂矣？’曰：‘如琴张、曾皙、牧皮者，孔子之所谓狂矣。’”

面又陷溺儒学成心，对“孟子反”之“反孟子”视而不见。其实“孟子反”之名，极其突兀抢眼。首先，前后两则寓言共七子，其中六子均以“子”为前缀，唯有“孟子反”例外，因为“子”原属“孟”之后缀，再加后缀“反”，才移至中间。其次，命名四子均用两个字，命名三子却用三个字，是因为“孟子反”必须是三个字，“子桑户”、“子琴张”不过是配套的障眼法。[1]

“相与于无相与，相为于无相为”：“相与”是莫逆于心的友好，“无相与”就是不因友好而妄增俗情、伪情、溢情，亦即至亲无亲。“相为”是顺道而行的无不为，“无相为”就是不因友好而刻意有为，亦即无为。

“登天游雾，挠眺无极”，是对《逍遥游》斜上九万里登达中天之鹏的确切描述，“无极”前射《逍遥游》“无极之外复无极”。被“挠”而“眺”，一如被“撄”而“宁”。真人虽被文化“尘埃”重重阻挠，仍然远眺造化道极。

“相忘以生，无所终穷”：超越生死，不死不休地趋近道极。

“相视而笑，莫逆于心，遂相与为友”是重言，已见造化寓言。

莫然有间而子桑户死，未葬。孔子闻之，使子贡往侍事焉。或编曲，或鼓琴，相和而歌曰：“嗟来桑户乎！嗟来桑户乎！尔已返其真，而我犹为人猗！”

子贡趋而进曰：“敢问临尸而歌，礼乎？”

二子相视而笑曰：“是恶乎知礼意耶？”[2]

## 今译

莫然之间，子桑户死了，尚未安葬。孔子闻知，派遣子贡前往协理丧事。一子在唱歌，一子在弹琴，相和而歌曰：“哎呀桑户啊！哎呀桑户啊！你已返归

[1] “孟子反”取之于《论语·雍也》之“孟之反”，即《左传·哀公十一年》的“孟之侧”，庄子予以巧妙化用。

[2] “子”旧讹为“人”，又脱“乎”、“耶”二字。刘文典、王叔岷据《御览》、《文选》、《白帖》校正校补。

天道真宰，而我们还要做人！”

子贡趋步进前说：“请问面对死尸唱歌，合乎丧礼吗？”

二子相视而笑说：“这人怎能明白礼之真意呢？”

第二层，“孟子反”反讽孟子之替身子贡。奥义藏于“尔已返其真，而我犹为人”。

言必斥尧舜的庄子与“言必称尧舜”的孟子，价值观截然相反，持论针锋相对。庄子隐斥孟子之处甚多，然而仅以明攻孔子涵盖[1]。孟子同样以攻击论敌之祖师“杨墨”，涵盖同时代论敌，而庄子正是杨朱后学之一。孟子隐斥庄子之处也不少，仅举与本则寓言相关之言为例。《孟子·离娄》：“孟子曰：养生者，不足以当大事，惟送死可以当大事。”孟子以养生为小事，以送死为大事；庄子则以养生为大事，以送死为小事。两者正好相“反”。造化寓言已褒扬成道真人“以送死为小事”，江湖寓言则贬斥伪道俗见“以送死为大事”。然而庄子不愿让浅陋的孟子直接出场，仅让“孟子反”反讽孟子之替身——孔子弟子子贡。子贡卫人，长期担任鲁相、卫相，是战国纵横家的鼻祖，连孔子也视为非君子[2]。大言炎炎的孟子，远逊于谨言慎行的孔子，“所言未定”地周游列国游说诸侯，颇有纵横家之风。[3]

孔子听说鲁国隐士子桑户死了，遂派子贡去协理丧事。这是儒门专长。

---

[1] 孟子徒逞舌辩而义理浅陋。如《孟子·告子》：“人性之善也，犹水之就下也。人无有不善，水无有不下。”然而“从善如登，从恶如崩”，登则趋上，崩则就下，以水喻性，唯有“人无有不恶，水无有不下”才通。参阅《寓言的密码》三十一章“需要蠢材的时代产生的蠢材——五十步笑百步”。

[2]《论语·为政》：“子曰：君子不器。”《史记·仲尼弟子列传》：“子贡利口巧辞，孔子常黜其辩。子贡既已受业，问曰：‘赐何人也？’孔子曰：‘汝器也。’（中略。）子贡一出，存鲁，乱齐，破吴，强晋而霸越。子贡一使，使势相破，十年之中，五国各有变。（中略。）常相鲁卫，家累千金，卒终于齐。”

[3] 前316年，燕王哙（前320—前316在位）因崇信墨家长期鼓吹的尧舜禅让传说，禅位燕相子之（前315—前314在位）。三年后燕国大乱，当时在齐的孟子对齐宣王（前319—前301在位）献策：“今伐燕，此文、武之时，不可失也。”齐遂伐燕。田齐篡弑，燕国禅让，孟子的现实选择却与理论主张相反，故《孟子·离娄》不得不自辩其“所言未定”：“大人者，言不必信，行不必果，惟义所在。”

子贡发现孟子反在唱歌[1]，子琴张在弹琴伴奏。二子之歌，省略前缀之“子”，径称“桑户”：“啊呀桑户！啊呀桑户！你已返归真君，我们还要寄寓人世（忍受假君）。”

子贡上前问：“请问面对死尸唱歌，合乎礼仪吗？”

二子轻蔑地看也不看子贡，“相视而笑”说：“这人怎能明白礼之真意呢？”

“尔已返其真”之“真”，前射《齐物论》“真宰真君”，上扣江湖章“人特以有君为愈乎己，而身犹死之，而况其真乎”。“而我犹为人”，抒发二子不得不继续忍受假君奴役的极大愤懑[2]。倚待假君假宰的子贡，不正已生却欲正众生，妄斥信仰真宰真君者不知“礼”，只能自讨没趣。

子贡返，以告孔子，曰：“彼何人者耶？修行无有，而外其形骸，临尸而歌，颜色不变。无以命之，彼何人者耶？”

孔子曰：“彼游方之外者也，而丘游方之内者也。外内不相及，而丘使汝往吊之，丘则陋矣。彼方且与造物者为人，而游乎天地之一气。彼以生为附赘悬疣，以死为决肒溃痈。夫若然者，又恶知死生先后之所在耶[3]？假于异物，托于同体；忘其肝胆，遗其耳目；返复终始，不知端倪；茫然彷徨乎尘垢之外，逍遥乎无为之业。彼又恶能愦愦然为世俗之礼，以观众人之耳目哉？”

## 今译

子贡返回，告诉孔子，说：“他们是何等样人？不事修行，而置形骸于度外，面对死尸唱歌，神色不变。我无从命名他们，他们是何等样人？”

孔子说：“他们是游方之外的人，而我是游方之内的人，方外、方内其道不

[1]《论语·述而》：“子于是日哭，则不歌。”庄子隐讽之。

[2] 旧庄学谬解“而我犹为人”为庄子厌生欲死。

[3] 旧脱“耶”字。王叔岷据《御览》校补。

同。而我派你前往吊唁，我太浅陋啦。他们将要顺应造物者而做人，游心于天地的浑然一气。他们把生命视为多余赘疣，把死亡视为脓肿溃裂。如此之人，又怎会在乎死亡、生存、生前、身后寄寓于何种物形？他们身形假借于不同物类，德心寄托于同一道体；他们丧忘肝胆的表象之异，超越耳目的纷乱闻见；返归往复终始，不知极限的天道；不知其然地彷徨于尘俗之外，逍遥于无为之业。他们怎肯昏愦糊涂地盲从世俗礼仪，迎合众人的耳目观瞻？”

第三层，揭破截然对立的两种价值观和两种人生选择。奥义藏于“游方之外”、“游方之内”。

子贡碰壁，回去告诉孔子，并问：“他们是什么人？既不修行，又丧忘身形，临尸唱歌，神色不变。我无法理解，他们是什么人？”

孔子说：“他们是游方之外的人，我是游方之内的人。方外、方内道不同，我却派你去吊唁，我太鄙陋啦！他们立意像造物者那样对待人生，游心于天地浑然一气。他们把身形视为多余的赘疣，把死亡视为脓肿溃裂。他们那样的人，怎会在乎被死亡转移其寄寓的物形？他们无论寄身何种物形，德心总是向往万物共同倚待的天道。他们忘其肝胆，丧其耳目，只愿返归终极之始，却又自知不知终极何在，因此逃避尘俗，逍遥无为。他们怎肯昏愦糊涂地盲从世俗礼仪，迎合众人的耳目观瞻呢？”

本节的孔子，像《人间世》、《德充符》的孔子一样微妙。一方面承认自己是“游方之内者”，表明自己与“游方之外者”道不同不相为谋；另一方面又表达了对“游方之外者”的高度推崇。后者相当于庄学代言人，也可视为真际孔子。

“游方之外”即游心天道，与天为徒；“游方之内”即陷溺人间，与人为徒。概括总结前五篇业已详尽展开的两种价值观和两种人生选择。

“假于异物，托于同体”，是“乘物以游心”的变文。“假于异物”，即非终极“乘物”；“托于同体”，即“游心”于道。[1]

“返复终始，不知端倪”，描述至人尽管有志复归天道，但又自知无法尽窥

[1] 陶渊明《挽歌》：“亲戚或余悲，他人亦已歌。死去何所道，托体同山阿。”语皆本此。

道极。“端倪”二字均训极，义同“终始”。“倪”为始端，“端”为末端。至人探究人类之始“倪”、终“端”，尚且如《养生主》所言“脂穷于为薪，火传也，不知其尽”；探究造化之始“倪”、物化之终“端”，更加“不知其尽”。

“彷徨乎尘垢之外，逍遥乎无为之业”：“尘垢”再次隐扣《逍遥游》之“其（至人）尘垢秕糠，将犹陶铸尧舜”。“彷徨乎尘垢之外”意为逃离俗君僭主的专制统治，与二子之歌哀叹“而我犹为人”义同。第一章“终其天年而不中道夭者，是知之盛也”，足证庄子决不厌恶生命，而是不愿被俗君僭主役使。“逍遥乎无为之业”是《逍遥游》之后仅见的重言，揭破“逍遥”与老聃核心名相“无为”义同。

子贡曰：“然则夫子何方之依？”

孔子曰：“丘，天之戮民也。虽然，吾与汝共之。”

## 今译

子贡问：“那么夫子何所皈依？”

孔子说：“我，是被天道刑戮德心之人。尽管如此，我愿与你共同皈依游方之外。”

第四层，孔子对子贡言“性”。奥义藏于“天之戮民”及“吾与汝共之”。

子贡对孔子褒扬“游方之外”深感迷惑，遂问孔子的价值倾向：“夫子何方之依？”

孔子说：“我是天之戮民，只能游方之内。你也与我一样游方之内。”

孔子自贬为“天之戮民”，与《德充符》无趾谓孔子“天刑之，安可解”义同，均指遭到“天之心刑”[1]。庄子认为，真际孔子自知“天之戮民”，高于不自知“天之戮民”的弟子子贡和大儒孟子。

---

[1]《德充符》无趾痛斥孔子“天刑之，安可解”，无腾挪之处，郭注、成疏只能含糊曲解，至此觅得腾挪之机，遂大加曲说。郭注：“虽为世所桎梏，但为与汝共之耳。明己恒自在外也。”成疏：“夫孔子圣人，和光接物，扬波同世，贵斯俗礼；虽复降迹方内，与汝共之，而游心方外，萧然无著也。”

子贡曰：“敢问其方？”

孔子曰：“鱼相造乎水，人相造乎道。相造乎水者，穿池而养给；相造乎道者，无事而性足[1]。故曰：鱼相忘乎江湖，人相忘乎道术。”

## 今译

子贡问：“请问如何皈依游方之外？”

孔子说：“鱼类相处于水，人类相处于道。相处于水的鱼类，穿行水池而颐养自给；相处于道的人类，无须治理而德性自足。所以说：鱼类相忘于江湖，人类相忘于道术。”

第五层，孔子对子贡言“天道”。奥义藏于重言“江湖”。

孔子自言其隐秘之“性”，令子贡大为震惊，进而追问孔子心目中的客观价值：“敢问其方？”

孔子又言平生未言之“天道”，变文重言江湖章之“江湖”义理：“鱼类应该生活在水域，人类应该寄身于天道。应该生活在水域的鱼类，只须一方水池就能颐养自给；应该寄身于天道的人类，只须不加治理就能德性自足。所以说：鱼类在江湖里相互遗忘，人类在天道中相互遗忘。”

子贡曰：“敢问畸人？”

曰：“畸人者，畸于人而侔于天。故曰：天之小人，人之君子；天之君子，人之小人也。”[2]

---

[1] “足”旧讹为“定”。俞樾、王叔岷、陈鼓应均已厘正。郭注：“各自足而相忘者，天下莫不然也。至人常足，故常忘也。”则郭本仍作“足”，其后讹为“定”。

[2] 奚侗、王先谦、王叔岷、陈鼓应均认为后句“天”、“人”互倒，但均视为钞刻讹误，未疑郭象妄改。

## 今译

子贡说："请问何为畸人？"

孔子说："畸人，异于人道而符合天道。所以说：天道的小人，是人道的君子；天道的君子，是人道的小人。"

第六层，终极颠覆伪道俗见的价值颠倒。奥义藏于"君子 / 小人"之辨。

"畸于人而侔于天"，也是"乘物以游心"的变文。"畸于人"义同"异于人"，即《德充符》所言"有人之（俗）形，无人之（俗）情"。"畸人"是真人的又一别名，伪道俗见以假人为"正人君子"，庄子遂称真人为"畸人"。

子贡"敢问畸人"与上文难以衔接，极其突兀，所以此前必有被删之文。倘若孔子未言"畸人"，子贡不可能"敢问畸人"。只有孔子自贬"游方之内者"是"天之戮民"，进而赞扬"游方之外者"是"人之畸人"，子贡才会"敢问畸人"。"游方之内"的郭象，仅能容忍孔子自贬"游方之内者"（可以谬解为谦虚），但是难以容忍孔子赞扬"游方之外者"，为了自圆反注，于是妄删原文。尽管被删之语无从复原，但是郭象捣鬼的证据又见下文。

郭象版"故曰"后十六字作："天之小人，人之君子；人之君子，天之小人。"后八字是前八字的倒装重复。庄文极简，不可能有这种毫无意义的重言。郭象仅能容忍前八字把自己所属的"人之君子"贬低为"天之小人"（仍可谬解为谦虚），但是难以容忍后八字把"人之小人"褒扬为"天之君子"，为了自圆反注，于是互易后八字的"天"、"人"二字。

庄子原文"天之小人，人之君子；天之君子，人之小人"，借孔子之口综合"天 / 人"之辨与"君子 / 小人"之辨，颠覆了文化伪道的价值颠倒，恢复了造化天道的客观价值：人格卑琐、倚待庙堂的"天之小人"，却被伪道俗见视为忠孝仁义、代君牧民的"人之君子"。人格伟岸、傲立江湖的"天之君子"，却被伪道俗见视为无君无父、近于禽兽的"人之小人"。

江湖寓言既是庄子对"真际孔子"的再次抉发，又是寓庄于谑的幽默。因为子贡说过：“夫子之言性与天道，不可得而闻也。”因此庄子特意让孔子对子贡言“性与天道”，让坚执伪道的后儒、盲从俗见的众人，听听“教外别传”。

由于《论语》记载孔子对接舆、晨门、长沮、桀溺、荷蓧、荷蒉等游方之外者均有敬畏之心，熟读《论语》的庄子据此认为，实际孔子迫于时代困境，有意隐匿了真际孔子。真际孔子不仅有“游方之外”的主观倾向，而且深知“鱼相造乎水”才是客观天道。因此“相呴以湿，相濡以沫”的“仁义”学说，仅是孔子规劝君主的政治谋略，约束君主的权宜之计，希望君主不要在悖道方向上走得太远。然而子贡、孟子等人由于未闻孔子所言“性与天道”，仅知实际孔子，不知真际孔子，遂将孔子视为权宜之计和政治谋略的“仁义”学说拔高为“天道”，背离了孔学初衷，助长了君主专制，加剧了伪道俗见的价值颠倒，延长了“天与人不相胜”的专制历史。

## 十一　处丧寓言：尊重俗情，去排安化

第十一章是“处丧”寓言，《大宗师》第四寓言。江湖寓言颠覆伪道俗见的价值颠倒之后，处丧寓言进而形象说明真人如何因应“天与人不相胜”的专制困境。奥义藏于“简之而不得”及“已有所简”。

> 颜回问仲尼曰：“孟孙才其母死，哭泣无涕，中心不戚，居丧不哀。无是三者，以善处丧盖鲁国。固有无其实而得其名者乎？回壹怪之。”
>
> 仲尼曰：“夫孟孙氏尽之矣，进于知矣。唯简之而不得，夫已有所简矣。孟孙氏不知所以生，不知所以死；不知孰先，不知孰后[1]。若化为物，以待其所不知之化已乎？且方将化，恶知不化哉？方将不化，恶知已化哉？吾特与汝，其梦未始觉者耶？且彼有骇形而无损心，有

[1] 两“孰”字旧均讹为“就”。林云铭、王叔岷、陈鼓应均已校正。

恒宅而无耗精[1]。孟孙氏特觉，人哭亦哭，是自其所以宜也[2]，相与吾之耳矣。庸讵知吾所谓吾之非吾乎[3]？且汝梦为鸟而唳乎天，梦为鱼而没于渊，不识今之言者，其觉者乎？其梦者乎？造适不及笑，献笑不及排。去排而安化[4]，乃入于寥天一。"

## 今译

颜回问仲尼说："孟孙才在母亲死亡以后，哭泣没有眼泪，内心没有伤悲，居丧没有哀容。三者皆无，却以善于处置丧事名冠鲁国。确有无其实而得其名之事吗？我一直奇怪此事。"

仲尼说："孟孙氏尽其心意了，胜于人道之知。仅因不能彻底简化丧礼，只好略有简化。孟孙氏不知万物为何有生，不知万物为何有死；不知万物何者居先，不知万物何者居后。你既被造化赋形为物，岂非唯有静待不可预知的物化吗？况且正在物化渐死之物，怎能知晓自己不会物化而死？暂时不死的新生之物，怎能知晓自己正在物化趋死？我与你，只是尚未大觉的梦中之人吧？而孟孙氏身形虽有惊骇而德心并未亏损，身宅虽有惊惧而精神并未耗散。孟孙氏独获大觉，所以众人哭泣他也哭泣，这是他尊重俗情的权宜，敷衍吾人之俗耳。怎能知晓吾人所言吾人其实并非吾人？再说你梦为飞鸟则鸣于天空，梦为游鱼则潜入深渊，不知如今非议孟孙的你，究竟是已获大觉者？抑或是陷溺大梦者？相遇安适来不及发笑，真心发笑来不及排练。摈去排练而安于造化，方能入于寥廓道一。"

---

[1] "恒"旧讹为"旦"，"耗精"旧讹倒为"情死"。陆释："'宅'是神居。李本'旦'作'怛'，崔本作'靼'。靼，怛也。"刘文典、刘师培据《淮南子·精神训》校正。

[2] "宜"旧离为"乃且"二字，又误断为"是自其所以乃，且也相与吾之耳矣"。林希逸："数本以上句'乃'字与下句'且'字合为'宜'，良可笑也。"数本存真，林笑实非。证见郭注："人哭亦哭，正自是其所宜也。"成疏："人哭亦哭，自是顺物之宜者也。"

[3] 旧脱"非吾"二字。刘文典、王叔岷、朱桂曜、陈鼓应均据成疏校补。

[4] "去排而安化"旧误为"安排而去化"，"去"、"安"互倒。"安排"不符上句"不及排"，"去化"不合庄旨。旧庄学就文强说，无一可通。

继《人间世》之后，颜回又在《大宗师》出场。颜回奇怪，为何孟孙才“哭泣无涕，中心不戚，居丧不哀”，却以“善处丧盖鲁国”，遂问孔子：孟孙氏是否名实不符？

孔子一方面像上章一样自贬，另一方面高度理解“畸人”孟孙才，认为他已“尽”了处丧之真谛，“进于”众人之“知”。孟孙才对伪道倡导、众人盲从的繁琐丧礼“简之而不得”，然而“已有所简”。

“孟孙氏不知所以生，不知所以死；不知孰先，不知孰后”，变文展开上章“恶知死生先后”。意为：孟孙氏一方面知其不知、致无其知，另一方面深知悖道大知不过是强不知以为知，因此不愿盲从悖道大知制定的“遁天悖情”的繁琐丧礼。

“若化为物，以待其所不知之化已乎？”变文展开小大章“一化之所待”。意为：你既然被造化赋形为物，不是只能静待自己不能预知的进一步物化吗？

“且方将化，恶知不化哉？方将不化，恶知已化哉？”变文展开《齐物论》“方生方死，方死方生”。意为：况且万物每时每刻均在物化渐变，怎能知晓自己不会物化死亡？坚执自己不会物化死亡之人，怎能知晓自己每时每刻都在物化渐变？

“吾特与汝其梦未始觉者耶？”前射《齐物论》“丘也与汝皆梦也”、“有大觉而后知此其大梦”。道士成玄英极为难得地说：“仲尼颜子，犹拘名教，为昏于大梦之中，不达死生，未尝暂觉者也。”这是儒生郭象及治庄后儒不可能有的卓见。

“彼有骇形而无损心，有怛宅而无耗精”：“形”、“宅”均指身形，身形是德心的居所。“骇形”、“怛宅”均属不能无慨的对死亡之感触。两句意为：真人彻悟死亡就是物化，而物化的终极原因是造化，因此不逃避物化而游心造化，所以“无损心”、“无耗精”。

“孟孙氏特觉，人哭亦哭，是自其所以宜也，相与吾之耳矣”：孟孙氏之“特觉”，反扣孔、颜之“未始觉”。“人哭亦哭”，与《养生主》老聃之死寓言的秦佚“三号而出”一样，均为适当尊重俗情。孟孙氏自认为业已相宜，孔子则认为这是“相与吾之耳矣”：对我辈游方之内的俗人之俗耳，表示友好和尊重。[1]

---

[1] 旧庄学均以“耳”为虚字而曲说，未明文义。

真际孔子自贬“吾之耳”，进而做出庄子式反思：“庸讵知吾所谓吾之非吾乎？”两“吾”承上晦藏省略，均指“吾之耳”。字面显义：凭什么知道我所说的我之耳朵，是否真是我之耳朵？晦藏奥义：众人之俗耳并不应于众人之德心，俗耳之好恶被伪道俗见所左右。伪道规定处丧必须如何，俗见无不盲从照办。老聃亲友盲从照办，“遁天悖情”地“不祈唁而唁，不祈哭而哭”，俗耳就很满意。孟子反、子琴张激烈反抗，不肯“愦愦然为世俗之礼，以观众人之耳目”，俗耳就不满意。孟孙才、秦佚既不盲从照办，也不激烈反抗，而是适当尊重俗耳；自知其耳之俗的孔子业已满意，不自知其耳之俗的颜回、老聃弟子乃至子贡、孟子仍不满意。

“且汝梦为鸟而唳乎天，梦为鱼而没于渊，不识今之言者，其觉者乎？其梦者乎？”鸟、鱼两句设喻，再破“类”、“我”双执。意为：人居陆，鸟唳天，鱼没渊。颜回你自居之“正见”，比如哭泣当有涕，中心当有戚，居丧当有哀之类，鸟、鱼必不视为“正见”，孟孙才也未必视为“正见”。不知现在批评孟孙才名不符实的颜回你，自认为是觉者，还是梦者？

“造适不及笑，献笑不及排。去排而安化，乃入于寥天一。”四句小结，正面回应颜回对孟孙才的批评。颜回批评孟孙才“哭泣无涕”，孔子的回应却言“笑”不言“哭”，错综为文，互文省略。四句意为：自适其适、因循内德的真人，不会按照俗礼排练以后再笑再哭；适人之适、违背内德的众人，才会按照俗礼排练以后再哭再笑。摒除有为的排练，安于无为的造化，方能游心寥廓的道一。

造化寓言、江湖寓言、处丧寓言，合为“明死”三寓言，深入展开《养生主》第三寓言老聃之死。“明道”寓言与“明死”三寓言共同阐明：死为人生第一恐惧，人生观植根于人死观。知生者必知死，知死者必知物化，知物化者必知造化。哲学之首务，就是破除死之恐惧，彻悟死之奥秘。陷溺人间视点的大知曰：“未知生，焉知死？”[1]达至道极视点的至人曰：未知死，焉知生？

[1]《论语·先进》孔子语。

## 十二　宗师寓言：伪道黥劓，真道息补

第十二章是“宗师”寓言，即“息黥补劓”寓言，《大宗师》第五寓言。前四则寓言阐明“造化 / 物化”义理之后，宗师寓言进而阐明“造化 / 文化”义理；同时揭破《大宗师》篇旨及“内七篇”终极之旨。

鷾鸸子见许由。

许由曰：“尧何以资汝？”

鷾鸸子曰：“尧谓我：‘汝必躬服仁义而明言是非。’”

许由曰：“尔奚来为只？夫尧既黥汝以仁义，而劓汝以是非矣，汝将何以游夫遥荡恣睢转徙之途乎？”

### 今译

鷾鸸子拜见许由。

许由问：“唐尧对你有何教导？”

鷾鸸子说：“唐尧教导我：‘你必须躬行服膺仁义，而且明确判断是非。’”

许由说：“那你何必来见我？唐尧已用仁义雕琢了你，又用是非阉割了你，你将凭什么遨游于逍遥自适、物化无尽的造化通途？”

第一层，贬斥“人之心刑”，痛诋“仁义”伪道。奥义藏于“黥汝以仁义，劓汝以是非”。

“鷾鸸”，即燕子[1]。“鷾鸸子”像《齐物论》“鸜鹊子”一样，是小鸟人格化，

[1] “鷾鸸”原作“意而”。《外篇·山木》：“鸟莫知于鷾鸸。”陆释：“或云：燕也。”旧庄学不知“意而”即“鷾鸸”。

被四境象征系统定位为小知。

小知鷸鸸子见过大知唐尧之后，又来见拒绝尧让天下的至人许由。

许由问："唐尧教诲你什么？"

鷸鸸子答："唐尧对我说：'你必须躬行服膺仁义，同时明确判断是非。'"

许由说："那你何必再来见我？唐尧已用仁义对你施了心刑，又用是非阉割了你的真德。你将凭什么游心于逍遥自适、物化无尽的造化通途？"[1]

"尧既黥汝以仁义，而劓汝以是非矣"："黥"（qíng）为刺面之刑，"劓"（yì）为割鼻之刑。庄子借直观易解的"人之身刑"，转喻难以直观的"人之心刑"，终极指控"仁义"伪道戕害人之真德，仍以唐尧为始作俑者。江湖章尚以"相呴以湿，相濡以沫"为"仁义"的变文婉词，此处则不迂不曲地直斥"仁义"属于伪道，伪道俗见之"是非"属于伪是非。《齐物论》业已贬斥"仁义之端，是非之途，樊然淆乱"，指出"儒墨之是非，以是其所非而非其所是"，"此亦一是非，彼亦一是非"，"是亦一无穷，非亦一无穷"，"其所言者特未定"，断言"是非之彰也，道之所以亏也"，因而主张"和之以是非，而休乎天钧"。《德充符》也主张"是非不得于身"，《外篇·天下》又说庄子"不谴是非"。庄子仅仅不谴伪"是非"，但是必谴真"是非"。

"黥以仁义，劓以是非"，是专制外境对天赋真德的最大"撄"扰，今语谓之"洗脑"。《外篇·在宥》谓之"撄人心"。《外篇·骈拇》则曰："自虞氏招仁义以挠天下也，天下莫不奔命于仁义，是非以仁义易其性欤？"

鷸鸸子曰："虽然，吾愿游于其藩。"

许由曰："不然。夫盲者无以与乎眉目颜色之好，瞽者无以与乎青黄黼黻之观。"

鷸鸸子曰："夫无庄之失其美，据梁之失其力，黄帝之亡其知，皆

[1] 郭注："言其将以刑教自亏残，而不能复游夫自得之场，无系之涂也。"庄文明谓被"亏残"，郭象谬解为"自亏残"。成疏："夫仁义是非，损伤真性，其为残害，譬之刑戮。汝既被尧黥劓，拘束性情，如何复能遨游自得，逍遥放荡，从容自适于变化之道乎？"陆释："李云：毁道德以为仁义，不似黥乎！破玄同以为是非，不似劓乎！"成疏、李颐均胜郭注。

在炉锤之间耳。庸讵知夫造物者之不息我黥而补我劓，使我乘成以随先生耶？”

## 今译

鷾鸸子说：“尽管如此，我愿意悠游于天道之域。”

许由说：“不行。盲人无法与之分享眉目容色的美好，瞎子无法与之同赏青黄黼黻的奇观。”

鷾鸸子说：“无庄得闻道术以后不再自居其美，据梁得闻道术以后不再自居其力，黄帝得闻道术以后不再自居其知，都是造化大炉锤炼所致。怎能认定造物者不能消除我受到的雕琢，修补我受到的阉割，让我乘上成道之车而追随先生呢？”

第二层，阐明“内七篇”终极之旨“息黥补劓”。奥义藏于“息我黥而补我劓”。

鷾鸸子说：“尽管我的德心已被黥被劓，我仍有游心于道之志。”

许由说：“来不及了。盲者无法观照眉目颜色之好，瞽者难以鉴赏青黄黼黻之观。”

鷾鸸子说：“美女无庄闻道以后不再自居美人，力士据梁闻道以后不再自居有力，大知黄帝闻道以后不再自居至知，都是因为造化大炉的锤炼。凭什么认定造物者不会息我心刑而补我德心，让我乘上成道者之舟车追随先生呢？”

“吾愿游于其藩”，反扣《养生主》“畜乎樊中”及《人间世》“入游其樊”。“樊”是文化伪道的有限之笼，“藩”是造化真道的无限之域。庄文字字精确，不可移易，旧庄学却把“樊”、“藩”混为一谈。

“乘成”，意为众人以“成”道真人为舟车，“乘”之既免误入歧途，又可少走弯路，就能得闻造化真道。真人以“物”为舟车，必须不断换“乘”，反复辗转，水击三千里，斜上九万里，独行天涯，多经磨难，方能略窥造化真道。成道的真人，是众人的达道便车和方便法门。

“黥以仁义，劓以是非”，即“撄人心”的“洗脑”。“息黥补劓”，则是先“撄”后“宁”的反“洗脑”。《德充符》谓之“洗我以善”，《应帝王》谓之“雕琢复朴”。

“息黥补劓”，是“内七篇”终极之旨：对德心已被文化伪道“黥劓”的大知小知，用造化真道予以“息补”；让罹患“人之心刑”的伪道受害者，从“实际”恢复为“真际”。

许由曰：“噫！未可知也！我为汝言其大略：吾师乎！吾师乎！齑万物而不为义，泽及万世而不为仁；长于上古而不为老，覆载天地、刻雕众形而不为巧。此所游矣。”

## 今译

许由说：“唉！或许不无可能！我为你言说道术大略吧：天道吾师啊！天道吾师啊！粉碎万物而不以为义，泽被万世而不以为仁；年长于上古而不以为老，覆天载地、雕刻万类而不以为巧。这就是德心遨游的至境。”

第三层，《大宗师》篇名解题。奥义藏于“吾师”及“齑万物而不为义，泽及万世而不为仁”。

鹬鸸子立志“息黥补劓”，许由极感欣慰。由于上文明道章和明道寓言已经详论“道”之“藩”，因此许由对鹬鸸子仅言道之“大略”，重点是篇名解题。

《大宗师》篇名，读作“大其宗师”，“大”是动词。许言对篇名三字，仅点“师”字，“大”、“宗”二字均已晦藏于前篇。《德充符》“今子之所取大者，先生也”，预伏《大宗师》之“大”，意为“取大”。“取大”兼二义。其一，绝对信仰，即达道。其二，推广信仰，即弘道。《德充符》“不与物迁而守其宗”，预伏《大宗师》之“宗”；《应帝王》又以“向吾示之以未始出吾宗”重言。

《齐物论》“随其成心而师之，谁独且无师乎？”否定以“大知”为师。《人间世》“犹师心者也”，否定以“成心”为师。《德充符》“丘将以为师”，相对肯定但终极否定以“至知”为师，因为以“至知”为师仍是以人为师。《德充符》之“同师伯昏无人”，由于“伯昏无人”象征天道，已经暗示了同师天道。《德充符》之“德友”，又暗示了因为年辈长幼、达道先后而形成的人与人之“师徒”关系，仅是相对表象，人与人的绝对本质是“同师”天道的“德友”。直到《大宗师》许由直呼天道为“吾师”[1]，才最终揭破道是“至大无外”的绝对至“大”，是天地万物所“宗”的绝对之“师”。许由并未提及“道”字，为何所呼之“师”必为“道”？因为庄子晦藏了暗扣，让许由重言明道章之“长于上古而不为老”。

许言的核心，是“齑万物而不为义，泽及万世而不为仁”。“齑”训切碎，引申为毁灭。两句均与伪道隐晦对比，从而晦藏奥义：造化真道无为无心地毁灭天地万物，不自居为“义”；文化伪道有为有心地毁灭天下民众，却自居为“义”。造化真道无为无心地成就万物，泽及万世，不自居为“仁”；文化伪道有为有心地奴役民众，祸害天下，却自居为“仁”。

庄子对“仁义”伪道的痛斥，承自老聃：“失道而后德，失德而后仁，失仁而后义，失义而后礼。夫礼者，忠信之薄而乱之首。”不仅更为形象生动，而且指明了终极补救之道。

## 十三　坐忘寓言：儒学始祖，皈依真道

第十三章是“坐忘”寓言，《大宗师》第六寓言。宗师寓言阐明只有造化真道方能对文化伪道的受害者“息黥补劓”之后，坐忘寓言进而用造化真道对文化伪道的集大成者孔子“息黥补劓”。奥义藏于以“损”为“益”。

颜回曰：“回益矣。”

仲尼曰：“何谓耶？”

---

[1] 郭象反注：“皆自尔耳，亦无爱为于其间也，安所寄其仁义哉。”仍否定道之存在。道士成玄英对承认道无心理障碍：“吾师乎者，至道也。”

曰："回忘礼乐矣。"[1]

曰："可矣，犹未也。"

他日复见曰："回益矣。"

曰："何谓耶？"

曰："回忘仁义矣。"

曰："可矣，犹未也。"

他日复见曰："回益矣。"

曰："何谓耶？"

曰："回坐忘矣。"

仲尼蹴然曰："何谓坐忘？"

颜回曰："堕其肢体，黜其聪明[2]；离形去知，同于大通，此谓坐忘。"

仲尼曰："同则无好也，化则无常也。尔果其贤乎？丘也请从而后也。"

## 今译

颜回说："我进益了。"

仲尼说："有何进益？"

颜回说："我丧忘礼乐了。"

仲尼说："很好，仍然不够。"

不久颜回又进见说："我又进益了。"

仲尼说："又有何进益？"

颜回说："我丧忘仁义了。"

---

[1] "礼乐"与下文"仁义"互倒。刘文典、王叔岷、陈鼓应据《淮南子·道应训》校正。

[2] 旧脱两"其"字。王叔岷据《鶡冠子·学问篇》陆注校补。参考《外篇·在宥》："堕尔形体，黜尔聪明。"

仲尼说：“很好，仍然不够。”

不久颜回又进见说：“我又进益了。”

仲尼说：“又有何进益？”

颜回说：“我坐忘了。”

仲尼吃惊说：“何为坐忘？”

颜回说：“丧忘肢体，贬黜聪明；离弃身形而摈去心知，德心玄同天道。此为坐忘。”

仲尼说：“德心玄同天道就无所偏好，顺应造化做人就无所拘执。你果真如此贤明吗？请允许我追随于后。”

“内七篇”出场次数最多的孔子，先被《齐物论》吊诡寓言定位为大知，随后时而以“实际”面目出场，时而以“真际”面目出场；既在《人间世》教诲颜回、叶公，在《德充符》教诲常季、鲁哀公，在《大宗师》教诲子贡、颜回，又被《人间世》之接舆及《德充符》之无趾等人反复教诲，直到在《大宗师》坐忘寓言中最后出场，由孔门首徒颜回对孔子“息黥补劓”。因为孔子曾说：“回也，非助我者也！于吾言，无所不悦。”庄子在孔、颜最后出场之时，不无幽默地让终身不仕的颜回成了终极“助孔”者。

《逍遥游》“无己”、《齐物论》“丧我”、《人间世》“心斋”的共同谜底，至此被“坐忘”寓言终极揭破：“无”、“丧”、“斋”、“忘”，均训致无，即《齐物论》所言“寓诸无”。庄子一再变文重言，必欲丧忘致无的究竟是什么？正是悖道大知鼓吹的文化伪道“仁义礼乐”。

丧忘即“损”。颜回为何把“损”文化伪道称为“益”？因为“损”文化伪道，就是“益”造化真道。郭象偶尔也有难得之卓见：“以损之为益也。”不过并非“自事其心”所得，而是承自老聃“有损之而益，有益之而损”，以及“为学日益，为道日损”。这也正是庄义的源头。

颜回丧忘“礼乐”，进而丧忘“仁义”，孔子均说“犹未也”，可见在庄子心目中，真际孔子明白实际孔子所鼓吹的“仁义礼乐”并非终极价值，而是救世策略。因此既可以认为庄子让颜回对孔子息黥补劓，也可视为真际孔子对实际孔子自息自补。所以《外篇·寓言》记载：“庄子谓惠子曰：孔子行年六十而六十化，始时所是，卒而非之。”庄子认为，实际孔子晚年已经自知其非，其中就有接舆、晨门、长沮、桀溺等“游方之外者”的息补之功。

庄子借颜回之口，把丧忘“仁义礼乐”等文化伪德，总名为“坐忘”，概括为四句十六言，终极阐明庄学主旨“至人无己”——

“堕其肢体，黜其聪明；离形去知，同于大通”：“堕其肢体”即“离形”，“黜其聪明”即“去知”。前三句意为：丧忘身形，丧忘伪德。末句“大通”，是“道”之变文，句意：永葆真德，玄同于道。

孔子受教以后，对颜回汇报学习体会：“同则无好也，化则无常也。”“同”即万物玄同于道，前射《齐物论》“天地与我并生，万物与我为一”。“无好”即抛弃“仁义”伪道的“亲亲”偏爱，前射《齐物论》“道之所以亏，爱之所以成”，上扣“有亲，非仁也”。“化”兼扣“造化”、“物化”。彻悟“造化”、“物化”之后，就会明白悖道大知鼓吹的仁义礼智信“五常”，均非天地之常经。于是儒学始祖孔子，“乘”真际颜回之舟车达至真谛，完全放弃文化伪道，彻底皈依造化真道。

“尔果其贤乎？丘也请从而后也。”这是孔子在“内七篇”中的最后之言，足证“坐忘”寓言是《人间世》“心斋”寓言之镜像：《人间世》“心斋”寓言，颜学而孔教；《大宗师》“坐忘”寓言，则孔学而颜教。庄子对孔、颜师徒笔下留情，既让他们被接舆、无趾息而补之，又让他们自息自补，互息互补。在“息黥补劓”之后，“真际”的孔、颜不再是师徒，而成“同师”天道的“德友”。

## 十四　道极寓言：天地无私，道极无极

第十四章是“道极”寓言，即“二子”寓言，《大宗师》第七寓言。

对孔子“息黥补劓”之后，“内七篇”的斥孔主旨业已完成。然而“内七篇”的根本宗旨并非斥孔，而是弘道，于是进入至关重要的本篇最后寓言，阐明“道”之真谛虽然可悟，“道”之“极”却不可“得”。奥义藏于“吾思夫使我至此极者而弗得”。

子舆与子桑为友[1]，而霖雨十日。

子舆曰：“子桑殆病矣！”裹饭而往食之。

至子桑之门，则若歌若哭，鼓琴曰：“父耶？母耶？天乎？人乎？”有不任其声而趋举其诗焉。

子舆入曰：“子之歌诗，何故若是？”

曰：“吾思夫使我至此极者而弗得也。父母岂欲吾贫哉？天无私覆，地无私载，天地岂私贫我哉？求其为之者而不得也，然而至此极者，命也夫。”

## 今译

子舆与子桑互为德友，而雨连下十天。

子舆说：“子桑大概病了吧！”裹上饭食，前往看望子桑。

到了子桑门前，便听见子桑如歌如哭，鼓琴而歌：“父啊！母啊！天啊！人啊！”子桑似乎不能掌控其声，而急促唱着歌诗。

子舆进屋说：“你之诵诗，为何如此？”

子桑说：“我思索是谁使我生命将终却未能尽得天道。父母岂愿使我物德贫薄？上天无私地覆盖万物，大地无私地承载万物，天地岂愿使我物德贫薄？寻求使我物德贫薄者而不得，然而我生命将终却未能尽得天道，岂非天命！”

二子已在四子寓言、三子寓言分别出场。子舆在四子寓言中业已濒死，子桑在三子寓言中业已物化，因此二子寓言在时间上早于四子寓言、三子寓言。四子寓言中濒死的真人子舆、子来，都已留下了传道后世、照彻千秋的临终遗言。然而三子寓言中的真人子桑，却未留下临终遗言，仅仅停尸在侧，供孟子反、子琴张明斥子贡，隐斥孟子。庄子不愿让这位与孔子同时的“古之真人”无言而殁，遂将镜头闪回到子贡往吊之前，让子桑的临终遗言成为《大宗师》最为

[1] 旧脱“为”字。王叔岷据《白帖》、《事文类聚》续集、《合璧事类别集》校补。

重要的“明道”真言，同时回应开篇之语，收煞全篇。

子桑“鼓琴”而“若歌”，反扣孟子反、子琴张“或编曲，或鼓琴，相和而歌”；子桑“若哭”，反扣“孟孙才其母死，哭泣无涕，中心不戚，居丧不哀”。字面相似，为何是反扣？因为孟子反、子琴张是为友人之死而鼓琴歌哭，孟孙才是为母亲之死而鼓琴歌哭，都是因为他人之死而鼓琴歌哭，鼓琴歌哭者均非死亡的当事人，易于超然淡定。子桑则是死亡的当事人，不易超然淡定。不过子桑并非对于自己将死而不超然不淡定，而是对于自己至死未能达至道极而不超然不淡定。

子桑遗言，分为两部分，其一为歌，其二为言。

子桑之歌，仅有八字。

“父耶？母耶？”四字，上扣江湖章“彼特以天为父，而身犹爱之，而况其卓乎？”以及子来之言“父母于子，东西南北，唯命之从。阴阳于人，不啻于父母”。真人以造化天道为父，以传道前辈为母。遥不可及的造化天道，实为“寥天师父”；亲切可接的传道前辈，实为“大地师母”。

“天乎？人乎？”四字，上扣开篇语“知天之所为、知人之所为者，至矣”，以及“庸讵知吾所谓天之非人乎？所谓人之非天乎？”篇末再次重申“天/人”之辨。

子桑之歌寥寥八字，意蕴未显。所以子舆问曰：“子之歌诗，何故若是？”子舆之问，既是为己深闻大道，也是助友证成大道。

子桑之言，仅有三句。首句“吾思夫使我至此极者而弗得也”，上扣真人章“当而不自得”，再明成道真人至死“不自得”。

次句“父母岂欲吾贫哉？天无私覆，地无私载，天地岂私贫我哉？”“贫”字非贫富之“贫”，而训德薄池小。真人子桑，临终耿耿的不可能是物质财富，而是精神财富。句意为：父母难道愿意我物德如此之薄，天池如此之小，天机如此之浅吗？天道大公无私，对任何人都敞开其奥秘，每个人认知不同，并非天道显隐不同，仅与每个人的物德厚薄、天池小大、天机深浅有关。

末句“求其为之者而不得也，然而至此极者，命也夫”：我至死未能求得天道，是因为我受限于物德、天池、天机之极限，这是我的天命吧！

《大宗师》篇末的道极寓言，实为成长无极限寓言，阐明人之极限并非道之极限。道极寓言也是对“闻道九阶”、“成道九阶”的吊诡式消解，又是对《逍遥游》“无极之外复无极”的最后揭破，更是庄子对至高无上之造化天道的至高无上礼赞。

## 结语 道极无限，成长无极

《大宗师》概括综述的庄学义理，前五篇中均已有所阐发，本篇均为变文重言。因此前五篇的所有文字，均可分别引证在《大宗师》的相关文字之下。为免繁琐，本文仅仅引证了极少部分。

集先秦道家之大成的庄子哲学，集中体现于明道论《大宗师》。本文读者或许认为《大宗师》缺乏“新意”，其实这是拙著详尽抉发前五篇奥义之弊。“内七篇”传世至今的两千多年中，读者决不会认为《大宗师》缺乏新意，只会感到莫大惊喜，因为阅读前五篇过程中的零散感悟和隐约猜测，庄子支离其言而导致的所有文本疑问，庄子晦藏其旨而导致的所有义理疑问，均能在《大宗师》中找到终极证据和终极答案。尽管《大宗师》像前五篇一样支离其言、晦藏其旨，但是《大宗师》与前五篇的全方位互文互证，可使庄学奥义豁然洞开。然而由于《大宗师》正面论证“道”之存在，与竭力否定“道”之存在的郭象义理冲突最大，因而郭象及其追随者做了大量手脚，导致《大宗师》成为“内七篇”文本疑问最大，脱简、错简、讹误、篡改最多的一篇，也是旧庄学的阐释距离庄学奥义最远的一篇。

毋庸讳言，《大宗师》上篇的卮言七章确实稍嫌空洞，一如老聃之言“道”，然而《大宗师》下篇的寓言七章却是庄学精华最为集中的无上瑰宝。由于道既不可名又不可言，老聃强名之而力不从心，强言之而语焉不详，导致其言“不易知，不易行”。庄子用卮言予以强言，同样勉为其难，但是庄子一旦用其独擅胜场的寓言开始假言，立刻妙谛叠出，胜义无穷，全面突破并极大超越了老聃的“道”之“藩”，导致其言“甚易知，甚易行”。尽管由于庄子的支离其言、晦藏其旨和旧庄学的篡改割裂、歪曲遮蔽，庄学奥义在历史“小年”中鲜有人知，但是必将在历史“大年”中广为人知，大行天下。

信仰造化真道者与信奉文化伪道者，无不志在弘道，这是两者之同。然而信奉文化伪道者无不自居“得道”，信仰造化真道者却从不自居“得道”，这是两者之异。文化伪道是“人道”，孔、孟等大知小知确有可能尽“得”之；造化真道是“天道”，老、庄等古之博大真人也不可能尽“得”之。所以《大宗师》以其篇末寓言，阐明人之极限并非道之极限。弘扬造化真道者，弘扬的唯一真知就是“知不知”、“知无知”之知，弘扬的唯一真道就是“道不可知”。真正的“不可知”论，专指“道”而不指“物”，庄学正是人类哲学史上登峰造极、空前绝后的“道不可知”论。

“道不可知”论之所以是唯一真道，是因为一切文化伪道无不自居“尽知天道”而独霸真理，又无不自居“替天行道”而祸害天下。[1]

---

[1] 本文刊《社会科学论坛》2007 年 8 月号，今已修订增补。

# 《应帝王》奥义

## ——天人合一的“至人”论

# 弁言　庄学至境，“应帝”之“王”

《应帝王》是庄学“至人”论。前六篇的庄学义理，终极目标无不指向庄学实践的至高理想——至人。

信仰天道的至人与信奉人道的君主天然对立，然而郭象题注曰：“夫无心而任乎自化者，应为帝王也。”旧庄学无不沿袭，其误有三。

其一，彻底违背庄学。《逍遥游》许由拒绝尧让天下，《德充符》哀骀它因鲁哀公传国而辞行，以及庄子峻拒楚相，嘲笑惠施所任魏相为“腐鼠”，无不证明庄子反对任何人“应（该）为帝王”。

其二，谬解篇名“应”为“应该”。倘若庄子为了使篇名整齐划一为三字，不得不把“应（该）为帝王”缩简为三字，可以省略副词“应（该）”，不能省略动词“为”，因此篇名不可能是“应为帝王”的略语。

其三，误将“帝王”二字连读。庄子时代之前，“帝”字从不用于活人，活人的至高名相是“王”。儒家也认为，天子死后入宗庙，方可称“帝”[1]。《庄子》之前的古籍，无一“帝王”合词之例。篇名可以成词的“逍遥”、“养生”等名相，“内七篇”内文均有，但是“帝王”二字不见于“内七篇”内文，仅见于本篇篇名，因此并非合词，仅是连写，而且是汉语史上首次连写[2]。通篇结构，更是铁证：前五章言“王”，第六章点破“至人”是“王”德之人，末章言“帝”。

“帝”之本义：自然神。这是庄子所取之义，隐喻“道”，比如《养生主》“帝之悬解”。儒墨两家把古之圣君从“鬼”抬高为“帝”，比如“三皇五帝”，于是

[1]《释名》：“王，天子也。”《礼记·曲礼》：“君天下，曰‘天子’。朝诸侯，分职授政任功，曰‘予一人’。践阼临祭祀：内事曰‘孝王某’，外事曰‘嗣王某’。临诸侯，畛于鬼神，曰‘有天王某甫’。崩，曰‘天王崩’。复，曰‘天子复矣’。告丧，曰‘天王登假’。措之庙，立之主，曰‘帝’。”

[2] 此后才出现“帝王”合词。如“外杂篇”十见，为庄门后学误读《应帝王》所致。又《荀子》三见，为荀子误读《庄子》所致。其后渐多：《韩非子》五见，《吕览》五见，《战国策》八见。

产生了“帝”的次生义：祖先神。这是庄子不取之义，所以《齐物论》“是皇、帝之所听荧也”，《大宗师》“神鬼神帝”、“黄帝得之”、“黄帝之亡其知”，全都明言天道（真帝）高于“三皇五帝”（假帝）。

“王”之本义：贯通天地人之人[1]。庄子谓之“至人”、“真人”、“王德之人”，弟子后学谓之“素王”（《外篇·天道》）。《应帝王》开篇，突兀地概括重言《齐物论》王倪寓言，因为“王倪”是“天倪”（道极）的变文。至人王倪，正是《应帝王》之“王”。

《应帝王》篇名，读作“应帝”之“王”。“应”是动词“顺应”，而非副词“应该”。“帝”指“天道”，而非僭窃“帝”号的君主。“王”指有德无位的“素王”，而非有位无德的俗王。篇名意为：顺应天帝（道）的王德之人。

复原近真的《应帝王》，白文1086字：补脱文2字，删衍文4字，订讹文9字。更正文字误倒2处。厘正通假字、异体字21字，重复不计。纠正重大错误标点1处，小误不计。

共七章。前五章是“王”之寓言章，末章是“帝”之寓言章，第六章是“至人”之卮言章。

## 一　失德后仁，俗王“臧仁”

第一章“臧仁”寓言，阐明“失德而后仁”的历史衰退。奥义藏于“啮缺”及“臧仁”。

> 啮缺问于王倪，四问而四不知。啮缺因跃而大喜，行以告蒲衣子。
> 蒲衣子曰：“尔乃今知之乎？有虞氏不及泰氏。有虞氏，其犹臧仁

[1] 董仲舒《春秋繁露·王道通三》：“古之造文者，三画而连其中谓之王。三画者，天地与人也；而连其中者，通其道也。取天地与人之中以为贯而参通之，非王者孰能当是？”

以要人[1]，亦得人矣，而未始出于非人。泰氏，其卧徐徐，其觉盱盱；一以己为马，一以己为牛；其知情信，其德甚真，而未始入于非人。”

## 今译

啮缺问道于王倪，四问而四不知。啮缺因而雀跃大喜，前去转告蒲衣子。

蒲衣子说：“你如今明白了吗？虞舜不及伏羲。虞舜，他仍然希望褒奖仁以约束民众，也得到了民众拥戴，然而动机尚非出于非议真人。伏羲，他寝卧之时悠闲安宁，醒觉之时逍遥自适；一时以为自己是马，一时以为自己是牛；其知真实可信，其德甚为纯真，因而没有入于非议真人的危险。”

本章可以视为《齐物论》啮缺问王倪寓言的后传。“啮缺”之名，意为被啮而缺，即被伪道俗见黥之劓之，真德亏损。不过小知啮缺像《大宗师》的小知鷾鸸子一样有志于“息黥补劓”，故受至人王倪“四不知”教诲而大喜，立刻去转告德友蒲衣子。

“蒲”是蒲草，“衣”是植被地衣。蒲衣子被四境象征系统定位为至人，故继《齐物论》王倪对啮缺初步传道之后，又在《应帝王》接力传道，完成对啮缺的“息黥补劓”。

蒲衣子之语，“有虞氏不及泰氏”总领。“有虞氏”即虞舜，属于儒墨鼓吹的古之圣君“五帝”；“泰氏”即太昊伏羲，属于道家推崇的古之圣君“三皇”。庄子反对把专用于天神的“帝”号僭用于俗君僭主，因此不说“五帝不及三皇”，而说“有虞氏不及泰氏”。

其后二层展开。

第一层，贬虞舜。“臧仁”与“非人”对文，“臧”、“非”均为动词，义同臧、否。“臧仁”即推崇“仁”，老聃谓之“失德而后仁”。“臧仁以要人”，揭破虞舜

---

[1] “臧”旧讹为“藏”。成疏：“亦有作臧字者。臧，善也。”陆释：“本亦作臧，善也。简文同。”赵谏议本同。

推崇“仁”的意图并非弘扬天道，而是笼络民心。虞舜凭借“臧仁”伪道确实笼络了民心，仅仅由于尚属鼓吹伪道的初期，伪道尚未非毁顺应天道者。

《德充符》贬斥悖道大知“求名自要”,《应帝王》贬斥俗君僭主“臧仁要人”,合观两者，奥义立显：“要人”即用“仁义”伪道黥人劓人，“自要”即用“仁义”伪道自黥自劓。“自要”的大知小知，被“要人”的俗君僭主表彰为模范臣民，大树特树为全体臣民的学习榜样。

第二层，褒伏羲。“泰氏，其卧徐徐，其觉盱盱”：伏羲时代的众人，都像后世的极少数真人那样“其寝不梦，其觉无忧；其食不甘，其息深深”（《大宗师》）。尧舜时代以后，真人才成了罕见的“畸人”。

“一以己为马，一以己为牛”：伏羲时代属于《齐物论》所言“有封焉，而未始有是非”时代。“有封”即“有名”（始有名相）。伏羲始创八卦名相，把天地万物分为八类，演绎为六十四象，人与牛马可以同属一类或一象，但不是为了非毁人类，因为彼时人与牛马尚无高低贵贱。伏羲以降，伪道才把万物分出高低贵贱，于是人类比物类高贵了，衰退至《齐物论》所言“道之所以亏”时代；尧舜以降，伪道又把人类分出高低贵贱，于是“君子”又比“小人”高贵了，进一步衰退至《齐物论》所言“是非之彰”时代。

“其知情信，其德甚真，而未始入于非人”：伏羲时代，其知是真知，其德是真德，尚未“臧仁”，尚未以“非”为“是”地鼓吹伪道，不可能用伪道非毁顺应天道者。

## 二 失仁后义，俗王“式义”

第二章“式义”寓言，阐明“失仁而后义”的进一步历史衰退。奥义藏于“日中始”及“式义”。

> 肩吾见狂接舆。狂接舆曰：“日中始何以语汝？”

肩吾曰：“告我：‘君人者以己出经式义，庶民孰敢不听而化诸？’”[1]

狂接舆曰：“是欺德也！其于治天下也，犹涉海凿河而使蚊负山也。夫圣人之治也，治外乎？正而后行，确乎能其事者而已矣。且鸟高飞以避矰弋之害，鼷鼠深穴乎神丘之下以避熏凿之患，尔曾二虫之无知！”

## 今译

肩吾拜见佯狂的接舆。

佯狂的接舆问：“日中始对你有何教诲？”

肩吾说：“教诲我说：‘君临众人者以己意颁布法令、规定正义，庶民谁敢不听而接受教化？’”

佯狂的接舆说：“这是欺骗民众的伪德！如此治理天下，犹如入海凿河而使蚊背山。圣人治理天下，是治理外物吗？自正己生而后躬行天道，仅做确实力所能及之事而止。况且小鸟尚知高飞以躲避弓矢网罗之害，鼷鼠尚知深挖洞穴于神丘之下以躲避烟熏挖掘之患，你竟比鸟鼠二虫还要无知！”

泰山之神肩吾，分见《逍遥游》、《大宗师》、《应帝王》，是孔子之外出场次数最多的大知之一，庄子以此隐讽“登泰山而小天下”的孔子。反孔始祖接舆，分见《逍遥游》、《人间世》、《应帝王》，是出场次数最多的至知之一，庄子以此暗示“内七篇”的斥孔主旨。

本章可以视为《逍遥游》肩吾问连叔寓言的前传。《齐物论》称前唐尧时代“十日并出”，所以“日中始”意为：尧命羿射九日，是独“日”自命独“中”的君主专制之“始”。因此“日中始”是唐尧的化身。

---

[1] “庶民”旧讹为“度人”。“民”避李世民讳改“人”。“庶”形讹为“度”。“度”又属上读，义遂不通。刘文典、王叔岷据《阙误》张君房本、成疏、《御览》、《艺文类聚》校正。

肩吾在《大宗师》中跻身十三位得道者之列，但是未有一言。另外两篇，肩吾全都转述他人之语：在《逍遥游》中，肩吾转述接舆所言“藐姑射神人”，连叔称赞之，揭破至人之“尘垢秕糠”足以“陶铸尧舜”。在《应帝王》中，肩吾转述日中始（唐尧）所言“君人者”，接舆痛斥之，补证至人之“尘垢秕糠”足以“陶铸尧舜”。

“君人者以己出经式义”：“君人者”即俗王，“以己出经式义”即《人间世》所斥“师心”。“出经”即把伪道奉为天地之常“经”。“式”训规定，“义”训宜。“式义”即用伪道规定“义”与“不义”，规定什么可以做，什么不可以做。于是民众的天赋自由被进一步侵夺，是继“臧仁”之后的进一步历史衰退，老聃谓之“失仁而后义”。“式义”使伪道进入全盛期，民众普遍接受伪道且坚执不疑，因而伪道俗见开始全面非毁顺应天道之人，彻底颠倒一切价值，把“生而不自由”视为天经地义。

伪道把有利于“君子”定义为“义”（宜），把有利于“小人”定义为“不义”（不宜），然后宣布：“君子喻于义，小人喻于利。”[1]其实“君子”之“利”即在伪道定义的“义”之中，“小人”之“利”则在伪道定义的“不义”之中。因此“君子喻于义”实已“喻于利”[2]，“小人喻于利”同样是“喻于义”。伪道的“义 / 利”之辨，实为“有利于君子”还是“有利于小人”之辨，实为“有利于少数人”还是“有利于多数人”之辨。只不过“小人”被剥夺了定“义”权，“君子”独霸了定“义”权。庄子认为“人之小人”是“天之君子”，因此永远站在“小人”一边，为被剥夺定义权、被侵夺天赋自由的“小人”立言，反对独霸定义权、侵夺天赋自由的“君子”之伪定义。

由此产生一疑：唐尧先于虞舜，庄子为何论列虞舜“臧仁”在先，论列日中始（唐尧）“式义”在后？因为“臧仁”者虞舜，实为鼓吹“仁”的孔子之替身；“式义”者日中始（唐尧），实为鼓吹“义”的孟子之替身。庄子不屑齿及孟子，对

---

[1]《论语·八佾》孔子语。

[2]《论语·卫灵公》：“子曰：耕也，馁在其中矣；学也，禄在其中矣。”《论语·微子》：“学而优则仕。”小人“耕”则“馁”（饿肚子），君子“学”而“仕”则“禄在其中”。故“君子喻于义”，就是“喻于利”。

“失德而后仁”的孔子之评价，又高于对“失仁而后义”的孟子之评价，因此先让虞舜成为孔子之替身，再把唐尧变文为“日中始”充当孟子之替身。

“庶民孰敢不听而化诸？”揭破“仁义”名教以暴力刑教为后盾的凶恶面目。倘若不以暴力为后盾，庶民为何听从伪道而放弃天赋自由？倘若“仁义”属于真道，庶民应该欣然听从，而非“孰敢不听”。既然并非心悦诚服，而是不敢不听，伪道自诩功德的教“化”天下，就是以文化伪道僭代造化真道。

于是接舆予以痛斥，语分三层。

第一层，“是欺德也！其于治天下也，犹涉海凿河而使蚊负山也。”“欺德”，即欺骗民众的伪德，反扣上文“其德甚真”。以“仁义”伪道整治天下，理论上不成立，如同“涉海凿河”；实际上不胜任，如同“使蚊负山”。

《逍遥游》贬斥“时雨降矣，而犹浸灌，其于泽也，不亦劳乎？”《齐物论》贬斥“劳神明为一”，《德充符》贬斥“外神劳精”，无不阐明：伪道有为而治，必然劳而无功。

第二层，“夫圣人之治也，治外乎？正而后行，确乎能其事者而已矣。”伪道把天下整治成外表光滑的驴粪蛋，就算天下太平吗？真道治内，自正其生而不欲正人；伪道治外，不正己生却欲正众生。“正而后行”，反扣不正而行的“涉海凿河”。“确乎能其事”，反扣妄逞其能的“使蚊负山”。

第三层，“且鸟高飞以避矰弋之害，鼷鼠深穴乎神丘之下以避熏凿之患，尔曾二虫之无知！”前射《逍遥游》“之二虫又何知”：鸟鼠尚且知晓通过“高飞”、“深穴”躲避“矰弋”、“熏凿”，被黥被劓的愚民竟比鸟鼠还要无知！

其实人类的心知，远远高于物类。至人通过“支离其德”避免“游于羿之彀中”（《德充符》），民众通过口是心非躲避“机辟”、“网罟”（《逍遥游》）。因此鼓吹“仁义”伪道的结果，民众必将假仁假义，君主必将僭窃“仁义”。

## 三　素王不治，顺物自然

第三章“不治”寓言，即“素王”寓言，阐明庄子的“不治”主义。奥义藏于“莽渺之鸟”、“顺物自然”及重言“无何有之乡”。

无根游于殷阳[1]，至蓼水之上，适遭无名人而问焉，曰：“请问为天下？”

无名人曰：“去！汝鄙人也。何问之不豫耶？予方将与造物者为人，厌则又乘夫莽渺之鸟，以出六极之外，而游无何有之乡，以处圹埌之野。汝又何暇以治天下感予之心为？”[2]

又复问。

无名人曰：“汝游心于淡，合气于漠，顺物自然而无容私焉，而天下治矣。”

## 今译

无根漫游殷阳，来到蓼河岸边，恰好遇见无名人而问：“请问如何有为于天下？”

无名人说：“去！你这鄙陋之人，为何问出令人不快的问题？我正要顺应造物者而做人，做够以后就驾乘莽渺之鸟，飞出六合之外，遨游于无何有之乡，静处于空旷无垠之野。你怎么有空用治理天下撄扰我的德心？”

无根又问。

无名人说：“你只须遨游德心于恬淡，冥合神气于寂漠，顺从万物之自然而不存偏私之心，而后天下就得到治理了。”

“殷阳”，即殷商之阳之南。商都朝歌（今河南淇县）在北，宋都商丘（今河南商丘）在南。“蓼水”是流经宋国的淮河支流之一。“殷阳”、“蓼水”，双扣

[1] “无”旧讹作“天”，形近而讹。汉字“无”，先于“無”。“无根”方为“鄙人”，“天根”则为至人。

[2] “暇”旧讹为“帠”。孙诒让以为“叚”之形讹。朱桂曜以为“叚”通“暇”。王叔岷从之。

庄子母邦宋国。因此“无名人”是庄子在“内七篇”中的最后化身出场。“无根”，隐喻被“仁义”伪道黥劓者。“莽渺之鸟”，前射《逍遥游》大鹏。无名人之言，变文重言《逍遥游》篇末的庄子之言，隐晦揭破“无何有之乡”即大鹏欲趋之“南溟”。

无名人说：去！你这鄙陋之人！怎么问出这种令人不快的愚蠢问题？我正要像造化那样对待人生，厌烦了俗世就乘着大鹏飞向南溟。你竟有空用“治天下”来撄扰我的德心？

无根不肯罢休，又问。庄子未言又问什么。从无名人所答逆推，无根所问不外乎：倘若不治天下，天下将会如何？

无名人说：你只须游心于淡漠无为之道，听任万物顺其自然，而不要改变万物的自然状态以满足私欲（同时自诩“仁义”），天下就已治了（无须治了）。

## 四　明王之治，虚君无为

第四章“无为”寓言，即“明王”寓言，阐明老聃“无为而治”之旨。

本章两位出场者，均属庄子的道家前辈。道家始祖老聃，已在《养生主》老聃之死寓言中提及，又在《德充符》无趾寓言中作为庄学代言人说了几句毫无老学色彩的斥孔箴言，直到《应帝王》才使用本色语。“阳子居”即杨朱，是老聃之后、庄子之前影响最大的道家思想家。杨学因为激烈反对君主专制而被剿灭，杨朱则被孟子歪曲丑化为“自私自利”的典型。为了诋毁杨朱，《孟子·尽心》诬陷性地仅及杨学之一面：“杨子取为我，拔一毛而利天下，不为。”《韩非子·显学》则不失公正地保存了杨学之另一面：“不以天下大利易胫一毛。”伪书《列子·杨朱》则同时存其两面：“古之人损一毛利天下，不为也；悉天下奉一身，不取也。人人不损一毫，人人不利天下：天下治矣。”孟子丑化论敌不择手段，求道品格低劣，是庄子不屑齿及的原因之一。

阳子居见老聃曰：“有人于此，响疾强梁，物彻疏明，学道不倦。

如是者可比明王乎？”

老聃曰：“是於圣人耶[1]？胥易技系、劳形怵心者也。且也虎豹之文来畋，猿狙之便来藉[2]，如是者可比明王乎？”

阳子居蹴然曰：“敢问明王之治？”

老聃曰：“明王之治，功盖天下，而似不自己；化贷万物，而民弗恃；有莫举名，使物自喜；立乎不测，而游于无有者也。”

## 今译

阳子居拜见老聃说：“有人在此，反应迅疾，强壮有力，通彻明物，学道不倦。如此之人，可否视为圣明之王？”

老聃说：“这算什么圣人？胥吏容易心系末技，这是劳苦身形而惊扰德心之人。况且虎豹的斑纹招来猎杀，猿猴的便捷招来捕捉，如此之人可以比于圣明之王吗？”

阳子居惭惶地问：“请问圣明之王如何治理天下？”

老聃说：“圣明之王治理天下，功绩覆盖天下，而似并非自己之功；化育施及万物，而民众无须倚待；有些民众不知其名，听任万物自喜；而他立足于深不可测的道极，遨游于无有形迹的道体。”

杨朱问“明王”，是开篇“王倪”之后首次出现篇名之“王”。奥义藏于“明王”。

“强梁”即蛮横霸道，承自老聃“强梁者不得其死”。“物彻疏明”即“通物”，《大宗师》已言“乐通物，非圣人也”。“学道不倦”隐扣孔子之“学而不厌，诲人不倦”，老聃斥为“为学日益”、“益之而损”，主张“为道日损”、“损之而益”。

---

[1] 高亨：“《说文》：‘於，古文乌。’乌，何也。言此人何得谓圣人也。”

[2] “猿狙之便”后旧衍“执斄之狗”四字。王叔岷据《淮南子·缪称训》、《外篇·天地》校删。陈鼓应从之。

因此被杨朱列为靶子的“暗王”三义，均悖道家宗旨。

老聃先予总斥：这算什么“明王”！不过是“胥易技系、劳形怵心”的暗王罢了。

“明王”晦藏“暗王”。庄子认为一切专制君主均属“暗王”，与抨击“暗主”、“昏君”而寄望“明主”、“圣君”的儒墨不同。

“胥”训才，“易”训变。“胥易”即《外篇·骈拇》所斥虞舜“以仁义易其性”，义同《大宗师》“黥以仁义，劓以是非”。“怵心”，是“胥易”的变文演绎。“技系”，与《养生主》庖丁语“臣之所好者道也，进乎技矣”相反，止于技而不好道。“劳形”，是“技系”的变文演绎。随后老聃又以两喻阐明，有为之技不可能战胜无为之道，亦即“物（人）不胜天”的真谛本质：虎豹因其美丽斑纹引来狩猎者，猿猴因其跳跃便捷引来围捕者；有技无道的暗王如同虎豹、猿猴，必被技高一筹者击败，这种人配称明王吗？

老聃两喻，上扣接舆“鸟飞避矰弋，鼠穴避熏凿”两喻。“仁义”并非“道”，而是如同“矰弋”、“熏凿”的“技”。俗王“技”高一尺，比鸟鼠还要无知的愚民固然难逃“矰弋”、“熏凿”，然而“道”高一丈的至人必能逃刑免患。

老聃既破俗王“有为之治”，杨朱继问“明王之治”。老聃遂立“无为之治”宗旨，语分四层。

第一层，“明王之治，功盖天下，而似不自己。”[1]语承老聃“为无为则无不治”、“我无为而民自化”、“功成而弗居”，即《逍遥游》至境三句之“神人无功”。“无功”并非没有功，而是致无其功。无为而治的明王造福天下，但不认为是自己的功劳，只认为是天道自然的功劳。

第二层，“化贷万物，而民弗恃。”语承老聃“功成事遂，百姓皆谓‘我自然’”，即《逍遥游》至境三句之“至人无己”。明王听任民众自适其适，因而民众无须倚待明王，也不认为自己可以自适其适是明王无为而治的结果，只认为是自己顺应天道的结果。

---

[1] 郭注：“天下若无明王，则莫能自得。令之自得，实明王之功也。然功在无为而还任天下。天下皆得自任，故似非明王之功。”足证郭象所谓“自得”实非自得，而是依君而得。全悖庄学。

第三层，“有莫举名，使物自喜。”[1]语承老聃“太上，不知有之”[2]，即《逍遥游》至境三句之“圣人无名”。明王不彰显自我，希望民众连明王的名字也不知道，仅仅自喜于顺应天道。

第四层，“立乎不测，而游于无有者也。”语承老聃“功成而不名有”，概括前三层。明王不希望民众知道明王的存在，只希望民众游心于道。“不测”、“无有”，均为“道”之变文。“不测”义同《大宗师》“不知端倪”，“立乎不测”即立于“天倪”道极。“无有”义同《逍遥游》“无何有”，“游于无有”即游于“无何有之乡”，游于“藐姑射之山”，游于“南溟”。

前四章是先秦政治哲学的极简小史。第一第二章破伪道，既运用庄学真谛贬斥“治天下”，又运用庄学俗谛判别孔、孟之异：孔子之“臧仁”尚属悖道有限的“人道”，孟子之“式义”已属悖道更甚的“王道”。第三第四章立真道，既运用庄学真谛褒扬“不治天下”，又运用庄学俗谛判别老、庄之异：老聃的“无为而治”尚未主张取消政府，庄子的“不治”主义则倾向于无政府主义。然而庄子又深知无政府主义难以实现：唐尧禅让天下，即便至人许由拒绝，仍有大知虞舜接受。俗王礼聘国相，即便至人庄子拒绝，仍有大知惠施接受。因此至人不得不面对“天与人不相胜”的俗谛表象：俗王欲治天下，同时欲治至人，至人如何因应？这正是第五章必须回答、庄学必须解决的最大难题。

## 五　俗王季咸，素王壶子

第五章“列子成道”寓言，即“素王因应俗王”寓言。收煞本篇主旨的核

---

[1] 郭注：“虽有盖天下之功，而不举以为己名，故物皆自以为得而喜。”既谬解“有莫举名”，又自曝“明王”之治就是让民众产生“自得”假象。这是郭象“自得”谬说之本质。

[2] 马王堆帛书甲、乙本均作“不知有之”，王弼以降《老子》均作“下知有之”。学者多误以为“下”为“不”之字坏。实为“不知有之”的虚君倾向，与尊君的儒学冲突太大，遂被儒生王弼篡改。王弼、郭象均以形近之字篡改原文，使后人不仅不疑篡改，反视篡改之字为正字，而以正字为钞刻讹误。

心寓言。

《大宗师》概括庄学义理之后，《应帝王》前四章之义理已无新意，惜墨如金的庄子为何还要不厌其烦重言？因为明攻俗王必有莫大危殆，受困于专制语境的庄子不得不晦藏其旨，改用支离其言的暗示。前四章的作用，正是暗示第五章的主旨：“季咸”隐喻俗王，“壶子”隐喻素王；壶子因应季咸，即素王以“天道”因应俗王之“人道”。前四章无不围绕俗王、素王，因此第五章作为篇幅最巨、情节最繁的本篇核心寓言，不可能是与之无关的纯粹算命故事。第五章的每个字，无不丝丝入扣、妙到毫巅地义兼双关：巧借“至人因应巫人看相”的表层显义，晦藏“素王因应俗王撄扰”的深层奥义。

郑有神巫曰季咸，知人之死生存亡、祸福寿夭，期以岁月旬日若神。郑人见之，皆弃而走。

## 今译

郑国有位神巫名叫季咸，能够预知他人的死生存亡、祸福寿夭，精确到年月旬日而灵验如神。郑国民众看见他，无不避开逃走。

开场人物介绍之一，自神其技的俗王季咸高调出场。奥义藏于“神巫季咸”及“郑人见之，皆弃而走”。

“巫咸”是上古神巫，并非战国郑人[1]。庄子系之于郑，是与战国郑人列子配套。

庄子化腐朽为神奇地把“巫咸”变文为“神巫季咸”，四字均寓深意。“神”字反讽，寓言主旨正是揭破其“若神”假相。“巫”、“王”形近义通，均训贯通天地人三才之人；上古政教合一，酋长必兼巫师，俗王必兼祭司。“季”字表明俗王之知，仅居“伯仲叔季”四境之末；俗王之“知”并非“真知”，而是无知

[1] “巫咸”首见于《尚书·君奭》。后世或谓炎帝、黄帝时人，或谓尧臣、殷臣。

自居“至知”。“咸”训一切。“神巫季咸”意为：一切无知而自居至知的俗王。

季咸“知人之死生存亡、祸福寿夭”，与“知”毫不沾边，而是俗王“代大匠斫”地僭窃生杀大权，要你今日死，不得明日生，故曰“期以岁月旬日若神”。

“郑人见之，皆弃而走”，并非害怕季咸预测死期之“知”，而是恐惧俗王生杀予夺之“治”。

列子见之而心醉，归以告壶子曰：“始吾以夫子之道为至矣，则又有至焉者矣。”

## 今译

列子见了他却心醉神迷，回去告诉壶子：“原先我以为夫子的道术已达至境，没想到又有达至更高之境的人。”

开场人物介绍之二，《逍遥游》“犹有所待”的列子重新出场。奥义藏于“列子见之而心醉”。

季咸系于郑，是与郑人列子配套，那么列子为何必须在末篇《应帝王》的核心寓言出场？因为首篇《逍遥游》中“犹有所待”的列子，是距离至知最近的大知，但是“犹有所待”并非庄子对道家前辈列子的最终评价，而是欲扬先抑的伏笔。成道之前的列子，“所待”的正是使之“心醉”、奉“若神”明的俗王。

列子语的字面显义是：列子误以为季咸之“道”，高于壶子之道。晦藏的庄学奥义则是：列子误以为俗王的“人道”，高于素王的“天道”。

壶子曰：“吾与汝既其文，未既其实。尔固得道欤？众雄而无雌[1]，

[1] “雄”、“雌”二字旧误倒，作“众雌而无雄”，当为不解文义者妄改。王叔岷：“雌雄二字当互易。道家以雌为贵，《老子》所谓‘知其雄，守其雌，为天下溪。’（二十八章，又见《庄子·天下》）《淮南子·览冥篇》正作‘众雄而无雌’。卵谓卵化也，《淮南子》‘卵’正作‘化’。”

尔又奚卵焉？尔以道与世抗，必信，夫故使人得而相汝。尝试与来，以予示之。”

## 今译

壶子说：“我已对你穷尽了道术的理论，尚未穷尽道术的实践。你难道以为尽得道术了？像众人一样自雄而不知守雌，你又怎能孵出成道之蛋？你以得道自雄而与世俗相抗，必有征象外显，所以使季咸得以看透你。你尝试请季咸来，我为你演示一下。”

开场人物介绍之三，达至天道的素王壶子低调出场。奥义藏于“壶子”及“既其文，未既其实”。

庄子为何把列子之师命名为“壶子”？因为“壶”即《逍遥游》“瓠”，音义均同。“葫芦”古作“壶卢”，“壶”为象形本字[1]。葫芦是初民使用的天然盛器，进入陶器时代、青铜时代以后，又是陶器、青铜器加以仿制的基本母形。由于青铜礼器被僭窃祭天之权的君主用于庙堂祭祀，礼制规定严格，因此“大瓠”因不合礼制而被视为“无用”，倚待庙堂的魏相惠施甚至威胁“为其无用而掊之”。傲立江湖的庄子斥其“拙于用大”，标举“浮乎江湖”之道。因此《应帝王》之“壶子”，正是《逍遥游》“大瓠”的人格化。“壶子”寓言，则是晦藏着丧忘庙堂、傲立江湖的“内七篇”主旨。

“既其文”、“既其实”：“既”训尽。“文”即名相、理论，属于“闻道”、“悟道”范畴。“实”即实境、履践，属于“行道”、“成道”范畴。《逍遥游》之列子“犹有所待”，实为“内七篇”的总悬念，全部“内七篇”，均可视为壶子之众多化身对列子之众多化身的教诲过程。《大宗师》终极陈述庄学理论，旨在让列子及其化身“闻道”、“悟道”——“既其文”；《应帝王》终极展示庄学实践，旨在让列子及其化身“行道”、“成道”——“既其实”。

---

[1] 游方郎中所持之杖悬挂药葫芦，谓之“悬壶”。谚语“葫芦（壶卢）里卖什么药”。

壶子如此回答列子的疑惑：我传授给你的是天道的至高理论，但你尚未达至天道的至高实践。你以为自己业已得道了吗？你像众人一样以得道自雄，却未达守雌之道，怎能孵出成道之蛋？你自居得道而与世俗相抗，必有表征外显，所以让季咸轻易看破你的心思。你去请季咸来，让他替我看相。

明日，列子与之见壶子。出而谓列子曰："嘻！子之先生死矣，弗活矣，不可以旬数矣[1]。吾见怪焉，见湿灰焉。"

列子入，泣涕沾襟以告壶子。

壶子曰："向吾示之以地文，萌乎不震不止[2]。是殆见吾杜德机也。尝又与来。"

## 今译

明天，列子请季咸来为壶子看相。

季咸出来对列子说："嘻嘻！你的先生快死了，活不成了，不会超过十天。我看见了怪相，看见了湿透的死灰。"

列子进去，泣涕沾襟地转告壶子。

壶子说："刚才我对他示以大地之象，此象的符征是不动不静。他大概以为我的物德生机业已杜息。你请他明天再来。"

季咸第一次给壶子看完相，出来对列子说："嘻嘻！你的先生快死了，活不成了，不会超过十天。我看见了怪相，看见了湿透的死灰。"

列子进去，流着眼泪转告壶子。

壶子说："刚才我示以地之象，此象的符征是不动不静。他大概以为我的物

[1] 旧脱"可"字。刘文典据《御览》、《列子·黄帝》校补。

[2] "止"旧讹为"正"。俞樾据陆释崔本、《阙误》引江南古藏本、《列子·黄帝》校正。郭注"萌然不动，亦不自正"，足证郭象为了自圆反注而妄改原文。

德生机业已杜息。你请他明天再来。”

这是第一回合的字面显义。晦藏的庄学奥义是：俗王发出死亡威胁，逼迫素王屈服；拒绝就范的素王，面临生死考验。

“子之先生死矣”，前射《逍遥游》“大瓠”寓言的“为其无用而掊之”，是季咸的庙堂本相。“德机”，即《大宗师》“天机”。“杜德机”，即隐匿天机，《养生主》谓之“善刀而藏”，《人间世》谓之“支离其德”，《德充符》谓之“内葆之而外不荡”。

明日，又与之见壶子。出而谓列子曰：“幸矣！子之先生遇我也。有瘳矣，痊然有生矣。吾见其杜权矣。”

列子入，以告壶子。

壶子曰：“向吾示之以天壤，名实不入，而机发于踵。是殆见吾善者机也。尝又与来。”

## 今译

第二天，列子又请季咸来为壶子看相。

季咸出来对列子说：“幸运啊！你的先生遇到我。有救了，已有痊愈新生之象。我看见堵塞的生机已有变化。”

列子进去，转告壶子。

壶子说：“刚才我对他示以天地之象，此象的符征是致无名实，而生机发自脚踵。他大概以为我的物德生机已有好转。你请他明天再来。”

季咸第二次给壶子看完相，出来对列子说：“幸运啊！你的先生遇到我。有救了，已有痊愈新生之象。我看见将死之象业已杜息。”

列子进去，高兴地转告了壶子。

壶子说：“刚才我示以天之象，此象的符征是致无名实，而生机发自脚踵。他大概以为我的物德生机好转了。你请他明天再来。”

这是第二回合的字面显义。晦藏的庄学奥义是：俗王以生存为诱饵，诱惑素王屈服；素王间世保身，得以丧我存吾。

明日，又与之见壶子。出而谓列子曰："子之先生不斋，吾无得而相焉。试斋[1]，且复相之。"

列子入，以告壶子。

壶子曰："向吾示之以太冲莫征[2]。是殆见吾衡气、机也。鲵桓之渖为渊，止水之渖为渊，流水之渖为渊。渊有九名，此处三焉。尝又与来。"

## 今译

第三天，列子又请季咸来为壶子看相。

季咸出来对列子说："你的先生未曾斋戒，我无法为他看相。请他斋戒，我再为他看相。"

列子进去，转告壶子。

壶子说："刚才我对他示以冲虚无征的道有之象。他大概看见我的先天元气与后天生机均衡静止。鲸鲵盘桓的水域是一处渊海，止水所处的水域也是一处渊海，流水所处的水域又是一处渊海。天下渊海共有九处，这是其中三处。你请他明天再来。"

季咸第三次给壶子看完相，出来对列子说："你的先生未曾斋戒，我如何给他看相？只有他愿意斋戒，我方能给他看相。"

列子进去，转告了壶子。

---

[1] "斋（斋）"旧讹为"齊（齐）"。陆释："本又作斋。"郭象释"齐"为"一之"、"玄同"，足证郭象为了自圆反注而妄改原文。

[2] "向吾"旧误倒为"吾向"，陈鼓应已校正。"朕（征）"旧讹为"勝（胜）"。《列子》作"朕"，俞樾、王先谦、刘文典、王叔岷已校改。郭注"胜负莫得措其间"，足证郭象为了自圆反注而妄改原文。

壶子说：“刚才我示以道有之象，此象的符征是冲虚无征的浑然元气。他大概只能看见我之先天元气与后天生机的均衡静止。鲸鲵盘桓的水域是一处渊海，水流终止的水域也是一处渊海，水流启动的水域又是一处渊海。天下渊海共有九处，这是其中三处。你请他明天再来。”

这是第三回合的字面显义。“相”寓“卿相”，季咸之言巧妙双关：你的先生不肯效忠，我如何拜他为相？只要他愿意效忠，我就会拜他为相。晦藏的庄学奥义是：俗王以爵禄为诱饵，诱惑心如流水的众人斋身自宫；素王拒绝吞食爵禄诱饵，心如止水地斋心自适。

“九渊”举三，各有隐指：“鲵桓之渊”即鲲鱼盘桓的“北溟”，隐喻大知信奉的庙堂伪道；“止水之渊”即鹏鸟欲趋的“南溟”，隐喻至人信仰的江湖真道。“流水之渊”前扣《德充符》“人莫鉴于流水而鉴于止水”，隐喻身心分裂、天人交战的众人依违观望于“北溟”的庙堂伪道与“南溟”的江湖真道之间。

明日，又与之见壶子。立未定，自失而走。

壶子曰：“追之！”

列子追之不及，返以报壶子曰：“已灭矣。已失矣。吾弗及矣。”

壶子曰：“向吾示之以未始出吾宗。吾与之虚而委蛇，不知其谁何，因以为递靡[1]，因以为波流，故逃也。”

## 今译

第四天，列子又请季咸来为壶子看相。

季咸尚未站定，惊慌失措地转身逃跑。

壶子说：“快去追他！”

列子追之不及，回来报告壶子说：“他没影了。我看不见了。没能追上。”

壶子说：“刚才我对他示以万物所宗的道无之象。我与季咸推移屈伸，季

[1] “递”原作“弟”，字通。“递靡”义同“虚而委蛇”、“波流”。

咸不知给谁看相，于是仅见递嬗变幻之象，于是仅见水波流动之象，所以只能逃走。”

季咸第四次来给壶子看相，进门尚未站定，撒腿就逃。

壶子说：“快追！”

列子追之不及，回来报告壶子说：“他没影了。我看不见了。没能追上。”

壶子说：“刚才我示以万物所宗的道无之象。我让季咸如同面对镜子，他不知是在给谁看相，只看见嬗递变幻之象，只看见水波流动之象，只能逃走。”

这是第四回合的字面显义。晦藏的庄学奥义是：俗王对不吞诱饵的素王终于技穷，素王得以丧忘庙堂、傲立江湖。

“未始出吾宗”，前射《大宗师》之“宗”，即道体之“无”，与上节道用之“有”体用有别。“吾与之虚而委蛇，不知其谁何”，变文演绎《人间世》蘧伯玉对颜阖的教诲：“彼且为婴儿，亦与之为婴儿；彼且为无町畦，亦与之为无町畦；彼且为无崖，亦与之为无崖。”蘧言之“彼”，即“其德天杀”的俗王。这是季咸隐喻俗王的旁证。

“因以为递靡，因以为波流”，即《逍遥游》“浮乎江湖”之象，是壶子（大瓠）的江湖本相。“波流”与“止水”，似相反，实相成：身形虽如“波流”，德心却如“止水”。《外篇·知北游》谓之“外化而内不化”。

壶子以“天道”因应季咸之“人道”的总纲，正是《人间世》所言“支离其德”。

四回合前射《齐物论》及篇首重言之王倪“四不知”：俗王季咸，无知而自居至知，无功而自居有功，无“王”之德而有“王”之位。素王壶子，至知而致无其知，有功而致无其功，有“王”之德而无“王”之位。

四回合又前射《大宗师》四“撄”四“宁”。俗王欲“撄人心”，遂以“人道”黥劓：毁之，成之，迎之，将之。素王自“宁”德心，遂以“天道”因应：不毁，不成，不迎，不将。

四回合又象征《逍遥游》庄学四境。面对前三回合所对应的无知、小知、大知，僭窃生杀大权的俗王均能“治”之。然而面对第四回合所对应的至知，充其量不过大知的俗王，即便僭窃生杀大权也无计可施，因为“人道”不可能战胜“天道”。[1]

壶子与季咸的较量，又形象演绎《大宗师》“天/人”之辨：季咸信奉“人定胜天”的伪道，壶子信仰“物不胜天”的真道。列子成道前盲信“人定胜天”，成道后方悟“物不胜天”。壶子的“天道”，暂时也未能战胜季咸的“人道”，而是僵持于“天与人不相胜”的历史闷局。然而在力量对比悬殊的专制困境下，至人能够保持不败，就是天道的莫大胜利。

然后列子自以为未始学而归。三年不出，为其妻爨，食豕如食人，于事无与亲。雕琢复朴，块然独以其形立。纷然而封哉[2]，一以是终。

## 今译

此后列子自知学道未成而回家。三年不出家门，为妻子添柴做饭，养猪如同育人，对事不分亲疏。息补雕琢复归纯朴，如同土块一样独立于天地之间。自我封闭于纷乱俗世之外，一直如此直到终其天年。

列子成道，是寓言结局和寓意所在：素王壶子原本无意与俗王季咸争胜，仅因“犹有所待”的列子面对外“撄”不“宁”，动摇了求道之心，才不得已为他演示“物不胜天”的终极真谛。

首句“然后列子自以为未始学而归”总领，是深藏奥义的吊诡式表述：列子亲见壶子因应季咸的“撄宁”过程，终于意识到自己被“撄”而不“宁”，学道未成，于是回家了。

意识到自己学道未成，竟然是回家而非留下，难道列子不想学道了？其实意识到自己学道未成，即为成道之始。何况列子业已“既其文”，欠缺的仅是“既

[1] 参阅拙著《寓言的密码》第八章“古今不变的两句骗人经——巫相壶子”。

[2] 旧脱“然”字。刘文典据《阙误》引张君房本、《列子·黄帝》校补。

其实”，而“既其实”无须留在壶子身边，只须回家把“文”付诸“实”，把“知”付诸“行”，从“闻道”、“悟道”转入“行道”、“成道”。

其后数句，描述列子“既其实”、“寓诸无”的毕生“行道”过程。

“三年不出，为其妻爨”，即“不雄成”而“守雌”，破“我”执。

“食豕如食人”，即齐一万物，破“类”执。

“于事无与亲”，即泛爱天地万物，破“亲亲”之仁。

“雕琢复朴”，就是在“黥以仁义，劓以是非”的“雕琢”德亏之后，再经“息黥补劓”而复归天赋德全。弟子蔺且所撰《外篇·山木》演绎得更为醒豁：“既雕既琢，复归于朴。”

“块然独以其形立”，即不再倚待俗王，超然独立于天地之间。庄子再传弟子魏牟所撰《外篇·天下》形容庄子语，可做注脚：“独与天地精神往来，而不傲睨万物。”

“纷然而封哉，一以是终”，就是在纷乱的俗世撄扰中宁定自适，终其天年而自然物化。

至此，不仅本篇篇旨“顺应天道的王德之人”业已展示完毕，“内七篇”的总悬念也已先抑后扬地终极告破：首篇《逍遥游》“犹有所待”的“北溟”大知列子，经过末篇《应帝王》壶子的“息黥补劓”，通过毕生“行道”，终于抵达“成道”，成长为无待此岸之物、独待彼岸之道的“南溟”至人。

## 六　至人若镜，胜物不伤

第六章“至人”卮言，本篇唯一的卮言章，是遥应《逍遥游》“至人无己”的终极“至人”论。奥义藏于“至人之用心若镜”。

> 无为名尸，无为谋府，无为事任，无为知主。体尽无穷，而游无征。尽其所受乎天，而无见得，亦虚而已。至人之用心若镜，不将不迎，应而不藏，故能胜物而不伤。

## 今译

不要成为名声的占据者，不要成为谋略的府库，不要成为政事的担任者，不要成为知识的主宰。体悟穷尽宇宙万物之根本，遨游德心于似无征象的彼岸天道。穷尽自身禀受于天道的全部物德，而又永不自得，仅是永葆德心冲虚而止。至人运用德心如同镜子，不送不迎，因应万物而无所隐藏，所以能够胜物而不被外物伤害。

卮言章，共四层。

第一层，变文演绎《逍遥游》“至境”三句。“无为名尸，无为谋府，无为事任，无为知主”：不要成为名声的承担者，不要成为谋略的府库，不要成为政事的担任者，不要成为知识的权威。——“有”了也必须致无，方能达至“无何有之乡”、“藐姑射之山”、“南溟”。

第二层，言“道”。“体尽无穷，而游无征”：要体悟穷尽宇宙万物之根本，“乘物而游心”于似无征象的彼岸之道。

第三层，言“德”。“尽其所受乎天，而无见得，亦虚而已”：要穷尽自身禀受于天道所赋的全部物德，但是永不自得[1]，冲虚的德心对永恒天道永远开放。

第四层，终极“至人”论，概括素王壶子因应俗王季咸之道，变文演绎《大宗师》“无不将也，无不迎也，无不毁也，无不成也”：“至人之用心若镜，不将不迎，应而不藏，故能胜物而不伤”——

至人因应专制困境，立于不败之地，是因为通过“丧我”、“心斋”、“坐忘”的“寓诸无”修炼，达至“无己”至境，因而心如止水明镜，对万物不送、不迎、不成、不毁。至人对鉴照于己的万物，无不如同响之应声，和之应唱：同于己且合于道，则因循；异于己而合于道，则顺应；异于己又悖于道，则巧妙因应。一

[1] “无见得”即《大宗师》“不自得”之变文。郭象反注曰：“见得则不知止。”与“自得”谬说自相矛盾。

切鉴照者均能从至人之镜中照见自己，至人决无隐藏。倘若鉴照者认为至人有所隐藏，则是鉴照者被伪道俗见黥劓雕琢，导致知有聋盲，从而自我遮蔽。以至人为镜的鉴照者，若有送、迎、成、毁，均非至人送之、迎之、成之、毁之，而是鉴照者自送、自迎、自成、自毁。至人不会被任何鉴照者撄扰、战胜、伤害。

## 七　造化浑沌，文化凿窍

第七章“浑沌”寓言，《应帝王》及全部“内七篇”的收尾总寓言。奥义藏于首次出现的篇名之“帝”。

南海之帝为倏，北海之帝为忽，中央之帝为浑沌。

倏与忽时相与遇于浑沌之地，浑沌待之甚厚[1]。

倏与忽谋报浑沌之德，曰：“人皆有七窍以视听食息，此独无有，尝试凿之。”

日凿一窍，七日而浑沌死。

### 今译

南海之帝名叫倏，北海之帝名叫忽，中央之帝名叫浑沌。

倏与忽时常相遇在浑沌之地，浑沌款待他们甚厚。

倏与忽商量报答浑沌的厚德，说：“他人都有七窍以便视听食息，浑沌偏偏没有，我们尝试为他凿开七窍吧。”

每天为浑沌凿开一窍，第七天浑沌死了。

---

[1] “厚”旧讹为“善”。刘文典、王叔岷据《御览》、《艺文类聚》、《白帖》校改。“浑沌之地”，厚德载物，以“厚”为当。

“浑沌”名相，综合老聃之言“圣人在天下，歙歙焉为天下浑其心”、“我愚人之心也哉！沌沌兮”而成。“浑沌”兼指万物总德及个体分德，“浑沌”寓言的双重寓意，分别立基其上。为了涵盖双重寓意，“浑沌”寓言一反“内七篇”所有寓言人物的单一命名法，对三位出场者均予双重命名。

首先是大宇宙论的开天辟地寓言，即“内七篇”的“造化”总寓言。

在第一层寓意中，“中央之帝”意为道体之“无”，即原理，是总摄宇宙万物的终极规律；“浑沌”意为道用之“有”，即原质，是大宇宙开启之前的万物总德。“南海之帝”、“北海之帝”虚指；“倏”、“忽”实指，均为极其短暂的时间，合词“倏忽”。

第一层寓意是：在无限邈远的时间之流中，先从作为“中央之帝”的原理产生了“浑沌”原质，再从“浑沌”总德分化出每物之分德。这是“失道而后德”的宇宙开辟过程，造化真道为宇宙凿窍，七日创世而原质分判。“浑沌”之死，即万物之生；万物之“成”，即“浑沌”之“毁”。

其次是小宇宙论、个体论的“黥劓/息补”寓言，即“内七篇”的“文化”总寓言。

在第二层寓意中，“中央之帝”同上，仍指“道”；“浑沌”转喻“德”，意为个体先天禀赋的浑然真德。“倏”、“忽”虚指，“南海之帝”、“北海之帝”实指。“南海”、“北海”是《逍遥游》篇首“南溟”、“北溟”的变文。“南海之帝”即“南溟”之帝。“南”象征光明之“阳”，《齐物论》谓之“葆光”；“南海之帝”象征造化真帝，《齐物论》谓之“真宰真君”。“北海之帝”即“北溟”之帝。“北”象征黑暗之“阴”，《齐物论》谓之“黮暗”；“北海之帝”象征文化假帝，即《齐物论》“真宰真君”晦藏的“假宰假君”。

第二层寓意是：首先，“南海之帝”、“真宰真君”运用造化真道，赋予人类天赋真德，使之耳聪目明，为道所使。然后，“北海之帝”、“假宰假君”运用文化伪道，对民众“黥以仁义，劓以是非”，使之知有聋盲，为君所役。最后，“南郭子綦”、“南伯子綦”、“南伯子葵”等达至“南溟”的至人又运用造化真道，对民众“息黥补劓”，使之黜除伪道之聪，丧忘俗见之明，复归天赋真德，重新为道所使。

第二层寓意，实为《大宗师》“黥劓 / 息补”寓言的终极说明，也是上文“雕琢复朴”卮言的形象展开。由于不得不兼顾双重寓意，寓言情节仅及“黥劓”、“雕琢”，而未及“息补”、“复朴”，因为“息补”、“复朴”是“内七篇”反复重言的终极主旨，无须赘言。

在第一层寓意中，“浑沌”是造化及宇宙的起点，是庄子承自老聃的宇宙发生论。在第二层寓意中，“浑沌”是顺道文化及人类个体的终点，是庄学突破老学的文化至境论[1]。因此“浑沌”既是造化的起点，又是文化的终点。庄子把“浑沌”寓言置于“内七篇”之末，不仅使“内七篇”的总体结构，完美抵达了“返复终始，不知端倪”（《大宗师》）的形式圆满；同时完美阐明了“内七篇”的终极主旨：人的终极使命，就是从“黮暗”的“北溟”起飞，趋近“葆光”的“南溟”，抵达天（造化）人（文化）合一的至高之境。

## 结语　造化文化，永恒较量

通观《应帝王》全文，找不到郭注“应为帝王”的任何证据。至此可明，奉儒生郭象为庄学至高权威的旧庄学，自始至终均与“内七篇”的庄学宗旨南辕北辙。体大思精、逻辑自洽的“内七篇”，被旧庄学篡改得面目全非，谬解得破绽百出，自相矛盾，无一可通。

“三皇五帝”原本均属神话人物或传说人物，处于真实与虚构之间，而且本无“皇”、“帝”之号。儒家颂扬周公，墨家就颂扬更早的夏禹。两家互相竞争，进而颂扬更早的唐尧、虞舜等古之圣君，僭称为“五帝”；进而颂扬更早的伏羲、神农等古之圣君，僭称为“三皇”。层累叠加、改造乃至虚构古史的结果，一方面推动了历史进步，天神（与“天道”位格相同）被祛魅而人文化；一方面又导致了历史衰退，上古酋长在“人道”的范围内被反祛魅地神格化。

庄子预见到，儒墨把专用于天神的“帝”号僭用于已死君主，鼓吹后世君

[1] 参阅拙著《寓言的密码》第一章“开天辟地头一遭——浑沌凿窍”。

主仿效“三皇五帝”，必将强化君主专制，在世君主僭称“帝”号必将成为历史必然。庄子死前两年，公元前288年秦昭王、齐滑王僭称“西帝”、“东帝”。庄子死后六十五年，公元前221年秦王嬴政僭称“皇帝”，开启了漫长的中华帝国史。两千余年庄子被曲解的历史，与两千余年中华帝国史全程同步；对《庄子》的篡改反注，随着专制不断强化而变本加厉。庄子的支离其言、晦藏其旨，客观上为篡改反注容易得逞提供了有利条件，于是痛诋专制的庄学奥义，两千余年不为世人所知。

人类以外的万物，缺乏进窥天道之全部、主动创造顺道文化乃至悖道文化的心知，只能被动顺应天道；唯有作为万物之灵的人类，具有进窥天道之全部、主动创造顺道文化乃至悖道文化的心知，因此从人类诞生之日，直至人类消亡之时，造化真道与文化伪道的较量和博弈永远不会停止。庄学奥义虽经两千余年沉埋不显，但其真理光辉至今仍不过时，永远光芒万丈——“注焉而不满，酌焉而不竭”。[1]

[1] 本文刊《社会科学论坛》2007年9月号，今已修订增补。

## 余论一

# 庄学奥义的全息结构

## 弁言　微观奥义，宏观结构

庄子撰写“内七篇”，首先总体构思囊括宇宙、通天彻地的庄学全图，最终拆成支离其言、晦藏其旨的庄学拼板。

读者理解“内七篇”，必须逐一拼合支离其言、晦藏其旨的庄学拼板，最终拼成各正其位、严丝合缝的庄学全图。

抉发单篇奥义，是对庄学奥义的局部论证。如同北溟之鲲遨游庄学迷宫，穷尽逻辑分岔，叩开紧闭门户，深入七幢无何有建筑的微观角落。

彰明总体结构，是对庄学奥义的总体论证。如同南溟之鹏俯瞰庄学迷宫，总览恍惚大道，找到万能钥匙，显影整座藐姑射仙岛的宏观全貌。

## 一　支离拼板，晦藏全图

庄子撰毕“内七篇”，终其天年而化蝶仙逝。庄子弟子蔺且为“内七篇”撰序一篇，是为《外篇·寓言》；庄子再传弟子魏牟为“内七篇”撰跋一篇，是为《外篇·天下》。

《寓言》指点迷津曰：“寓言十九，重言十七，卮言日出；和以天倪。始卒若环，莫得其伦，是谓天均。天均者，天倪也。”

《天下》重言开示曰：“以天下为沉浊，不可与庄语；以卮言为蔓衍，以重言为真，以寓言为广。”

这是“内七篇”的终极概括，揭示了庄子拆散庄学全图的终极原因和终极方法，以及读者拼合庄学全图的终极提示和终极证据。

庄子拆散庄学全图的终极原因是：“以天下为沉浊，不可与庄语。”庄子认为，在君主专制的特殊语境中，为了逃刑免患，必须支离其言；在君主专制的历史困境中，为了传道后世，必须晦藏其旨。

庄子拆散庄学全图的终极方法是："寓言十九，重言十七，卮言日出。""内七篇"全部文字分为两种：形象的寓言占十分之九，抽象的卮言占十分之一。为何不说"卮言十一"而说"卮言日出"？因为寓言的大部分文字也是抽象的卮言，尽管置于寓言的形象框架之中，却有超越寓言的普遍意义，是同类外境的案例示范。"内七篇"全部文字均属支离其言、晦藏其旨的卮言，都是被支离拆散的语言拼板，每块拼板无不包含庄学全图的全息密码。占十分之七的重言拼板并非寓言、卮言之外的第三种拼板，而是寓言拼板、卮言拼板中的特殊拼板。

庄文三言是为庄学之敌所设的拼图障碍：占十分之九的寓言，使所有拼板信息暧昧。占十分之一的卮言，使所有拼板不在正位。占十分之七的重言，使所有拼板极其相似。

庄文三言又是为庄学之友所设的拼图提示：晦藏其旨的寓言，暗示支离其言的卮言之奥义。支离其言的卮言，点破晦藏其旨的寓言之奥义。变文转辞的重言，确证卮言的支离之义，确证寓言的晦藏之旨。

"以重言为真"是拼合庄学全图的终极法则。尽管卮言、寓言也对拼图极富暗示，然而唯有重言才是拼图的终极提示和终极证据。只有遵循重言的终极提示，方能拼对拼板，进而确证寓言形象推广的支离之义，进而确证卮言抽象蔓衍的晦藏之旨。拼对两块拼板，必悟"此中真意"。拼对关键拼板，必将"每有会意"。拼对单篇拼板，必定"欣然忘食"。拼对七篇拼板，必能显影庄学全图。恍兮惚兮、若隐若现的庄学奥义，遂成囊括宇宙、通天彻地的庄学显义。

作为拼图之终极提示，倘若占十分之七的重言均为标准型重言，拼图必将毫无难度，支离其言、晦藏其旨的意图必将难以实现，既无法逃刑免患，又难以传道后世。况且十分之七的完全重复过于单调乏味，因此庄子设计了五种重言：

其一，字面相同的标准型重言。

其二，字面相异的变文型重言。

其三，字面无关的转辞型重言。

其四，字面缺损的省略型重言。

其五，超越字面的结构型重言。

非标准型重言，统称“变文”，晦藏深度、辨识难度逐一增加。降低辨识难度的方法是：先找到标准型重言，拼合部分拼板，显现局部奥义。再循序渐进，依次辨识四种变文，拼合更多拼板，显现更多奥义。拼图游戏开头最难，拼合越多则越容易。一旦发现晦藏最深、辨识最难的结构型重言，就能拼合十分之七的拼板。最后十分之三已无难度，庄学全图宛在眼前。

庄子设计拼图游戏的过程，谓之“和以天倪”。读者拼合庄学全图的过程，也谓之“和以天倪”。“和以天倪”既是彰显庄学奥义的拼图过程，又是“息黥补劓”的成长过程，更是进窥庄学奥义的悟道过程。

## 二　重言为真，拼图举例

庄子深知，支离其言、晦藏其旨的密码写作，必将导致“万世之后”的“知其解者”陷入缺证困境。“以重言为真”不仅是拼合庄学拼板的终极提示，拼对庄学拼板的终极证据，而且使奥义抉发者摆脱了孤证困境。

例一，《逍遥游》先示一块寓言拼板：大鹏“背若泰山”。《齐物论》再示一块卮言拼板：“泰山为小”。重言“泰山”，正是拼图提示。拼合两块拼板，庄学奥义立显：庄学至境并非“大鹏”象征的“大知”，而是“藐姑射神人”象征的“至知”。由此出发，辅以旁证，即可领悟核心密码“庄学四境”。

例二，《齐物论》阐明真俗二谛。俗谛有两块拼板：肯定原则“可乎可，然于然”，否定原则“不可乎不可，不然于不然”。然而真谛仅有一块拼板：肯定原则“是不是，然不然”；庄子故意晦藏了一块拼板：否定原则“不是是，不然然”。比对补足之后，庄学奥义立显：俗谛属于人间视点，真谛属于道极视点。真俗二谛分属不同认知层面，并无矛盾。由此出发，辅以旁证，即可领悟庄子对伪道俗见既有立足俗谛的“然于然，不然于不然”，也有立足真谛的“然不然，不然然”。

例三，《逍遥游》问“恶乎待”，《齐物论》答“待彼”，《大宗师》总结“一化之所待”。拼合三块拼板，庄学奥义立显：无待此岸之物，独待彼岸之道。由此出发，辅以旁证，即可领悟并确证庄子贬斥“犹有所待”的大知，以及“有待而然”的小知。

例四,《人间世》的“乘物以游心”，是“乘/游”系列拼板的范型。从中蔓衍产生的变文拼板，有《逍遥游》“乘天地之正，而御六气之变，以游无穷”，“乘云气，御飞龙，而游乎四海之外”,《齐物论》“乘云气，骑日月，而游乎四海之外”,《大宗师》“乘东维，骑箕尾，而比于列星”,《应帝王》“乘夫莽渺之鸟，以出六极之外，而游无何有之乡，以处圹埌之野”等等。拼合系列拼板，庄学奥义立显：庄子贬斥终极“待物”和终极“假物”，褒扬非终极“乘物”。由此出发，辅以旁证，即可领悟并确证“乘物以游心”的“间世”奥义：身形游方之内，非终极驾乘此岸之物；德心游方之外，终极倚待彼岸之道。

例五,《齐物论》贬斥“其所言者特未定”,《大宗师》贬斥“其所待者特未定”。拼合两块拼板，庄学奥义立显：专制外境之所以险恶“未定”，是因为庙堂君主和倚待庙堂的悖道大知“所言未定”。由此出发，辅以旁证，即可领悟并确证“三籁”奥义：顺应天籁（天道）的无心地籁、顺道人籁，皆有定；违背天籁（天道）的悖道人籁，特未定。

例六,《齐物论》主张“因是”，反对“因非”。一块卮言拼板贬斥“所言未定”的“因是因非，因非因是”，一块卮言拼板褒扬“圣人不由，而照之于天，亦因是也”，然而寓言拼板“朝三暮四”居然贬斥“名实未亏而喜怒为用，亦因是也”。比对三块拼板，就会发现疑问：“名实未亏而喜怒为用”，属于“因是因非”，为何缺损不可或缺的“因非”二字？由此出发，辅以旁证，即明历史真相：为了把庄子对狙公的贬斥反注为褒扬，郭象故意删掉了不可或缺的“因非”二字。修复补足拼板，庄学奥义立显：“狙公”隐喻愚弄民众的君主，“众狙”隐喻被君主愚弄的民众。

例七,《大宗师》一块拼板曰：“相呴以湿，相濡以沫，不如相忘于江湖。”紧接其后的一块拼板则曰：“与其誉尧而非桀也，不如两忘而化其道。”比对两块拼板，就会发现疑问：后句“与其/不如”完整，前句为何缺损不可或缺的“与其”二字？由此出发，辅以旁证，比如前句之郭注“与其不足而相爱，岂若有余而相忘”，即明历史真相：为了把庄子对“相呴以湿，相濡以沫”的贬斥反注为褒扬，郭象故意删掉了八字之前的“与其”二字。修复补足拼板，庄学奥义立显：“鱼”

应该处于水，而不该“处于陆”。庄子贬斥强迫鱼处于陆然后倡导“相濡以沫”的文化伪道，褒扬鱼处于水并“相忘江湖”的造化真道。

上举七例，仅是走通庄学迷宫、进窥庄学奥义的几条可能路径。其实庄学迷宫曲径通幽，任意一点均能抵达另外任意一点。以下忽略迷宫小径，因循庄学大道，先明篇名结构，继明单篇结构，再明结构重言，拼合庄学全图。

## 三　七篇篇名，奥义提示

基于汉字特质，先秦古文多以单字为词，偶有二字以上合词。因此先秦子书的篇名，多具三大特点：其一，多为二字，鲜有动词。其二，仅为论题，不能成句。其三，作者倾向，含混不明。

三大特点源于同一原因：大部分诸子的价值观，与君主专制均无根本冲突。篇名无须揭破篇旨，内文可以从容阐明。篇名简洁含蓄，并不影响理解内文。

唯有“内七篇”篇名的三大特点，与一切子书相反：其一，均为三字，皆有动词。其二，概括篇旨，均可成句。其三，作者倾向，褒贬鲜明。

三大特点源于同一原因：诸子中唯有庄子的价值观，与君主专制具有根本冲突。庄子为了逃刑免患，内文必须支离其言，晦藏其旨。然而为了传道后世，篇名必须概括篇旨，帮助读者理解，预防篡改曲解。

**“内七篇”篇名结构表**

| 篇　名 | 读做 | 动词 | 篇　　旨 | 倾　　向 |
|---|---|---|---|---|
| **逍遥游** | 逍遥而游 | 游 | 自由论：自由四阶，庄学四境 | 褒江湖，贬庙堂 |
| **齐物论** | 齐物之论 | 齐 | 平等论：道极绝对，物德相对 | 褒真宰，贬假君 |
| **养生主** | 养生之主 | 养 | 人生论：身心兼养，以心为主 | 褒全生，贬亏生 |
| **人间世** | 人间于世 | 间 | 处世论：因应外境，间世保身 | 褒自适，贬适人 |
| **德充符** | 德充之符 | 充 | 葆德论：因循内德，其德不形 | 褒真德，贬伪德 |
| **大宗师** | 大其宗师 | 大 | 明道论：顺应天道，息黥补劓 | 褒真道，贬伪道 |
| **应帝王** | 应帝之王 | 应 | 至人论：理想人格，王德之人 | 褒真人，贬假人 |

精妙扼要的七篇篇名，以及不可移易的七篇顺序，是庄学奥义的简明大纲。误信篇名非庄子自定者，不可能读懂篇名。明白篇名为庄子自定者，倘若误解篇名，也无法理解七篇之间的义理结构和递进关系，从而不可能拼对庄学全图。

《应帝王》“凿补七窍”寓言，证明七篇之数由庄子全局在胸的总体构思预定。一篇凿补一窍，七篇凿补七窍，正是庄子著书的宗旨：把天赋的造化聪明，提升为至高的文化智慧；把“黥以仁义，劓以是非”的文化伪道，“息黥补劓”、“雕琢复朴”为造化真道。

## 四 七篇首尾，始卒若环

寓言的特点是形象而发散。篇首寓言起，表明结构向前开放；篇末寓言收，表明结构向后开放。

卮言的特点是抽象而收敛。篇首卮言起，表明结构对前封闭；篇末卮言收，表明结构对后封闭。

**“内七篇”单篇结构表**

| 篇名 | 寓卮构成 | 首尾结构 |
|---|---|---|
| 逍遥游 | 鲲鹏寓言，七篇总起<br>全文三章，寓卮交叉 | 寓言起，向前开放<br>寓言收，向后开放 |
| 齐物论 | 上篇俗谛，下篇真谛<br>全文七章，寓卮交叉 | 寓言起，向前开放<br>寓言收，向后开放 |
| 养生主 | 首章卮言，人生三义<br>三章寓言，展开卮言 | 卮言起，对前封闭<br>寓言收，向后开放 |
| 人间世 | 八章寓言，因应外境<br>末章卮言，概括寓言 | 寓言起，向前开放<br>卮言收，对后封闭 |
| 德充符 | 六章寓言，因循内德<br>中杂卮言，概括寓言 | 寓言起，向前开放<br>寓言收，向后开放 |
| 大宗师 | 七章卮言，顺应天道<br>七章寓言，展开卮言 | 卮言起，对前封闭<br>寓言收，向后开放 |
| 应帝王 | 六章寓言，一章卮言<br>浑沌寓言，七篇总收 | 寓言起，向前开放<br>寓言收，向后开放 |

单篇结构，无一重复。十一处首尾为寓言，表明七篇首尾的基本结构，义理互相衔接，结构互相开放。三处首尾为卮言，仅是相对关闭的三门，均有义理解释和结构解释。《养生主》卮言起，寓言收，《人间世》寓言起，卮言收，导致两篇结构互相开放，对外封闭，相对独立于另外五篇。因为两篇的重心均为庄学俗谛，另外五篇的重心均为庄学真谛。《大宗师》卮言起，结构对前相对封闭，因为本篇是前五篇的义理总结。

或问：首篇《逍遥游》的篇首寓言，如何向前开放？末篇《应帝王》的篇末寓言，如何向后开放？

首先是义理解释。庄子认为宇宙无始无终，因此《逍遥游》篇首的鲲鹏寓言向宇宙之始无限开放，《应帝王》篇末的浑沌寓言向宇宙之终无限开放。其旁证是，阐明《逍遥游》篇旨的核心寓言，并非篇首的鲲鹏寓言，而是藐姑射神人寓言；阐明《应帝王》篇旨的核心寓言，并非篇末的浑沌寓言，而是巫相壶子寓言。鲲鹏寓言和浑沌寓言在篇内无法充分理解，因为两者是七篇总起、七篇总收的总寓言。

其次是结构解释。“内七篇”首尾总寓言的结构循环，是对循环往复之天道的有意模拟。《大宗师》形容天道的“返复终始，不知端倪”，被《寓言》借来描述“内七篇”：“始卒若环，莫得其伦，是谓天均。天均者，天倪也。”《寓言》开宗明义并贯彻始终的唯一篇旨，就是揭示“内七篇”结构，旧庄学却谬解为阐发庄学义理。“始卒若环，莫得其伦”，揭示了“内七篇”的首尾结构循环。“是谓天均。天均者，天倪也”，揭示了循环结构是对天道的有意模拟。

## 五　庄学四境，万能钥匙

“返复终始，不知端倪”、“始卒若环，莫得其伦”的循环结构，对庄学之敌是莫大障碍：任何篇章字句，均难叩开庄学之门。迷宫之中，处处碰壁，“不得其门而入”。对庄学之友却是莫大便利：任何篇章字句，均可深入庄学堂奥。迷宫之中，路路可通，“通而不失其兑”。

庄学迷宫的每条分岔小径，均有庄子晦藏的重言作为路牌。七幢迷楼的每扇关闭门户，均有庄子晦藏的变文作为秘钥。然而重言变文不易全部找到，或者晃过眼前，视而不见，或者反复玩味，不明其义。为了确保庄学奥义得到理解，庄子又晦藏了走通庄学迷宫的万能钥匙——庄学四境。

庄学四境首先晦藏于《逍遥游》的寓言之中。藐姑射神人寓言，晦藏庄学至境“至知”。鲲鹏寓言，晦藏庄学大境“大知”。蜩鸠、尺鴳寓言，晦藏庄学小境“小知”。然而晦藏庄学初境“无知”的寓言，《逍遥游》竟然空缺。因为人类作为天道独厚的特殊物类，均有心知。唯有缺乏心知的物类，才属庄学初境“无知”。《逍遥游》篇首的鲲鹏寓言与《应帝王》篇末的浑沌寓言义理衔接、结构循环，因此《应帝王》篇末的“浑沌”寓言，才是《逍遥游》有意空缺的“无知”寓言：雕琢凿窍之前的原始“浑沌”者，正是庄学初境“无知”；然而雕琢复朴、息黥补劓的复归“浑沌”者，则是庄学至境“至知/无知”。

只有合观首尾两则总寓言，方能理解“至知/无知”的根本奥义：“北溟”之鲲化而为鹏，就是从悖道大知变成顺道大知。大鹏抵达“南溟”，就是从顺道大知变成至知。至知与大知小知的根本区别是：大知小知无不自矜其知，然而至知必定知其无知，致无其知，“浑沌”其知。七篇之始的大鹏欲达之“南溟”，正是七篇之末的“浑沌”。

庄学四境又同时晦藏于《逍遥游》的“知年四境”卮言之中：

**朝菌**（无知）→**蟪蛄**（小知）→**冥灵**（大知）→**大椿**（至知/无知）

用寓言、卮言双扣庄学四境，正是《逍遥游》晦藏最深、辨识最难的结构型重言。[1]

[1]《逍遥游》的结构型重言尚有：两述大知寓言，两述小知寓言，大瓠寓言与大樗寓言等等。后六篇也有很多结构型重言。

## 六 四境范型，动植象征

“知年四境”是庄学四境的动植物象征范型，应用于“内七篇”每一篇。范型加应用，总计 52 次，篇均 7.4 次。

**庄学四境的动植象征系统**

| 范型 | 朝菌 = 无知 | 蟪蛄 = 小知 | 冥灵 = 大知 | 大椿 = 至知 / 无知 |
|---|---|---|---|---|
| 逍遥游 | 朝菌 | 蟪蛄，蜩，莺鸠，尺鴳，狸狌 | 冥灵，鲲，鹏，犛牛 | 大椿，大瓠，大樗 |
| 齐物论 | 魍魉，影 | 众狙，鹳鹊子，蛇蚹，蜩翼，蝴蝶 | 狙公 | 槁木（南郭子綦），长梧子 |
| 养生主 | | | 泽雉 | |
| 人间世 | | 螳螂，蚊虻 | 虎，马，豚，凤 | 栎社树，商丘大木（南伯子綦） |
| 德充符 | | | 豚子，豚母 | 松柏 |
| 大宗师 | 金 | 鷦鹩子 | 虎，豹，豨韦氏 | 南伯子葵，子桑户 |
| 应帝王 | 倏，忽，浑沌 | 蚊，鸟，鼷鼠 | 莽渺之鸟，鲵，豕 | 蒲衣子 |
| 分类数 | 1+6=7 | 1+15=16 | 1+17=18 | 1+10=11 |

微生物“朝菌”是“无知”的象征范型。实为无生物的替代，否则“（朝菌）不知晦朔”难以成立。应用 6 次，均为无生物。

小虫“蟪蛄”是“小知”的象征范型。应用 15 次：7 次小虫，5 次小鸟，3 次小兽。

大龟“冥灵”是“大知”的象征范型。应用 17 次：11 次大兽，3 次大鸟，2 次大鱼，1 次中型鸟。

大树“大椿”是“至知 / 无知”的象征范型。应用 10 次，均为植物。

动植象征系统的功能，就是把寓言角色定位于庄学四境。或者直接定位，或者通过结构对位而间接定位。

例一,《逍遥游》鲲鹏寓言。鲲是大鱼，鹏是大鸟，定位为大知。蜩是小虫，鸴鸠、尺鴳是小鸟，定位为小知。

例二,《齐物论》魍魉寓言。魍魉、影子是无生物，定位为无知。蛇蚹、蜩翼是小虫遗蜕，定位为小知。

例三,《齐物论》朝三暮四寓言。众狙是小兽，定位为小知。愚弄众狙的狙公，间接定位为大知。[1]

例四,《齐物论》吊诡寓言。鸜鹊子是小鸟人格化，定位为小知。长梧子是大树人格化，定位为至知。孔子介于两者之间，鸜鹊子推崇之，长梧子贬斥之，间接定位为大知。

例五,《人间世》栎树寓言。栎社树是大树人格化，定位为至知。逊于栎社树的匠石，间接定位为大知。逊于匠石的匠石弟子，间接定位为小知。

例六,《大宗师》息黥补劓寓言。鷾鸸子是小鸟人格化，定位为小知。“黥劓”鷾鸸子的唐尧，间接定位为大知。贬斥唐尧、“息补”鷾鸸子的许由，间接定位为至知。

应用动植象征，并不机械死板，而是灵活多变。动植象征系统不仅未被变例证伪，反而被变例进一步证实，因为所有变例均有合理解释，升降井然有序。

变例一,《逍遥游》藐姑射寓言。藐姑射神人是至知，象征范型是植物。尧舜是大知，象征范型是大兽。庄子欲明尧舜并非至人，而是至人之弃余，因此不用大兽而改用植物弃余“秕糠”，阐明至知之“尘垢秕糠”，足以“陶铸尧舜”。

变例二,《人间世》荆氏寓言。荆氏种植的楸树、柏树、桑树，不愿做“散木”，必欲做“文木”，遂从至人之才，降格为大知之材，甚至小知之器。

变例三,《逍遥游》大樗寓言。庄子自况，不愿启用植物自比至知，因此自降为象征大知的大兽斄牛。“拙于用大”的惠施，遂被同步降格为象征小知的小兽狸狌。

变例四,《齐物论》庄周梦蝶寓言。庄子自况，不愿启用植物自比至知，再

[1] 狙形接近人形，因此《齐物论》的“众狙”，隐喻《逍遥游》的“众人”和《德充符》的“众生”。

用大兽未免单调，于是自降为象征小知的小虫。同时不愿过于委屈自己，因此自喻最美之虫“蝴蝶”。“蝴蝶”已非匍匐蠕动的爬虫，而是羽化登仙的飞虫。庄子以此暗示：自己也从小知开始成长。

变例五，《养生主》右师刖足寓言。右师自况，不愿启用大兽自比大知，因此自喻中型鸟泽雉，自降为大鹏的缩微版。

庄子把庄学四境晦藏于动植象征系统，因循客观，顺应造化，天机生发，妙合自然：无生物无心无知也无根，既无嗜欲也无天机，因而是“无知”的天然象征。动物有心有知却无根，嗜欲深而天机浅，因而小虫小鸟小兽是“小知”的天然象征，大鱼大鸟大兽是“大知”的天然象征。植物心知浑沌又有根，嗜欲浅而天机深，因而是“至知无知”的天然象征。

一旦窥破庄学四境的动植象征系统，庄学迷宫的每条分岔小径，立刻柳暗花明；七幢迷楼的每扇紧闭门户，顿时豁然洞开。

## 七　排行隐喻，结构重言

窥破庄学四境的动植象征系统之后，感悟庄子晦藏甚深的奥义已非难事。然而庄子深知，“欣然会意”的感悟奥义甚易，“求其甚解”的论证奥义极难。奥义抉发者必将面临反诘：“庄学四境的动植象征系统”是否主观猜测或偶然巧合？

动植象征的系统应用，总计52次，篇均7.4次，足证绝非偶然巧合，不过毕竟是系统自证。为免“孤证不立”之诘难，服务周到的庄子又预备了系统外证：庄学四境的排行隐喻系统。

完整晦藏于《德充符》的“伯仲叔季”，是庄学四境的排行隐喻系统，应用于“内七篇”每一篇。涉及12人，共计17人次，篇均2.4人次。“伯（孟）”字辈7人9次，“仲”字辈1人4次，“叔”字辈2人，“季”字辈2人。

老聃排行“伯”，字伯阳；孔子排行“仲”，字仲尼；纯属偶然史实，但被庄子巧妙借用。若无这一偶然史实，庄子可以不启用排行隐喻系统，改用其他隐喻系统。庄子启用纯属偶然史实的排行隐喻系统之后，仅让“伯”字辈至知老聃和“仲”字辈大知孔子异篇重出，必非巧合，而是自明师承老聃，晦藏斥孔主旨。

**庄学四境的排行隐喻系统**

| 范　型 | 伯（孟）= 至知 / 无知 | 仲 = 大知 | 叔 = 小知 | 季 = 无知 |
|---|---|---|---|---|
| 逍遥游 | | | 连叔 | |
| 齐物论 | | 丘（仲尼） | | |
| 养生主 | 老聃（伯阳） | | | |
| 人间世 | 蘧伯玉，南伯子綦 | 仲尼 | | |
| 德充符 | 伯昏无人，老聃（伯阳） | 仲尼 | 叔山无趾 | 常季 |
| 大宗师 | 南伯子葵，孟子反，孟孙才 | 仲尼 | | |
| 应帝王 | 老聃（伯阳） | | | 季咸 |
| 分类数 | 7 人 9 次 | 1 人 4 次 | 2 人 2 次 | 2 人 2 次 |

庄子可以灵活应用自己独创的动植象征系统，无须担心误解。然而排行序列却是天下公器，庄子必须排除偶然姓名的干扰，避免结构自动对位而导致隐喻混乱。

例一，蘧伯玉名瑗，“玉”是以字释名，再加排行“伯”，合字“伯玉”。尽管他是“游方之内”的逃刑免患大师，异于“游方之外”的逃刑免患至人，但是庄子对于倚待庙堂却不积极助桀为虐的消极怠工者，仍用庄学俗谛予以相对肯定。若非如此，庄子可以不让他出场。即便必须让他出场，也可以腾挪避开，称名不称字。

例二，孟子的姓氏，与四境排行隐喻犯冲。“孟”是庶子排行之长，与嫡子排行之长“伯”相当。为免扰乱四境排行隐喻，庄子没让孟子直接出场，而把一位次要至人命名为“孟子反”，晦藏“反孟子”之义。再用“重言”密码给“万世之后”拍发电报：把另一位次要至人命名为“孟孙才”。

用动植象征系统、排行隐喻系统双扣庄学四境，是“内七篇”晦藏最深、辨识最难的结构型重言。两大系统通常独立使用，偶尔同时使用。

例一,《人间世》的“南伯子綦”，被排行“伯”及其赞颂的“商丘大木”，双重锁定为至知。加上“南伯子綦”是“形如槁木”的“南郭子綦”之化身，遂被三重锁定。

例二,《大宗师》的“南伯子葵”，被排行“伯”与植物“葵”，双重锁定为至知。加上“南伯子葵”是“南伯子綦”之化身，遂被三重锁定。找到相关拼板，穷尽其他旁证，四重锁定、五重锁定也非难事。

如果说庄学四境是庄学迷宫的万能钥匙，那么动植象征就是万能钥匙的配制模具，排行隐喻又是重言锁定的备用钥匙。如果说庄学四境是庄学奥义的核心密码，那么动植象征就是核心密码的解密之码，排行隐喻又是解密之码的解密之码。经由动植象征、排行隐喻两大系统对庄学四境的重言互证，庄子为庄学之友的进窥奥义提供了双重保险，又对庄学之敌的篡改曲解设置了两道防线。庄子宣布“万世之后”必有“知其解者”，正是因为坚信庄学之敌不可能窥破庄学四境及其动植象征和排行隐喻，从而不可能窥破庄学全图。未窥庄学全图的庄学之敌，即便损坏丢弃部分拼板，也不可能终极破坏庄学全图。因为每块拼板都包含庄学全图的全息密码，只须正确破译完好拼板，就能修复被损坏的全部拼板，找到被丢弃的部分拼板，基本复原庄学全图。

晦藏极深的庄学四境，经过两大系统总计69次、篇均9.8次的反复应用，不断强化暗示，逐渐由隐趋显，“知其解者”早已欣然会意，“求其甚解”已无论证难度，仅在帝制终结之前，不便诉诸笔墨，不愿公开解密而已。因此陶渊明说：“此中有真意，欲辨已忘言。”苏东坡说：“有见于中，口未能言。”阮籍、刘基之辈，只能打打哑谜。

## 八　纷繁角色，四境定位

“内七篇”的全部角色，均能精确定位于庄学四境。或者通过动植象征、排行隐喻而直接定位，或者通过结构对位而间接定位。

**“内七篇”角色四境表**

| 庄学四境 | 至知 / 无知 | 大　知 | 小　知 | 无　知 |
|---|---|---|---|---|
| 逍遥游 | 大椿，夏棘，**许由**，尸祝，**接舆**，藐姑射神人，**庄子**，大瓠，大樗 | 鲲，鹏，冥灵，**彭祖**，商汤，宋荣子，**列子**，**唐尧**，庖人，**虞舜**，资章甫者，**惠施**，魏王，客，吴王，斄牛 | 蜩，鸴鸠，蟪蛄，尺鴳，连叔，越人，洴澼絖者，狸狌 | **肩吾**，朝菌 |
| 齐物论 | 南郭子綦，神偶，**王倪**，长梧子，**庄周** | 狙公，昭文，师旷，**惠施**，**彭祖**，**唐尧**，**虞舜**，［三］皇，［五］帝，**［孔］丘**，晋王 | 颜成子游，昭文之子，西施，众狙，**啮缺**，毛嫱，鸜鹊子，丽之姬，艾封人，蛇蚹，蜩翼，蝴蝶 | 魍魉，影 |
| 养生主 | 庖丁，**老聃**，秦佚 | 文惠君，良庖，公文轩，右师，泽雉，老聃弟子 | 族庖，哭之老者，哭之少者 | |
| 人间世 | 颜阖，蘧伯玉，栎社树，南伯子綦，支离疏，**接舆** | **孔子**，卫君，**夏桀**，关龙逢，商纣，比干，**唐尧**，夏禹，**虞舜**，**伏羲**，几蘧，叶公，楚王，齐君，卫灵公太子，养虎者，虎，爱马者，马，匠石，荆氏，巫祝，凤 | **颜回**，螳螂，蚊虻，匠石弟子 | 观者 |
| 德充符 | 王骀，申徒嘉，伯昏无人，**老聃**，哀骀它，闉跂支离无脤，瓮㼜大瘿，**庄子** | **孔子**，子产，**唐尧**，羿，鲁哀公，卫灵公，齐桓公，**惠施** | 叔山无趾，孔门弟子，闵子骞 | 常季 |
| 大宗师 | 南伯子葵，女偊，子祀，子舆，子犁，子来，大冶，子桑户，孟子反，子琴张，孟孙才，**许由** | 狶韦氏，**伏羲**，堪坏，冯夷，**肩吾**，黄帝，颛顼，禺强，西王母，**彭祖**，**虞舜**，五霸，傅说，武丁，卜梁倚，**唐尧**，**夏桀**，**孔子** | 子来妻，子来子，子贡，鵷鸰子，无庄，据梁，**颜回** | 副墨，络诵，瞻明，聂许，需役，於讴，玄冥，参寥，疑始，金 |
| 应帝王 | **王倪**，蒲衣子，泰氏，**接舆**，无名人，**老聃**，壶子 | **虞舜**，日中始，阳子居，**列子** | **啮缺**，**肩吾**，蚊，鸟，鼷鼠，无根，郑人，列子妻 | 季咸，倏，忽，浑沌 |
| 分类数 | 50 人次 | 86 人次 | 45 人次 | 20 人次 |

角色四境表分类列出“内七篇”全部角色201人次。异篇重出16人46人次[1]，表中标以黑体字。角色总计171位。人类角色123人[2]，人格化物类48种。其中人格化动物25种，人格化植物8种，人格化无生物15种[3]。如此众多的人物、动物、植物、无生物，未窥庄学四境者必定眼花缭乱，窥破庄学四境者却能执一御万。

庄学四境并非静态尺度，而是动态境界。中外哲学史上持静态尺度的哲学家甚多，比如柏拉图笔下的苏格拉底，把人类个体判为“金银铜铁”四种等第。这种浸透血统论、命定论、阶级偏见乃至种族歧视的“判官簿”，必使大知小知懈怠求道之志，泯灭求道之心。然而庄学四境彻底超越了血统论、命定论、阶级偏见、种族歧视，认为任何人都可以成长，乃至无限成长。

因此，被动植象征定位于小知的鸒鹊子、鷾鸸子，被排行隐喻定位于小知的连叔、叔山无趾，经由至人长梧子、许由、接舆、老聃“息黥补劓”，均能成长为至人。

三篇重出的“肩吾”，在《逍遥游》中因低于连叔，而被间接定位于“知有聋盲”的“无知”。经由连叔“息黥补劓”，至《应帝王》已升至被日中始愚弄的“小知”。再经接舆“息黥补劓”，至《大宗师》已成长为“大知”，并且即将得道跻身“至知”，成为泰山之神。

两篇重出的颜回，在《人间世》中是被大知孔子教诲的“小知”，至《大宗师》已成长为教诲大知孔子的“至知”。

---

[1] 二人五篇重出：唐尧，虞舜。一人四篇重出：孔子。六人三篇重出：老聃，接舆，庄子，惠施，肩吾，彭祖。七人二篇重出：王倪，许由，列子，颜回，伏羲，夏桀，啮缺。

[2] 寓言人物102人，卮言人物28人。七人重合：伏羲，黄帝，唐尧，虞舜，列子，惠施，肩吾。

[3] 仅有4种人格化物类见于卮言，即庄学四境的动植范型。其余44种人格化物类均见寓言：人格化动物22种，1鲲，2鹏，3蜩，4鸴鸠，5尺鴳，6狸狌，7斄牛，8众狙，9鸒鹊子，10蛇蚹，11蜩翼，12蝴蝶，13泽雉，14螳螂，15虎，16马，17蚊虻，18凤，19蚊，20鸟，21鼷鼠，22鷾鸸子。人格化植物7种，1大瓠，2大樗，3长梧子，4栎社树，5南伯子葵，6子桑户，7蒲衣子。人格化无生物15种，1魍魉，2影，3副墨，4络诵，5瞻明，6聂许，7需役，8於讴，9玄冥，10参寥，11疑始，12金，13倏，14忽，15浑沌。“内七篇”共有56种动物、37种植物，详见《庄子复原本注译》索引。

七篇总起的鲲化为鹏寓言，更是总摄“内七篇”并揭示庄学宗旨的成长无极限寓言。“御风而飞”的大鹏，具体对应者正是“御风而行”的列子。列子在首篇《逍遥游》中是“犹有所待”的大知，在末篇《应帝王》中，经由至人壶子“雕琢复朴”，终于成长为“至知 / 无知”的至人。

以庄学四境笼罩全局、贯彻始终的“内七篇”，实为众多至人与众多大知反复较量的哲学戏剧。在高潮迭起的反复较量之中，无数大知小知成长为至人，因此“内七篇”也是角色纷繁、精彩纷呈的成长小说。

## 九　寓言六式，息黥补劓

作为哲学戏剧和成长小说的“内七篇”中，谁是纷繁角色中的主角？答案必须到寓言中去寻找。因为占篇幅十分之九的寓言，才是“内七篇”的文本主体。

**“内七篇”寓言表**

| 篇　名 | 编号寓言 | 寓言数 |
|---|---|---|
| 逍遥游 | 1 鲲化为鹏，2 蜩鸠，3 鲲不化鹏，4 尺鴳，5 尧让许由，6 藐姑射神人，7 章甫，8 尧治天下，9 大瓠，10 大樗 | 10 |
| 齐物论 | 11 三籁，12 朝三暮四，13 尧伐三苗，14 王倪，15 吊诡，16 魍魉问影，17 庄周梦蝶 | 7 |
| 养生主 | 18 庖丁解牛，19 右师刖足，20 老聃之死 | 3 |
| 人间世 | 21 颜回往刑，22 叶公使齐，23 颜阖傅储，24 栎树寄社，25 商丘大木，26 宋国荆氏，27 支离疏，28 接舆讽孔 | 8 |
| 德充符 | 29 王骀，30 申徒嘉，31 叔山无趾，32 哀骀它，33 二恶人，34 无情 | 6 |
| 大宗师 | 35 明道，36 造化，37 江湖，38 处丧，39 息黥补劓，40 坐忘，41 道极 | 7 |
| 应帝王 | 42 臧仁，43 式义，44 不治，45 明王，46 壶子，47 浑沌 | 6 |

根据卮言逻辑和寓言语境，庄子不断变化每一寓言的角色配置，共有六种寓言结构。由于每一角色均有明确的四境定位，因此“内七篇”47 则寓言的寓

言结构及角色配置，无不符合庄学四境。

**结构一：四镜俱全的完整式，5例**

| 编号寓言 | 至　知 | 大　知 | 小　知 | 无　知 |
|---|---|---|---|---|
| 6 藐姑射 | 藐姑射神人 | 接舆 | 连叔 | 肩吾 |
| 16 魍魉 | ［真蛇真蜩］ | 蛇蚹蜩翼 | 影子 | 魍魉 |
| 24 栎树 | 栎社树 | 匠石 | 匠石弟子 | 观者 |
| 29 王骀 | 王骀 | 孔子 | 从骀游者 | 常季 |
| 46 壶子 | 壶子 | 列子 | 郑人 | 季咸 |

藐姑射寓言之接舆，在角色表中定位于至知，但在寓言语境中低于藐姑射神人，相当于顺道大知鹏。连叔后来成长为至知，但在寓言语境中低于接舆，相当于小知。

魍魉寓言之影子，在动植表、角色表中定位于无知，但在寓言语境中高于魍魉，相当于小知。蛇蚹蜩翼在动植表、角色表中定位于小知，但在寓言语境中高于影子，相当于大知。

壶子寓言之季咸象征俗王，实属无知，仅因握有“代大匠斫”的权柄，小知郑人遂不得不恐惧，大知列子遂不得不屈服。具有“葆始之征，不惧之实”的至人壶子，既不恐惧，也不屈服。

**结构二：专明一境的特别式，7例**

| 编号寓言 | 至　知 | 大　知 | 小　知 | 无　知 |
|---|---|---|---|---|
| 25 大木 | 南伯子綦 | | | |
| 41 道极 | 二子 | | | |
| 1 鲲化为鹏 | | 鲲↗鹏 | | |
| 3 鲲不化鹏 | | 鲲／鹏 | | |
| 2 蜩鸠 | | | 蜩、鸴鸠 | |
| 4 尺鴳 | | | 尺鴳 | |
| 47 浑沌 | | （忽／倏） | | 浑沌 |

“至知”特别式2例。大木寓言：南伯子綦赞颂商丘大木“神人不材”，实为自喻。是阐明至人之自息自补的重要寓言。道极寓言：二子礼赞道极，是阐明至人之道极视点的重要寓言。

“大知”特别式2例。鲲化为鹏寓言：阐明大知只要致无其知，就能成长为至人。鲲不化鹏寓言：阐明大知一旦自矜自得，必定沦为悖道大知。

“小知”特别式2例。蜩鸠寓言：阐明自慰型小知是悖道大知的社会基础。尺鴳寓言：阐明自得型小知是悖道大知的奴才帮凶。

“无知”特别式，仅有浑沌寓言1例。总收寓言之“忽／倏”，与总起寓言之“鲲／鹏”同构，因此北溟之“鲲”相当于北海之帝“忽”，南溟之“鹏”相当于南海之帝“倏”。结构合龙，始卒若环。

**结构三：基本式＝完整式减去“无知”，15例**

| 编号寓言 | 至　知 | 大　知 | 小　知 | 无　知 |
| --- | --- | --- | --- | --- |
| 8 尧治 | 藐姑射四子 | 唐尧 | 汾阳民众 | |
| 15 吊诡 | 长梧子 | ［孔］丘 | 瞿鹊子 | |
| 20 聃死 | ［老聃］秦佚 | 老聃弟子 | 唁哭者 | |
| 21 往刑 | 孔子（真际） | 卫君 | 颜回 | |
| 22 使齐 | 孔子（真际） | 楚王、齐君 | 叶公 | |
| 23 傅储 | 蘧伯玉 | 卫太子 | 颜阖 | |
| 27 支离 | 支离疏 | 役民之君 | 被役之民 | |
| 31 叔山 | 老聃 | 孔子 | 叔山无趾 | |
| 32 哀骀 | ［哀骀］孔子（真际） | 鲁哀公 | 闵子骞 | |
| 37 江湖 | 孟子反、子琴张 | 孔子 | 子贡 | |
| 38 处丧 | 孟孙才 | 孔子 | 颜回 | |
| 39 息补 | 许由 | 唐尧 | 鷾鸸子 | |
| 42 臧仁 | ［王倪］蒲衣子 | 虞舜 | 啮缺 | |
| 43 式义 | 接舆 | 日中始 | 肩吾 | |
| 45 明王 | 老聃 | 俗王 | 阳子居 | |

使齐寓言之叶公，傅储寓言之颜阖，角色表分别定位于大知、至知，但在寓言语境中受教于方内圣人孔子、蘧伯玉，又受制于君主大知，因此相当于小知。

往刑寓言、使齐寓言、哀骀寓言之孔子，实际定位是大知，但在寓言语境中是庄学代言人，真际定位相当于至知。

由于人类无不有知，因此四境完整式减去“无知”的基本式，遂成“内七篇”寓言的基本结构。基本式同样晦藏于《逍遥游》，即“适远”三项：“适莽苍者”隐喻小知，“适百里者”隐喻大知，“适千里者”隐喻至知。

**结构四：变式一＝基本式减去“小知”，11例**

| 编号寓言 | 至　知 | 大　知 | 小　知 | 无　知 |
|---|---|---|---|---|
| 5 尧让 | 许由 | 唐尧 | | |
| 9 大瓠 | 庄子 | 惠施 | | |
| 10 大樗 | 庄子 | 惠施 | | |
| 18 解牛 | 庖丁 | 文惠君 | | |
| 19 刖足 | 右师（还原） | 公文轩 | | |
| 28 讽孔 | 接舆 | 孔子 | | |
| 30 申徒 | ［伯昏］申徒嘉 | 子产 | | |
| 33 二恶人 | 闉跂、瓮盎 | 卫灵公、齐桓公 | | |
| 34 无情 | 庄子 | 惠施 | | |
| 35 明道 | 子葵、女偊 | 卜梁倚 | | |
| 40 坐忘 | 颜回（真际） | 孔子 | | |

刖足寓言之右师，角色表因其自谦为大鹏缩微版“泽雉”而定位于大知，但在寓言语境中还原为至知。

坐忘寓言之颜回，实际定位是小知，但在寓言语境中与孔子颠倒师徒关系，真际定位相当于至知。

梦蝶寓言是庄子自息自补的自喻，与大木寓言是南伯自息自补的自喻一样。但大木寓言是“至知”特别式，梦蝶寓言因庄子不肯自比植物而自比小虫，遂从“至知”特别式转成变式二。

**结构五：变式二＝基本式减去“大知”，5例**

| 编号寓言 | 至　知 | 大　知 | 小　知 | 无　知 |
|---|---|---|---|---|
| 11 三籁 | 南郭子綦 | | 颜成子游 | |
| 14 王倪 | 王倪 | | 啮缺 | |
| 17 梦蝶 | 庄周 | | 蝴蝶 | |
| 36 造化 | ［藐姑射］四子 | | 子来妻儿 | |
| 44 不治 | 无名人 | | 无根 | |

**结构六：变式三＝基本式减去“至知”，4例**

| 编号寓言 | 至　知 | 大　知 | 小　知 | 无　知 |
|---|---|---|---|---|
| 7 章甫 | | 宋人 | 越人 | |
| 12 朝三 | | 狙公 | 众狙 | |
| 13 尧伐 | | 唐尧、虞舜 | 三苗 | |
| 26 荆氏 | | 求材大知 | 成材文木 | |

变式三“大知—小知”的基本功能，是揭露悖道大知对芸芸小知的“黥劓”愚弄。越人拒绝了宋人的黥劓愚弄，因而无须庄学“息黥补劓”。众狙接受了狙公的黥劓愚弄，因而需要庄学“息黥补劓”。庄学宗旨“息黥补劓”，正是对伪道黥劓愚弄民众的“反者道之动”。变式二“至知—小知”的基本功能，是至知对小知“息黥补劓”。变式一“至知—大知”的基本功能，是至知对大知“息黥补劓”。基本式“至知—大知—小知”的基本功能，是至知对大知、小知同时“息黥补劓”。基本式加三种变式共36例，超过全部寓言的76%，基本宗旨均为“息黥补劓”。完整式加特别式共11例，不足全部寓言的24%，则是对庄学四境的特别说明。一部人类史，就是“黥劓”伪道与“息补”真道的博弈史。

窥破寓言结构，足以理解庄子寓言的哲学寓意。了解庄子寓言的真实历史人物及其出现频率，则足以理解庄子寓言的现实寓意。尽管藐姑射神人、首席庄学代言人南郭子綦及其诸多化身、长梧子、庖丁、王骀、女偊、壶子等仅见一则寓言的诸多虚构至人，哲学寓意极其重要，然而根据“以重言为真”的终极法则，见于两则以上寓言的才是“内七篇”的重量级角色。共计十四位。

“鲲 / 鹏”是见于两则寓言的两种重量级人格化动物，正是另外十二位重量级人物的分类象征。

五位正角，属于南溟之“鹏”，按出场多寡排列：庄子三篇四寓言，老聃三篇三寓言，接舆三篇三寓言，许由二篇二寓言，王倪二篇二寓言。

五位正角中，一为作者庄子，一为象征天倪的虚构至人王倪，因此其余三位真实历史人物是重中之重。主角一：道家始祖老聃。配角二：反孔始祖接舆，反尧始祖许由。

七位反角，属于北溟之“鲲”，按出场多寡排列：孔子四篇十寓言，唐尧五篇八寓言，虞舜五篇五寓言，颜回二篇三寓言，惠施二篇三寓言，肩吾二篇二寓言，啮缺二篇二寓言。

七位反角中，虚构小知啮缺，与至人王倪配套而设，其意为因啮而缺，即因“被黥被劓”而真德亏损。真实大知惠施，与作者庄子配套而设，庄子既深爱其“圣人之才”，又痛惜其盲从伪道而“拙于用大”。泰山之神肩吾，因孔子“登泰山而小天下”而设。真实小知颜回，作为孔子首徒而设。因此其余三位真实历史人物是重中之重。主角一：儒家始祖孔子。配角二：君主专制始祖唐尧，仁义伪道始祖虞舜。

正角均无性格发展，反角均有性格发展。反角的性格发展，就是从“被黥被劓”到“息黥补劓”，从北溟之“鲲”化为南溟之“鹏”。

## 十　总体结构，南溟吊诡

辨析“内七篇”七大专项结构之后，大鹏“水击三千里”的准备已毕，可以“扶摇而上九万里”，俯瞰庄学迷宫的“南溟”全图。

## 南溟书诡图

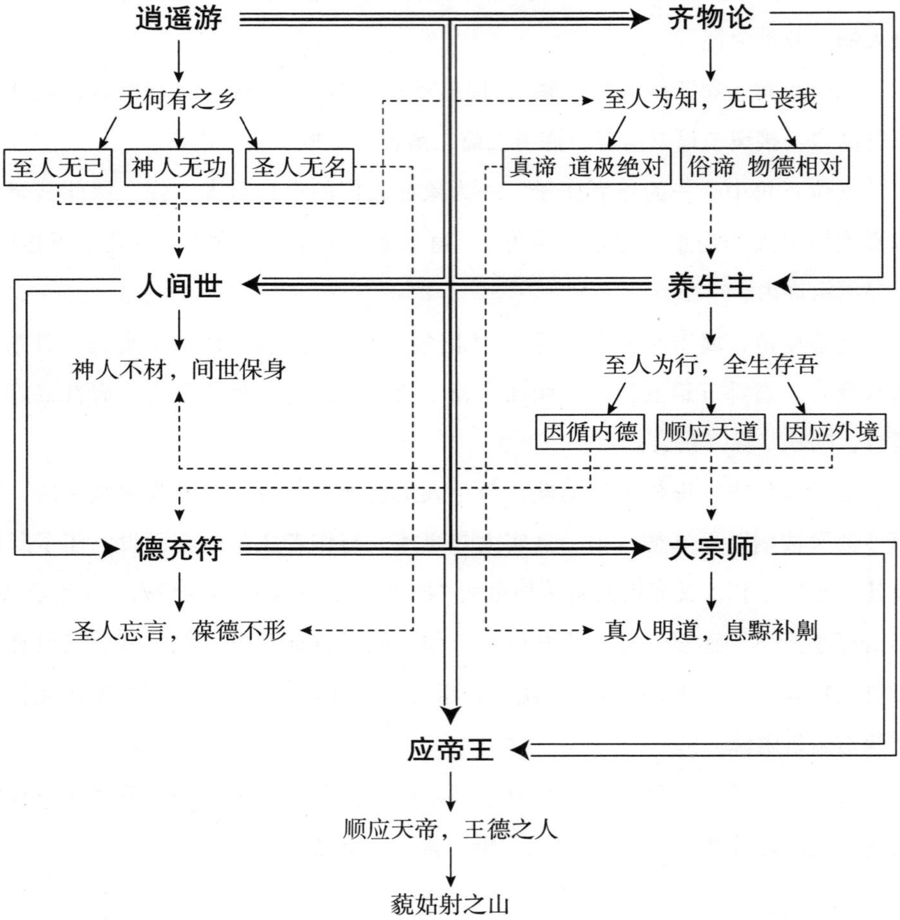
逍遥游
齐物论
无何有之乡
至人为知，无己丧我
至人无己
神人无功
圣人无名
真谛 道极绝对
俗谛 物德相对
人间世
养生主
神人不材，间世保身
至人为行，全生存吾
因循内德
顺应天道
因应外境
德充符
大宗师
圣人忘言，葆德不形
真人明道，息黥补劓
应帝王
顺应天帝，王德之人
藐姑射之山

庄学全图共有五种连线。

其一，“弓”形线，因循语言，逐一连通七篇，构成“卮言日出，和以天倪”的线性结构。

其二，“↓”形线，超越语言，连通首尾两篇，构成“返复终始”、“始卒若环”的循环结构。线性结构与循环结构交叉，连通七篇之间的任意两篇。

其三，篇名之下，均加副线，指向本篇篇旨。

其四，前三篇篇旨之下，再加展开线，指向展开篇旨的本篇要义。

其五，前三篇每一要义，再加方框及延长线，指向深入展开之篇。

全图之始，大鹏从“北溟”起飞，欲至“南溟”——庄学起点“无何有之乡”。《逍遥游》把“无何有之乡”展开为“至境”三句：“至人无己，神人无功，圣人无名。”既展开真人三名：真谛名相“至人”，俗谛名相“圣人”，志怪式文学夸张“神人”。又展开真谛三义：无己，无功，无名。“无”训致无。其后三篇（跳过《养生主》），逐一予以展开。

《齐物论》把《逍遥游》之第一要义“至人无己”，深入展开为“至人为知，无己丧我”，再展开为庄学真谛“道极绝对”、庄学俗谛“物德相对”。

《养生主》把《齐物论》之庄学俗谛“物德相对”，深入展开为“至人为行，全生存吾”。再用三则寓言“庖丁解牛”、“右师刖足”、“老聃之死”，展开人生三义“顺应天道，因循内德，因应外境”[1]。其后三篇，逐一予以展开：逆序展开三要义，顺序展开三寓言。

《人间世》把《逍遥游》之第二要义“神人无功”、《养生主》之第三要义“因应外境”及第一寓言“庖丁解牛”，深入展开为“神人不材，间世保身”。

《德充符》把《逍遥游》之第三要义“圣人无名”、《养生主》之第二要义“因循内德”及第二寓言“右师刖足”，深入展开为“圣人忘言，葆德不形”。《逍遥游》“至境”三句，至此展开完毕。

---

[1] 图中“因循内德”置于“顺应天道”之前，理由有二：一、若论理论次第，“顺应天道”居首，“因循内德”其次。若论实践次第，必先“因循内德”，方能“顺应天道”。二、减少连线交叉，图示简明醒目。

《大宗师》把《齐物论》之庄学真谛“道极绝对”、《养生主》之第一要义“顺应天道”及第三寓言“老聃之死”，深入展开为“真人明道，息黥补劓”，概括总结庄学义理。《养生主》三要义、三寓言，至此展开完毕。

《应帝王》终极阐明庄学至高理想人格：至知无知的“浑沌”至人。前六篇展开庄学义理，“既其文”；末篇展开庄学实践，“既其实”。

全图之终，大鹏抵达“南溟”——庄学终点“藐姑射之山”。

全图复寓三义。

其一，庄学俗谛的认知层面。全图“弔”形，由羿之“弓”、羿之“↓”（箭）合成。《齐物论》尧伐寓言曰：“昔者十日并出，万物皆照。”《德充符》曰：“游于羿之彀中，然而不中者，命也。”君主专制始祖唐尧，擅令羿射九日，导致十日仅剩一日，众生脱离天道，坠入人道刑网。

其二，庄学真谛的认知层面。“王”德之人隐嵌“弔”中，正是“游于羿之彀中，然而不中”之象。《人间世》曰：“方今之时，仅免刑焉。”《大宗师》曰：“终其天年而不中道夭者，是知之盛也。”“王德之人”特指唯一异篇重出的虚构至人王倪，泛指“和以天倪”的一切至人。

其三，真俗二谛的弔诡圆融。《齐物论》自我定义“内七篇”曰：“是其言也，其名为弔诡。万世之后而一遇知其解者，是旦暮遇之也。”故把始于“南溟”变文“无何有之乡”，终于“南溟”变文“藐姑射之山”的庄学全图，命名为“南溟弔诡图”。

## 结语　完美结构，至高创造

南溟弔诡图证明，“内七篇”包含了完整无缺的庄学全貌，减一篇太少，增一篇太多。“至矣，尽矣，不可以加矣”（《齐物论》）。“内七篇”与“外杂篇”文风差异巨大，水准高下悬殊，稍具文心者到眼可辨：无一弱篇的“内七篇”为庄子亲撰，良莠不齐的“外杂篇”为弟子后学所撰。因此郭象只敢整篇删除“外杂篇”，不敢整篇删除“内七篇”。陆德明概括历代不同版本：“内篇众家并同，自余或有外而无杂。”沈约则说：“有晋中兴，玄风独振。为学穷于柱下，博物止乎七篇。”

“内七篇”之所以是中国哲学永难超越的智慧巅峰，中国文学永难超越的语言极品，植根于庄子创造的总体结构。庄子的头脑是上帝级头脑，因为创造结构是至高创造。假如上帝曾经创造宇宙，创造的必非具体之物，而是宇宙的抽象结构。理解结构是至高理解。人类试图理解宇宙，理解的也非具体之物，而是宇宙的抽象结构。迄今为止，对宇宙的抽象结构达至最高理解的爱因斯坦不无吊诡地说：“世界的难以理解，就是可以理解。”世界的难以理解，源于其结构未被揭破。世界的可以理解，始于其结构被逐步揭破。

# 余论二

# 文化与造化

“文化”已经泛化到无所不包，不仅可以包含“文明”，甚至可以包含“野蛮”，因为野蛮人尽管“不文明”，但是并非“没文化”。混淆“文化”、“文明”所导致的思想混乱，使高举“文化”大旗者，比如“文化相对主义”者、“文化保守主义”者，常常步入误区。

大部分混淆者误以为“文明”与“文化”没有差别，可以随便使用，换成另一名相也无所谓。小部分混淆者认为两者有很难描述的细微差别，只能自由心证。他们每次使用“文明”时都自以为不同于“文化”，正如每次使用“文化”时也自以为不同于“文明”，换成另一名相就感到不够确切。极少数学者认为两者有可以描述的显著差别，于是自信地分别给出两者的思辨性定义。定义者告诫人们不可随意混淆两者，因为兹事体大，混淆会阻碍“文明”进步，影响“文化”发展。然而学者们给出的上百种定义大都语焉不详，没有一种逻辑自洽且一以贯之，没有一种经得起追问反诘，因此尚无一种获得公认。五花八门、互相矛盾的思辨性定义，不仅未能有效阻止大多数人的混淆，而且定义者稍不留神，也常违背自己的定义。

我的观点比学者们更进一步：“文明”与“文化”具有本质差别，但是劳心伤神的思辨性定义不可能厘清。只有为两者找到对词，方能做出有效定义，彰显本质差别。

“文明”的对词不必找，尽人皆知是“野蛮”；然而“文化”的对词究竟是什么，似乎尚未形成共识。不过在找到“文化”的对词并达成共识之前，仅凭“文化”的对词决非“野蛮”，已足以昭示“文明”与“文化”必有本质差别。

## 一 “文化”的对词：“造化”

“文明”的反义是“不文明”，对词是“野蛮”。

“文化”的反义是“没文化”，对词是“造化”。

“文化”名相，出自儒家经典《易传》：“观乎人文，以化成天下。”

“造化”名相，出自庄子《大宗师》：“以天地为大炉，以造化为大冶。”

儒家“文化”希望通过“修齐治平”之手段，达到“天下太平”之目标。儒家“文化”的反思者庄子如此评价：“以不平平，其平也不平。”[1]意为：妄想用不公平的手段抵达公平的目标，即便自以为公平，仍然不可能公平。易言之，用儒家“文化”的标准来衡量，认为结果很公平，因为那个结果正是儒家“文化”所希望的；用“造化”的标准来衡量，认为结果不公平，因为那个结果违背了“造化”所规定的。

儒家“文化”论，就是用宗法伦理对天下人予以“教化”，《大宗师》谓之“黥以仁义，劓以是非”。儒家“文化”论的宗旨，就是让天下人信奉宗法伦理，成为以君为父、为君所役、役人之役、适人之适的“文化”假人，强迫天下人“君君臣臣”，达至“天下太平”的宗法理想。

庄学“造化”论，正是用天道伦理对已被儒家文化“黥劓雕琢”的天下人，予以“息黥补劓，雕琢复朴”。庄学“造化”论的宗旨，就是让天下人信仰天道伦理，成为以天为父、为道所使、乘物游心、自适其适的“造化”真人，听任天下人“吹万不同”，达至“无待逍遥”的天道理想。

因此，“造化”是“文化”天造地设、不可移易的确切对词。

“文化”名相不见于庄子笔下，这是支离其言、晦藏其旨的结果。然而《人间世》把已被悖道文化“黥劓雕琢”者，称为“文木”，而把拒绝悖道文化“黥劓雕琢”者，称为“散木”。足证“造化 / 文化”之辨，是贯彻全部庄学的基本

[1]《外篇·曹商》所载庄子临终遗言。郭象以降，均误断为非庄子之言。

义理。

"造化"名相不见于弟子后学所撰的"外杂篇"，不过"外杂篇"延续了庄子的"造化/文化"之辨，比如《外篇·秋水》：

河伯曰："何谓天？何谓人？"

北海若曰："牛马四足，是谓天；络马首，穿牛鼻，是谓人。故曰：无以人灭天，无以故灭命，无以德殉名。谨守而勿失，是谓返其真。"

《秋水》所言"天（之所为）"，正是"造化"；所言"人（之所为）"，正是"文化"。《荀子·解蔽》批评庄子"蔽于天而不知人"，尽管是陷溺人间视点、出于门派成心的偏见，不过荀子的"天"、"人"之义，与《秋水》相同，意为庄子仅知"造化"的重要，不知"文化"的重要。其实庄子所知的天道伦理之"人"，仅是不符合荀子所知的宗法伦理之"人"而已。"以其心得其常心"的庄子，远比荀子更为深知宗法伦理之"人"。《大宗师》开宗明义对"至人"所下定义："知天之所为、知人之所为者，至矣。"表明庄学至人彻悟"造化"（天之所为）与"文化"（人之所为）的关系。作为"文化"反思者，庄子并不反对所有"文化"，仅仅反对"以人灭天"的悖道文化，包括荀子集其大成的儒学。

上引《秋水》之"无以德殉名"，诸本均作"无以得殉名"。"得—德"义同字通，以正字法观之，"得"为动词，"德"为名词。动名词"得—德"的本义，是天赋物德。因此只有"得"于"道"，"得"于"天"，也就是"得"于"造化"者，方为真"德"；而"得"于"术"，"得"于"人"，也就是"得"于"文化"者，实为伪德。《荀子·性恶》对此供认不讳："人之性恶，其善者伪也。"儒家以"术"代"道"，以"人"灭"天"，以"文化"违背"造化"，在先秦时代就遭到了墨家、道家的猛烈批评。

明确了"天"指"造化"，"人"指"文化"，可以顺便厘清另一个至关重要的中国母题"天人合一"。这一母题被先秦以后日益巫术化、神学化的儒家积非成是地阐释为具体的"人"与人格化、神格化的"天"之间的神秘感应和意志相通。实际上"天人合一"指的是"造化"与"文化"的合一，而且只能以"人"

合“天”，不能强“天”合“人”；只能以“文化”顺应“造化”，不能用“文化”违背“造化”。

## 二 “造化”、“文化”的价值序列

“造化”是人力无法控制、无法改变的流变性、运动性运作，调控这一流变性、运动性运作的是“造化者”，调控方式是“无为”而“无所不为”，即自然之“道”。

顺道“文化”（广义）是人类发现造化规律并顺应（即“文明”，详下）或仿效造化规律而创造（即“文化”之最狭义Ⅱ，详下）的流变性、运动性造作，调控这一流变性、运动性造作的是“自发者”，调控方式是“无为”而“无所不为”，即自然之“德”。

悖道“文化”是人力试图控制、企图改变、妄图违背造化规律的流变性、运动性造作，掌控这一流变性、运动性造作的是“统治者”，掌控方式是“有为”的“意识形态”，即人文之“术”。

儒家学者喜欢把“人文之术”称为“人文之道”，或是缘于不知“道”、“术”之别，或是明知“道”、“术”之别，却刻意拔高“人文之术”，使之僭代并驱逐“自然之道”。其实孔门弟子也知道孔学是“术”非“道”，所以子贡才会慨叹：“夫子之言性与天道，不可得而闻也。”把儒学（而非孔学）确立为专制制度意识形态的董仲舒、汉武帝也坦率承认，其所“独尊”的仅是“儒术”，并非“儒道”。可见连孔门高弟、儒学大师、专制帝王都不敢违背始原性中国文化的基本价值序列：“道”（造化）高于“术”（文化）。然而随着儒家意识形态的日益权威化和持续洗脑，屈服于儒家意识形态的士子们不再知晓“道”、“术”之别，于是伪道俗见众口一词地僭称“儒术”为“孔孟之道”，而不知其非。

把始原性中国文化的价值序列表述得最为明确的，莫过于孔子曾经问“道”的老聃：

失道而后德，失德而后仁，失仁而后义，失义而后礼。夫礼者，忠信之薄，而乱之首。[1]

儒家用五行观念人为造作出“仁”、“义”、“礼”、“智”、“信”五德，实为“道”、“德”丧失之后的文化伪德，这些文化伪德既违背造化真道，也违背造化赋予人类的天赋真德。

在始原性中国语境下，“道”、“德”不仅有别于“仁”、“义”，而且高于“仁”、“义”。然而儒家集团与专制庙堂合谋，先是混淆了“仁”、“义”与“道”、“德”的本质差别，进而颠倒了“道↘德↘仁↘义”的高低序列[2]，重新排序为积非成是的“仁—义—道—德”。谎言重复千遍，竟被视为真理。两千多年来，“仁义道德”的谎言重复了何止千遍？时至今日，已经鲜有中国人认为“仁义道德”四字荒诞不经了，足见意识形态的洗脑威力。

不少中国人以为“仁义”是好词，殊不知儒家“仁义”是违背“道德”的伪道德。

不少中国人以为“文化”是好词，殊不知儒家“文化”是违背“造化”的坏文化。

## 三　广义“文化”中的通用“文明”

广义“文化”是一切人类活动的总称，区别于没有人类因素介入的自然“造化”。

广义“文化”由三部分组成：通用文明、悖道文化、顺道文化。关系如下：

---

[1]《老子》三十八章。《外篇·知北游》所引略异：“故曰：‘失道而后德，失德而后仁，失仁而后义，失义而后礼。礼者，道之华而乱之首也。’”足证老聃语录经百余年口耳相传或不同的早期写本（如郭店简本），直到战国中期才写定为古本《德道经》，写定者掺入了“偏将军”、“上将军”等战国时期才有的术语。后经王弼篡改，至唐玄宗最终钦定为今本《老子》或《道德经》。

[2]《论语·述而》：“子曰：志于道，据于德，依于仁，游于艺。”说明师事老聃的孔子也认可“道↘德↘仁↘义”的价值序列，这是儒学违背孔学的又一证。

- 文化（广义）
  - 通用文明
    - 科学真理：自然造化之通用规律
    - 人文公理：人类社会（特殊的自然造化）之通用法则
  - 独特文化（次狭义）
    - 悖道文化（最狭义Ⅰ）：通常被权力御用，成为庙堂文化
    - 顺道文化（最狭义Ⅱ）：通常被权力压制，成为江湖文化

广义“文化”的第一个组成部分，是发现并顺应造化规律的通用性“文明”。

当且仅当“文化”一词取广义时，可以笼统而模糊地认为每一民族均有异于其他民族的独特文化，然而倘若以为该民族文化中所包含的“文明”也是独特的，则谬以千里。

每一民族的独特文化中，其发现并顺应造化规律的“文明”不具民族独特性，而具有人类通用性，因此把这一部分单独提取出来，称之为“文明”。“文明”由两大部分组成：对归属于自然造化之科学真理的发现和顺应，对归属于人类社会之人文公理的发现和顺应。人类社会也是自然造化的一部分，由于我们是人类，因此把“关于人类社会的科学真理”单独列出，称为“人文公理”。“文明”既包括物质性硬件，比如人均 GDP 的高低增减等等，也包括精神性软件，比如社会制度的公正与否等等。以为“文明”仅指硬件，“文化”仅指软件，似是而实非。

“文明”不因民族性而独特，不受族际、国界限制。通用性科学真理如“1+1=2”，以及通用性人文公理如“人人生而平等”，不被率先发现者和率先顺应者独霸专享，而为全人类共有同享。一切科学真理和人文公理，必将或迟或早、或快或慢地传播推广到一切民族（含国家，下同）。

即便某一民族因偶然的历史机遇，其文明程度在某一历史阶段领先于其他民族，其暂时领先的文明成果也不可能为该民族独有专享。人类文明史上有过无数民族，比如埃及、巴比伦、印度、中国、希腊、罗马、阿拉伯、意大利、英国、法国、美国等，其文明程度均曾一度领先于全世界，一度获得过无上的精神荣耀，一度成为其他民族的学习榜样。因文明而获得精神荣耀、成为学习榜样，充分证明了文明的通用性；若非通用，精神荣耀、学习榜样就无从说起。

任何民族都有可能率先发现并顺应科学真理、人文公理，从而使该民族的文明程度暂时领先于其他民族。然而没有一个民族能发现全部科学真理和全部人文公理，因为对科学真理、人文公理的探索永无止境。每一民族的文明与人类总体文明的关系，就像五大洲每条河流与地球总海洋的关系。不同民族的广义“文化”河流，其历史流域、辐射范围尽管不同，相互之间也曾隔绝、陌生、误解、对抗、交流等，但是无一例外均曾或多或少贡献了文明之水，最终汇入人类总体文明的知识海洋。

当今世界的一切人类种族，均属相对的文明种族，又都是尚未充分文明因而相对野蛮的民族。人类尚未终止战争，即为明证。

“文明”与“野蛮”的差别是相对的。例如有 A、B、C 三个民族。A、B 相较，A 相对文明，B 相对野蛮；B、C 相较，则 B 相对文明，C 相对野蛮。

然而“文明”、“野蛮”的判断标准却是绝对的。因为将 A、B、C 三个民族的文明程度排定为 A、B、C 序列，其绝对标准只能是通用性科学真理和通用性人文公理。

因此，不能说某一民族具有异于其他民族的独特文明，只能说某一民族具有异于其他民族的独特文化。同时必须谨记，“文化”一词在此不取广义。

## 四　广义“文化”中的独特悖道“文化”

提取出通用性文明之后，广义“文化”中还剩下两项独特部分：与造化规律背道而驰的独特悖道“文化”，对自然造化丰富补充的独特顺道“文化”。这两项独特部分，就是独特的“民族文化”。一切民族，均有异于其他民族的独特文化。

每一民族的悖道文化，常常与其他民族的悖道文化截然不同。一切悖道文化的共同之处，就是把知识谬误和虚假公理视为造化规律，却既没有科学论证，也不对应用层次及适用范围做出任何限定，就宣布为不可质疑的绝对真理。然而科学真理和人文公理不仅有严密的科学论证，而且对应用层次及适用范围均有严格限定，同时承认是可以修正的相对真理，因而得以在质疑、批判和进一步探索中，不断深化完善。在一定历史时段内，科学真理与人文公理的正确答案仅有一个，错误答案却有无数，错误不会因“独特”而正确，也不会因“独特”而可贵。“文明”之所以通用，就因为“文明”是客观发现然后顺应的自然造化，而全体人类拥有的是同一个自然造化。“文化”之所以独特，就因为“文化”是主观设计然后推广的人为造作，而不同民族拥有的是迥异的民族文化。“文明”不可能与造化规律背道而驰，“文化”不仅可能而且常常与造化规律背道而驰，当“文化”与专制强权勾结之时尤其如此。

任何唯我独尊的文化形态，都是悖道文化，因为自然造化是无限多样的。在各种文化形态的自由竞争中，悖道文化原本并非顺道文化的竞争对手，会被具有自由选择权的民众普遍唾弃，然而悖道文化总是为专制强权侵夺民众的天赋自由出谋划策并公开辩护，于是获得专制强权垂青，被尊奉为不许挑战、不可批评的文化恐龙——意识形态。何为“意识形态”？意识形态就是用专制强权剥夺各种文化形态自由存在的天赋权利以后，单极独大的权威文化形态。

专制强权必然会选定一种对其最为有利的悖道文化作为意识形态，以便按照这种悖道文化的人为设计，理直气壮地侵夺民众自由，榨取民脂民膏，对权利与财富进行不公正的分配、再分配。唯我独尊的悖道文化一旦被专制强权尊奉为意识形态，必定会否定、排斥、压制、剿灭一切异己的文化形态，尤其是顺道文化，因为唯有如此它才能单极独大。悖道文化及其意识形态的鼓吹者和维护者，因为对专制强权有功而受赏，分得民脂民膏的一杯羹，成为专制社会的特权阶层和既得利益集团。

悖道文化及其意识形态不仅违背科学真理和人文公理，而且必定质量低劣，因为悖道文化借助专制强权“罢黜百家”，逆淘汰了比它优秀的所有竞争对手，没有自由竞争必定不可能优秀。何况悖道文化及其意识形态产品，由灵魂不自由的御用文人在非自由状态下炮制，因此其质量低劣是命中注定的。然而专制强权会动用国家机器力挺劣质悖道文化，强行把它纳入民族文化宝库，强行使之跻身民族文化圣殿。

一旦专制强权延续时间过长，由于民众的文化选择权被强行剥夺，民众就会经由钦定教育而被意识形态洗脑，对顺道江湖文化彻底无知，满脑子全是被灌输的悖道庙堂文化，于是劣币驱逐良币，悖道的劣质庙堂文化被册封为民族文化“经典”，成了民众无条件膜拜的所谓“主流文化”、“传统文化”。

悖道的劣质庙堂文化，首先戕害的是该民族自身。然而一旦该民族的文明程度暂时获得相对领先，就会凭借文明强势，主动推广其悖道的劣质庙堂文化，迫使文明程度暂时相对落后的其他民族接受，甚至被其他民族盲目崇拜，从而受害。这种受害在其最初，也许不被异民族视为危害，反而误以为是慕效高级文化，但是错误不可能长久，迟早会随着该民族的文明停滞和异民族的文明进步而终止。而且随着重新获得文明觉醒，该民族自己也必将抛弃悖道的劣质庙堂文化，哪怕专制强权为之戴上“传统”、“主流”、“经典”、“权威”等虚假光环，也无法挽救其没落。

## 五 广义“文化”中的独特顺道“文化”

从独特的民族文化中剔除了独特的悖道文化之后，就获得了独特的顺道文化。

每一民族的顺道文化，同样常常与其他民族的顺道文化迥然不同。与悖道文化是人为造作一样，顺道文化也是人为造作；然而悖道文化违背造化规律、科学真理、人文公理，顺道文化却不违背造化规律、科学真理、人文公理。顺道文化不同于对造化规律、科学真理、人文公理的“发现”，是对自然造化的丰富性、补充性、提升性、超越性“创造”。正是凭借顺道文化，人类才成为万物之灵长，造化之奇迹。

唯有人类这种独一无二的特殊自然造化，方能凭其独有智慧，人为造作自然造化原本没有的杰出创造。择其大者言之，就有语言文字、文学艺术、游戏娱乐、良风美俗、生活方式等。顺道文化像悖道文化一样不具通用性，除非异民族个体谙熟该民族语言传统，爱好该民族风俗习惯，融入该民族日常生活，否则殊难领略其文化真味。

杰出的文化创造，仅在自由状态下才有可能。自由创作也可能出现劣质造作，但是劣质造作会在民众的自由选择中自然淘汰，只有杰出创造才会赢得民众发自内心的广泛喜爱，从而进入民族文化宝库，跻身民族文化圣殿。尽管专制强权会动用国家机器不遗余力地否定、排斥、压制、剿灭顺道江湖文化，但对顺道江湖文化的民族失忆不会永久。顺道江湖文化具有以造化为后盾的不竭生命力，一旦专制强权衰变为强弩之末，就会从蛰伏和冬眠中破土而出，失而复得，重续民族文化命脉。悖道庙堂文化及其意识形态，终有倾倒之时，但是只要民族存在，顺道江湖文化必将永存。此即《秋水》所言“谨守而勿失，是谓返其真”。

倘若民族文化以顺道文化为主流，那么该民族就擅长发现并乐于顺应科学真理和人文公理，也乐于接受、善于学习异民族率先发现并顺应的科学真理和人文公理；倘若民族文化以悖道文化为主流，那么该民族就不擅长发现并不乐于顺应科学真理和人文公理，甚至拒绝接受、拒绝学习异民族业已发现并顺应的科学真理和人文公理。

倘若“文化”仅指悖道庙堂文化，那么“文化”就是坏词，“没文化”就是好词。“有文化”仅仅意味着意识形态洗脑的成功，以及对专制强权淫威的屈服，而“没文化”倒意味着尚未丧失纯朴天真的天赋真德。

倘若“文化”仅指顺道江湖文化，那么“文化”就是好词，“没文化”就是坏词。“有文化”意味着你是精神富翁，是人类不朽精神的传承者，而“没文化”则意味着你精神赤贫，即便你腰缠万贯，也没资格进入文化殿堂，无福享用人类千万年来创造的文化瑰宝。一个徒具“文明”躯壳的现代人，其精神生活必定远比有“文化”的古代人粗陋贫乏。

## 六 “文化”、“文明”的道器之辨

一旦“文化”、“文明”两大名相不再混淆，就容易厘清两者之间的道器关系：文化是道，文明是器。假如悖道文化加塞进来，那就必须表述为：顺道文化是道，悖道文化是术，而文明是器。

文明追求通用之“是”，悖道文化以独特之“非”驱逐通用之“是”，并借助专制强权，使独特之“非”僭代通用之“是”。顺道文化超越“是”、“非”，既超越文明的通用之“是”，也超越悖道文化的独特之“非”。

文明对违背造化规律、科学真理、人文公理的悖道文化不仅有发言权，而且有裁判权。然而文明对不违背造化规律、科学真理、人文公理的顺道文化不仅没有裁判权，甚至没有发言权。因为通用文明仅仅是全体人类追求自由幸福的公器性工具，而工具对目的永远盲目。工具一旦被悖道文化霸占，必被用于反对目的并背离目的，用于侵夺人类的自由幸福。工具只有被顺道文化掌握，才有可能用于追求目的并抵达目的，用于实现人类的自由幸福。

文明只是通用手段，科学、民主、法治、公正、平等、财富，都是手段；文化才是独特目的，每个人的独特自由、独特幸福、独特快乐、独特享受、独特审美，才是人类的终极目的。

文明是通用而功利的，是追求效率的通用技术。

文化是独特而审美的，是不追求效率的独特艺术。

文明的核心是科学。永远没有独特的科学，永远只有通用的科学。

文化的核心是哲学。永远没有通用的哲学，永远只有独特的哲学。

文明的最佳状态是进步，趋于停滞退步，就是灾难。

文化的最佳状态是丰富，趋于单调乏味，就是灾难。

文明不需要丰富，正如科学真理“1+1=2”和人文公理“人人生而平等”不需要丰富的答案，只需要一个正确答案。“丰富”的错误答案，只会把文明引向歧途。

文化不需要进步，正如良风美俗不需要日新月异的人为改变；自由、幸福、快乐、享受、审美不需要进步，因为进步必有目标，而这些正是人类的目标。

顺道文化使共享人类通用文明，而又各自生活在独特民族文化氛围中的每个人，获得自由的重心，避免因自由而走向失重；获得幸福的质感，避免因幸福而走向空虚；获得快乐的节奏，避免因快乐而走向疯狂；获得享受的深度，避免因享受而走向堕落；获得审美的趣味，避免因审美而走向无聊。因此通用文明搭台，还需独特文化唱戏。通用文明仅是幸福生活的自由舞台，独特文化才是幸福生活的具体剧目。通用文明提供普遍抽象的生活形式与外在躯壳，而独特文化提供丰富具体的生活内容与内在实质。

人类文明的终极目的，就是让每个人在文化领域享有完全彻底的自由。庄子谓之“自适其适，尽其所受乎天”的“无待逍遥游”。

## 七 “文化相对主义”、“文化保守主义”的误区

综上所述，“文化”一词可有广义、次狭义、最狭义。广义包括通用文明、独特的悖道文化、独特的顺道文化。次狭义包括独特的悖道文化、独特的顺道文化。最狭义两种，或单指独特的悖道文化，或单指独特的顺道文化。

任何有价值的文化思考，比如“文化相对主义”、“文化保守主义”，都必须明确界定“文化”一词的词义广狭和具体所指。

把人干的一切烂事，都叫做“文化”，就其有别于“造化”而言并无不当，然而广义的“文化”不具褒义（与“造化”相较，反而常具贬义），商业运作利用这一广义，以便使烂事显得煞有介事，从而牟利，不值一笑。“文化相对主义”、“文化保守主义”若取这一义，就危害甚大，贻害无穷。取广义的“文化相对主义”和“文化保守主义”，无法逃脱如下逻辑坎陷：它时而用广义“文化”涵盖“文明”，时而又用狭义“文化”的独特性拒绝“文明”的通用性，拒绝通用性科学真理和通用性人文公理，在不知不觉中偷换了概念，把“文化相对主义”变成“文明相对主义”，堕落到为野蛮辩护。然而不存在“文明相对主义”，文明程度固然是相对的，文明标准却是绝对的，因此广义的“文化相对主义”完全无效。在文明领域，通用性科学真理和通用性人文公理才是唯一裁判。

次狭义“文化”是提取出通用“文明”之后的独特民族文化。“文化相对主义”、“文化保守主义”若取这一义，就是民族主义的“文化相对主义”和民族主义的“文化保守主义”。民族主义者仅仅出于民族自尊心和爱国动机，就会用“文化相对主义”或“文化保守主义”为本民族的一切文化辩护。由于钦定教育和意识形态洗脑的成功，大多数民族主义者基本不了解顺道江湖文化，所知多属悖道庙堂文化，因此常常为后者辩护。由于民族主义者为悖道文化辩护不具利益动机，因此更为狂热地自居高尚和正确。人类历史上的无数文化灾难，均

以不具利益动机的狂热分子为中坚。头脑较为清醒的民族主义者也鄙视悖道文化，但是出于民族感情，他只希望关起门来悄悄抛弃悖道文化，而不允许其他民族嘲笑，更不允许本民族的文化反思者批判，理由是“家丑不可外扬”。殊不知不许批判、不肯反省、不思进取，是更大的家丑。“家丑不可外扬”不仅无助于抛弃悖道文化，反而或无意或有意地成了悖道文化的帮凶。

最狭义“文化”有两种，因此取最狭义的“文化相对主义”、“文化保守主义”也有两种：悖道的“文化相对主义”和“文化保守主义”，顺道的“文化相对主义”和“文化保守主义”。

悖道的“文化相对主义”，总是竭力否定、排斥、压制、剿灭顺道的江湖文化，而把悖道文化及其意识形态夸大为绝对的“文化恐龙”，却忘了其所主张的文化“相对”性，从“文化相对主义”变成了“文化绝对主义”。悖道的“文化保守主义”，总是竭力保守悖道文化及其意识形态，却对顺道的江湖文化既无管窥之知，又无锥指之晓，就大言不惭地宣称要对本民族的优秀文化、优良传统保之守之。

为了增加迷惑性，悖道的“文化相对主义”常常假扮成民族主义的“文化相对主义”，悖道的“文化保守主义”常常假扮成民族主义的“文化保守主义”，先是有选择地赞扬一些对悖道文化不具威胁的顺道文化，当这些伎俩蛊惑了民众头脑、骗取了民众支持以后，就开始瞒天过海地为悖道文化及其意识形态辩护，以便维护其既得利益和政治特权。

唯有客观公正地去芜存精、不取意识形态立场的顺道的“文化相对主义”，才是可取的“文化相对主义”；唯有站在悖道文化及其意识形态反面的顺道的“文化保守主义”，才是可贵的“文化保守主义”。

## 结语

每一民族的独特文化，无不分为两大部分：以“文化”顺应“造化”的顺道文化，用“文化”违背“造化”的悖道文化。中华民族的独特文化同样分为两大部分：以道家思想为精神支柱、得到炎黄子孙倾心守护的顺道江湖文化；以儒家思想为意识形态、得到专制制度倾力维护的悖道庙堂文化。

判定儒学是悖道文化，理由是儒学从其始祖孔子开始就违背人文公理，剥夺民众的言论自由："天下有道，则庶人不议。""民可使由之，不可使知之。"[1]因此儒学在未被专制庙堂确立为意识形态之前，就不允许其他文化形态自由存在。反对儒学的墨、道两家在百家争鸣的先秦时代就已遭到宣扬"王道"实为"霸道"的孟子毫不宽容的诋毁："圣王不作，诸侯放恣，处士横议。杨朱、墨翟之言盈天下。天下之言，不归杨则归墨。杨氏为我，是无君也。墨氏兼爱，是无父也。无父无君，是禽兽也。"[2]杨朱是道家激进派，像墨家一样，对儒学的形而下批判，具体而直接，更为通俗易懂，因而在儒学被确立为意识形态以后，杨朱之学和墨家之学均被剿灭。鲁迅以为"杨朱为我，故必无书"，这一未必是事实的主观判断很不精确，必须修正为："杨朱为我，必不著书。"然而不自著书而经弟子记录成书者中外多有，苏格拉底、孔子、佛陀、耶稣、惠能皆然，既然杨朱之言曾经盈天下，那么若非剿灭，就不可能消失得无影无踪。老子是道家温和派，庄子是温和其表、激烈其里，两者对儒学的形而上批判，根本而抽象，极其隐晦难懂，因而在儒学被确立为意识形态以后，仅被篡改反注，然后彻底边缘化。

自从"圣王有作"的汉武帝剥夺了"处士横议"的言论自由，宣布"罢黜百家、独尊儒术"以来，儒学始终对专制庙堂效忠，为专制制度辩护，扼杀中华民族的精神自由，遏制中华民族的精神发展，禁锢中华民族的精神创造，使先秦以前极其伟大、文明程度长期领先于世界的中华民族，经历了两千多年的漫长衰退，最终跌入文明程度远远落后于其他民族的文化谷底。

集道家与先秦中国文化之大成的庄子，正是为了反对一切悖道文化尤其是反对儒家悖道文化，才发明了"文化"的对词"造化"。作为人类文化史上独树一帜的文化反思者，庄子对中国文化的巨大贡献和深远影响，任何人都无法与

[1] 分见《论语·季氏》、《论语·泰伯》。

[2] 语见《孟子·滕文公》。"杨"指道家，先秦尚无"道家"之名。

之相提并论。把孔子视为中国文化之父，是专制庙堂与儒家意识形态两千年来不断造势虚构出来的神话。这一虚构重塑的孔子偶像，也仅仅是悖道的中国庙堂文化之父，而庄子才是顺道的中国江湖文化之父。不幸的是，《庄子》一书遭到了以郭象为首的儒家注疏者长达一千七百年的篡改反注，致使庄学奥义千古沉埋，鲜有知者。

在中国文化语境中，唯有否定、反抗、批判儒家悖道文化及其专制意识形态的“文化相对主义”和“文化保守主义”，才能保守并弘扬古典中国的百家顺道文化。据此可以重新审视清儒张之洞的“中学为体，西学为用”。作为儒家悖道文化的既得利益者和专制意识形态的顽固维护者，张之洞把儒家悖道文化及其专制意识形态视为“中学”，而把西方暂时领先的通用文明视为“西学”，既混淆了通用文明与独特文化，又死守儒家悖道文化而无视百家顺道文化，因而注定不可能成功。只有以独特的中华顺道文化为体，以西方暂时领先的通用文明为用，方能确保当代中国在复兴文明的同时，复兴百家顺道文化。唯有中华顺道文化的复兴，才能确保伟大的中华民族不丧失成就其伟大的独特性，不丧失独一无二的文化特性和恢宏博大的精神家园，不沦为皈依异民族文化的文化难民。这就是我反对“全盘西化”的根本理由。

顺便一提，美国学者亨廷顿提出的所谓“文明冲突论”也混淆了“文化”和“文明”，必须修正为“文化冲突论”。两种“文明”只会交融，不会冲突，只有两种“文化”才会冲突。两种顺道文化尽管未必能够完全交融，却可以相安无事地并行不悖，庄子谓之“以是相蕴”（《齐物论》）。唯有两种悖道文化，才会不可避免地发生冲突。悖道文化的死敌并非顺道文化，而是其他悖道文化。因为每一种悖道文化都不允许其他文化形态自由存在，都企图无限膨胀为吞噬一切的文化恐龙，都妄想统一全世界乃至征服全世界。每一种悖道文化不仅是本民族其他悖道文化的死敌，也是全世界一切悖道文化的死敌。甚至同一种悖道文化内部，也会因争权夺利而互相残杀，比如儒家的同宗别派法家一朝得势，立刻就“焚书坑儒”。悖道文化在国家内部必然破坏文明，扼杀顺道文化，挑起内斗乃至内战；悖道文化在国际领域必然破坏异国文明，扼杀异国顺道文化，挑起民族冲突乃至国际战争。

顺道文化对悖道文化，远比其他悖道文化对它的态度更为宽容。顺道文化一方面弘扬自己愿意保之守之的独特民族文化，另一方面欣赏他人愿意保之守之的独特民族文化。顺道文化仅仅要求悖道文化与专制强权脱钩，祛除意识形态之魅，推倒泥塑偶像，根除悖道性质，恢复正常身形，不再无限虚胖地以“文化恐龙”自居，而是信从科学真理和人文公理，与所有的文化形态自由竞争。物竞天择，优胜劣汰。此即庄子所言：“以天地为大炉，以造化为大冶，恶乎往而不可哉？”(《大宗师》)

每一民族的文明，无不趋向不断进步。当其悖道文化阻碍文明进步之时，民族文明就停滞退化为野蛮；当其顺道文化促进文明进步之时，民族文明就与人类文明同步。

每一民族的文化，无不趋向不断丰富。当其悖道文化消灭文化丰富性之时，民族文化就成为造化的反动；当其顺道文化日益丰富精美之时，民族文化就与自然造化同功。[1]

[1] 本文刊《书屋》2006年4期，今已修订增补。

余论三

# 哲学先知与时代精神

“知识”与“精神”，意蕴相关而关系模糊，“知识”与“时代精神”亦然。本文跳出庄学樊篱，从“知识”入手，考察“精神”、“时代精神”等一系列相关名相，尝试为轴心时代的哲学先知庄子，在人类精神史中找到恰当位置。

## 一 “知识”生产三阶段

人类的“知识”生产，一般要经过个人“新知”、小众“共识”、大众“常识”三个阶段。

其一，个人“新知”阶段，即“知识”生产的开发、设计阶段。

先由论者提出“新知”提案，对已有知识存量即“常识”，提出补充、修正、质疑、挑战，提案提交知识界——相当于“知识议会”。广大读者相当于知识选民，虽不直接参加知识议会的辩论，但其反馈对知识议会具有极大影响力。

其二，小众“共识”阶段，即“知识”生产的决策、投产阶段。

知识界对“新知”提案予以探讨，辩论，赞成，反对，或沉默。大部分“新知”提案，会被知识界多数否决，主要原因是大部分“新知”提案价值有限，次要原因是知识界通常比较保守——这有利于传承文明，但不利于推进文明，不过盲目的激进确实不如审慎的保守。沉默类似于否决，相当于知识界多数投了弃权票。知识界通常仅仅运用已有知识存量即“常识”来否决“新知”提案，只有社会状况发生剧烈变动、固有知识系统之权威性遭到普遍质疑的特殊时期，才会以采纳某一“新知”提案的方式，否决其他“新知”提案。补充、修正“常识”的“新知”提案，较易获得通过。质疑“常识”之局部的提案，较难获得通过。挑战“常识”之总体的提案，最难获得通过。获得通过的“新知”提案，在进一步补充、修正之后，将在知识界内部形成小众“共识”，于是知识新产品基本成型，可以投产问世了。

其三，大众“常识”阶段，即“知识”的市场推广、零售消费阶段。

知识界小众达成“共识”之后，“新知”就开始向知识界以外传播普及，直到成为大众皆知的“常识”，融入已有知识存量为止，其重要标志是进入大、中、小学教材，类似于进入专卖店、超市、百货公司。中小学教育的主要目标，是向受教育者普及已有知识存量的基础部分，使之成为全民“常识”，通常不注重对“常识”提出补充、修正、质疑、挑战。但是理想的中小学教育，必须培养质疑精神，不能让受教育者盲信“常识”。大学教育则必须具有双重目标，既要向受教育者进一步普及“常识”的纵深部分，又须着重训练受教育者补充、修正、质疑、挑战“常识”的能力，为知识界培养新成员。

每一位知识界成员，既是有权批评其他成员提交的“新知”提案的议员，又是有权提交“新知”提案的论者。“论者”与“议员”，异名同实。知识议会的新陈代谢，促进着知识生产的升级换代和良性循环，兼顾传承文明的知识生产和推进文明的知识再生产。不直接从事知识生产和再生产的人们，是知识产业的消费者和受益者，也是知识议员的选民和监督者，同时又从事着其他物质产业的生产和再生产，与知识产业形成有机互动和良性循环。

人类知识日益丰富和准确，人类文明日趋完善和高级，循环往复地传承，永无休止地推进。人类就这样成为万物之灵长，造化之奇迹。

## 二　共时性的三种“时代精神”

“知识”生产分为三个阶段，因此处于三个阶段的三种“知识”，都有可能被视为“时代精神”。于是每一时代，均有三种未必相容甚至相互冲突的“时代精神”。

知识生产第一阶段的“新知”提案，通常保存在个人著作里，不仅大众不知，连知识界也少有人知。在无数的个人著作中，极少数“新知”提案将会或顺利或艰难地通过后面两个阶段，在后一时代成为受过大学教育的知识界小众之“共识”，并在更后时代成为受过中小学教育的大众之“常识”。然而这些个人“新知”在问世之初，就会被极少数人大大超前地命名为“时代精神”，其后时代的共鸣者，也会追认其为当时的“时代精神”。其实仅仅是当时的“先知时代精神”。

知识生产第二阶段的知识界小众“共识”，通常保存在大学教材里，受过大学教育的知识界小众已不陌生，但是未受大学以上教育的大众仍很陌生。这些知识界小众“共识”之一部分（不可能是全部），在后一时代会成为受过中小学教育的大众“常识”，然而这些知识界小众的“共识”，也会被知识界小众稍稍提前地命名为“时代精神”，其后时代的共鸣者，也会追认其为当时的“时代精神”。其实仅仅是当时的“学院时代精神”。

知识生产第三阶段的大众“常识”，通常保存在中小学教材里，受过中小学教育的大众已不陌生。无须超前命名，也无须事后追认，每一时代的大众“常识”，就是真正的时代精神——“大众时代精神”。

“先知时代精神”的基本品性是激进和反叛，由于站在人类知识最前沿，所以全盘批判“学院时代精神”和“大众时代精神”。学院把“新知”转化为“共识”时，必将充分过滤其激进性。大众把“共识”接受为“常识”时，又将充分过滤其反叛性。从未有过激进反叛的“常识”，更未有过激进反叛的“时代精神”。激进反叛的“时代精神”，必非真正的“时代精神”，必属“先知时代精神”，是时代精神的制高点。

“学院时代精神”的基本品性是激进与保守的折中，由于已经部分吸纳了前一时代的“先知时代精神”，并致力于补充、修正、完善、发挥、传播、普及，所以不自知保守，反而以进步自居。在社会变革期，“学院时代精神”会暂时具有貌似“先知时代精神”的激进反叛表象，甚至比社会稳定期的“先知时代精神”更激进更反叛；一旦社会变革期过去，“学院时代精神”就会复归其保守品性，在时代精神的制高点和最低点之间游移不定。

“大众时代精神”的基本品性是怠惰和顽固，由于其知识水位落后于“先知时代精神”两个阶段，落后于“学院时代精神”一个阶段，因此不加批判地反感“先知时代精神”，又不加批判地仰慕“学院时代精神”。“大众时代精神”是真正的“时代精神”，然而最缺乏精神内涵，是时代精神的最低点。

“先知时代精神”与“学院时代精神”相较，显得离经叛道；“先知时代精神”与“大众时代精神”相较，显得大逆不道。

“学院时代精神”与“先知时代精神”相较，显得保守落后；“学院时代精神”与“大众时代精神”相较，显得绝对权威。

“大众时代精神”与“先知时代精神”相较，显得愚昧无知；“大众时代精神”与“学院时代精神”相较，显得纯朴可爱。

## 三 历时性的三种“时代精神”

每一时代均有共时性的三种时代精神，但是不同时代会把共时性的三种时代精神之一，视为本时代的时代精神。那么我们所处的时代，视共时性的三种时代精神之哪一种为时代精神呢？欲回答这一问题，必须先对我们所处的时代下个定义：大众传媒时代。

大众传媒热衷于高举“时代精神”大旗，而其宣扬的“时代精神”，一定属于共时性的三种“时代精神”之一。只要弄明白我们所处时代的“时代精神”，属于共时性的三种“时代精神”之哪一种，也就弄明白了大众传媒所宣扬的“时代精神”，属于共时性的三种“时代精神”之哪一种。

人类精神史，可以分为三大时代：前传媒时代，小众传媒时代，大众传媒时代。三大时代，对共时性的三种“时代精神”之选定，完全不同，依次递降，而且与历时性的三种时代精神，正好一一对应。

前传媒时代，个别先知的“新知”就是“时代精神”。其他人要么没有“精神”，要么是先知精神的无条件追随者，相当于没有“精神”，所以前传媒时代就是先知时代。

小众传媒时代，小众或精英的“共识”就是“时代精神”。其他人要么没有“精神”，要么是小众精神的无条件追随者，也相当于没有“精神”，所以小众传媒时代就是精英时代。

大众传媒时代，大众的“常识”就是“时代精神”，所以绝大多数人都没有“精神”，整个时代都没有“精神”。

先知时代没有传媒，然而尽人皆知谁是先知。

精英时代有了小众传媒，然而不仅大众不知道谁是先知，连精英也不知道谁是先知，即便偶然知道也视为有病，因为先知已经“不符合时代精神”，也就是不符合精英精神，所以先知被边缘化了。

大众传媒时代的传媒已经彻底大众化，然而大众除了继续不知道谁是先知，甚至也不再知道谁是精英，即便偶然知道也视为有病，因为精英已经“不符合时代精神”，也就是不符合大众精神，所以精英也被边缘化了。

任何时代都有先知和精英，而且任何时代都需要先知和精英。然而精英时代却是先知时代的精神递降，大众传媒时代又是精英时代的精神递降。由于先知在精英时代被边缘化，因此精英时代的先知由精英扮演——当然是伪先知。而精英在大众传媒时代也被边缘化，因此大众传媒时代的先知和精英由庸人扮演——当然是伪先知和伪精英。

在大众传媒时代，伪先知成了大众的精神医生，伪精英成了大众的精神牧师。然而伪先知和伪精英像大众一样毫无“精神”。大众固然追随伪先知和伪精英，竭尽全力媚雅，但是伪先知和伪精英同样追随大众，竭尽全力媚俗。三者相互追逐，像无头苍蝇一样六神无主。大众传媒所宣扬的“时代精神”，就是“大众精神”。大众传媒高举的“时代精神”大旗，就是没有“精神”。

## 四　三种“常识”和三种“迷信”

“常识”同样分为三个层次：精神先知的常识，未必是知识小众的常识。知识小众的常识，未必是普通大众的常识。甚至普通大众的常识，也未必是知识小众、精神先知的常识——不过他们并非不知道，而是视为“迷信”。

“常识”就是一切迷信的大杂烩。每个时代的大众常识，都包含着自古以来的迷信和最新时代的迷信。迷信与已有知识存量几乎是等价物。尽管任何个人都不可能掌握全部已有知识存量，但是每个人的知识都是已有知识存量的一部分，因此每个人掌握的"常识"，就是每个人固守的"迷信"。

与常识分为三个层次一样，迷信也分为三个层次。普通大众的"常识"，其核心是古老的"迷信"。知识小众的"共识"，其核心是当代的"迷信"。而少数先知的"新知"，又将成为未来的"迷信"。

"迷信"并非贬义词，正如"常识"并非褒义词。两者互为对词，又互相转换，是知识史之不同阶段，对同一知识的不同判断。先知的"新知"，尚未被视为"知识"，仅仅被视为"独到见解"，甚至被视为"奇谈怪论"。先知的"新知"一旦推广为小众"共识"，就成了"知识"。小众的"知识"一旦普及为大众"常识"，就成了"迷信"——不过此时尚未被视为"迷信"，要到后一时代才被视为"迷信"，尽管它已具备了"迷信"的全部特征：不可质疑，不许挑战。

大众常识，是当代迷信的总和。小众常识，是当代知识的总和。先知常识，是当代反叛的总和。由于知识小众的知识比大众领先一个时代，先知的知识又比知识小众领先一个时代，因此大众信奉的当代常识，往往被知识小众视为古老的迷信，认为应该破除迷信，用更新锐的知识予以更新。知识小众信奉的新锐知识，往往又被先知视为当代的迷信，认为应该破除迷信，以更新锐的思想予以升级。每个人的知识结构，都是知识与迷信的混杂，其知识可能是最新锐的，其迷信却可能是最古老的。既可以说教育是传授知识，也可以说教育是灌输迷信。两者几乎是同一件事：教育在破除古老迷信的同时，也在灌输当代迷信。

培根说："知识就是力量。"福柯说："知识就是权力。"其实常识比知识更有力量，更有权力；迷信又比常识更有力量，更有权力。因此知识的力量就是迷信的力量，知识的权力就是迷信的权力。知识与迷信的博弈，一开始常常是迷信获胜，然而知识最终会战胜迷信，于是知识又成了新常识、新迷信，从而成为更新锐知识的对手。

知识一旦成为常识，就所向披靡，任何对常识的质疑和挑战都要冒巨大风险。常识一旦成为迷信，就战无不胜，尽管它依然叫"常识"，但已成了不可质疑、不许挑战的绝对权威。只要是"常识"，那么你若是不知道，就应该羞愧，若是不赞成，则被千夫所指。当常识作为知识破除了旧迷信之时，常识是知识的结晶，社会进步的动力；当常识本身变成了新迷信之时，常识就是迷信的渊薮，社会进步的阻力。

随着时代进步，古老迷信会被部分扬弃，但是不可能全部扬弃，很多迷信亘古不变，然而知识却不可能亘古不变。无数的迷信，自古至今被大众信奉；而无数的新知，又不断加固着迷信的城墙。没有知识，人类就不会进步；没有迷信，人类就不会进步得如此缓慢。人类固然凭借知识获得了极大的物质进步，然而又由于固守常识和迷信而精神停滞。一方面，知识增量强劲推动着物质的飞速进步；另一方面，知识增量却难以改变精神的亘古如斯。因为物质和财富可以积累并直接传代，而知识与精神可以积累却无法直接传代，每一代人，每一个人，都必须从零开始学习知识，逐渐获得精神——或曰“灵魂”。直接继承物质遗产是轻松愉快的，因此没有人会拒绝成为物质遗产的继承人；然而间接继承精神遗产却是艰难困苦的，因此许多人拒绝成为精神遗产的继承人。于是随着知识增量导致的物质日益丰富，越来越多的人被物质泯灭了精神，越来越多的人用物质埋葬了灵魂。

## 五 物质与精神的反向运动

时代精神的三阶段递减，与物质生产的三阶段递增相应：先知主导的前传媒时代，是物质极端贫困的上古时代。精英主导的小众传媒时代，是物质相对丰富的中古时代。大众主导的大众传媒时代，是物质更为丰富的近现代。

在物质极端贫困的上古时代，全部物质在全民之中平均分配的结果是贫困，所以平均分配根本不可能，必须用知识和精神分出高下等第。只有极少数上等人能够得到多于全民平均分配的份额，摆脱物质贫困；极大多数人只能得到少于全民平均分配的份额，陷入物质赤贫。因而摆脱物质赤贫成了学习知识、培养精神的最大动力。在学习知识的过程中，极少数人中的极少数，不再以摆脱物质赤贫为目标，他们通过学习知识达至精神制高点，成了轴心时代的伟大先知。

在物质相对丰富的中古时代，全部物质在全民之中平均分配的结果依然是贫困，平均分配依然不可能，仍然必须用知识和精神分出高下等第。但是能够得到多于全民平均分配之份额、摆脱物质贫困的不再是极少数人，而是数量略有增加的小众即精英。不能跻身小众即精英阶层者，只能得到少于全民平均分配的份额，陷入物质赤贫。由于跻身数量略增的小众即精英阶层，比跻身数量极少的先知容易得多，因而尽管摆脱物质赤贫依然是学习知识的最大动力，但是无须达到先知时代的精神制高点，只要成为小众和精英就行。于是精英们学习知识、培养精神的进取心下降，小富即安，惰性适时而至。

进入物质更为丰富的近代以来，全部物质在全民之中平均分配的结果不再是贫困，因而平均分配已经可能而且有过大规模社会实践，比如始于二十世纪初、终结于二十世纪末的国际共产主义运动，但是事实证明效果不佳，效率低下，不利于生产力发展。进入二十一世纪以后，平均主义幻想已被全人类普遍抛弃，但是公平原则由于大众力量不断增强而日益得到体现，因此在不平均的物质分配中哪怕仅仅得到较低的份额，也未必陷入赤贫。对于二十一世纪以后的民众而言，摆脱物质赤贫不再是学习知识、培养精神的最大动力。即便连小众、精英的有限知识水准、相对精神高度也达不到，受惠于生产力之高度发展和分配之相对公平的大多数人，照样可以摆脱物质赤贫。于是不爱学习知识、拒绝培养精神的“天之戮民”大面积出现，精神懒汉甚至以无知为荣，人类的精神进取心普遍下降，惰性大获全胜。

进入现代以来，先知受到嘲笑，精英遭到奚落，绝大多数人全面放弃了精神追求。不要说达至精神制高点的真先知，即便是仅及精神中流的真精英，也被大众视为对其贫乏知识、孱弱精神、空虚灵魂的羞辱。大众不会振奋精神，不会改变怠惰，只会把真先知甚至真精英视为“不符合时代精神”的大众之敌。只有谄媚大众的伪先知、伪精英，才会成为大众之友、大众情人，乃至大众偶像。

物质贫困时代盛产身体奴隶，物质丰富时代盛产精神奴隶。在大众传媒时代，身体奴隶制日益受到谴责，精神奴隶制却日益得到强化。崇拜伪先知，迷信伪精英，是大众传媒时代的普遍现象，知识贫乏、精神孱弱、灵魂空虚的影星、歌星、富人、名人、罪犯、媚俗者、无耻者、跳梁小丑、哗众取宠者、作奸犯科者，无不成了大众偶像。然而大众偶像不再具有先知时代、精英时代的偶像所具有的精神高度，因而大众对其毫无敬意。大众传媒时代的大众偶像，实为大众玩偶，因此大众对待“偶像”如同对待“玩偶”：窥其隐私，玩于股掌；喜新厌旧，始乱终弃。

反叛原本只有在精神制高点才有可能，然而大众传媒时代的反叛却从精神最低点发起。真正的精神反叛，是把人类精神向更高的制高点推进：谁的精神制高点更高，谁就获得更多的人们爱戴，谁就获得更高的精神荣誉。大众传媒时代的反叛，却是降低人类精神高度的权力反叛：谁的精神制高点更低，谁就获得更多的大众拥戴，谁就获得更大的物质利益。

在知识增量急剧提高的表象之下，精神死了，先知疯了，精英病了，大众赢了。从未赢得如此全面，从未赢得如此彻底。大众传媒和大众偶像，正在把人类精神推向没落。在大众的凯歌声中，蒙昧主义正在收复失地，悖道文化正在卷土重来。[1]

[1] 本文刊《书屋》2006年1期，今已修订增补。

# 跋语
# 超越老孔，空前绝后

司马迁认为庄子“诋訾孔子之徒，以明老子之术”，苏东坡斥为“知庄子之粗者，庄子盖助孔子者”。本书业已证明，司马迁揭示了真相，苏东坡遮蔽了真相。不过司马迁揭示的，苏东坡遮蔽的，仅是表层真相。值得敬重的论敌，远比不值得敬重的友军对思想家更有启发。对庄子而言，惠施如此，孔子同样如此。“其学无所不窥”的庄子，通晓先秦一切中国知识，而且从正反两面继承吸纳并全面突破了先秦两大巨人老聃、孔子，终成先秦中国文化的集大成者，中国哲学第一人。

游方之外、与天为徒的出世者老聃，偏重形上，形下不足；真谛深刻，罕言人事；精深有之，博大不足。游方之内、与人为徒的入世者孔子，偏重形下，形上不足；俗谛深刻，罕言天道；博大有之，精深不足。乘物游心、与古为徒的间世者庄子，顺向继承出世老学并突破性发展为庄学真谛，逆向吸纳入世孔学并突破性发展为庄学俗谛，圆融综合为身形游方之内、德心游方之外的间世庄学。侧重形下的博大寓言，构造了横空出世的文学宇宙。侧重形上的精深卮言，抵达了空前绝后的哲学巅峰。

老聃固然是庄子先驱，却是庄子的突破性顺向发展创造出来的先驱。酷爱庄子的博尔赫斯说：“一个伟大的作家创造了他的先驱。他创造了先驱，并且用某种方式证明其正确。”若无庄子对老学的全面突破，老聃的哲学重要性极为可疑，中国哲学的重要性也极为可疑。正是庄子完美表述的中国道极哲学，使中国哲学成了轴心时代全球哲学突破的重要组成部分。

孔子尽管被庄子贬斥，却为庄子的突破性逆向发展提供了丰富养料。若无庄子对孔学的全面吸纳，孔子的文化重要性极为可疑，中国文化的重要性也极为可疑。正是庄子影响主导的中国顺道文化，使中国文化成了后轴心时代人类灿烂文化的重要组成部分。

老学、孔学的共同之弊，就是过于专注政治。尽管庄学的政治性极强，然而庄学宗旨是摆脱不能无恶的政治制度之撄扰，因为政治生活不仅不是人类生活的全部，而且不是人类幸福的根本。庄子认为，唯有天道才是人类生活的“所待”者，唯有天道才是人类幸福的“致福者”。因此庄子的恢弘宇宙广漠无极，迥异于专注政治的老聃、孔子和其他先秦诸子，囊括人类思想的一切领域，遍及人类生活的所有方面。

经我校勘的“内七篇”，总计补脱文 98 字，删衍文 82 字，订讹文 67 字，移正错简 114 字，更正文字误倒 15 处。厘正通假字、异体字 198 字，篇内重复不计。纠正重大错误标点 10 处，小误不计其数。复原近真的“内七篇”，总计 13723 字[1]，不及《老子》三倍，篇幅小于《论语》，然而凭借其蕴涵弘富、文哲合璧的至高成就，润物无声地滋养了后世无数文豪哲人，永难超越地拓宽了中华民族的宇宙视野，无所不在地渗入了中国文化的每一细节。

庄学奥义的传播普及，必将总体改观中国哲学、中国文化、中华民族的深度评估。卡尔维诺曾经赞美庄子的异国信徒博尔赫斯：“博尔赫斯创造了一种被提升到二次方的文学，又像是得出本身平方根的文学。”我不知道卡尔维诺会认为庄子把人类语言提升到了几次方，我只知道《庄子奥义》不可能穷尽庄学奥义的 N 方根。

我写任何书，都是为了弘扬庄学，因为弘扬庄学被我视为弘扬天道乃至弘扬中国顺道文化的唯一正途。《寓言的密码——轴心时代的中国思想探源》和《文化的迷宫——后轴心时代的中国历史探秘》，是为“庄子工程”做前期市场推广的两部主要拙著，也可视为本书的准备和补充。读者可以参考，论者可以覆按。我的基本观点从未改变，而且永远不会改变。庄子贬斥“所言未定”，反对“此亦一是非，彼亦一是非”，我也如此。

---

[1] 此处八个数字为本书初版时统计结果，与本次修订版统计结果小异。参见本书 XXII 页。

《庄子奥义》之后，我将撰写《外杂篇精义》，继续检验我的校勘标点是否合理，继续期盼方家指谬斧正，然后出版尽可能完善的《庄子复原本》。“外杂篇”非出一人之手，文字校勘远比“内七篇”烦难。不过“外杂篇”的义理突破十分有限，义理辨析远比“内七篇”容易。然而“外杂篇”仅比“内七篇”相对逊色，与其他先秦诸子相比，同样巍乎高哉，更非后世可及。如果说“内七篇”是先秦哲学的珠穆朗玛峰，那么“外杂篇”就是先秦哲学的青藏高原。

“内七篇”与“外杂篇”常被混为一谈，更由于“内七篇”深奥难懂，“外杂篇”浅显易懂，古今论庄者总是借花献佛地以“外杂篇”褒庄，指桑骂槐地以“外杂篇”贬庄。切盼《庄子奥义》出版之后，不再有人张冠李戴地隔靴搔痒。褒贬庄子，只能以“内七篇”为依据，并且以正确理解为前提。尽管庄学奥义难以穷尽，正确理解必有限度，然而只有在大方向不误的前提下，才有可能局部修正，总体深化，逐步趋近终极答案。

庄子预言“知其解者”将在“万世之后”出现，因此写于庄子化蝶之后不足七十六世的本书，尽管总体颠覆了“涉海凿河，以蚊负山”的旧庄学，仍属“用管窥天，用锥指地”的初步探索。《外篇·知北游》曰：“臭腐复化为神奇，神奇复化为臭腐。”本书化神奇为臭腐地抉发庄学奥义，意在帮助读者化臭腐为神奇地进入庄学宇宙。扫清文本障碍和历史牛粪之后，读者必能与庄子直接相遇，因为庄学真谛就在每个人的天赋真德之中，正如天道就在每个人的天赋真德之中。轴心时代的伟大先知，正是因此成了后人顺应天道、抵抗伪道的永恒太阳。

从声音到文字，分享人类智慧

天喜文化